Collection epsilon

SQL Server Integration Services 2012

Mise en œuvre d'un projet ETL avec SSIS

ISBN : 978-2-7460-7734-8
Imprimé en France

Editions ENI
ZAC du Moulin Neuf
Rue Benjamin Franklin
44800 St HERBLAIN

Tél. 02.51.80.15.15
Fax 02.51.80.15.16

e-mail : editions@ediENI.com
http://www.editions-eni.com

Auteurs : Romuald COUTAUD, Patrice HAREL, François JEHL
Collection **Epsilon** dirigée par Joëlle MUSSET

Avant-propos

L'objectif de ce livre est de présenter les notions majeures concernant SSIS (*SQL Server Integration Services*) 2012. L'évolution du produit étant très importante sur cette version, nous nous intéresserons particulièrement aux nouveautés et aux gains apportés par rapport aux précédentes éditions. Il faut voir cet ouvrage à la fois comme un guide théorique sur l'utilisation des composants et comme un recueil de bonnes pratiques de développement issues des différents projets sur lesquels les auteurs ont été amenés à travailler. Une partie des informations constitue donc un socle nécessaire à une bonne appréhension des notions de base, et le reste représente surtout des retours d'expériences.

Ce livre s'adresse donc aussi bien aux développeurs débutants à la recherche d'informations sur l'utilisation du produit et de la plate-forme de développement qu'aux consultants plus expérimentés en quête de bonnes pratiques permettant d'améliorer les performances globales du Système d'Information en cours de création. Il pourra être parcouru du début à la fin et ainsi être utilisé en tant que support de formation ou de manière moins linéaire en utilisant l'index et ainsi fournir de la documentation sur un point précis.

En revanche, il faut disposer de bonnes bases en ce qui concerne le monde SQL (le langage, le mode de fonctionnement d'une base de données et de ses objets et la gestion des ressources système). Ce livre fait référence à ce genre de notions sans les expliciter dans le détail.

Dans cet ouvrage, nous abordons dans les trois premiers chapitres les notions essentielles à SSIS. Nous définissons la notion d'ETL grâce à un exemple d'implémentation d'un lot SSIS, puis nous rentrons dans les détails en présentant les deux moteurs principaux que sont le Flux de contrôle (conteneurs, contraintes de précédences...) et le Flux de données (sources et destinations, gestion des flux...). Nous parlons ensuite des différentes typologies d'implémentation des Flux de données au travers de l'agencement de ses composants (monosource, multisource et opérations de jointure), puis des différentes tâches postdéveloppement (comme l'administration ou la journalisation des événements). Enfin, les trois derniers chapitres sont consacrés à des notions un peu plus avancées, comme la fiabilisation des packages (gestion des erreurs, transactions...), les bonnes pratiques à connaître (paramétrage des buffers, types de composants...) et le développement de ses propres composants.

Table des matières

Les éléments à télécharger sont disponibles à l'adresse suivante :
http://www.editions-eni.fr
Saisissez la référence ENI de l'ouvrage **EP12SSIS** dans la zone de recherche et validez. Cliquez sur le titre du livre puis sur le bouton de téléchargement.

Avant-propos

Chapitre 1
Introduction à SSIS

1. Présentation de SSIS 13
   1.1 Concepts de l'ETL 13
   1.2 Management Studio et SQL Server Data Tools 14
   1.3 Architecture 14
2. SSIS 2012 17
   2.1 Les nouveautés de la version 2012 17
   2.2 Les éditions SQL Server 2012 18
3. Installation de SSIS 19
   3.1 Les composants à installer 19
   3.2 Installation répartie 20
   3.3 Installation étape par étape 21
4. Premier lot SSIS 24
   4.1 Export de données 24
   4.2 SQL Server Data Tools 31

Chapitre 2
Flux de contrôle, principes de fonctionnement

1. Présentation du flux de contrôle 35
1.1 Objectifs 35
1.2 Aperçu du concepteur 36
2. Gestionnaires de connexions 39
2.1 Concepts 39
2.2 Création 40
2.3 Types de connexions 41
2.3.1 Bases de données relationnelles 41
2.3.2 Fichiers 47
2.3.3 Protocoles réseau 54
2.3.4 Accès à l'API Windows. 58
2.3.5 Autres gestionnaires de connexions spécifiques. 60
2.3.6 Gestionnaires supplémentaires à télécharger 63
3. Orchestration avec les contraintes de précédence 63
3.1 Mode de fonctionnement 64
3.2 Contraintes basées sur des expressions. 69
3.3 Combinaisons logiques de contraintes 71
4. Conteneurs et boucles 72
4.1 Principe de conteneur. 72
4.2 Paramétrage des boucles. 74
4.2.1 La boucle For. 74
4.2.2 La boucle ForEach. 75
5. L'appel de packages enfants. 83
5.1 Tâche d'exécution de package 84
5.1.1 Référence de projet (mode SQL Server 2012) 84
5.1.2 Référence de package (mode SQL Server 2008 R2 et précédents) 86
5.2 Configuration de Package Parent. 87

6. Les autres tâches de flux de contrôle 90
6.1 Tâches sur les bases de données relationnelles 90
6.1.1 Tâche d'exécution de requêtes SQL 90
6.1.2 Tâche de contrôle du Change Data Capture 95
6.1.3 Tâches de plan de maintenance SQL Server 98
6.1.4 Tâches de transferts d'objets SQL Server 99
6.2 Tâches sur les bases Analysis Services 99
6.2.1 Tâche de traitement Analysis Services 100
6.2.2 Tâche d'exécution de DDL Analysis Services 102
6.2.3 Tâche de requête de Data Mining 103
6.3 Les autres tâches 105
6.3.1 Tâche d'envoi de mail 105
6.3.2 Tâche de script 105
6.3.3 Tâche de service Web 109
6.3.4 Tâche XML 111
6.3.5 Tâche de système de fichiers 112
6.3.6 Tâche FTP 113
6.3.7 Tâche d'expression 113
6.3.8 Tâche d'exécution de processus 114
6.3.9 Tâche MSMQ 115
6.3.10 Tâches WMI 116
6.3.11 Tâche de profilage de données 118

Chapitre 3
Variables, paramètres et expressions

1. Les variables 121
1.1 Présentation des variables 121
1.2 La fenêtre Variables 122
1.3 Les variables système 125
1.3.1 Présentation des variables système 125
1.3.2 Utilisation des variables système 131

1.4 Les variables utilisateur 133
1.4.1 Propriétés principales 134
1.4.2 Création d'une variable utilisateur 138
1.4.3 Utilisation des variables utilisateur 139
2. Les paramètres 141
2.1 Présentation des paramètres 141
2.2 Propriétés des paramètres 141
2.3 Les types des paramètres 142
2.3.1 Les paramètres de package 142
2.3.2 Les paramètres de projet 143
2.3.3 Utilisation des paramètres 144
2.4 Création d'un paramètre 145
3. Les expressions 148
3.1 Le générateur d'expressions 148
3.2 Les opérateurs 150
3.3 Les fonctions 151
3.4 Marqueurs d'icônes 153
4. Exemple d'utilisation 154

Chapitre 4
Manipulation de données simples

1. Le flux de données 165
1.1 Principaux objectifs 165
1.2 Aperçu 166
1.3 Entrée-sortie et flux de données 168
2. Composants source et destination 171
2.1 Source et destination OLE DB 171
2.2 Fichier plat 176
2.3 Fichier Excel 180
2.4 Fichier brut 181
2.5 ADO.NET 181

2.6 Source XML 182
2.7 CDC Source 183
2.8 Source ODBC 183
2.9 Destination de l'ensemble d'enregistrements 184
2.10 Destination DataReader. 184
2.11 Destination pour SQL Server. 184
2.12 Destination pour SSAS. 185

3. Fenêtres avancées 186
3.1 Éditeur avancé des composants 186
3.2 Fenêtre de mise à jour des mappages. 187

4. Flux de données monosource, monodestination 189
4.1 Stockage de données temporaires SQL 189
4.2 Utilisation des transformations. 190

Chapitre 5
Transformation des données

1. Transformations simples 193
1.1 Colonnes dérivées. 193
1.2 Multidiffusion. 195
1.3 Fractionnement conditionnel 196
1.4 Conversion de données 198
1.5 Compteur de lignes. 198
1.6 Tri 199
1.7 Agrégation. 200
1.8 Commande OLE DB. 202
1.9 Composant Script. 202

2. Transformations moins communes 206
2.1 Copie de colonne 206
2.2 Transformation du cache. 206
2.3 Audit 207
2.4 Échantillonnage des données. 207

2.5 Table de caractères 207
2.6 Tableau croisé dynamique 208
2.7 Extraction de terme 211
2.8 Recherche de terme 212
2.9 Dimension à variation lente 212
2.10 Requête d'exploration de données 218
2.11 Export et Import de colonnes 219
2.12 Regroupement probable 220
3. Change Data Capture 221
3.1 Considérations sur le CDC 221
3.2 Mise en place 221
4. Data Quality Services 226
4.1 Considérations sur DQS 226
4.2 Nettoyage DQS 227

Chapitre 6
Flux de données multisource et jointures

1. Introduction 233
2. Union de flux de structure identique 233
2.1 Le composant Union All 234
2.2 Le composant Fusion 235
2.3 Comparaison des deux transformations et bonnes pratiques . 237
3. Jointure de flux sur une clé : le composant Fusion de jointure 237
3.1 Jointure interne 238
3.2 Jointures externes à gauche et à droite 238
3.3 Jointures externes totales 239
3.4 Paramétrage de la tâche 240
4. Ajout d'informations externes dans un flux 241
4.1 Le composant Recherche 241
4.1.1 Cas de base du cache total sur connexion OLE DB 242
4.1.2 Que se passe-t-il si la valeur est introuvable ? 244

4.1.3 Avantages/inconvénients de la mise en cache et alternatives 246
4.1.4 Utilité de modifier la requête de recherche en cache partiel ou nul 247
4.1.5 Utilisation du composant Cache en cache total. 248
4.2 Le composant Recherche Floue 251
4.2.1 Cas d'utilisation classique 251
4.2.2 Confiance et similarité. 253
4.2.3 Paramétrage avancé 254
4.2.4 Les index de la Recherche Floue. 255
4.2.5 Paramètres avancés. 257

Chapitre 7
Événements et suivi d'exécution

1. Le gestionnaire d'événements 259
1.1 Principes de fonctionnement. 259
1.2 Mise en place. 264

2. Journalisation 266
2.1 Principes de fonctionnement. 266
2.2 Mise en place. 268
2.3 Journalisation de production avec SSIS 2012 273

3. Débogage. 275
3.1 Les points d'arrêt. 276
3.2 Résultats d'exécution et journal d'événements. 279
3.3 Le flux de données 280

4. Monitoring 283

5. Data Taps 285

Chapitre 8
Administration SSIS

1. Introduction 289
   1.1 Présentation des modèles de déploiement 289
   1.2 Comparaison des modèles de déploiement. 290
2. Le catalogue SSISDB. 292
   2.1 Présentation du catalogue SSISDB 292
   2.2 Création de la base SSISDB 294
   2.3 Administration avec SSISDB 297
      2.3.1 Création de dossiers dans SSISDB. 297
      2.3.2 Utilisation d'environnements serveur. 299
      2.3.3 Gestion des versions. 302
3. Service Integration Services 305
   3.1 Présentation du service. 305
   3.2 Administration des packages 307
4. Déploiement 308
   4.1 Utilisation du modèle de déploiement de projet 308
      4.1.1 Les fichiers de déploiement ISPAC 308
      4.1.2 L'assistant de déploiement du modèle de projet. 310
   4.2 Utilisation du modèle de déploiement de packages 317
      4.2.1 Conversion vers un modèle de déploiement de package 318
      4.2.2 Ajout d'une configuration de package. 322
      4.2.3 Création de l'utilitaire de déploiement 327
      4.2.4 Exécution de l'utilitaire de déploiement 329
5. Exécution de package 334
   5.1 Exécution dans SSISDB 334
   5.2 DTEXEC 335
   5.3 DTEXECUI. 336
   5.4 Utilisation de l'agent SQL Server. 337

6. Sécurité 342
6.1 Sécurité du modèle de déploiement de projet 342
6.2 Sécurité du modèle de déploiement de package 347
6.2.1 Sécurité du service Integration Services 347
6.2.2 Sécurité du contenu du serveur SSIS 347
7. Reporting opérationnel dans SSIS 348
7.1 Les rapports prédéfinis 348
7.2 Les rapports personnalisés 351

Chapitre 9
Checkpoints et transactions

1. Introduction 353
2. Checkpoints 354
2.1 Principe général 354
2.1.1 Un cas d'usage classique 354
2.1.2 Mise en place 355
2.1.3 Lien entre échec et création de checkpoint 356
2.1.4 Fonctionnement 358
2.2 Limitations 361
2.2.1 Conteneurs mal gérés 361
2.2.2 Mauvaise gestion du parallélisme 362
2.2.3 Gestionnaires d'évènements 364
2.3 Conclusion 364
3. Transactions 365
3.1 Principe des transactions 365
3.1.1 A.C.I.D. ? 365
3.1.2 Transactions distribuées 366
3.1.3 Cas du DTC en réseau 367
3.2 Mise en place d'une transaction MSDTC dans SSIS 368
3.2.1 TransactionOption pour activer les transactions 369
3.2.2 IsolationLevel pour gérer l'interaction avec les autres transactions 370

3.2.3 Comportement à l'exécution 372
3.2.4 Troubleshooting de base 374
3.2.5 Conseils de design de flux de contrôle dans un cas transactionnel 375
3.3 Utilisation de transactions natives 375
3.3.1 BEGIN / ROLLBACK / COMMIT 375
3.3.2 Implémentation avec des Execute SQL Task et RetainSameConnection 376
3.3.3 Bonnes pratiques 378
3.4 Conclusion 379

Chapitre 10
Notions avancées et bonnes pratiques

1. Les fondements du flux de données 381
1.1 Les buffers 381
1.2 Les types de composants 383
1.3 Incidences sur les performances 386
1.4 Execution Tree et threading 389
2. Des packages performants 393
2.1 Utilisation des moteurs relationnels 393
2.2 Particularités sur les Recherches 396

Chapitre 11
Programmation de composants SSIS

1. Introduction 401
1.1 Pourquoi développer un nouveau composant ? 401
1.2 Possibilités offertes par les composants personnalisés 403
2. Pour bien démarrer 403
2.1 Quelques notions avant de commencer 403
2.2 Éléments à installer sur le poste de développement 408
2.3 Configurer un projet de base 409

3. Créer des composants. 412
3.1 Choisir ce que l'on veut développer. 412
3.1.1 Un exemple concret : une tâche d'envoi de mail personnalisée 412
3.1.2 Rappels sur les composants disponibles 414
3.2 Étendre la bonne classe de base et renseigner les métadonnées 416
3.3 Vérifier que le déploiement s'est bien déroulé 417
3.4 Ajouter des propriétés à l'élément personnalisé 418
3.5 Implémenter les méthodes importantes du runtime SSIS. . . . 419
3.5.1 La validation, une étape capitale 419
3.5.2 Les méthodes Initialize pour récupérer les connexions, les variables... 420
3.5.3 ConnectionManager : acquisition et relâchement des connexions 421
3.5.4 Réaliser un traitement dans une Task avec Execute() . . 422
3.5.5 LogProvider : ouverture, logging et fermeture 423
3.5.6 Énumérer sur une collection avec un ForEach Enumerator. 426
3.5.7 PipelineComponent : sources, destinations et transformations 427
3.6 Comment déboguer tout cela ? 434
4. Ajouter une interface graphique 435
4.1 Principes généraux 435
4.2 Une Form pour une Task, un PipelineComponent ou un ConnectionManager 437
4.2.1 Développer la Form 437
4.2.2 Implémenter la bonne interface de base 439
4.2.3 Référencer l'assembly dans le composant source 440
4.3 Un UserControl pour un énumérateur ForEach. 441
4.4 Une simple ComboBox pour un LogProvider 442

4.5 Débogage de l'interface graphique. 443
5. Conclusion 444

Index 445

Chapitre 1
Introduction à SSIS

1. Présentation de SSIS

1.1 Concepts de l'ETL

Dans l'organisation d'un projet décisionnel, Integration Services est ce que l'on appelle un ETL (*Extract, Transform and Load*, en français : Extraire, Transformer et Charger). Cette brique technologique a pour objectifs la sélection d'informations provenant de sources de données hétérogènes de l'entreprise (extraction), la consolidation de ces éléments afin de rendre l'ensemble cohérent (transformation) et enfin l'enregistrement des données ainsi constituées (chargement) dans un référentiel qui pourra par la suite être utilisé en tant que support d'analyse pour de l'aide à la prise de décision.

Bien entendu, il est tout à fait possible de retrouver SSIS dans un contexte différent de celui des systèmes d'informations décisionnels, comme par exemple pour des tâches d'administration de bases de données ou bien du simple transfert d'information d'une source à une autre sans nécessité de consolidation. Nous reviendrons sur ces différentes possibilités tout au long de cet ouvrage.

Du point de vue de son fonctionnement, il convient de différencier l'ETL de l'ELT (*Extract, Load and Transform*). Dans le cas qui nous intéresse, l'ETL réalise ses transformations principalement en mémoire, donc sur de plus petites volumétries à un instant t mais de manière plus rapide que l'ELT. Ce dernier, lui, passe par une phase d'écriture sur le disque avant de transformer les données. C'est en ce sens que les ELT ont tendance à utiliser des ordres SQL pour effectuer les transformations nécessaires. Chacune de ces technologies possède des avantages et des inconvénients. Les ETL sont en revanche plus répandus : sûrement parce que la possibilité de mise en parallèle des tâches est plus importante que pour l'ELT grâce à cette gestion des transformations en mémoire.

1.2 Management Studio et SQL Server Data Tools

Afin de mettre en place une application de type ETL, la plate-forme SQL Server 2012 propose un certain nombre d'outils : deux d'entre eux vont particulièrement retenir notre attention et nous en ferons régulièrement référence dans la suite de ce livre :

- SQL Server Data Tools (SSDT) : c'est l'environnement de développement qui sera utilisé pour créer les processus d'extraction, de transformation et de chargement. SSDT est complètement intégré à Visual Studio 2010 et propose de nouveaux modèles de projets, comme par exemple les projets SQL Server Integration Services. Pour les versions antérieures de SQL Server, il était connu sous le nom de Business Intelligence Development Studio (BIDS).
- Management Studio : c'est l'interface d'administration des services SQL Server. Ces derniers comprennent entre autres le moteur de bases de données relationnelles SQL Server et le service Integration Services. Nous reviendrons sur les principes d'architecture plus tard dans ce chapitre.

1.3 Architecture

Nous avons décrit plus haut les objectifs principaux de SSIS : mettre à disposition une plate-forme ETL pour la manipulation des données. Mais SSIS, c'est un peu plus que ça. Nous avons l'habitude de considérer qu'il s'articule autour de deux composants :

- Le moteur d'exécution : c'est lui qui gère l'exécution des composants SSIS que nous aurons développés au préalable. En plus de la pure exécution (extraction, transformation et chargement des données), il permet la journalisation d'événements liés à l'exécution, la configuration des composants, etc. Nous détaillerons ces éléments dans les chapitres suivants.

– Le service SQL Server Integration Services : ce service Windows assure le suivi opérationnel des éléments SSIS développés et mis en production. Ce service ne gère pas l'exécution, mais il facilite l'administration de nos développements.

Voici une représentation de cette architecture :

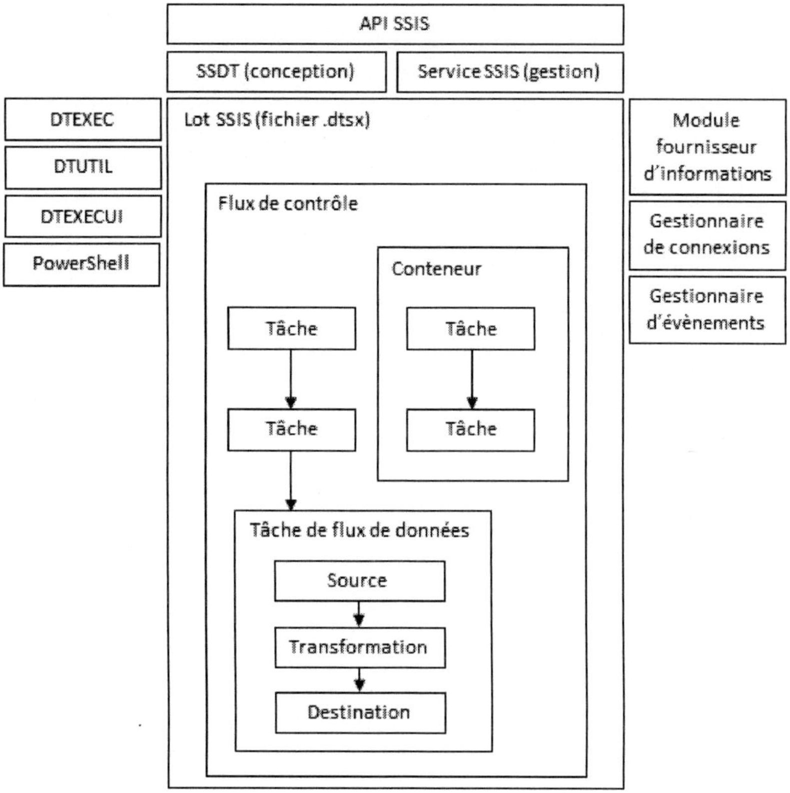

Package (ou lot) : c'est le constituant principal de tout projet SSIS. Le package va définir les tâches à réaliser et l'orchestration de celles-ci. Ce fichier porte l'extension .dtsx et le XML est son langage de description. Il s'articule autour de deux moteurs principaux que sont le Flux de contrôle (Control Flow) pour l'ordonnancement et le Flux de données (Data Flow) pour la gestion des flux d'informations de la source vers la destination.

Tâche : ce sont les éléments qui constituent le package et ceux qui seront pris en compte lors de l'exécution. Les tâches définissent les fonctionnalités du package. Elles peuvent être regroupées par des conteneurs qui vont permettre d'organiser les lots de manière logique (purement cosmétique, afin de faciliter la lecture des développements réalisés) et fonctionnelle (les conteneurs possèdent quelques propriétés pouvant affecter l'exécution des packages). L'ensemble de ces éléments va être agencé dans le Flux de contrôle (Control Flow). Le chapitre Flux de contrôle, principes de fonctionnement présente les différentes fonctions des tâches natives d'Integration Services, les rôles et les modes de configuration des conteneurs ainsi que le mode de fonctionnement du Flux de contrôle.

Moteur de flux de données : parmi les tâches que l'on peut implémenter dans un lot SSIS, il y en a une qui a à sa charge le traitement des données : la tâche de flux de données (Data Flow). C'est un élément primordial dans la construction du lot SSIS, c'est dans ce sens que les chapitres Manipulation de données simples, Transformation des données et Flux de données multisource et jointures détailleront les modes de développement de ce composant.

Gestionnaire de connexions : ce gestionnaire va nous permettre de créer les chaînes de connexion nécessaires pour atteindre les sources et les destinations des données. Il représente par exemple une chaîne de connexion à une base de données ou encore le chemin d'un fichier plat. Ce gestionnaire de connexions utilise des fournisseurs de données différents selon le type de source utilisé (OLE DB, ODBC, ADO.NET, etc.).

Gestionnaire d'événements : il sera parfois nécessaire de réaliser certaines opérations en fonction du déroulement de l'exécution des lots. L'exemple le plus courant étant la reprise sur erreur. Le gestionnaire d'événements va offrir la possibilité d'associer des actions en regard des événements qui surviennent lors de l'exécution. Son mode d'implémentation sera précisé dans le chapitre Événements et suivi d'exécution.

Module fournisseur d'informations : il va permettre de journaliser les informations d'exécution des lots SSIS. Il est très utile en phase de production en cas d'erreur mais également pendant les développements pour le débogage. Le chapitre Événements et suivi d'exécution montrera les différentes manières de l'utiliser.

2. SSIS 2012

2.1 Les nouveautés de la version 2012

Les nouveautés de la plate-forme SQL Server 2012 sont nombreuses. En ce qui concerne la partie Business Intelligence, c'est peut-être SQL Server Integration Services qui a le plus évolué. La version 2005 a constitué une étape importante dans l'amélioration du produit, 2008 et 2008 R2 ont permis de consolider l'ensemble (on pourrait considérer le produit comme mature à ce moment), quant à 2012, il utilise ce socle pour apporter son lot de nouveautés.

La liste ci-dessous présente les nouveautés les plus importantes de cette version, mais ces dernières seront largement détaillées dans les chapitres qui suivent.

L'interface de développement revue : avec Visual Studio 2010, l'interface de développement de SSIS bénéficie du socle WPF. Elle est ainsi plus claire, épurée, dynamique et offre des possibilités que l'on ne trouve pas sur BIDS comme l'annulation des dernières manipulations à l'écran ([Ctrl] Z), une zone de commentaire intuitive, le groupement logique des composants (on ne parle pas encore de conteneur ici) ou le marquage des objets utilisant des expressions dans leur définition. Il est à noter également une réorganisation des boîtes à outils avec par exemple, la possibilité de regrouper automatiquement les tâches ou les composants les plus utilisés lors des développements. En définitive, cette nouvelle interface permet un gain de productivité non négligeable.

La gestion du Change Data Capture (CDC) : dans les versions précédentes de SSIS, le CDC pouvait être géré via des composants tiers. SSIS 2012 l'intègre nativement désormais.

Les sources de données ODBC : encore une fonctionnalité qui était proposée via des composants tiers dans les versions précédentes de SSIS et qui est maintenant intégrée nativement.

Le format XML des .dtsx : la description XML des lots SSIS a été simplifiée afin de permettre une lecture aisée du code si besoin, et surtout de permettre à des outils de gestion de code source comme Team Foundation Server (TFS) de réaliser des opérations de comparaison (différentiel) et de fusion (ces deux opérations étant source de conflit dans les versions antérieures). Pour ce faire, les propriétés des packages ont été regroupées ou encore les identifiants des composants du lot SSIS (LineageID sous forme de GUID ou d'entier) ont disparu au profit de véritables identifiants possédant un sens fonctionnel (une chaîne de caractères décrivant le chemin du composant).

Les gestionnaires de connexions partagés : il est maintenant possible de créer des gestionnaires de connexions au niveau du projet SSIS. L'impact direct est que ces gestionnaires pourront être partagés par tous les lots de notre solution, ce qui simplifie grandement les développements et l'administration (comme nous le verrons dans le chapitre Flux de contrôle, principes de fonctionnement).

Le packaging du projet : un nouveau mode de déploiement fait son apparition. Il ne faut plus considérer une solution SSIS comme une somme de lots distincts, possédant des gestionnaires de connexions propres, mais comme un projet à part entière qui sera déployé en totalité, et non plus de manière dispersée. Dans ce sens, le catalogue SSIS a été créé et c'est via cette base de données que va se faire la gestion des packages et les mises en production.

Les Data Taps : nous pouvons les voir comme des visionneuses de données (cet outil est présenté au chapitre Événements et suivi d'exécution) auxquelles on aurait accès une fois nos lots SSIS mis en production. Les Data Taps vont permettre d'extraire, dans un fichier par exemple, les données qui circulent dans les flux à un moment particulier de l'exécution du lot. Cela est entre autres assez pratique pour le débogage.

L'administration via PowerShell : nous avons maintenant la possibilité via des scripts PowerShell, de piloter nos projets SSIS. Ceci permet d'obtenir un niveau supplémentaire dans l'industrialisation de nos procédures.

2.2 Les éditions SQL Server 2012

SSIS s'inscrit dans une architecture globale : que ce soit du point de vue fonctionnel ou bien du point de vue des logiciels à se procurer. Nous parlons ici de la suite SQL Server. Le mode de licence pour la version 2012 a quelque peu évolué.

Nous retrouvons maintenant trois éditions différentes de SQL Server :

- Entreprise
- Business Intelligence
- Standard

Le choix de l'édition va conditionner le mode de facturation des licences ainsi que les composants disponibles pour cette version. Voici le mode de facturation pour les différentes éditions de SQL Server :

	Modèle de licence	
Édition	Licence Serveur + CAL	Licence par cœur
Entreprise		X
Business Intelligence	X	
Standard	X	X

Sur ces modèles de licence, nous trouvons la CAL (*Client Access Licenses*), c'est-à-dire un coût de licence par utilisateur, et la licence par cœur physique. Le mode de licence est donc à choisir en fonction du nombre d'utilisateurs de la plate-forme ou de la capacité machine. En fonction de l'édition choisie, tous les composants SSIS ne seront pas forcément disponibles. Citons parmi ces derniers ceux du flux de données permettant le traitement des Partitions et des Dimensions sous SQL Server Analysis Services ou encore la gestion du Change Data Capture des bases SQL, disponibles uniquement avec la version Entreprise.

3. Installation de SSIS

3.1 Les composants à installer

Depuis la version 2012, des modifications ont été apportées sur les différents composants ayant une interaction avec SSIS. Voici quelques détails à prendre en compte afin d'assurer le bon fonctionnement de vos environnements de développement et de production.

SQL Server Data Tools : il n'est plus obligatoire d'installer le service SQL Server Integration Services sur le poste de développement. SSDT embarque tous les composants nécessaires au développement des packages. Lors de l'installation, il suffit de le sélectionner seul.

SQL Server Integration Services : ce service Windows est responsable de la gestion des lots SSIS. Il sera utilisé par exemple lorsque l'on s'y connecte via Management Studio. On pourra alors administrer les packages (exécution, suppression, etc.). Comme précisé au début de ce chapitre, ce n'est pas ce service qui exécute les lots.

DTEXEC.exe : c'est cet utilitaire qui est responsable de l'exécution des lots SSIS. Il est déployé par défaut lorsque l'on installe une instance du moteur de base de données, et ce, sans avoir à installer le service Integration Services (bien entendu, s'il n'y a pas d'instance de base de données, il sera installé en même temps que le service SSIS). C'est donc ce programme qui consommera les ressources du serveur. DTEXEC.exe peut être utilisé via une ligne de commande DOS, mais si l'on souhaite piloter l'exécution grâce à une interface graphique, c'est DTEXECUI qu'il faut choisir. Il est accessible en double cliquant sur l'un des lots disponibles dans notre projet SSIS.

DTUTIL : du point de vue de l'installation, il se comporte comme le DTEXEC. Le DTUTIL sera utilisé pour l'administration des lots en ligne de commande (contrairement à Management Studio qui permet de réaliser les mêmes opérations mais au travers d'une interface utilisateur).

À noter que, comme dans les versions précédentes, une même version de SSIS ne peut être installée plusieurs fois sur un serveur : la notion d'instance, comme pour les autres services SQL Server, n'existe pas. En revanche, il est possible d'installer côte à côte des versions antérieures du service SSIS avec la version 2012.

3.2 Installation répartie

Étant donné que le mode de déploiement des lots SSIS a beaucoup changé, quelques préconisations supplémentaires sont à prendre en compte lors de l'installation d'Integration Services sur un serveur dédié.

Soit l'architecture suivante :

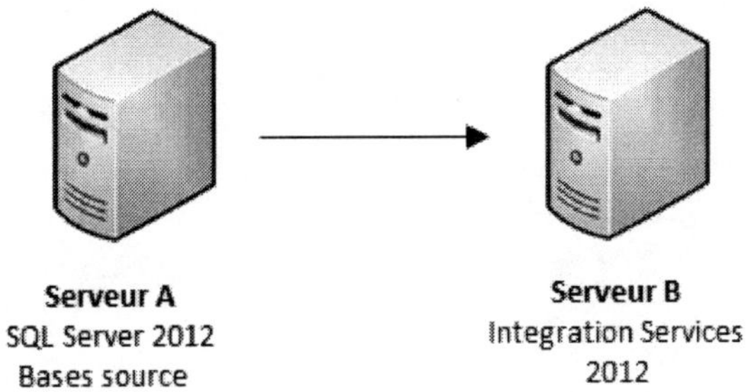

Dans ce cas, les packages sont déployés sur le serveur A car le serveur B ne dispose pas de base de données relationnelle. Lors de l'exécution des lots depuis le serveur B, c'est le serveur A qui supporte la charge. Il vaut donc mieux s'orienter vers ce genre d'installation :

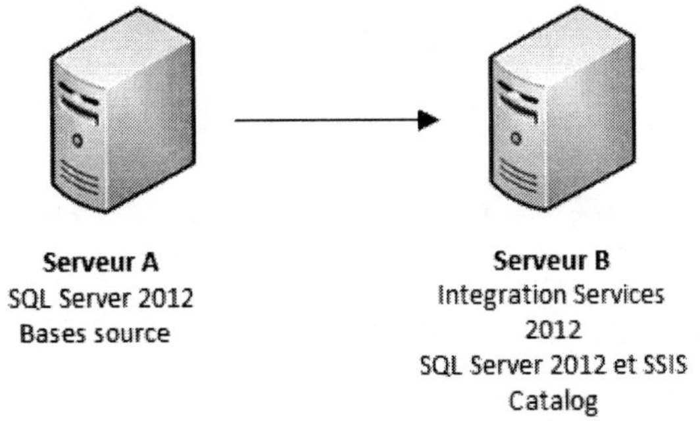

Il faut que le serveur B dispose de sa propre instance de base de données afin de pouvoir y stocker les lots. Le serveur A restant complètement indépendant lors de l'exécution des lots.

3.3 Installation étape par étape

L'objectif ici est de disposer du service Integration Services sur un poste ou un serveur : l'installation des autres services SQL Server ne faisant pas partie de cet ouvrage.

Après avoir passé les étapes de déploiement des fichiers d'installation, de saisie de la clé produit et après avoir accepté les termes du contrat de licence, nous voyons apparaître cette fenêtre :

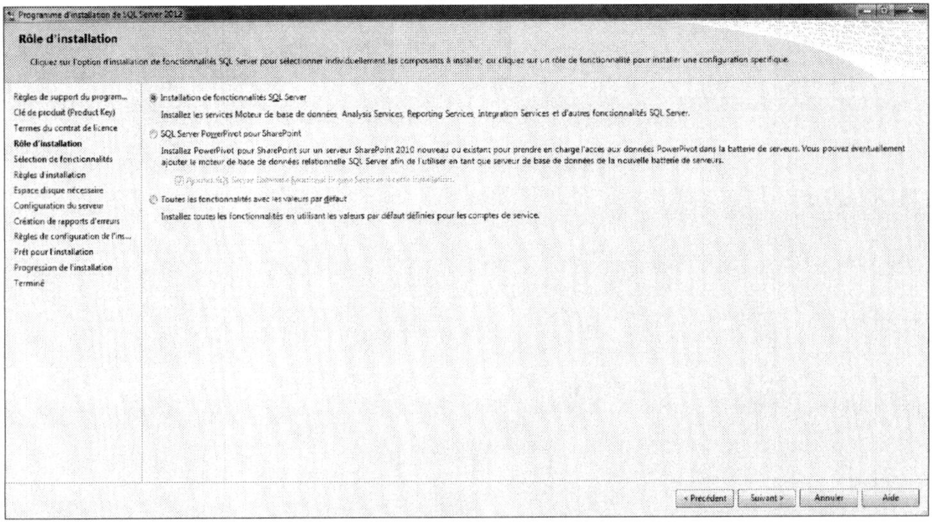

Il faut sélectionner **Installation de fonctionnalités SQL Server**. Les autres choix n'ayant pas d'impact sur l'installation du service SSIS.

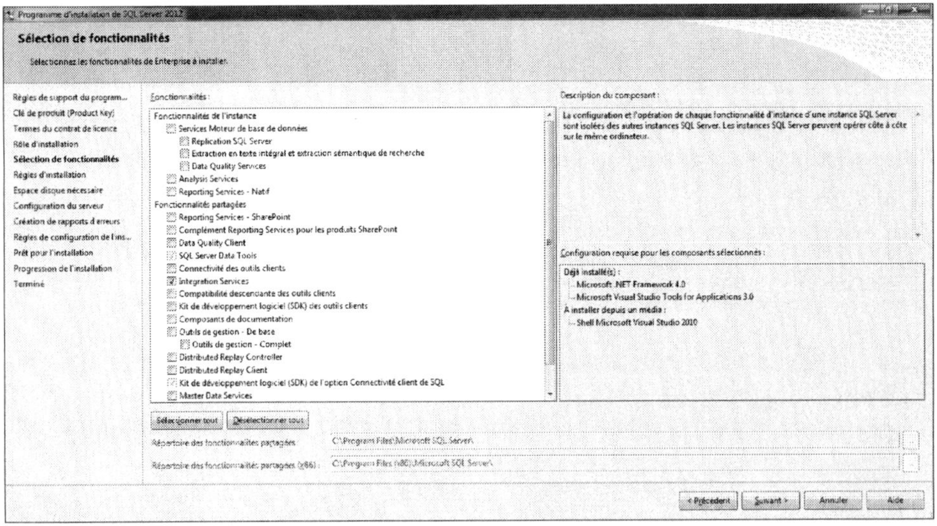

À cette étape, il faut cocher **Integration Services**. Cela permet d'installer le service SSIS et les utilitaires associés (DTEXEC, DTUTIL) si aucune installation n'a été réalisée auparavant (comme par exemple l'installation d'une instance de base de données). Si des composants ont été précédemment installés, les cases à cocher sont alors grisées, comme c'est le cas ici avec **SQL Server Data Tools**, l'outil de développement.

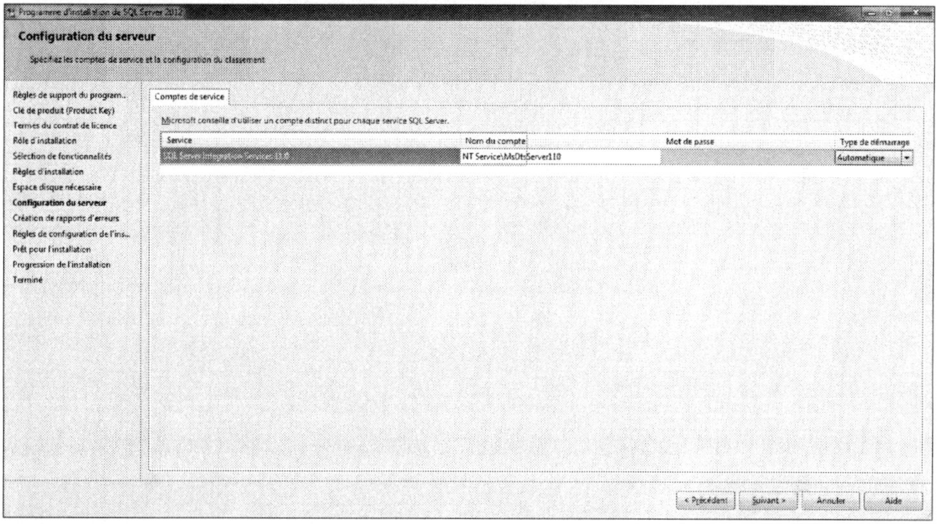

Dernière étape importante, le choix du compte de service. C'est ce compte qui exécutera le service Integration Services sur la machine. Par rapport aux versions précédentes de SQL Server, ce n'est plus le compte Network Service qui est sélectionné par défaut. Un compte dédié sera créé localement sur la machine. Dans l'idéal, il est toujours plus intéressant de disposer d'un compte de domaine dédié pour chaque service SQL Server, ceci dans un souci de sécurité (cloisonnement des services compte par compte).

Il ne reste plus qu'à passer l'étape de validation de l'installation pour qu'Integration Services soit déployé sur le serveur.

4. Premier lot SSIS

4.1 Export de données

L'objectif de cette section est de fournir un guide, étape par étape, permettant de construire un premier lot SSIS sans forcément connaître l'environnement de développement SSDT. Car sans le savoir, vous avez peut-être déjà été amené à construire un lot SSIS. Pour ce faire, nous allons utiliser Management Studio et son module d'importation et d'exportation de données. La base de données que nous utilisons ici est ContosoRetailDW, disponible sur le site www.microsoft.com. Une fois celle-ci disponible, il faut sélectionner l'option d'exportation des données disponible dans le menu contextuel associé à la base :

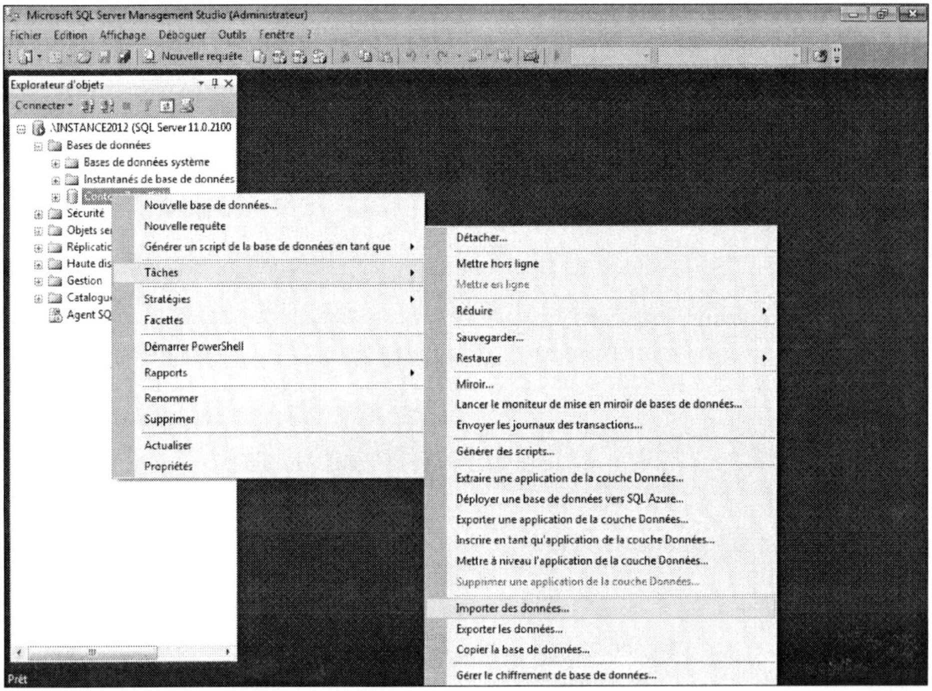

Il faut également noter que le processus d'importation utilise lui aussi SSIS pour réaliser ses opérations.

Une fois passée la première fenêtre décrivant en quoi consiste l'assistant que nous allons utiliser, nous nous retrouvons sur la première étape de configuration de notre lot SSIS : la sélection de la source de données. Pour cet exemple, nous allons sélectionner la base ContosoRetailDW à partir de l'instance SQL Server qui convient (nous vous laissons le choix du mode d'authentification qui convient, en fonction du paramétrage de votre instance).

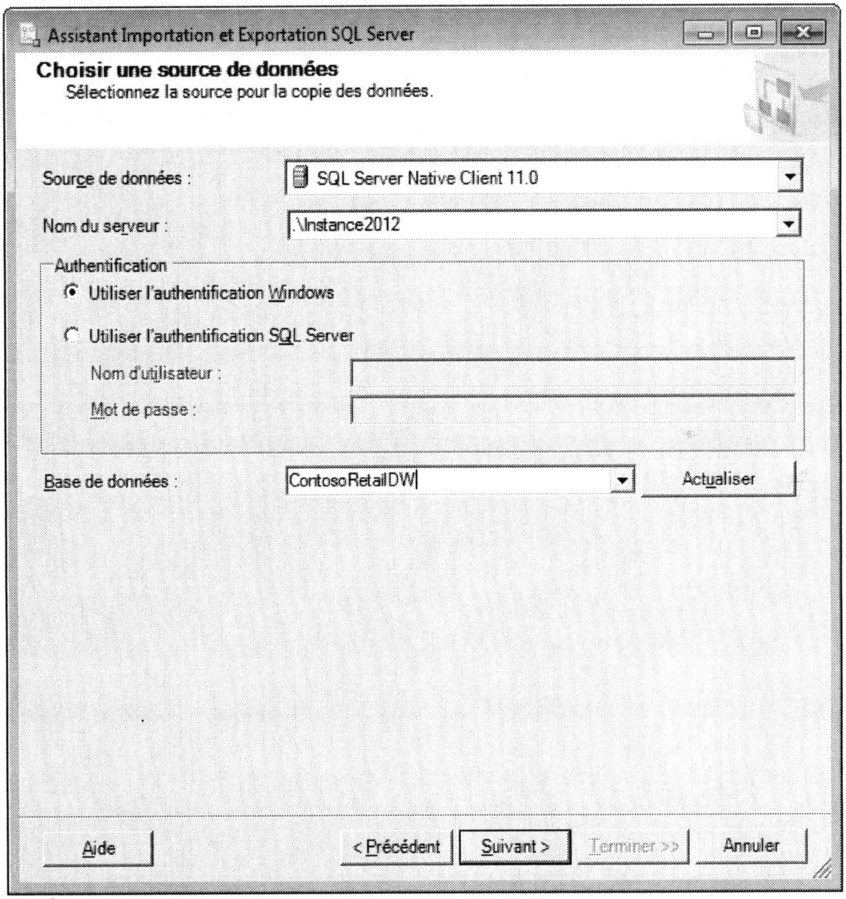

La seconde étape consiste en la sélection de la destination des données que l'on va exporter. Le choix de cette destination va avoir un impact sur le format des données (fichier plat, table de base de données, fichier Excel, etc.). Nous choisissons ici une **Destination de fichier plat**.

Il faut ensuite fournir un chemin et un nom pour le fichier de destination. Nous laissons les autres paramètres par défaut, leur rôle vous est expliqué dans le chapitre Manipulation de données simples. À noter que le fichier texte n'a pas besoin d'être créé au préalable, l'assistant s'en chargera pour vous.

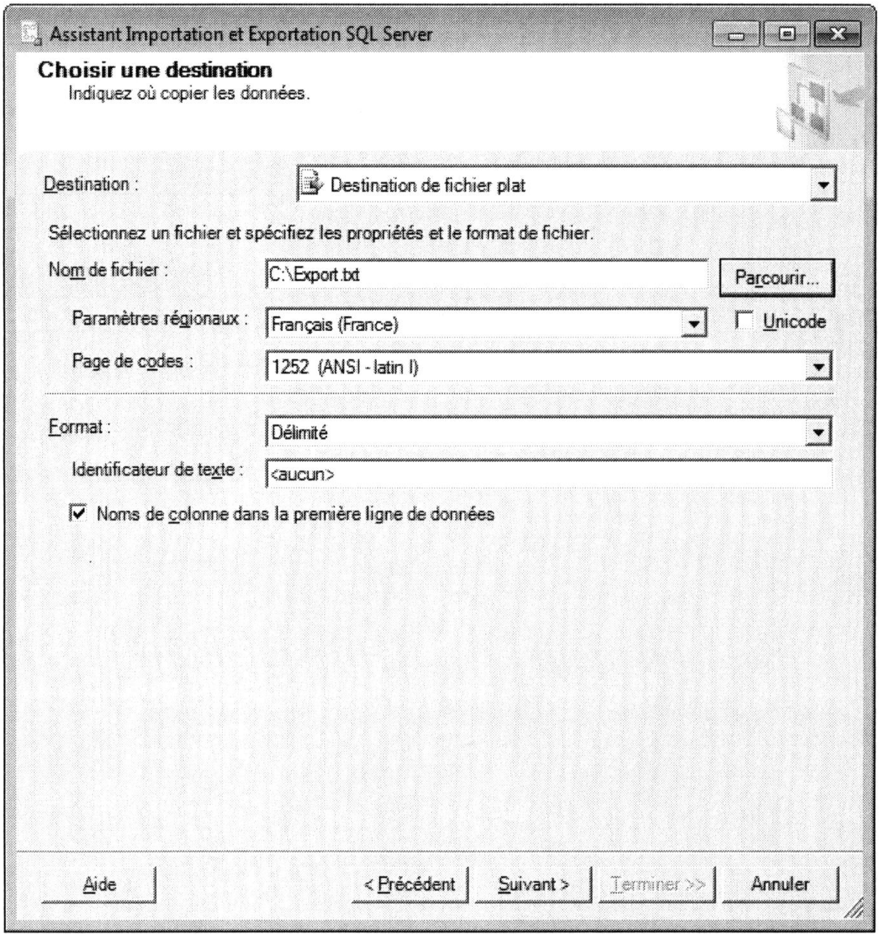

Après avoir configuré la source et la destination, il faut sélectionner précisément les données qui seront extraites de la base ContosoRetailDW puis chargées dans le fichier plat. Cette sélection se fait de deux manières : soit par le biais d'une requête SQL saisie par nos soins, soit par la sélection des données via l'assistant.

Nous allons opter pour cette seconde méthode et nous choisissons **Copier les données à partir d'une ou plusieurs tables ou vues**.

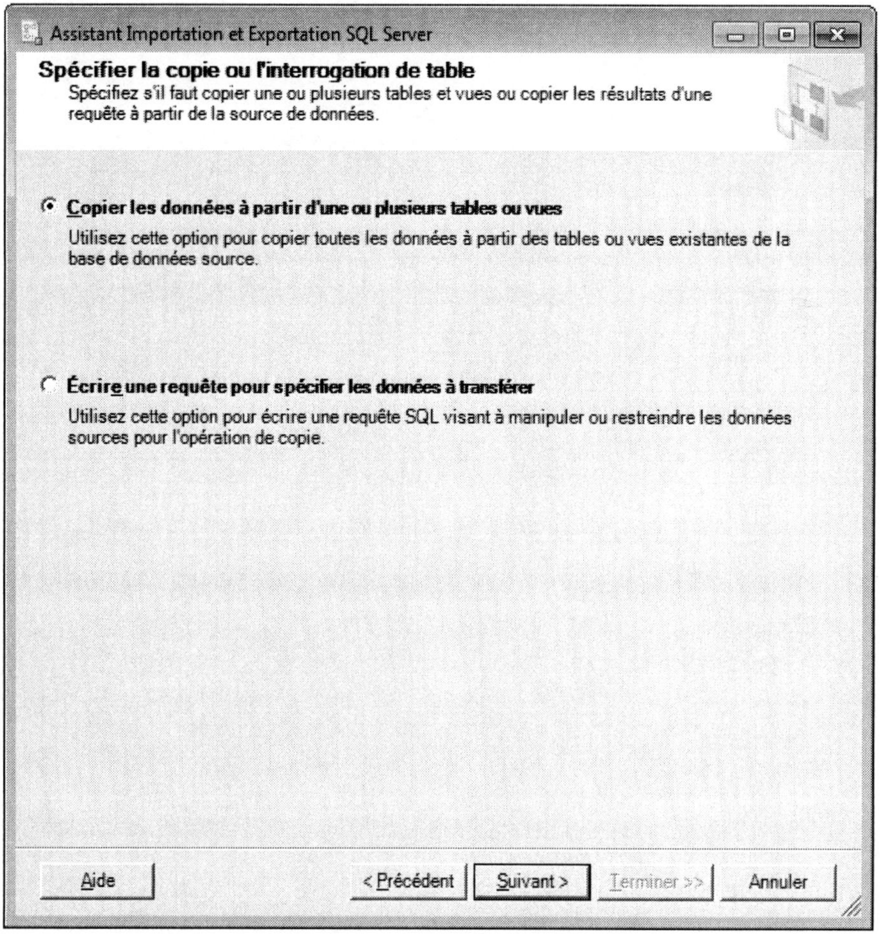

La table que nous allons sélectionner est celle contenant la liste des clients de la base ContosoRetailDW : DimCustomer. Le séparateur de lignes est {CR}{LF} (Carriage Return, Line Feed : saut de ligne) et le séparateur de colonnes est une virgule.

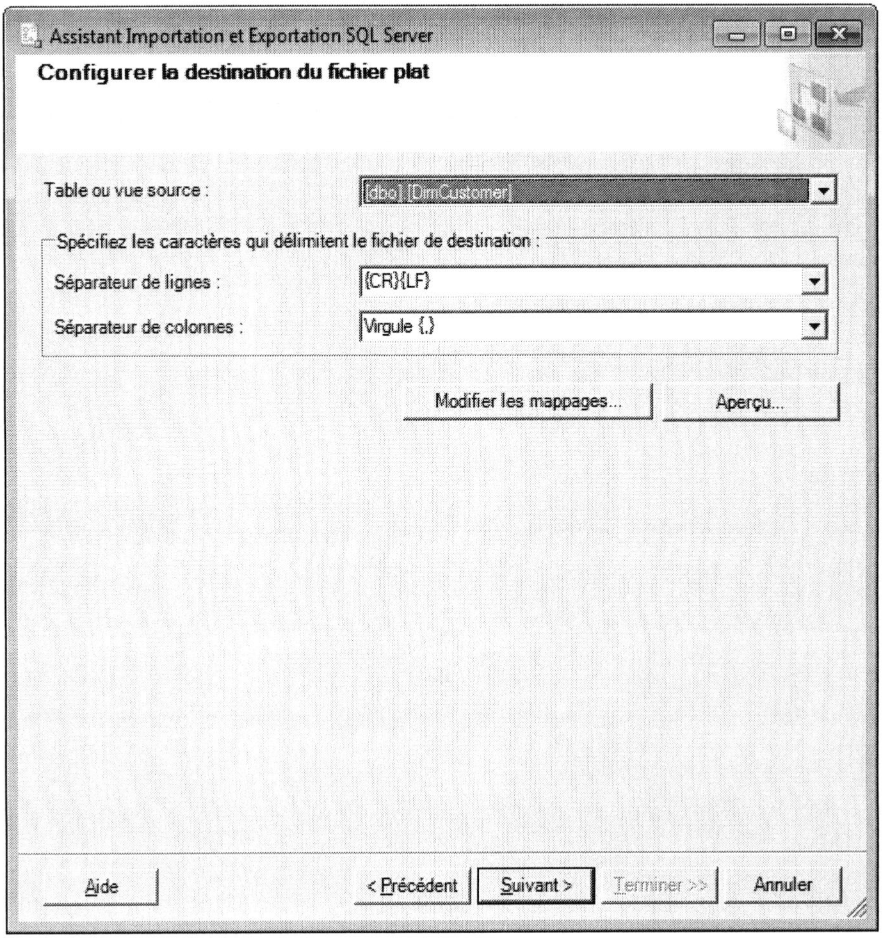

En cliquant sur **Aperçu...**, nous pouvons voir les données qui vont être extraites de la base : dans notre exemple, c'est un `SELECT * FROM DimCustomer` qui est réalisé.

L'étape suivante va nous permettre de définir le mode d'enregistrement de notre lot SSIS et va nous demander si on souhaite l'exécuter à la fin de l'assistant ou non. Dans notre cas, il est enregistré dans le système de fichiers de Windows et exécuté à la fin de l'assistant. Des précisions sont apportées sur le niveau de protection du package dans le chapitre Administration SSIS.

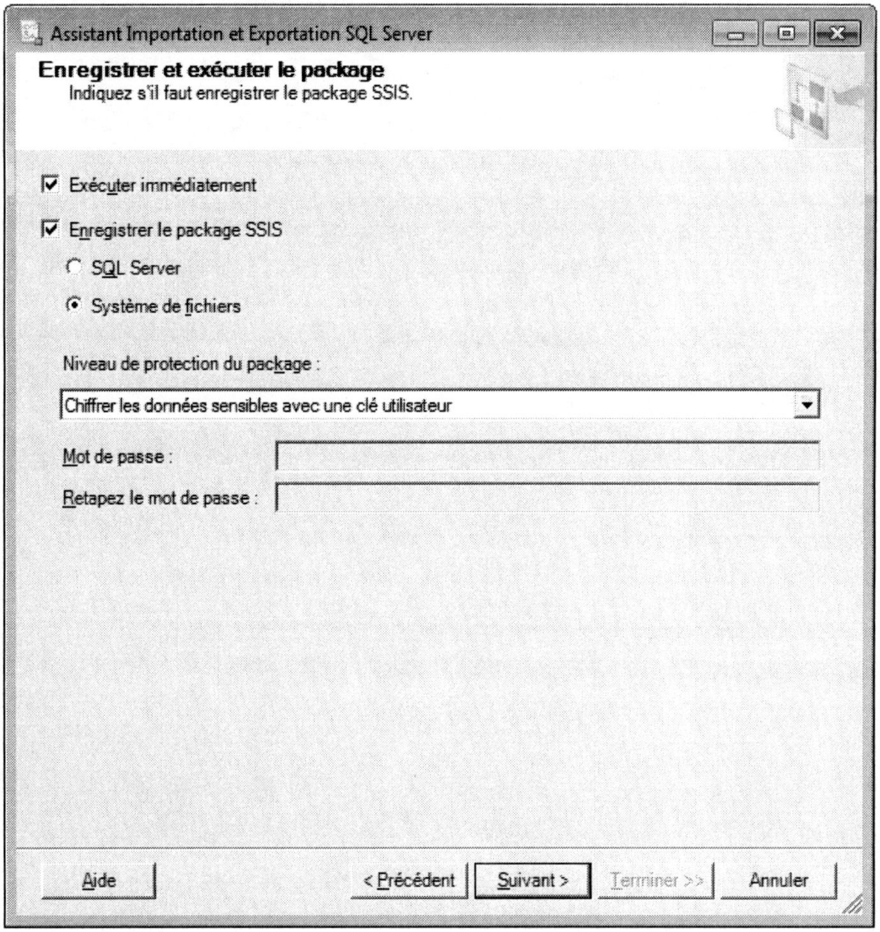

Dernière étape avant l'exécution de notre lot SSIS : le nommage du lot et la sélection de son chemin de destination.

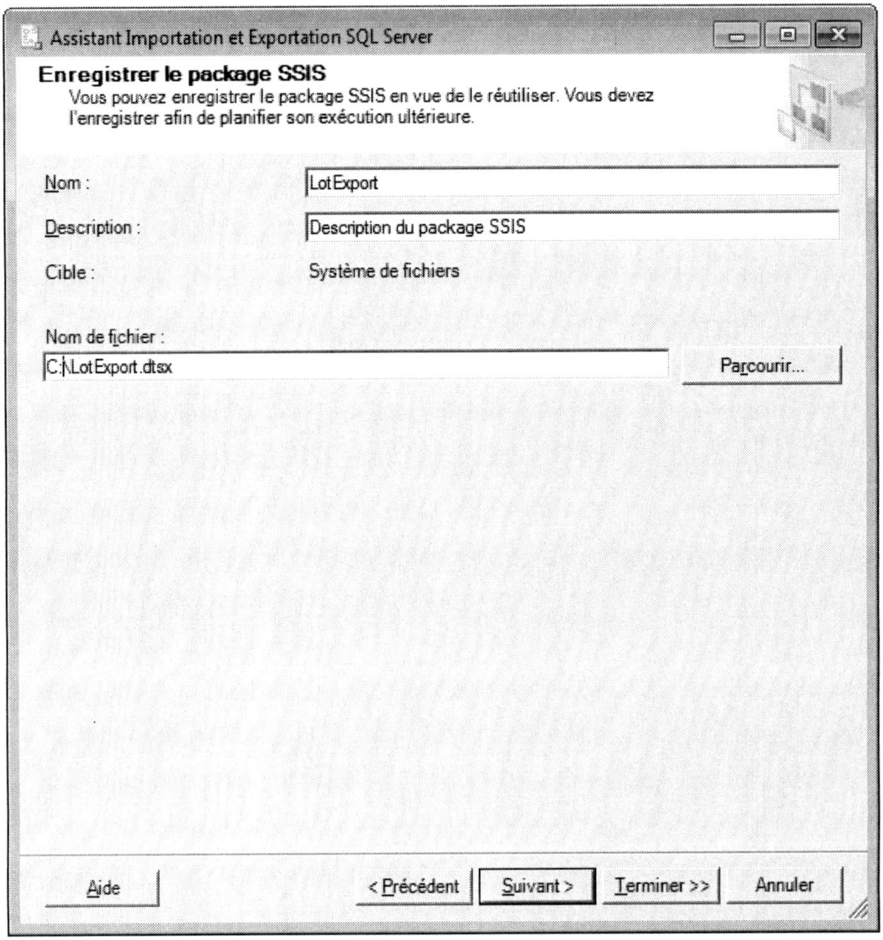

En cliquant sur **Terminer >>**, nous lançons l'exécution du lot. Il suffit maintenant d'aller voir dans le répertoire de destination du fichier plat pour constater que les informations de la table DimCustomer ont été transférées dedans.

La chose qui nous intéresse le plus ici, finalement, c'est la composition du lot et la manière dont Management Studio l'a construit. Afin de voir de quoi il en retourne, nous allons parcourir avec SQL Server Data Tools le fichier .dtsx créé, qui se trouve dans le répertoire défini avec l'assistant (pour cela, il ne suffit pas de double cliquer sur le fichier, mais choisir **Ouvrir avec** puis SSDT).

4.2 SQL Server Data Tools

À partir du développement de l'étape précédente, nous allons passer en revue les différentes parties de l'interface graphique de SSDT. Il faut au préalable avoir intégré notre package dans une solution SSIS. Pour ce faire, nous allons créer une solution SSIS sous SSDT via le menu **Fichier** - **Nouveau** - **Projet** - **Projet Integration Services**. Sélectionnez l'emplacement de votre solution. Une fois la solution créée, faites un clic droit dans l'explorateur de solutions sur **Package SSIS** puis sélectionnez **Ajouter le package existant** et renseignez le chemin du lot que nous venons de créer.

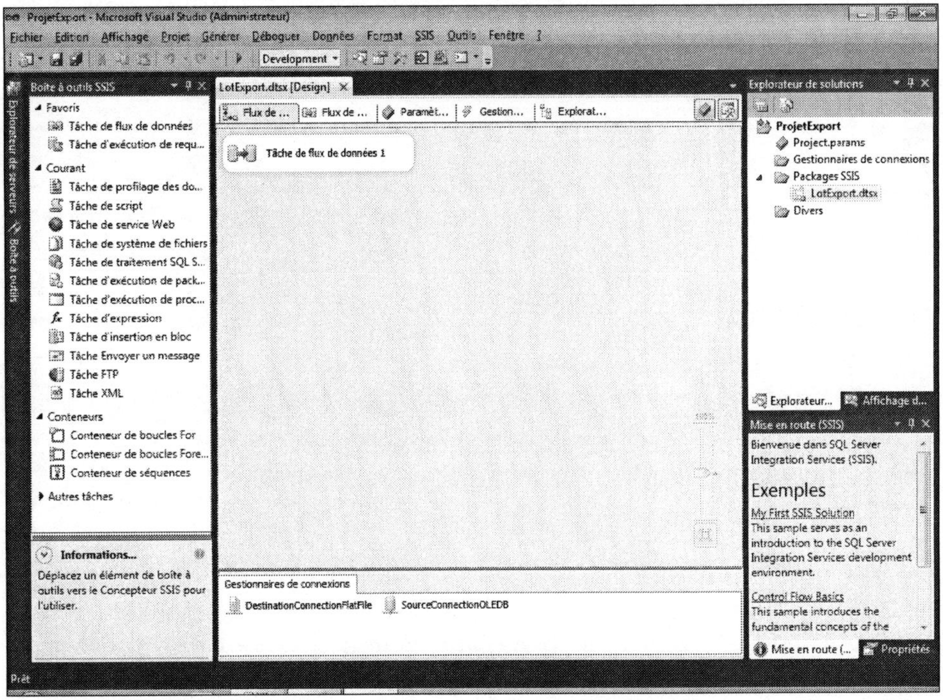

Le **Flux de contrôle** est le premier des six onglets principaux (seuls cinq sont disponibles pour le moment, le dernier n'étant visible que lorsque le lot est en cours d'exécution ou a été exécuté). C'est ici que nous allons concevoir l'agencement des tâches. Ces tâches sont disponibles via la boîte à outils. Nous retrouvons ici également la section de déclaration des gestionnaires de connexions.

Dans notre lot SSIS, nous ne disposons que d'une tâche de flux de données dans notre Flux de contrôle.

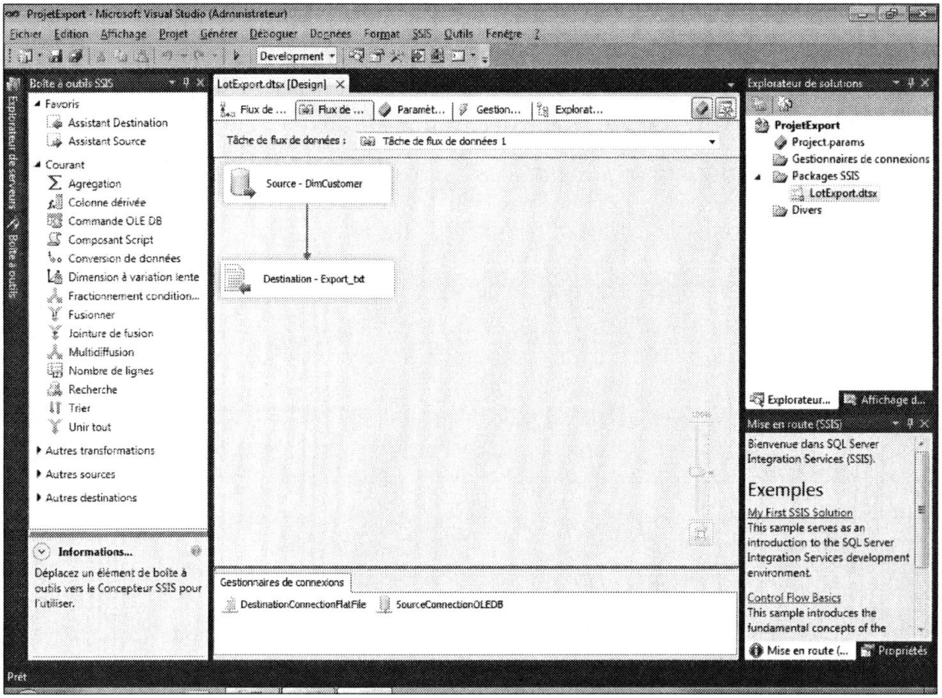

Le second onglet, **Flux de données**, est généralement celui sur lequel nous passons le plus de temps. Pour avoir accès à cet onglet, il faut avoir créé une tâche de flux de données dans le Flux de contrôle. Nous retrouvons ici deux objets : une source et une destination. Ils correspondent aux éléments que nous avons configurés avec l'assistant, à savoir une source SQL et une destination de fichier texte. La liste déroulante **Tâche de flux de données** donne la possibilité de naviguer à travers tous les Flux de données du lot SSIS. Il faut noter au passage que la boîte à outils a changé. Nous n'avons plus les tâches du Flux de contrôle, mais les composants du Flux de données, ceux qui vont gérer les extractions, les transformations et les chargements.

Pour le moment, notre lot SSIS ne présente ni paramètre, ni gestion d'événements. Ce sont les deux onglets suivants qui vont permettre de les créer. Nous reviendrons largement sur ces points dans les chapitres Flux de contrôle, principes de fonctionnement et Événements et suivi d'exécution.

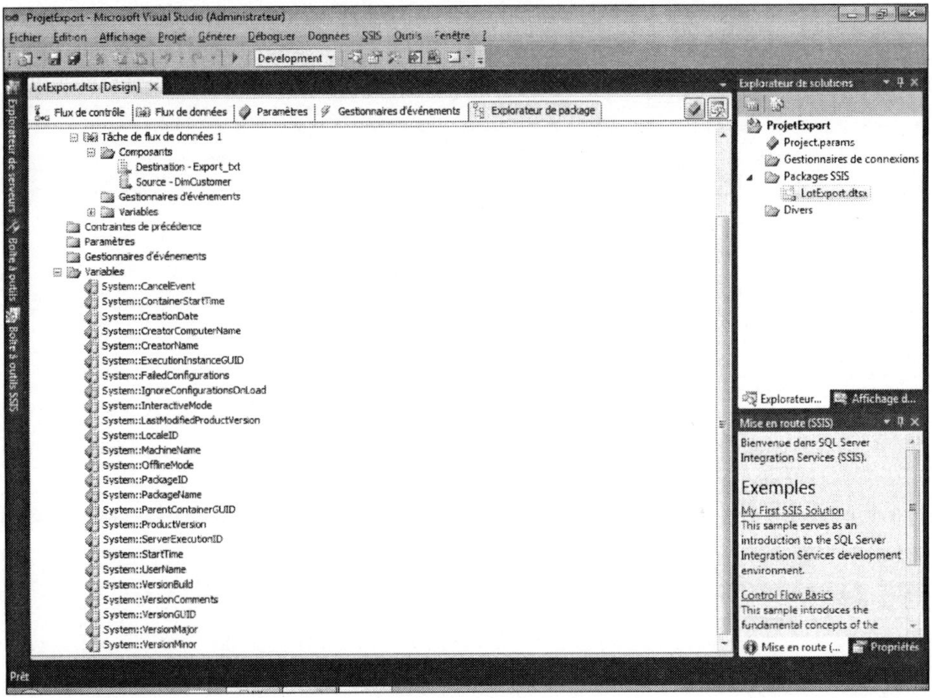

L'**Explorateur de package** sert à naviguer dans le lot SSIS quand celui-ci devient complexe. On y retrouve les gestionnaires de connexions, ce que l'on appelle les Exécutables (dans notre cas, la tâche de flux de données), les variables, etc.

À partir de tous ces éléments d'interface, nous sommes maintenant en mesure de développer des lots SSIS. Le chapitre suivant va revenir sur le premier onglet d'un projet SSIS et présenter les éléments constituant le Flux de contrôle.

Chapitre 2
Flux de contrôle, principes de fonctionnement

1. Présentation du flux de contrôle

Si Integration Services est bien un outil d'extraction, de transformation et de chargement de données, il n'est pas limité à cet usage. Un outil d'ETL complet se doit de fournir des fonctionnalités d'orchestration, c'est-à-dire d'ordonnancement des tâches, pour traiter tout le cycle d'intégration des données. Par exemple, avant de charger un fichier, il est fréquent de devoir le copier depuis un serveur pour éventuellement, une fois les données récupérées, notifier tel ou tel opérateur ou lancer un traitement externe... Le flux de contrôle d'Integration Services, aussi couramment appelé par son nom anglais d'origine *Control Flow*, permet de concevoir ce type de cinématique.

1.1 Objectifs

Le flux de contrôle est un composant essentiellement algorithmique. Comme nous allons le voir par la suite, sa construction fait appel aux concepts de boucles, de variables, de conditionnelles voire de gestionnaires d'événements que l'on est habitué à retrouver dans le monde du développement. Il est d'ailleurs facile de l'apparenter à une sorte de fonction Main(), comme il en existe dans la plupart des langages héritiers du C. Comme cette fonction, le flux de contrôle principal est unique au programme et est responsable du lancement de tous les traitements qui s'effectuent dans le package.

1.2 Aperçu du concepteur

À la création d'un package, le concepteur SSIS s'ouvre sur l'éditeur de l'unique flux de contrôle du package.

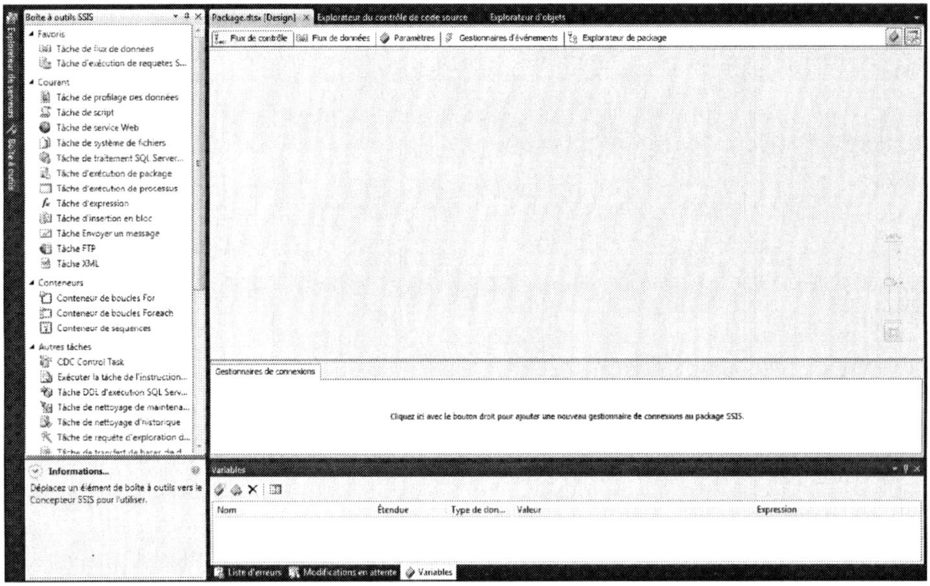

Comme déjà évoqué dans le chapitre précédent, la partie haute du concepteur SSIS se découpe en cinq onglets, l'éditeur de flux de contrôle étant accessible depuis l'onglet **Flux de contrôle**. Au sein du concepteur, on retrouve tout d'abord au centre la surface de conception - qui est bien entendu vide à la création du package - et à gauche la boîte à outils qui comprend toutes les tâches utilisables.

Remarque

Si cette barre n'est pas visible, un clic sur le bouton  *(situé tout en haut à droite du designer) ou dans le menu **Affichage** - **Autres Fenêtres** - **Boîte à Outils SSIS** permet de la restaurer.*

Pour les lecteurs connaissant les versions 2005 à 2008 R2 du produit, cette boîte à outils se nommait alors simplement « Boîte à outils ». En recherchant dans le menu, vous pourriez d'ailleurs la retrouver, mais vous constateriez qu'elle est désormais vide. Ce changement de dénomination n'est pas que cosmétique : en effet, la boîte à outils standard de Visual Studio utilisée jusqu'alors dans SSIS, en plus de ne pas être en WPF, rendait le développement de composants personnalisés difficile en ne rafraîchissant pas automatiquement les références vers ceux-ci.

La nouvelle boîte à outils que vous avez sous les yeux, en plus de faciliter la vie aux développeurs de composants, vous permet aussi de classer les tâches selon votre convenance, en utilisant le dossier **Favoris** situé en haut pour y placer les éléments couramment utilisés.

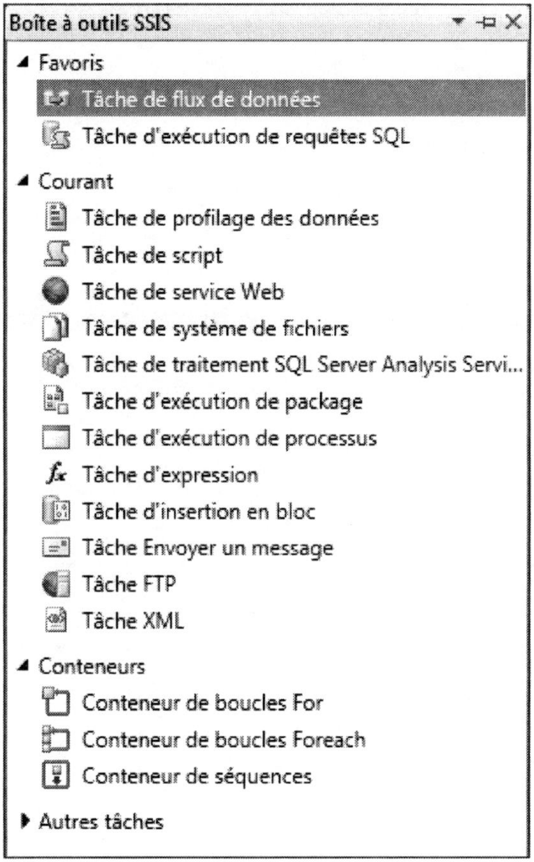

Il est aussi possible d'accéder facilement aux ressources d'aide : lorsqu'une tâche est surlignée, un message d'aide apparaît en bas, fournissant quelques informations de base. Le bouton **?** situé en haut permet d'accéder dans un navigateur à la page d'aide détaillée du composant, et le lien **Rechercher des exemples** permet de récupérer des tutoriels depuis MSDN.

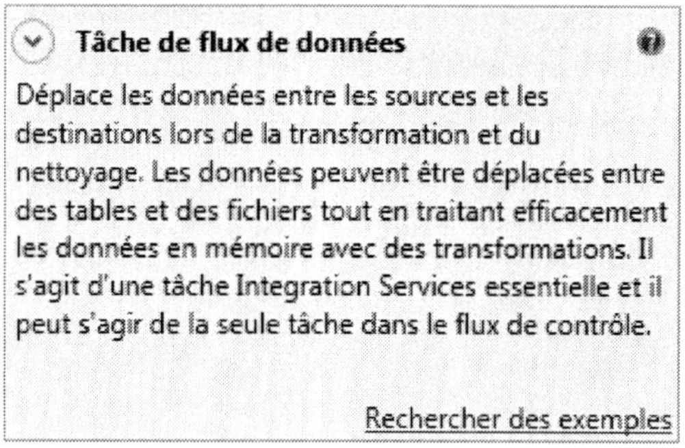

Pour ajouter au flux de contrôle la tâche surlignée, un simple double clic sur celle-ci ou un glisser-déposer sur la surface de conception suffit.

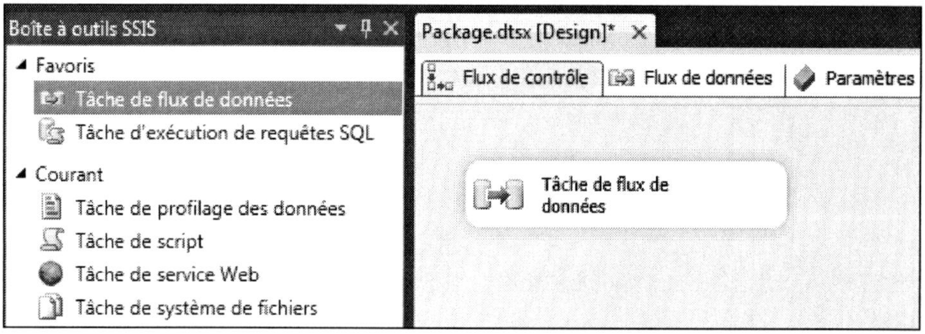

La tâche apparaît alors sur la surface de conception. On peut évidemment en disposer plusieurs, ajouter quelques notes en tapant du texte au clavier sur le fond de la surface, et même zoomer quelque peu en utilisant l'outil situé à droite de la surface de conception.

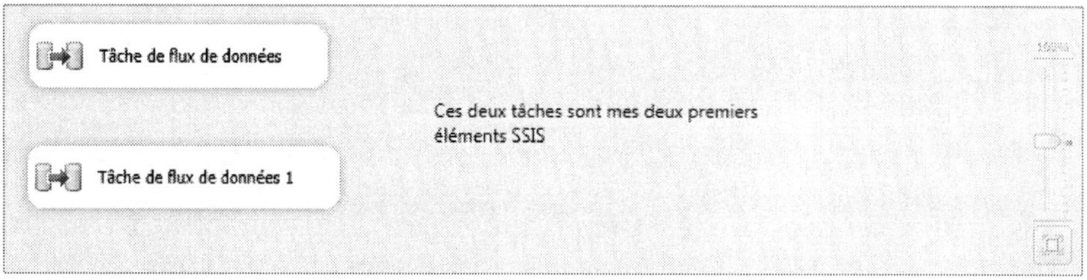

Notez au passage que la tâche que nous avons utilisée, la tâche de flux de données (ou Data Flow), est la tâche la plus importante d'Integration Services, puisque c'est elle qui va se charger de la plupart des tâches ETL. Vous allez la découvrir dans les chapitres suivants. Comme vous venez de le voir, développer un flux de contrôle consiste essentiellement à glisser-déposer les tâches de la boîte à outils sur la surface de conception. Par la suite, nous verrons que l'on peut les configurer en double cliquant dessus et les orchestrer en traçant des flèches entre elles (aussi appelées contraintes de précédence).

Deux autres parties sont aussi visibles dans ce concepteur : les **Variables** permettent aux tâches de communiquer entre elles, et les **Gestionnaires de connexions** sont les médiateurs à travers lesquels le package peut accéder à des données externes (bases de données, fichiers plats...). Ce sont ces gestionnaires que nous allons aborder dans la partie suivante.

2. Gestionnaires de connexions

2.1 Concepts

La majeure partie des transformations va nécessiter l'accès à des données externes. Or, la philosophie des produits ETL comme SSIS est d'extraire les données des systèmes source pour immédiatement les traduire dans le typage du moteur de transformation et ainsi généraliser l'ensemble de ces transformations à tous les types de données source possibles. Cet accès aux données externes ne doit être réalisé dans SSIS que via des gestionnaires de connexions (ou Connection Managers).

2.2 Création

La plupart des gestionnaires de connexions sont propres à certains types de tâches, qui les créent à la demande, souvent de manière quasi silencieuse. Mais il est intéressant de comprendre la logique de leur définition, afin d'être capable de les créer manuellement pour certains scénarios complexes. Ceci s'effectue depuis l'onglet **Gestionnaires de connexions**, qui se situe en contrebas de la surface de conception du flux de contrôle. Lui aussi est initialement vide. On peut lui ajouter un premier gestionnaire en cliquant avec le bouton droit de la souris sur son fond, comme indiqué :

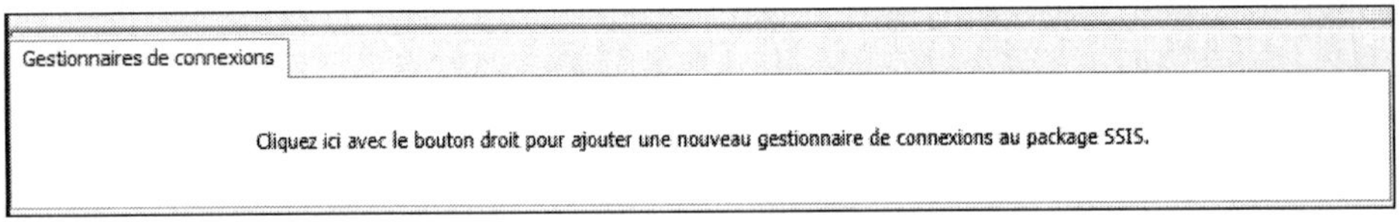

Le choix de **Nouvelle Connexion...** ouvre une fenêtre listant tous les types de gestionnaires de connexions installés sur le poste de développement, et il y en a généralement beaucoup !

Sélectionnez le type de gestionnaire de connexions à ajouter au package.

Type du gestionnaire de connexions :

Type	Description	Nom d...	Version...	Inform...
ADO	Gestionnaire de connexions pour les connexion...	C:\Pro...	2011.11...	Micros...
ADO.NET	Gestionnaire de connexions pour les connexion...	C:\Pro...	2011.11...	Micros...
CACHE	Gestionnaire de connexions pour le cache	C:\Pro...	2011.11...	Micros...
DQS	Gestionnaire de connexions pour le serveur DQS	Micros...	11.0.0.0	
EXCEL	Gestionnaire de connexions pour fichiers Excel	C:\Pro...	2011.11...	Micros...
FILE	Gestionnaire de connexions pour fichiers	C:\Pro...	2011.11...	Micros...
FLATFILE	Gestionnaire de connexions pour fichiers plats	C:\Pro...	2011.11...	Micros...
FTP	Gestionnaire de connexions pour les connexion...	C:\Pro...	2011.11...	Micros...
HTTP	Gestionnaire de connexions pour les connexion...	C:\Pro...	2011.11...	Micros...
MSMQ	Gestionnaire de connexions pour la tâche MSMQ	Micros...	11.0.0.0	Micros...
MSOLAP100	Gestionnaire de connexions pour les connexion...	C:\Pro...	2011.11...	Micros...
MULTIFILE	Gestionnaire de connexions pour plusieurs fichi...	C:\Pro...	2011.11...	Micros...
MULTIFLATFILE	Gestionnaire de connexions pour plusieurs fichi...	C:\Pro...	2011.11...	Micros...
ODBC	Gestionnaire de connexions pour les connexion...	C:\Pro...	2011.11...	Micros...
OLEDB	Gestionnaire de connexions pour les connexion...	C:\Pro...	2011.11...	Micros...
SMOServer	Gestionnaire de connexions pour les tâches de ...	Micros...	11.0.0.0	Micros...
SMTP	Gestionnaire de connexions pour la tâche Envo...	Micros...	11.0.0.0	Micros...
SQLMOBILE	Gestionnaire de connexions pour les connexion...	C:\Pro...	2011.11...	Micros...
WMI	Gestionnaire de connexions pour les tâches WMI	Micros...	11.0.0.0	Micros...

Prenons quelques instants pour les détailler.

2.3 Types de connexions

On peut grouper ces connexions en quelques grandes catégories. Le premier type de ressource externe auquel on songe lorsqu'on parle d'un moteur ETL concerne logiquement les bases de données relationnelles.

2.3.1 Bases de données relationnelles

Historiquement dans le monde Microsoft, beaucoup de technologies d'accès aux bases de données ont coexisté. Dès 1992, ODBC (*Open Database Connectivity*) permet à l'initiative de Microsoft la standardisation de l'accès à de multiples bases de données relationnelles depuis différents systèmes.

Dans le monde Java, JDBC (*Java DataBase Connectivity*) lui est très similaire dans le principe. Microsoft a voulu au tournant des années 1990 lui substituer OLE DB (*Object Linking and Embedding DataBase*), plus puissant et basé sur des composants COM, qui est resté longtemps le mode d'accès aux bases de données privilégié pour les technologies natives. Sur cette couche basse OLE DB a été développée la bibliothèque ADO (*ActiveX Data Objects*), bien connue entre autres des développeurs Access, qui fournissait des services supplémentaires pour le mode déconnecté. Elle est aujourd'hui majoritairement dépréciée.

Remarque

Il est à noter que Microsoft recommande désormais l'utilisation d'ODBC pour l'accès aux données depuis les technologies natives et non plus OLE DB.

Enfin, ADO.NET, équivalent d'ADO dans le framework .NET, repose sur des fournisseurs de données managés et donc différents d'OLE DB. Ces fournisseurs .NET sont appropriés aux applications .NET. Dans Integration Services, les scripts étant écrits en .NET, l'usage de ces gestionnaires de connexions est idéal. En revanche, depuis un Data Flow, l'appel à un fournisseur natif est l'approche la plus efficace si celui-ci existe, le moteur de transfert de données n'étant bien entendu pas écrit en code managé pour d'évidentes raisons de performances.

On peut résumer ces fournisseurs d'accès aux bases de données dans ce tableau :

Nom du fournisseur	Description
ADO	Connexion à des données via une bibliothèque ADO. Essentiellement utile pour accéder à des ADO Recordsets utilisés dans du code ASP (*Active Server Pages*, technologie de serveur web précédant ASP.NET) ou VBA (*Visual Basic for Applications*), plutôt ancien, son usage est rarissime dans SSIS.
ADO.NET	Les fournisseurs .NET sont conçus pour accéder à des données depuis une application .NET, c'est-à-dire principalement depuis les scripts dans SSIS, même si leur utilisation comme source de Data Flow est possible mais moins efficace qu'un équivalent natif.

Nom du fournisseur	Description
ODBC	Une fois un DSN (*Data Source Name*), source de données ODBC, défini depuis les services ODBC du poste, on peut s'y connecter. Technologie privilégiée d'accès aux bases de données dans le passé… et dans le futur.
OLE DB	Connexion à un fournisseur de données OLE DB natif installé sur le poste. C'est l'approche rencontrée le plus fréquemment dans SSIS.
SQLMOBILE	Cas particulier pour la connexion à SQL Server Compact Edition.

Une fois le mode de connexion choisi, la configuration du gestionnaire de connexions est quasi similaire, peu importe la technologie d'accès. Une fenêtre apparaît, donnant l'accès à un bouton **Nouveau...**.

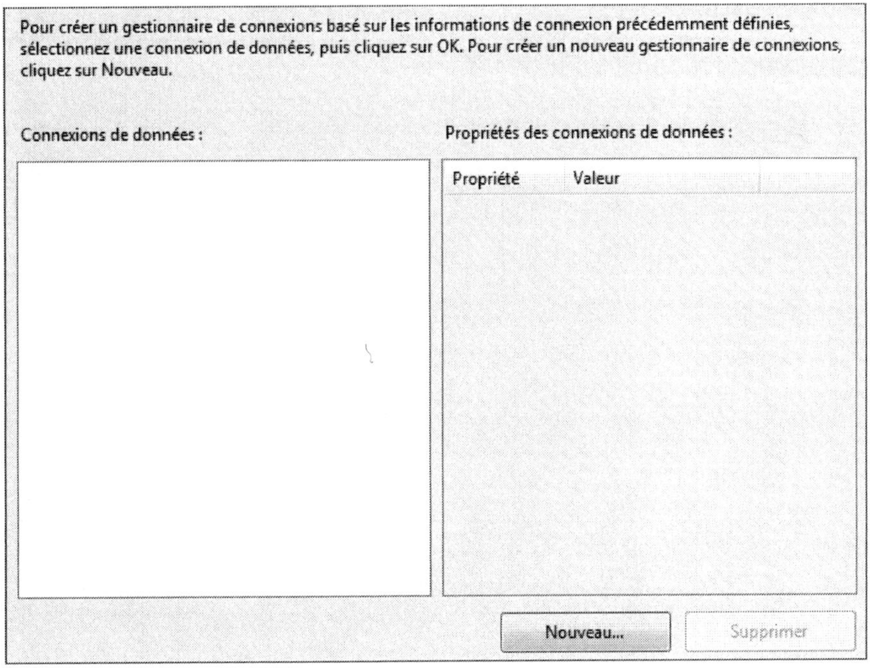

La fenêtre qui s'ouvre permet de sélectionner, s'il en existe plusieurs, un fournisseur compatible avec le gestionnaire de connexions sélectionné. Pour un gestionnaire OLE DB, on peut par exemple choisir entre OLE DB pour SQL Server, pour Jet (Excel, Access), pour Oracle...

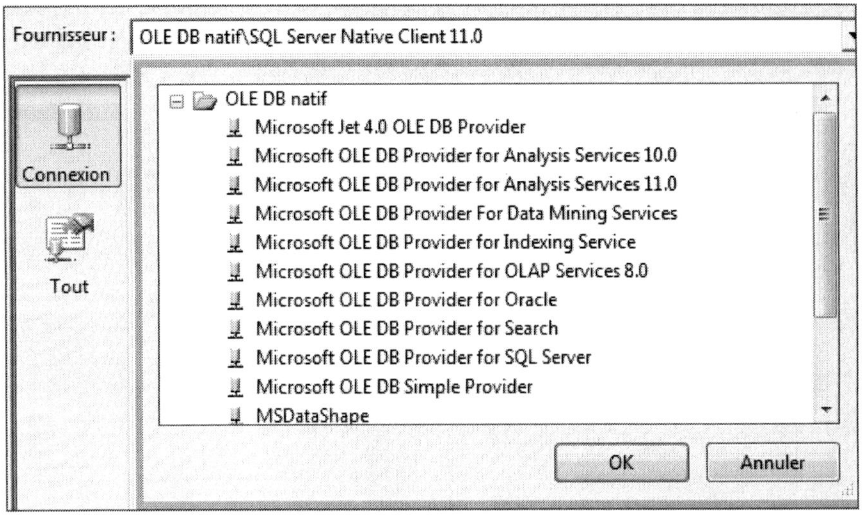

La structure de la fenêtre qui va suivre dépend du type de fournisseur sélectionné. Par exemple, que l'on soit en ADO, ADO.NET ou OLE DB, sur du SQL Server, le formulaire propose de saisir le nom du serveur, les informations d'authentification et la base de données par défaut.

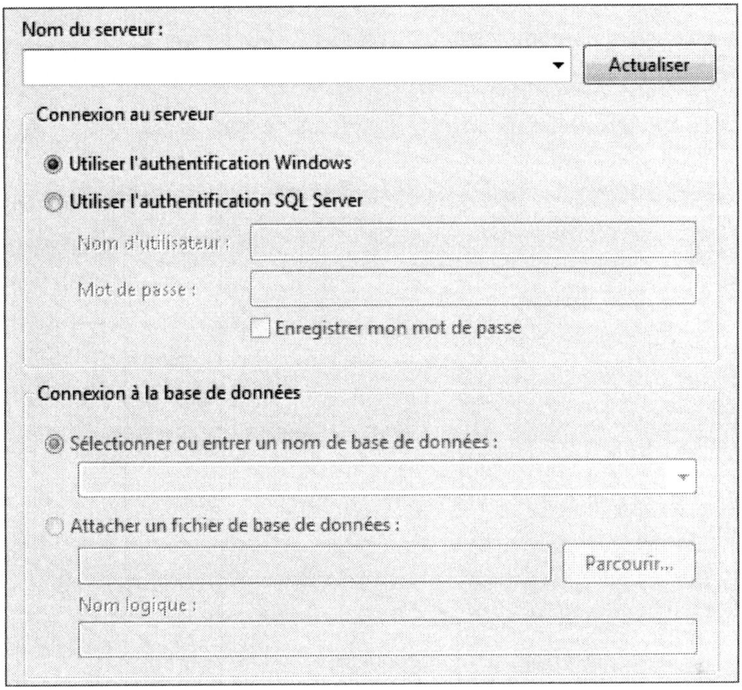

En revanche, pour ODBC, la fenêtre est plus simple, ne permettant que la saisie d'une chaîne de connexion ou le choix d'un DSN défini au niveau système.

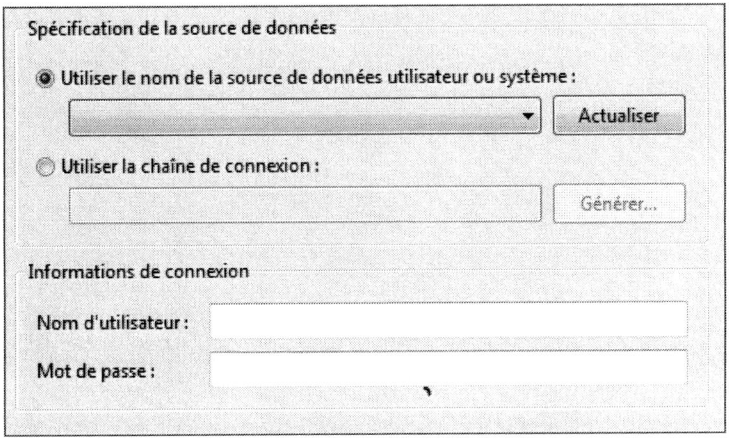

De même, pour tous les fournisseurs, un simple clic sur le bouton **Tous** permet d'accéder aux – généralement très nombreuses – propriétés disponibles pour une chaîne de connexion.

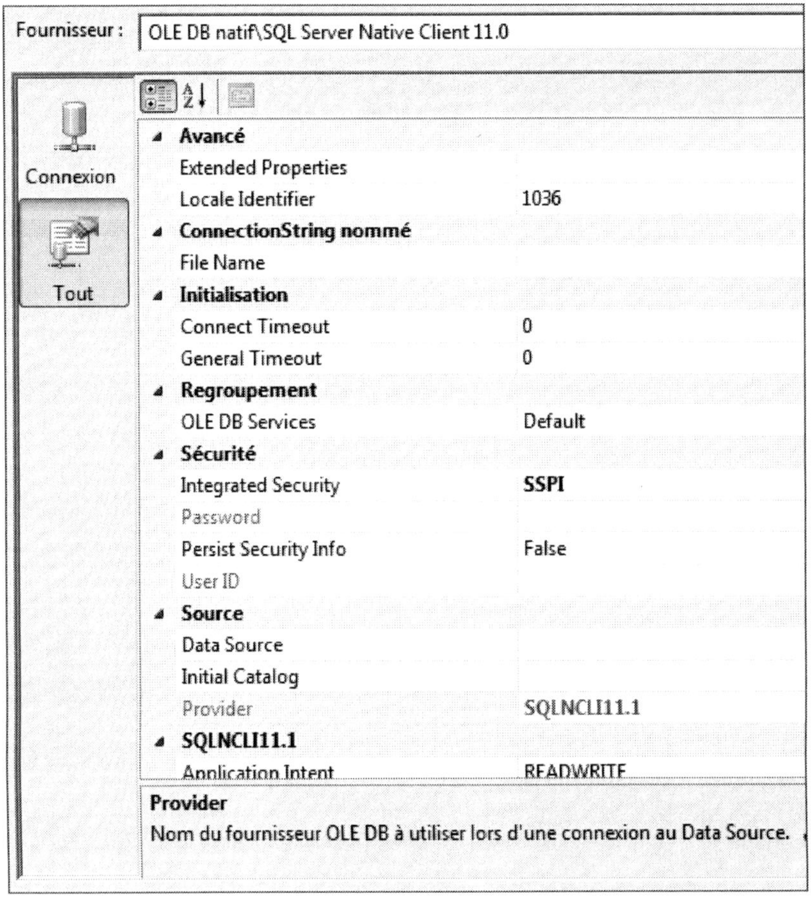

Il est évidemment exclu de détailler ici toutes les fenêtres et tous les choix possibles pour tous les types de fournisseurs disponibles dans SSIS : l'objectif est simplement d'appréhender le mode de conception d'une connexion à une base de données. Reportez-vous en cas de doute à la documentation de votre fournisseur.

Une fois votre connexion à une base de données créée, elle apparaît en dessous du concepteur de flux de contrôle avec une icône de base de données :

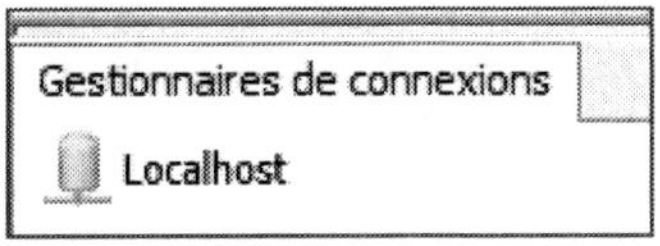

2.3.2 Fichiers

On regroupe dans cette partie trois types de connexions. Les plus évidents concernent les fichiers plats (FLATFILE), comme des CSV, que l'on peut accéder un par un ou par groupe (MULTIFLATFILE). Si on ne s'intéresse pas au contenu des fichiers mais plus à l'arborescence de répertoires, pour déplacer les fichiers ou en créer, on utilisera plutôt les connexions FILE et MULTIFILE. Enfin vous savez peut-être que les connexions au contenu d'un fichier Excel peuvent se faire en OLE DB par Jet. C'est effectivement le cas, mais un gestionnaire dédié à Excel est néanmoins inclus, essentiellement pour simplifier le paramétrage du fournisseur. Là encore, le tableau ci-dessous récapitule ces notions avant de les aborder en détail :

Nom du fournisseur	Description
FLATFILE et MULTIFLATFILE	Permet la récupération du contenu d'un ou plusieurs fichiers plats, qu'ils soient définis en CSV, en largeur fixe...
FILE et MULTIFILE	Équivalent d'un FileInfo/DirectoryInfo : permet la manipulation d'un ou plusieurs fichiers/répertoires dans le système de fichier (création, suppression, copie...).
EXCEL	Connexion au contenu d'un fichier Excel.

L'éditeur du gestionnaire de connexions de fichiers plats, simple (FLATFILE) ou multiple (MULTIFLATFILE), comporte quatre écrans. Le premier permet de sélectionner le fichier auquel on souhaite se connecter et de saisir les informations relatives à la structure de ce fichier.

Le premier écran est donc paramétré en fonction de ces propriétés : on sépare le texte avec des guillemets, les lignes d'en-tête avec des retours charriot – mais cela aurait pu être n'importe quel caractère ou presque – et on a bien le nom des colonnes dans la première ligne (en négligeant la toute première ligne technique qui ne nous intéresse pas).

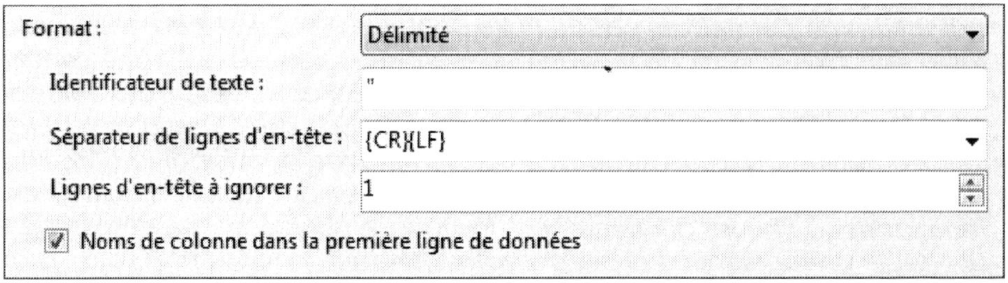

L'écran **Colonnes** permet de traiter la séparation des colonnes et des lignes, et d'avoir un aperçu du résultat. Notre fichier a ses valeurs séparées par des points-virgules, et ses lignes par des CRLF. Le résultat est alors conforme aux attentes.

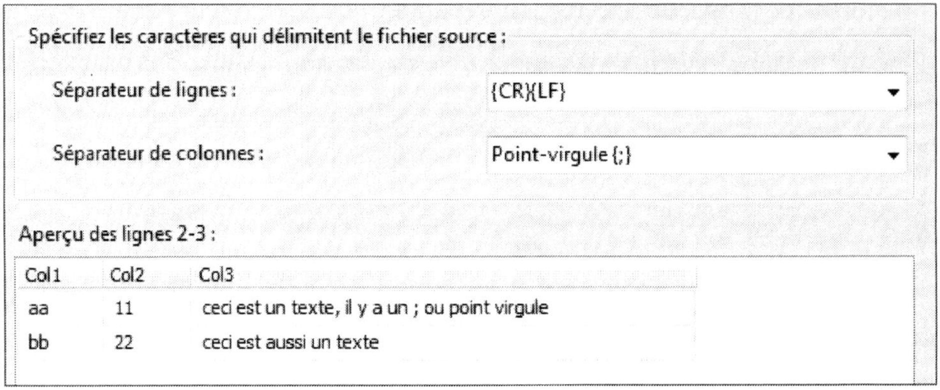

Remarque

Notez que la partie « Avancé » sera traitée dans les chapitres consacrés au Data Flow : en effet, il s'agit dans cet écran de donner un type aux colonnes générées, qui sont pour le moment toutes des chaînes de caractères. Or le système de typage de SSIS, relativement complexe, sera abordé par la suite.

En ce qui concerne les fichiers de largeur fixe, leur premier écran est très similaire à celui du CSV, si ce n'est que le séparateur de texte n'a aucun sens : il n'y a en effet aucun risque de confusion avec un séparateur de colonnes, puisqu'il n'y en a pas dans ce format. Le fichier utilisé dans l'exemple comprend les mêmes données que le CSV précédent :

```
##Ce fichier a été généré par le système Toto##
Col1Col2Col3                                          aa  11  ceci
est un texte, il y a un ; ou point virgulebb  22  ceci est aussi
un texte
```

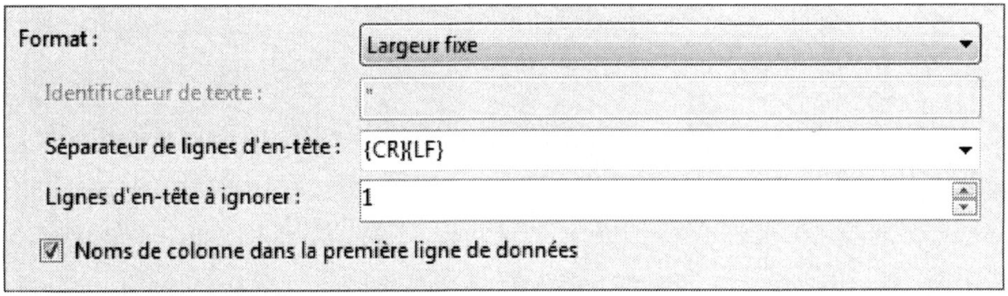

L'écran suivant est en revanche très différent, puisqu'il va s'agir ici non plus de déterminer des caractères de séparation, mais les différentes longueurs des champs. Un éditeur graphique est présent pour vous assister. Le séparateur rouge est le séparateur de ligne : les champs ayant tous une largeur fixe, la ligne a elle aussi une largeur fixe. La première étape est donc de déplacer ce séparateur rouge à la fin de la ligne. Une ligne du fichier en question fait 55 caractères.

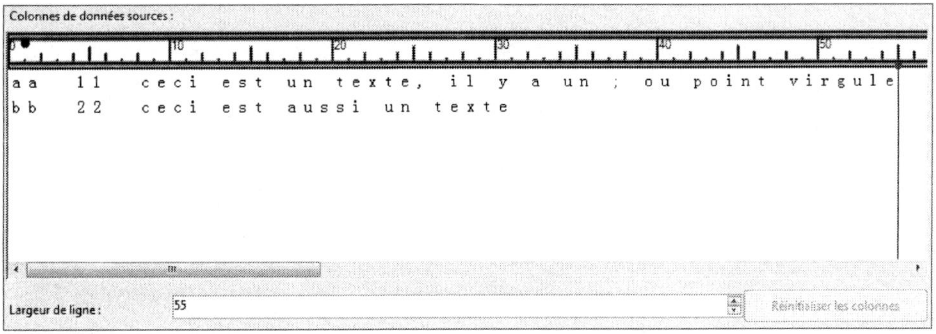

Pour les autres colonnes, un simple clic en fin de chaque champ fait apparaître un séparateur noir, déplaçable ou supprimable si vous le souhaitez.

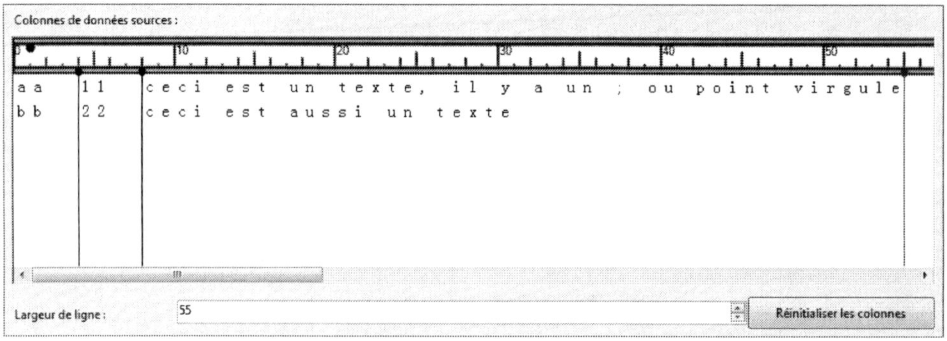

En ce qui concerne le format Ragged Right (ou « en drapeau à droite »), le paramétrage est exactement le même, si ce n'est le besoin de définir un séparateur de lignes en lieu et place de la longueur de celles-ci.

```
##Ce fichier a été généré par le système Toto##
Col1Col2Col3
aa  11  ceci est un texte, il y a un ; ou point-virgule
bb  22  ceci est aussi un texte
```

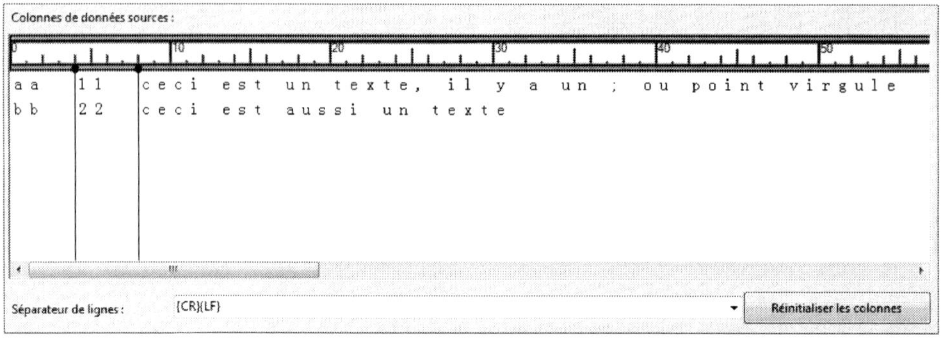

La version MULTIFLATFILE est, quant à elle, paramétrée exactement de la même manière, si ce n'est que l'on peut saisir plusieurs fichiers source, séparés par des *pipes* (ou barres verticales).

Passons aux connexions de fichiers et répertoires. Comme dit précédemment, leur gestionnaire de connexions permet la manipulation du système de fichiers de l'ordinateur cible, par la création, copie ou suppression d'éléments. Le paramétrage de ce gestionnaire est très simple : la première étape consiste à choisir si l'opération qui va utiliser le fichier ou dossier a pour but d'attaquer un fichier ou dossier existant, ou d'en créer un. La première boîte de sélection permet ce choix :

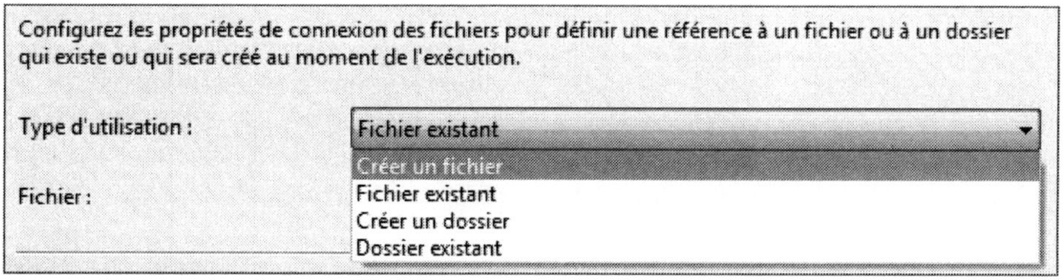

La deuxième boîte permet simplement la saisie de l'URI du fichier ou dossier, et la création est terminée.

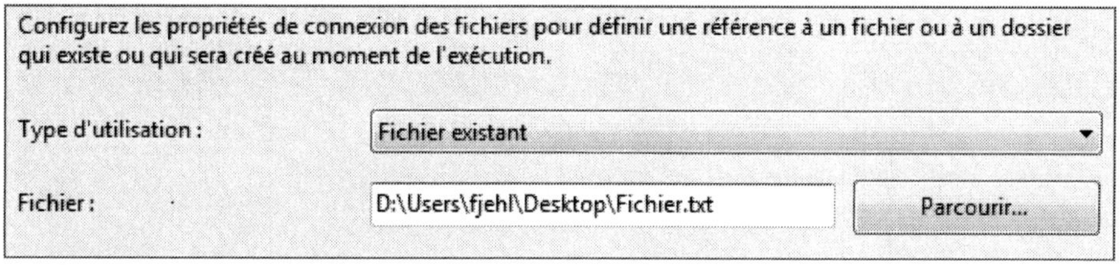

Enfin, pour clore la partie consacrée aux connexions à des fichiers, l'accès aux fichiers Excel n'est pas plus complexe. Hormis la sélection de la version d'Excel, de 3.0 à 2007 (et donc 2010), et l'URL du fichier, il n'y a rien à paramétrer.

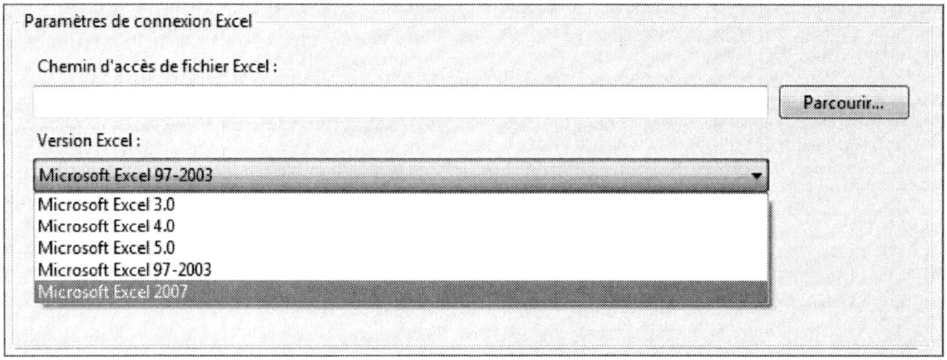

Remarque

Pour les curieux qui souhaitent vérifier l'assertion selon laquelle une connexion Excel n'est qu'une connexion OLE DB simplifiée, vous pouvez accéder aux propriétés avancées du Connection Manager Excel (clic droit puis ***Propriétés****), et voir que le champ ConnectionString possède une valeur équivalente à une chaîne de connexion OLE DB via Jet ou ACE selon la version d'Excel.*

2.3.3 Protocoles réseau

Pour l'accès à des ressources distantes, il est souvent nécessaire d'utiliser des protocoles réseau. Le stockage de documents sur des serveurs FTP est chose courante, ainsi que l'appel de méthodes ou la récupération de données depuis des serveurs Web en HTTP. De même, l'envoi de mail est souvent réalisé par le protocole SMTP, supporté par la plupart des serveurs de messagerie.

Nom du fournisseur	Description
FTP	Permet la connexion à un serveur FTP et l'exécution de commandes usuelles sur celui-ci.
HTTP	Établi une connexion HTTP, pour l'appel de services Web par exemple.
SMTP	Le protocole SMTP permet l'envoi d'e-mails.

Une connexion FTP est d'abord définie par l'URL du serveur et le port d'accès, traditionnellement le port 21.

Remarque

Pour accéder à un serveur FTP sécurisé ou SFTP (FTP over SSL) il faudra malheureusement utiliser un composant externe, ou un développement personnalisé via une tâche de script.

Les propriétés d'accès sont réduites à un simple nom d'utilisateur et un mot de passe.

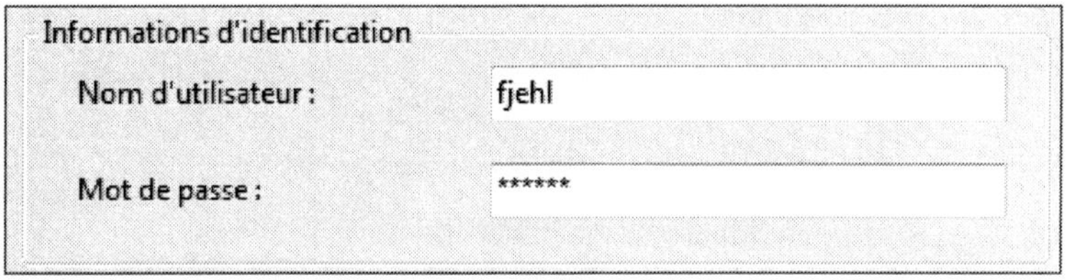

Remarque

L'accès anonyme se réalise en saisissant anonymous comme login et un mot de passe vide.

Enfin, un certain nombre d'options, comme le nombre de tentatives avant le passage au statut échec, la taille des blocs par lesquels le transfert va s'opérer et le *timeout* (ou délai d'expiration) de la connexion sont paramétrables. Il est de même possible d'activer le mode passif FTP ou PASV.

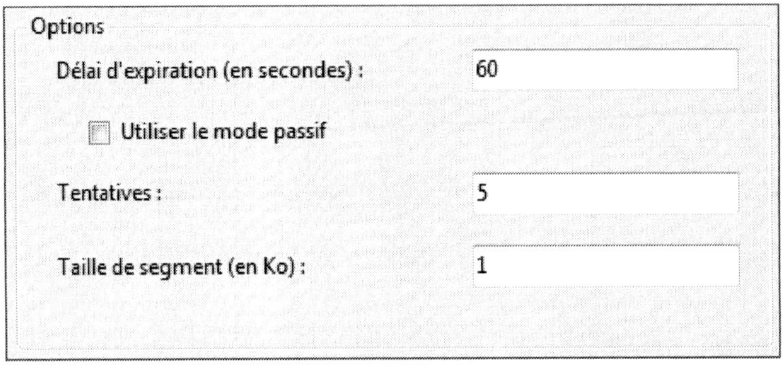

Remarque

Le protocole FTP est un peu particulier, en ce sens que la connexion de transfert de données est différente de la connexion qui permet le passage de commande. En mode actif ou PORT, cette connexion de données est initialisée par le serveur sur un port choisi par le client. Or, en raison du grand nombre de passerelles ou firewalls présents, ce port peut être bloqué. Le mode passif ou PASV règle ce problème en laissant le soin au client d'initialiser la connexion sur un port déterminé par le serveur. Cela complexifie en revanche le paramétrage du serveur.

Les connexions HTTP ciblent une ressource accessible via HTTP(S) à travers une URL. Le premier écran de paramétrage permet de taper cette URL, et d'y associer des informations d'authentification (utilisateur, mot de passe, certificat), ainsi que, là encore, des options avancées (type taille de bloc ou délai d'expiration).

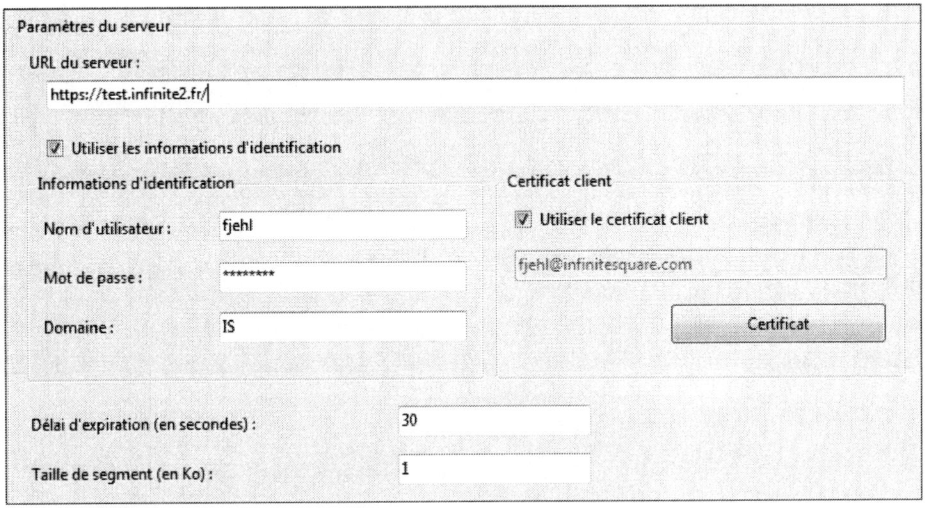

Le second onglet ressemble à s'y méprendre aux options Internet de Windows : il permet de spécifier un proxy par lequel les connexions vont passer, de gérer la résolution d'adresses locales et des URL non utilisables à travers le proxy.

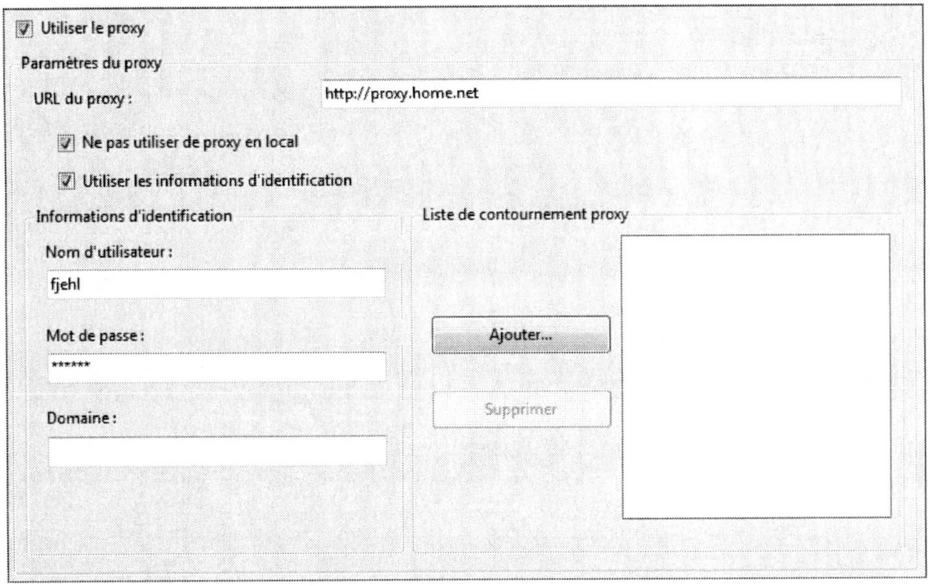

Enfin, le gestionnaire de connexions SMTP permet l'envoi de mails à travers le protocole SMTP (*Simple Mail Transfer Protocol*) utilisé ou utilisable sur la plupart des serveurs de messagerie existants. Son paramétrage est très simple, puisque constitué uniquement du nom du serveur et de l'option d'utilisation de l'authentification Windows et de SSL.

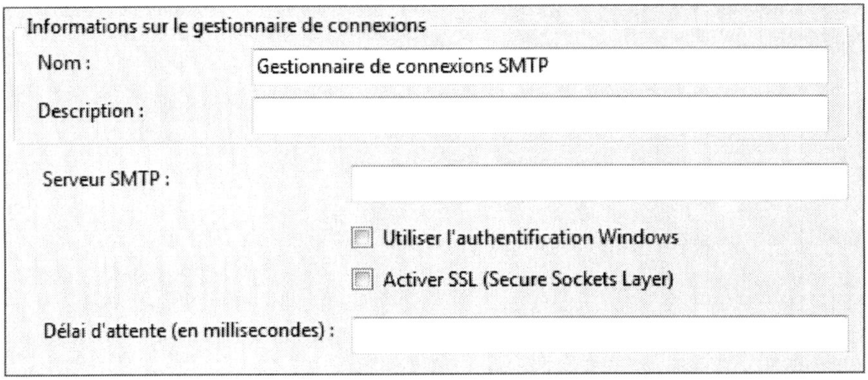

Remarque

Les méthodes d'authentification supportées sont donc uniquement Windows et anonyme, l'authentification basique par login et mot de passe n'est pas possible. Il faudra dans ce cas passer, là encore, par une tâche tierce ou un développement personnalisé.

2.3.4 Accès à l'API Windows

Les deux gestionnaires de connexions abordés dans cette partie ne sont pas les plus courants, mais permettent de faciliter des tâches de maintenance et de supervision, ainsi que la communication avec des systèmes tiers.

Nom du fournisseur	Description
MSMQ	Permet la connexion à la file d'attente de messages système d'un serveur sous Windows.
WMI	Donne accès à des interfaces de gestion du serveur (*Windows Management Instrumentation*).

L'accès à une file MSMQ (*MicroSoft Message Queue*) se fait simplement en saisissant son nom dans l'unique champ important de l'éditeur.

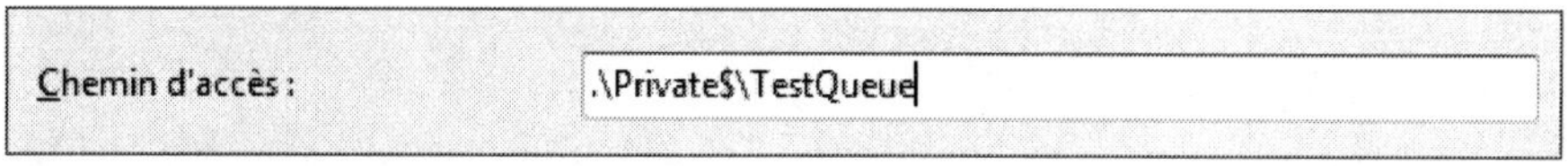

Remarque

Les files de messages disponibles sont visibles dans l'Explorateur de serveurs si la fonctionnalité est installée sur celui-ci.

En ce qui concerne l'accès à l'API WMI, son paramétrage n'est pas plus complexe, si ce n'est la possibilité de saisir un nom d'utilisateur et un mot de passe différents de ceux utilisés pour exécuter le lot.

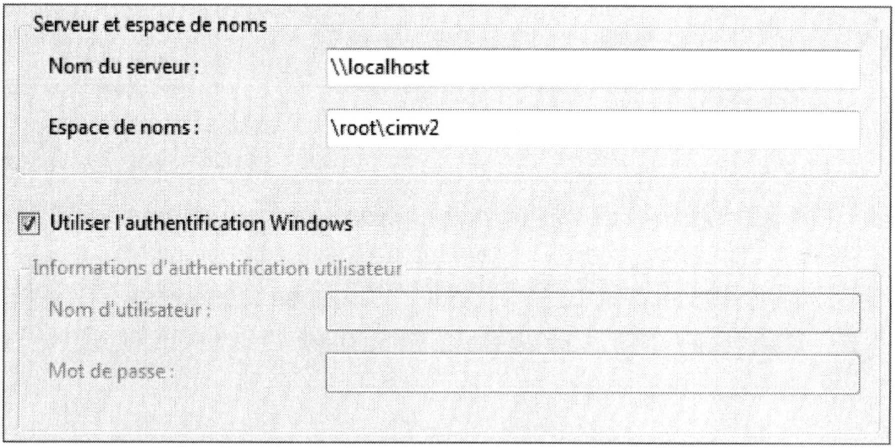

Remarque

L'espace de noms WMI, ici Root\CIMV2, désigne l'ensemble des classes qui pourront être utilisées pour suivre l'activité système. Root\CIMV2 est de loin la plus utilisée. Elle fournit des informations de gestion très complètes sur le système, permettant par exemple de savoir si un produit est installé sur celui-ci. On peut voir l'ensemble des namespaces (ou espaces de noms) WMI et paramétrer leur sécurité depuis la console MMC (Microsoft Management Console), accessible par wmimgmt.msc.

2.3.5 Autres gestionnaires de connexions spécifiques

Nous avons abordé l'essentiel des gestionnaires de connexions utilisés lors d'un projet SSIS. Ceux abordés dans cette partie sont difficilement abordables de manière groupée, et remplissent des usages très spécifiques.

Nom du fournisseur	Description
CACHE	Permet de se définir et de se connecter à un cache persisté en mémoire ou en fichier, rempli dans un Data Flow par sa tâche dédiée.
DQS	Accès à un server Microsoft SQL Server 2012 Data Quality Services.
MSOLAP100	Connexion à une base OLAP Analysis Services.
SMOSERVER	Permet de se connecter à SQL Server à travers son API de gestion SMO.

Nous n'aborderons pas ici la connexion à un cache de manière très aboutie, car elle sera bien plus détaillée dans la partie Data Flow. Disons simplement que SSIS permet d'alimenter des fichiers ou des segments de mémoire avec des données indexées pour une recherche rapide, ce que l'on appelle un cache. Le gestionnaire de connexions de cache permet principalement de définir la structure et l'index de ce cache, ainsi que des options de stockage (par défaut en mémoire ou en fichier si la case à cocher est validée et une URL spécifiée).

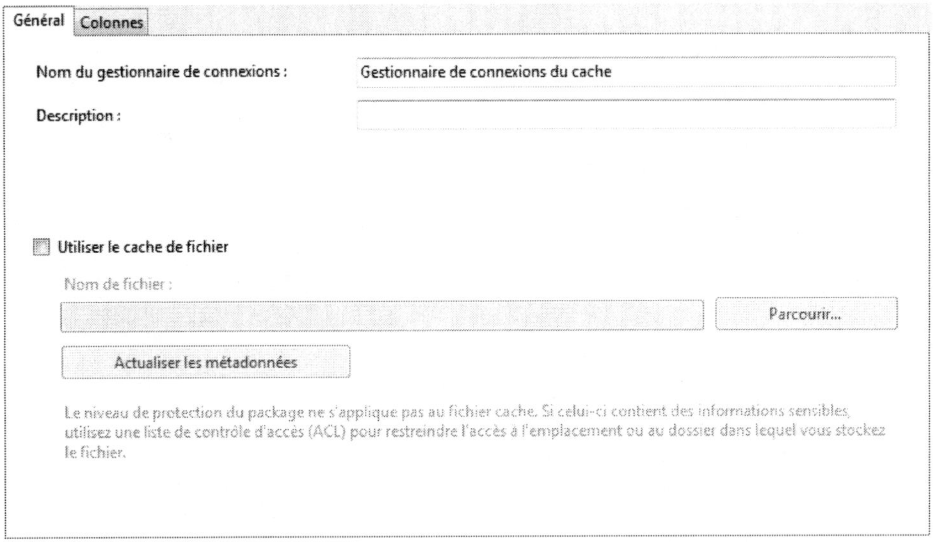

En ce qui concerne Data Quality Services, il s'agit d'un nouveau produit introduit avec SQL Server 2012 qui permet définir des projets de suivi de la qualité des données, et ainsi de permettre la validation d'une donnée par rapport à un référentiel ou à des règles de cohérence. SSIS dispose d'une tâche de Data Flow dédiée à l'interrogation de DQS, et donc d'un gestionnaire de connexions associé. Celui-ci se limite à la sélection du nom du serveur.

Quant à Analysis Services, le serveur d'analyse de la suite SQL Server, il va être possible de s'y connecter pour récupérer des données, en insérer, voire même interroger des modèles d'analyse. Là encore, un gestionnaire dédié existe, conformément à la philosophie du produit. Sa seule subtilité (hormis la saisie d'une chaîne de connexion) est de permettre la connexion à un projet de la même solution au sens Visual Studio ; fonctionnalité, il faut l'avouer, assez peu usitée.

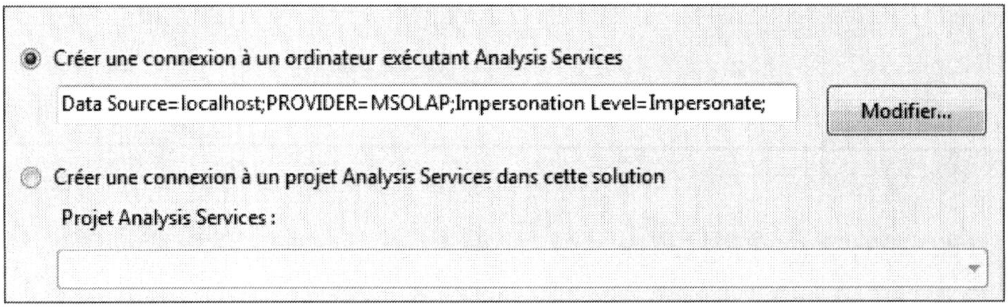

Remarque

L'authentification basique n'est supportée par Analysis Services qu'à travers une extension ISAPI appelée msmdpump.dll. Sous réserve de taper la bonne chaîne de connexion, comprenant login et mot de passe, ce scénario avancé est tout à fait supporté par ce gestionnaire de connexions.

Enfin l'API SMO (*SQL Management Objects*), sur laquelle reposent tous les outils de gestion de SQL Server, permet de suivre et modifier un serveur SQL Server à travers du code .NET. SSIS dispose de tâches standard empaquetant des routines classiques SMO pour faciliter le développement et utilisant ce gestionnaire. Là encore, un nom de serveur et la possibilité de se connecter selon les deux modes supportés, SQL Server et Windows.

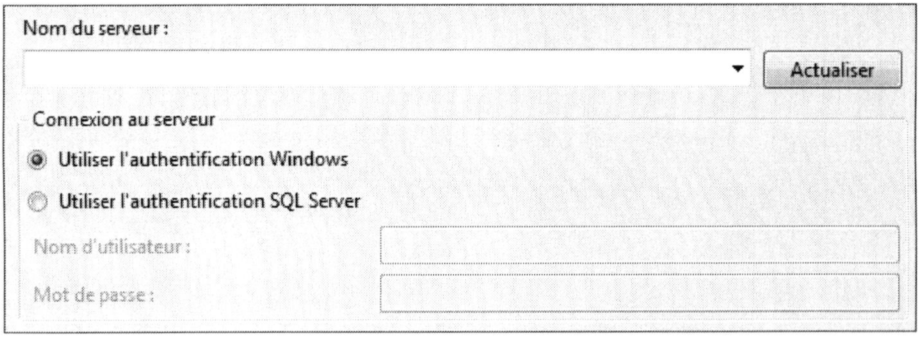

2.3.6 Gestionnaires supplémentaires à télécharger

Il est à noter que pour les possesseurs de l'édition Entreprise, trois gestionnaires peuvent être téléchargés pour se connecter à des bases de données spécifiques à l'adresse http://go.microsoft.com/fwlink/?LinkId=251526 pour Oracle et Teradata, et dans le Feature Pack pour SAP BI.

Nom du fournisseur	Description
MSORA	Connecteur Attunity optimisé pour la performance. Permet la connexion à des bases Oracle en versions 10 et 11. Pour plus de renseignements voir le White Paper « Using the Microsoft Connector for Oracle by Attunity with SQL Server 2008 Integration Services » sur MSDN (en anglais).
SAPBI	Permet de se connecter à des bases SAP Netweaver BI version 7.
MSTERA	Connecteur Attunity optimisé pour la performance. Permet la connexion à des bases Teradata. Pour plus de renseignements voir le White Paper « Microsoft Connector for Teradata by Attunity » sur MSDN (en anglais).

3. Orchestration avec les contraintes de précédence

Après cette brève introduction aux gestionnaires de connexions, il est temps de passer aux principes de base du flux de contrôle, qui est un ordonnanceur de tâches atomiques. Pour ce faire, nous utiliserons des Data Flow vides afin d'expliquer les concepts.

3.1 Mode de fonctionnement

De la même manière qu'un morceau de code, un flux de contrôle a un point de départ. Toutes les tâches non reliées démarrent simultanément. Deux tâches non reliées s'exécuteront donc parallèlement lors du lancement du package.

Remarque

L'exécution se réalise en cliquant sur le bouton  *situé dans le menu ou en choisissant* ***Exécuter le package*** *dans le menu contextuel qui se déplie en cliquant droit sur le package dans l'explorateur de solutions, voire en cliquant sur* ***Démarrer le débogage*** *dans le menu* ***Debug****, ou encore en appuyant sur la touche (F5) de raccourci.*

Après l'exécution, l'état du package s'affiche. Les deux tâches se sont effectuées avec succès comme l'indique le symbole vert, et simultanément.

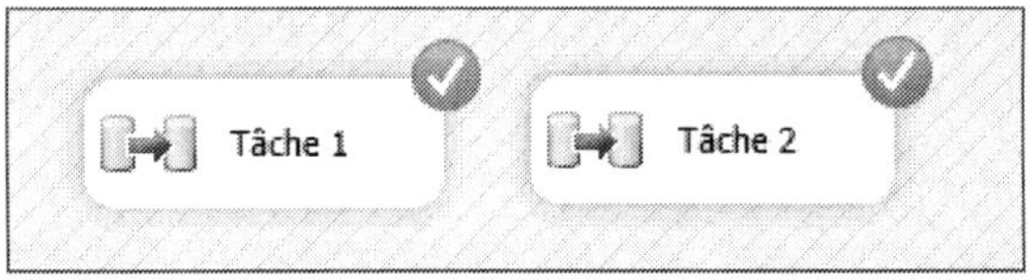

Remarque

Dans les versions précédentes de SSIS, ce résultat d'exécution était indiqué par la couleur de la tâche elle-même. Bien que plus visible, ce choix rendait le produit peu utilisable par certains malvoyants comme les daltoniens, ce qui justifie l'utilisation conjuguée d'un symbole et d'une couleur.

Si on souhaite exécuter ces tâches de manière séquentielle, il suffit de les relier avec une flèche, que l'on appelle contrainte de précédence. Lorsque l'on met une tâche en surbrillance, une flèche partant de celle-ci apparaît, qu'il suffit de déplacer sur la tâche suivante dans l'ordre d'exécution.

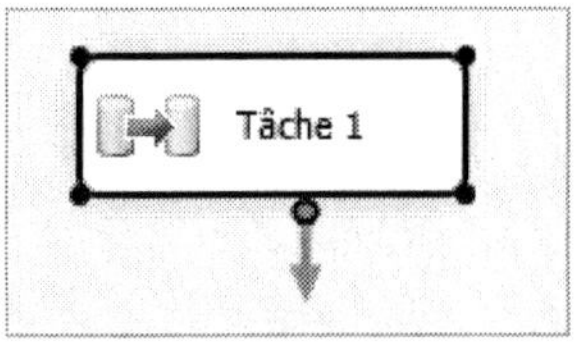

Les tâches une fois reliées s'effectueront alors séquentiellement, l'exécution démarrant d'abord par la tâche 1, puis passant à la tâche 2. On dispose alors d'une suite de tâches que l'on peut étendre autant que nécessaire.

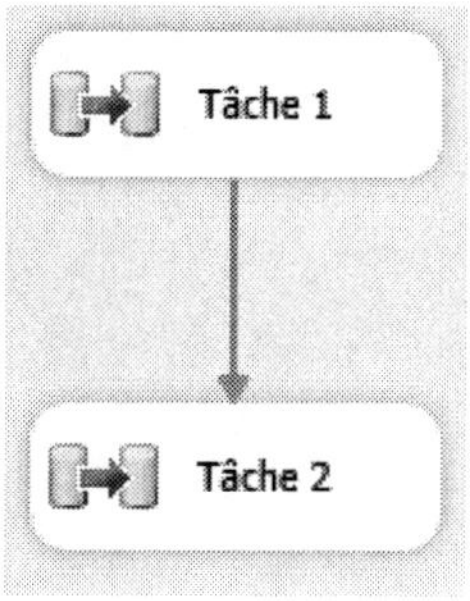

L'exécution peut même repasser sur un mode parallélisé, si une tâche est reliée à plusieurs suivantes : tous les arrangements imaginables sont possibles !

Remarque

Vous noterez que les tâches sont alignées de manière relativement homogène dans les captures d'écran : ceci n'est heureusement pas dû à un travail manuel. Il suffit de choisir l'option ***Format*** *-* ***Disposition Automatique*** *-* ***Schéma*** *pour obtenir ce résultat. À noter que les tâches peuvent aussi être redimensionnées pour suivre leur contenu textuel en faisant sur elle un clic droit puis en choisissant* ***Redimensionnement automatique****.*

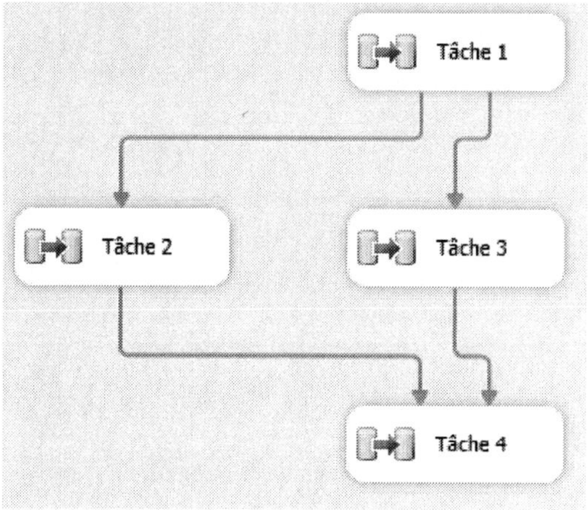

Ces contraintes de précédence permettent bien plus que donner un simple ordre aux tâches. En effet, les flèches que nous avons glissées donnent à la fois un ordre et une condition : le passage à la tâche suivante ne se fera que si le résultat d'exécution de la ou les tâches précédentes est dans l'état attendu, à savoir le succès. Pour savoir quel est l'état qui conditionne le passage de la contrainte de précédence, un simple clic droit sur la flèche suffit : on voit alors que, par défaut, une contrainte de précédence est positionnée sur Succès : on ne passera ici que si la tâche avant la contrainte renvoie un résultat positif.

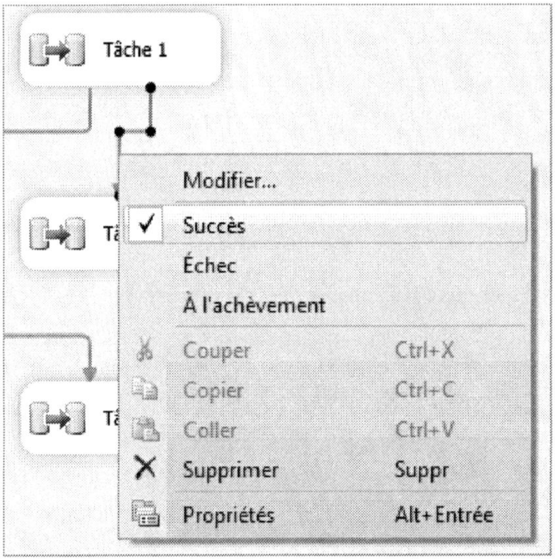

On peut tester le cas contraire en simulant une erreur de la tâche 3 avec ForceExecutionResult positionné à Failure (Échec).

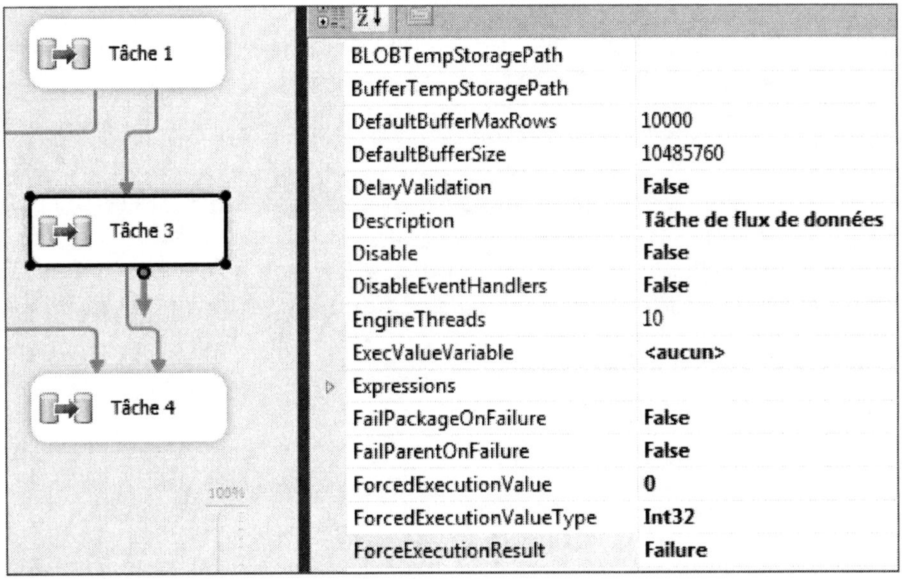

■ Remarque

La propriété ForceExecutionResult de toute tâche de flux de contrôle permet de positionner une valeur de retour de test pour valider le fonctionnement des contraintes de précédence. Elle est utile uniquement en développement.

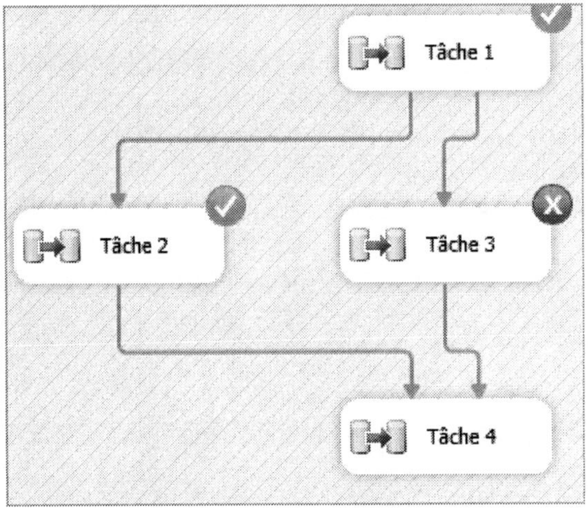

On voit que la tâche 3 s'achève en erreur, ayant pour résultat la non-exécution de la tâche 4. En effet, comme la tâche 4 doit avoir toutes ses contraintes validées pour s'exécuter, elle ne se lance pas.

Il peut cependant y avoir des cas où l'erreur est le résultat recherché, voire où le résultat d'exécution importe peu : c'est le sens de l'unique propriété de la contrainte visible précédemment dans son menu contextuel. Si elle est positionnée sur Succès (par défaut) la contrainte est validée en cas de succès de la tâche, sur Échec elle est validée en cas d'échec, et sur « À l'achèvement » il s'agit d'un simple ordonnancement sans test du résultat d'exécution. En modifiant la contrainte allant de la tâche 3 à la tâche 4 à Échec, la tâche 4 s'exécute donc.

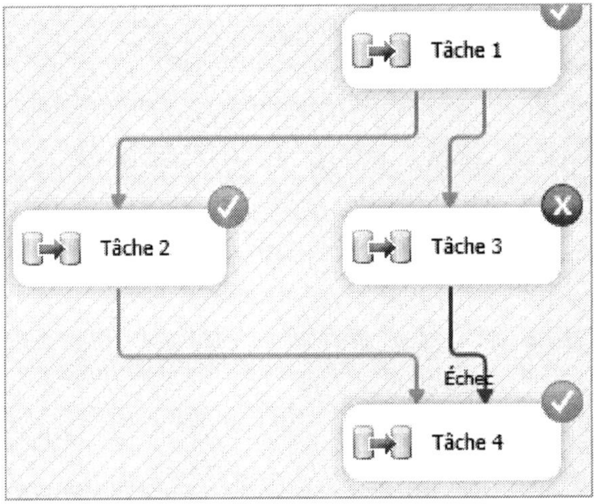

La logique est donc toujours celle-ci : une tâche ne s'exécute que si toutes les contraintes pointées sur elle sont validées, celles-ci pouvant l'être selon leur paramétrage par un statut de Succès, d'Échec ou simplement par la fin de l'exécution de la tâche précédente. Mais en réalité, les contraintes peuvent être définies de manière bien plus subtile...

3.2 Contraintes basées sur des expressions

Dans l'introduction, nous avions brièvement abordé la notion de variables. SSIS possède en effet la capacité de stocker des variables pour la communication entre les différentes tâches. Le panneau de variables apparaît usuellement en contrebas de la surface de conception. Dans le cas contraire, on peut demander l'affichage du panneau **Variables** depuis le menu **Affichage** - **Autres Fenêtres** - **Variables**. Ces variables peuvent être typées, et même rendues entièrement dynamiques, comme vous le verrez dans le chapitre suivant. Mais pour le moment, la seule chose qui nous intéresse est de savoir qu'elles existent, chaque chose en son temps.

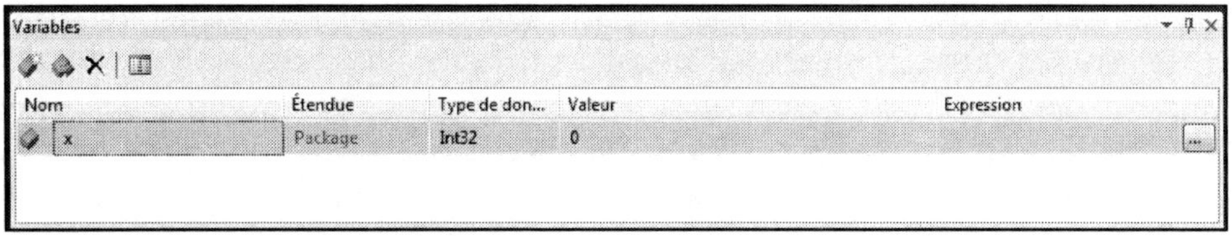

Ces variables peuvent être altérées par n'importe quelle tâche, et servir à l'évaluation des contraintes de précédence, qui peuvent dès lors devenir beaucoup plus complexes.

En accédant au menu de conception avancée d'une contrainte, par un double clic sur la flèche, on ouvre l'éditeur de contrainte. Dans sa partie haute, il permet de définir tout d'abord le mode de la contrainte : par défaut elle est basée sur un résultat d'exécution à succès, comme nous l'avons vu :

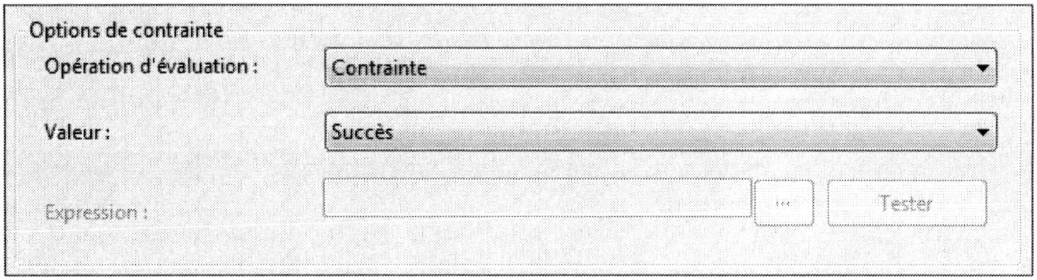

L'opération d'évaluation est modifiable. On peut, en plus du résultat d'exécution, combiner l'évaluation avec une expression potentiellement basée sur les variables dont nous avons brièvement parlé. Il est alors possible de définir que le résultat de la contrainte est soit le résultat d'exécution seul, soit le résultat d'une expression booléenne seule, soit une combinaison des deux avec un opérateur OR ou AND.

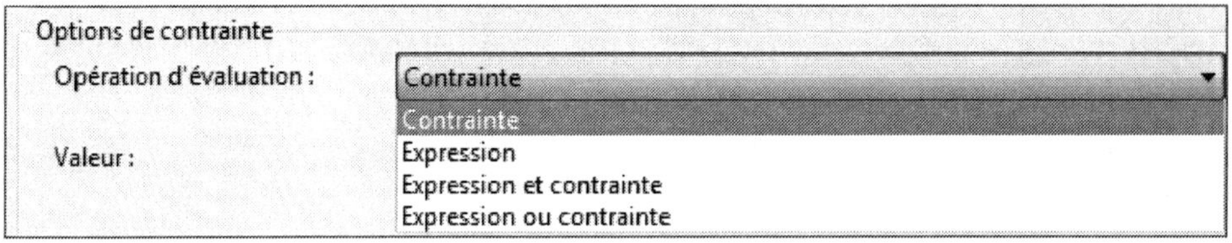

Si un choix impliquant une expression est défini – c'est-à-dire un des trois derniers choix – l'éditeur d'expression devient modifiable, permettant de saisir l'expression booléenne en question. Elle doit être évaluable à un résultat booléen (vrai ou faux) et conforme à la syntaxe des expressions SSIS telle qu'expliquée dans le chapitre suivant.

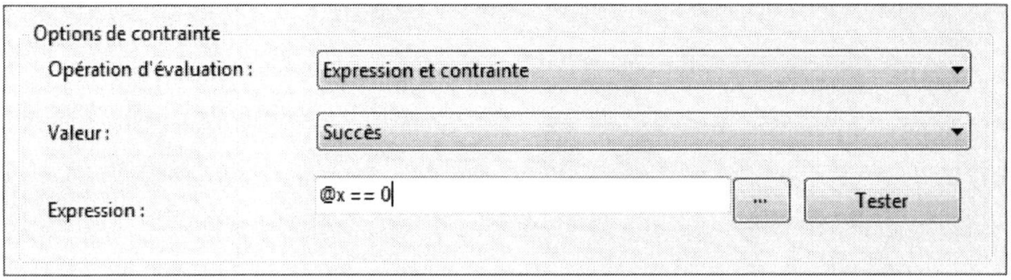

Le bouton **...** permet d'ouvrir l'éditeur d'expression pour être assisté dans la définition de celle-ci, et le bouton **Tester** valide l'expression en elle-même. Une fois la contrainte paramétrée comme souhaité, on peut là encore tester le résultat.

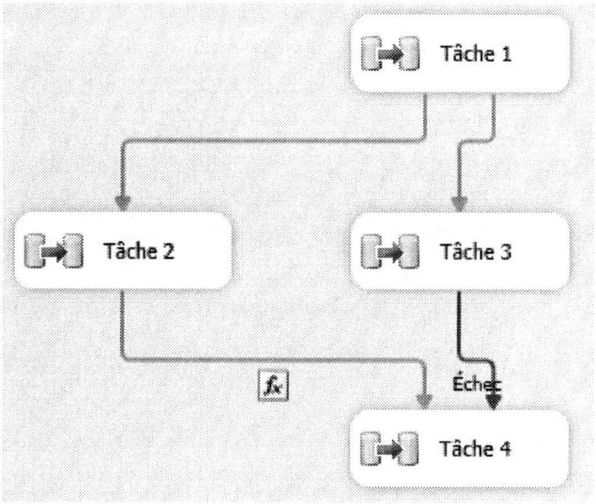

Notez au passage que l'utilisation d'une expression se matérialise sur la surface de conception par un signe fx.

Remarque

Si vous souhaitez que l'expression elle-même apparaisse sur le designer, choisissez ConstraintOptions dans la propriété ShowAnnotation de la contrainte.

3.3 Combinaisons logiques de contraintes

Précédemment, nous avions vu que la tâche 4 ne s'exécutait que si toutes ses contraintes étaient validées. Ce comportement est lui aussi modifiable, pour qu'une seule contrainte validée suffise à lancer l'exécution d'une tâche pointée par plusieurs. Dans l'éditeur de contrainte, la partie basse paramètre ce comportement.

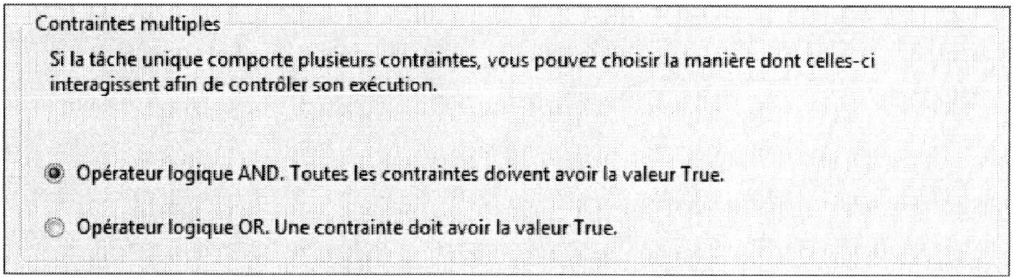

Si le choix par défaut (AND) est sélectionné, alors il faut que toutes les contraintes pointant sur la même tâche que la contrainte sélectionnée soient validées pour que la tâche concernée s'exécute ; dans le cas contraire (OR), une seule suffit.

Il est donc possible de définir un comportement algorithmique relativement complexe dans un lot. Cependant, qui dit algorithme dit aussi boucles, que nous allons voir dans la partie suivante.

4. Conteneurs et boucles

Les boucles permettent l'exécution d'un groupe de tâches un certain nombre de fois ou jusqu'à la satisfaction d'une condition. SSIS en dispose de deux, la boucle ForEach et la bouche For, auxquelles s'ajoute le très simple conteneur de séquences afin de définir la notion de conteneur.

4.1 Principe de conteneur

Un conteneur dans SSIS fournit deux possibilités : définir des variables visibles uniquement dans le périmètre du conteneur et spécifier le conteneur comme transaction (c'est-à-dire qu'il exécute alors tous ses éléments enfants avec succès ou annule tous les traitements effectués). Ces deux fonctionnalités seront abordées en détail dans les chapitres suivants, respectivement consacrés aux variables et aux transactions.

Le conteneur de séquence n'a pas d'autre utilité. En utiliser un est très simple, il suffit de le poser sur la surface de conception et d'ajouter à l'intérieur de celui-ci les tâches qui vont le composer.

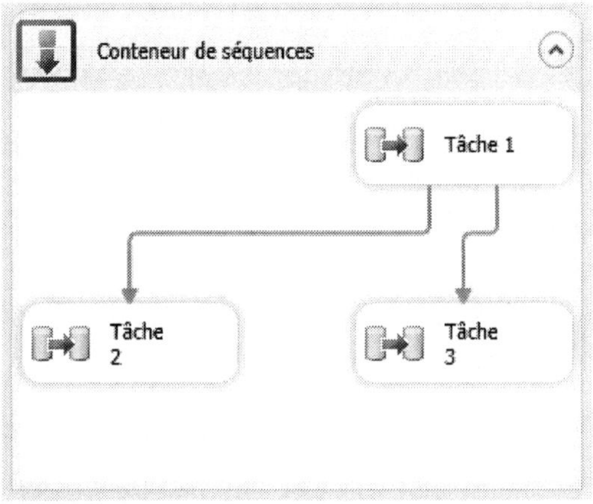

Le conteneur devient alors une tâche comme une autre, pouvant être relié à d'autres tâches ou conteneurs par une contrainte de précédence.

Mais qui dit contrainte de précédence dit résultat d'exécution, ce qui signifie que le résultat d'exécution d'un conteneur doit être déterminé. Celui-ci dépend en effet d'un certain nombre de propriétés. Tout conteneur possède une propriété **MaximumErrorCount**, positionnée à 1, définissant le nombre maximal d'échecs faisant passer le conteneur lui-même en échec. Par défaut donc, une tâche levant une erreur dans le conteneur suffit à le mettre en échec. On peut augmenter ce nombre, ou le mettre à 0 pour désactiver ce comportement.

Remarque

Il est important de distinguer la notion d'erreur de la notion d'échec. En général, une tâche en Échec l'est en raison d'une erreur qui s'est produite (mauvaise requête, fichier introuvable...). Une exception à cette règle est la propriété ForceExecutionResult, qui met une tâche en Échec, mais ne lève pas d'erreur, ce qui n'a donc aucune incidence sur le conteneur.

Posons donc un script qui lève une erreur dans ce conteneur. Nous verrons plus tard, dans la partie de scripting de la section Tâche de script du présent chapitre, que le résultat d'exécution d'un script est gouverné par la valeur de sa variable globale Dts.Taskresult, que l'on peut positionner à Failure. Ce résultat d'échec peut de plus s'assortir de la levée d'une erreur explicite en utilisant la méthode Dts.Events.FireError().

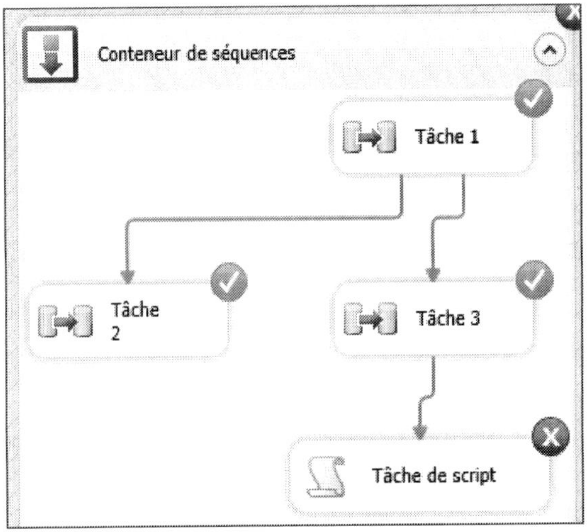

Le résultat est sans appel, le conteneur est en Échec. À noter qu'il existe une autre manière de mettre en échec un conteneur : toute tâche de flux de contrôle possède la propriété FailParentOnFailure qui, comme son nom l'indique, entraîne automatiquement l'échec de son parent (et donc de son conteneur) en cas de résultat négatif sur son propre traitement.

Maintenant que nous avons vu en quoi un conteneur peut être apparenté à une tâche simple, voyons quelle peut être son utilité fonctionnelle avec les boucles.

4.2 Paramétrage des boucles

Les deux seules boucles paramétrables sont la boucle For, qui permet de réaliser des itérations basées sur des expressions, et la boucle Foreach, qui va parcourir une collection d'éléments.

4.2.1 La boucle For

Le conteneur de boucle For va permettre d'exécuter les tâches du conteneur autant de fois que nécessaire, suivant le paramétrage. En double cliquant sur son en-tête, on constate que ce paramétrage ne se base que sur trois expressions : **InitExpression**, **EvalExpression** et **AssignExpression**.

Remarque

Pour les férus de développement, il s'agit simplement des trois parties d'un For, comme on le voit dans tous les langages héritiers du C.

InitExpression est exécutée une fois, au début de l'évaluation du conteneur. En général, il s'agit de l'initialisation d'une variable compteur à sa valeur d'origine, souvent 0. **EvalExpression** est évaluée à chaque tour de boucle : c'est une expression booléenne qui permet de continuer l'exécution tant qu'elle est vraie, et de la stopper lorsqu'elle devient fausse. Enfin, **AssignExpression** est une affectation exécutée elle aussi à chaque tour de boucle, qui modifie généralement la valeur assignée au début.

Par exemple un For paramétré avec @x=0 en InitExpression, @x<10 en EvalExpression et @x=@x+1 en AssignExpression va initialiser la variable x à 0 au début, puis exécuter le contenu de la boucle et incrémenter x tant que x n'est pas égal à 10. Cela va donc répéter le traitement dix fois.

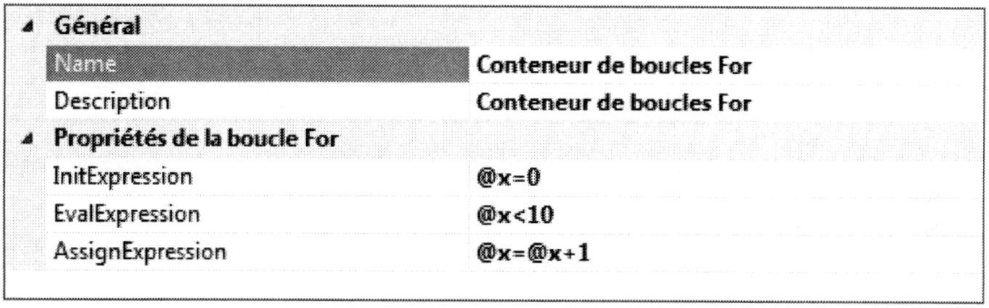

Il est bien sûr possible d'imaginer des scénarios plus complexes pour l'utilisation de cette boucle, mais il s'agit ici de l'exemple le plus courant. À noter bien sûr qu'ici, la valeur 10 pourrait être remplacée par la valeur d'une autre variable, dont le résultat serait issu de l'exécution d'une tâche précédente qui déterminerait ainsi le nombre d'itérations.

4.2.2 La boucle ForEach

Comme dit précédemment, la boucle ForEach va itérer sur des éléments : le nombre d'exécutions du contenu de la boucle dépend donc de cette collection, dont le conteneur supporte plusieurs types (que l'on nomme Énumérateurs). On en sélectionne un dans la partie **Collection** de l'éditeur de boucle Foreach.

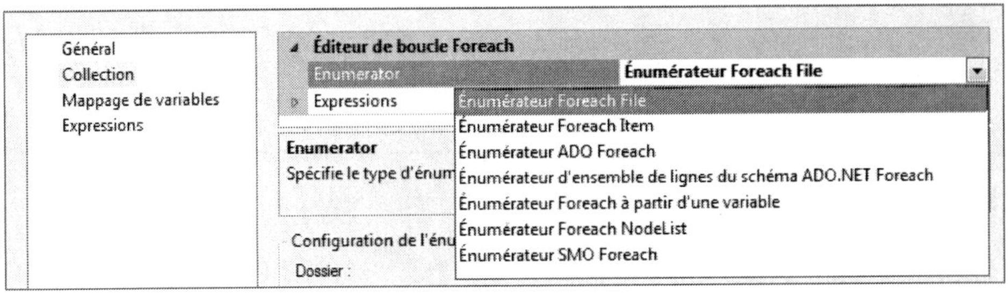

Ensuite, la boucle va parcourir tous les éléments spécifiés, et permettre d'enregistrer l'élément en cours dans une variable, dans la partie **Mappage de variables**.

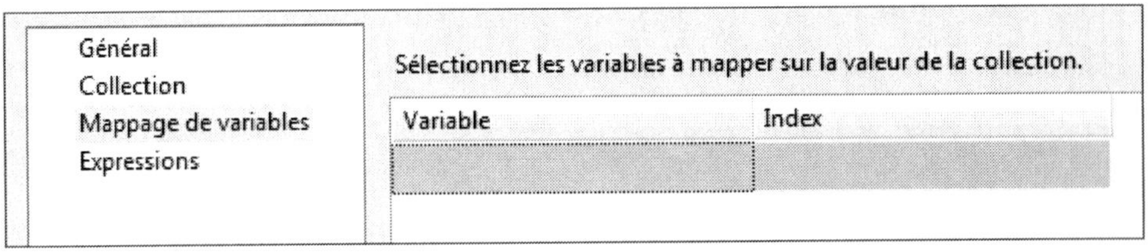

Si plusieurs éléments en cours sont disponibles – cas par exemple d'une ligne de tableau qui comporte plusieurs colonnes – le premier élément correspondra à l'index 0, le second à l'index 1, et ainsi de suite.

Mais revenons au choix des énumérateurs.

L'**Énumérateur Foreach File** est un des plus utilisés. Il permet de sélectionner un dossier dans le système de fichiers ainsi qu'un masque permettant de spécifier les caractéristiques des fichiers à traiter. Le masque C:\Dossier\AA*.xls fera itérer la boucle sur tous les fichiers d'extension xls commençant par AA et situés dans le dossier C:\Dossier.

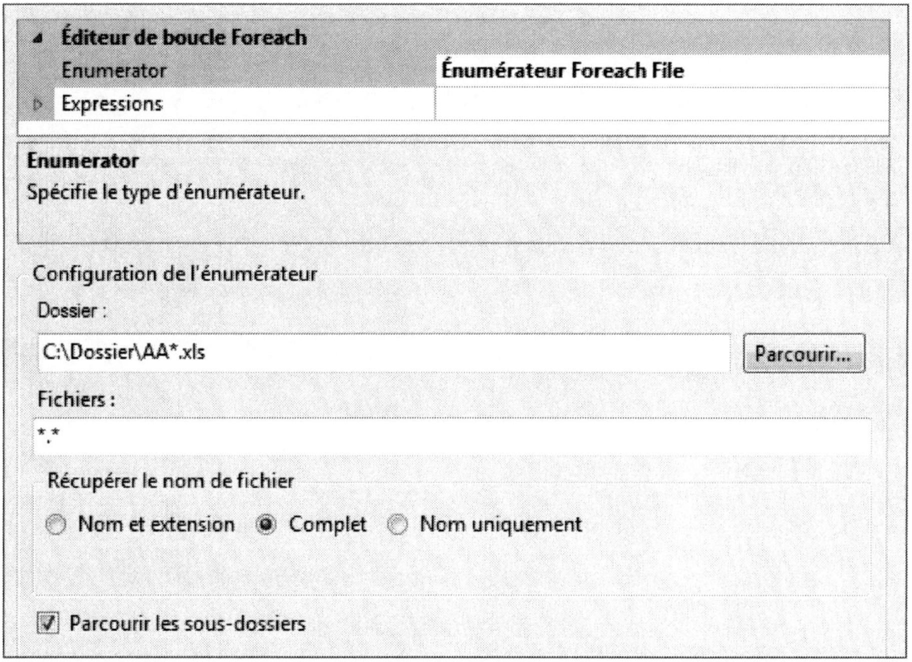

L'élément en cours à positionner dans la partie mappage correspondra au nom du fichier, que l'on peut récupérer avec ou sans extension, sur un chemin absolu ou relatif. Une option existe aussi pour parcourir les sous-dossiers récursivement si ceux-ci existent.

L'**Énumérateur Foreach Item** est probablement le plus simple. Il permet de définir une liste de valeurs, potentiellement multicolonne, en dur et sur laquelle itérer.

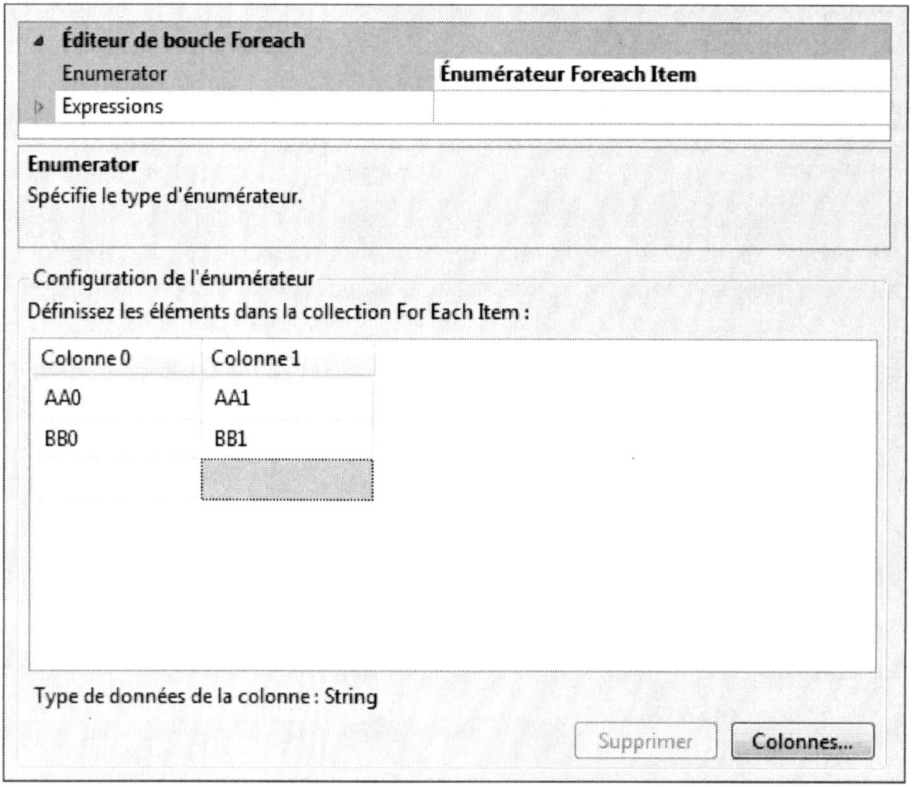

Fonctionnellement, la boucle Foreach se rapproche alors beaucoup d'un For, hormis la possibilité de définir plusieurs colonnes en mappage.

L'**Énumérateur ADO Foreach** va, lui, itérer sur une variable de type Object contenant soit un Recordset ADO, soit un DataSet ADO.NET. Il va permettre de parcourir les lignes d'une DataTable d'un DataSet ou d'un RecordSet, ou toutes les lignes des DataTables d'un DataSet, voire la liste des DataTables d'un DataSet.

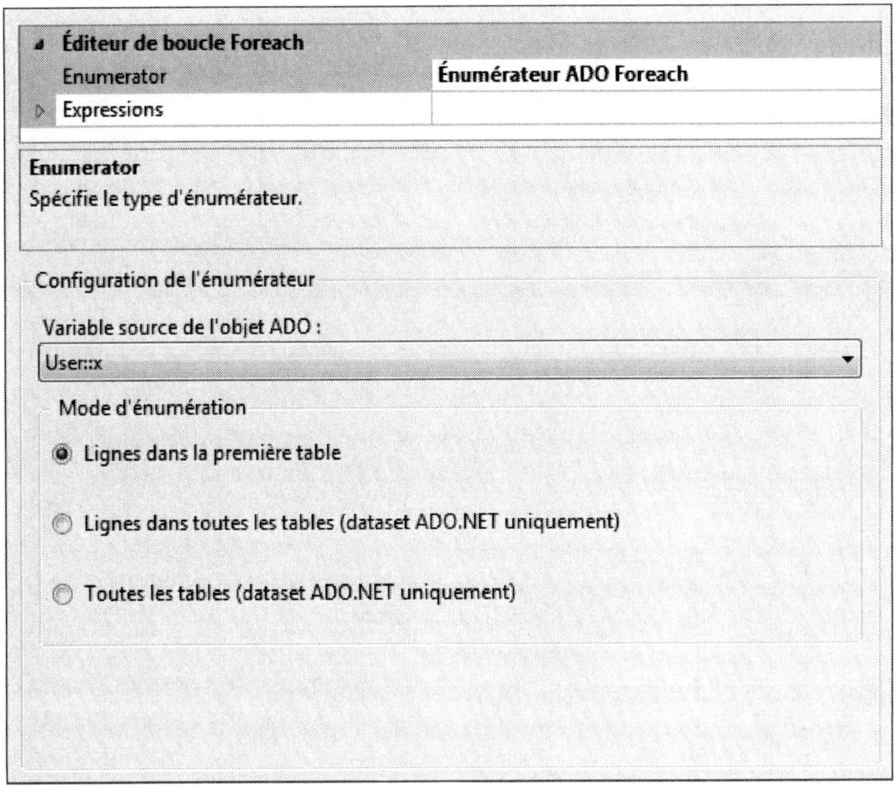

Remarque

Nous avons déjà abordé brièvement la notion d'API déconnectées ADO, .NET ou pas. Ces différents objets permettent de stocker des données tabulaires généralement issues de requêtes sur une base relationnelle. Le composant d'exécution de requêtes SQL, que l'on verra par la suite, a par exemple la possibilité de stocker le résultat d'une requête dans un ADO Recordset.

L'**Énumérateur d'ensemble de lignes du schéma ADO.NET Foreach** est un nom bien long pour une chose assez simple : il va permettre, en se connectant à une base à travers un fournisseur ADO.NET, de lister les objets standard exposés par les fournisseurs, comme les tables, les contraintes existantes...

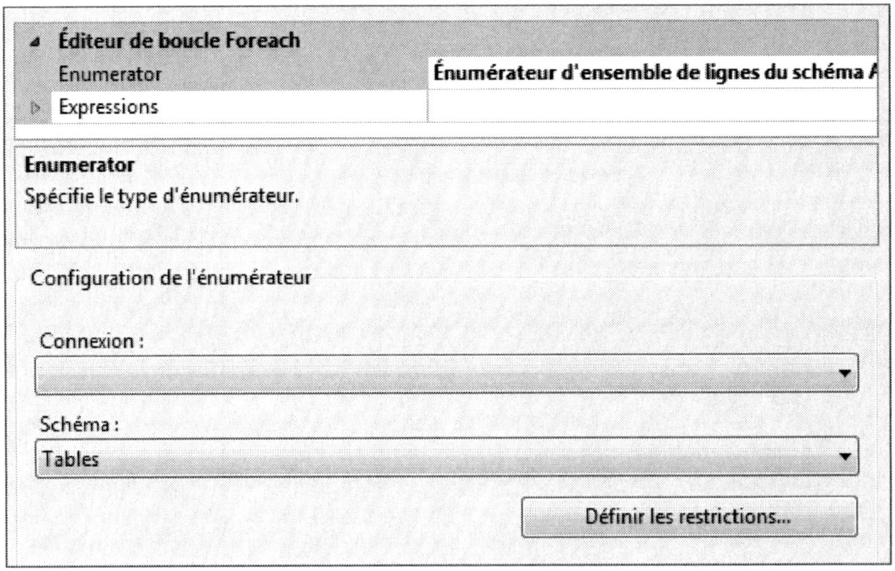

L'**Énumérateur Foreach à partir d'une variable** est, lui aussi, relativement simple : il peut être apparenté au Foreach ADO, si ce n'est qu'il permet d'itérer sur toute variable itérable du framework .NET, qu'il s'agisse d'une liste, d'un tableau... Son paramétrage est donc relativement aisé et ne nécessite que la sélection d'une variable SSIS.

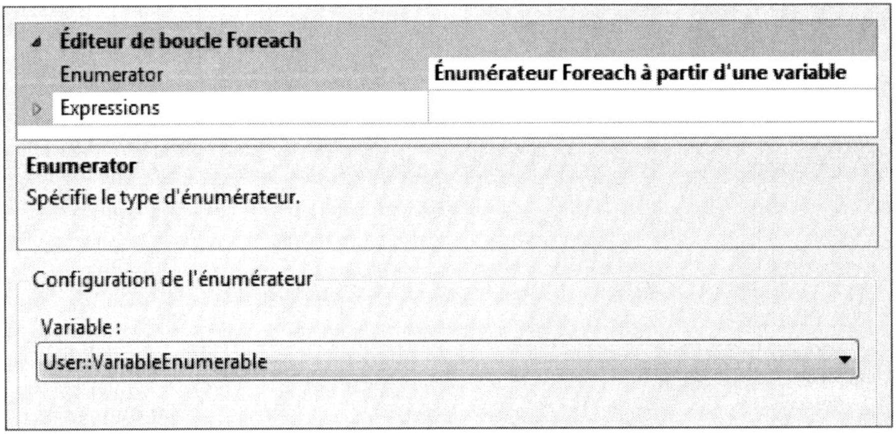

L'**Énumérateur Foreach NodeList**, que l'on désigne souvent sous le nom d'énumérateur XML, permet de parcourir les nœuds d'un fichier XML. Après avoir ciblé la donnée XML à utiliser dans les options **DocumentSourceType/ DocumentSource** (donnée qui peut être directement saisie, issue d'une variable, ou issue d'un fichier), on peut alors récupérer le contenu du fichier de différentes manières. La requête XPath positionnée dans **OuterXPathString** détermine les éléments que la boucle va parcourir. Cette requête peut elle aussi être saisie directement (**DirectInput**), ou récupérée depuis un fichier ou une variable, selon le choix fait dans l'option **OuterXPathStringSourceType**.

Remarque

XPath est un standard de requête sur des fichiers XML très utile et intuitif. Il n'est pas approprié de l'aborder ici, mais il est très intéressant de maîtriser ce langage, supporté dans toutes les API XML. Les requêtes les plus fréquentes consistent à descendre une hiérarchie d'éléments, séparés par des barres obliques (/).

Le choix fait dans la partie **EnumerationType** détermine ce qui pourra être stocké dans les mappages. Pour **Navigator**, c'est un XPathNavigator .NET qui sera renvoyé ; pour **Node**, une XMLNode .NET. Quant à **NodeText**, il s'agira alors du texte contenu dans le nœud en cours, sous forme de chaîne de caractères.

Remarque

Un XPathNavigator est un objet .NET qui permet de se déplacer dans un document XML, en utilisant des méthodes telles que MoveToChild()... Une XMLNode est simplement un nœud XML bien formé. Ces deux éléments doivent être mappés à des variables de type Object s'ils sont utilisés, et récupérés dans un composant script. Pour plus de détails sur l'API .NET de SSIS, veuillez vous référer à MSDN.

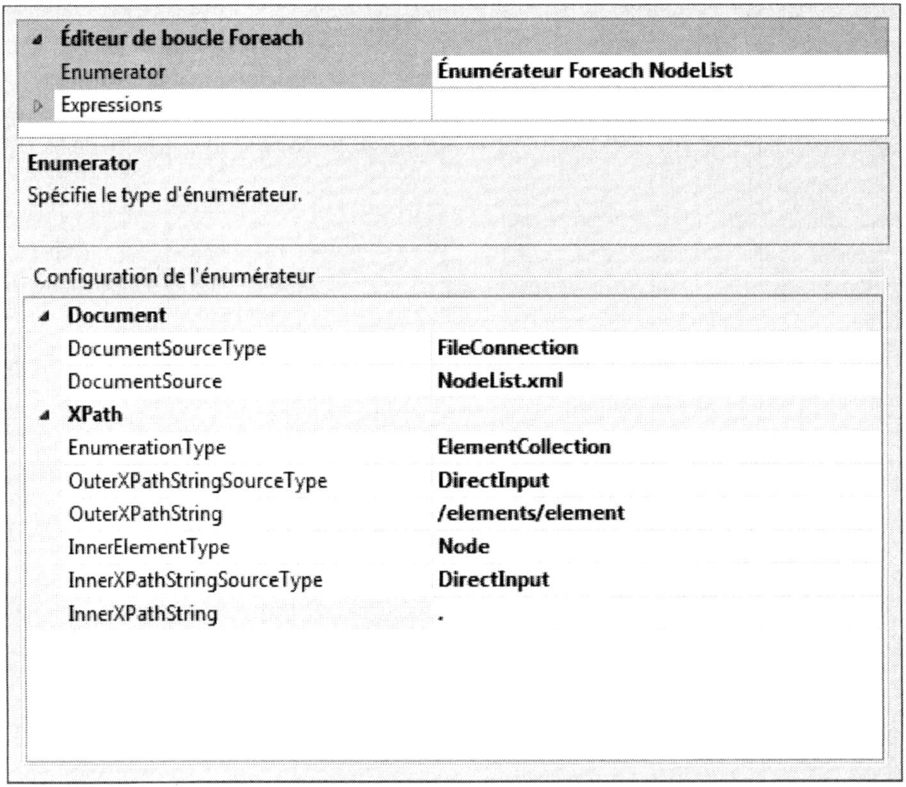

Le paramètre **ElementCollection** est plus complexe, puisqu'il va permettre d'appliquer à nouveau aux éléments récupérés une expression XPath saisie dans le doublet **InnerXPathString/InnerXPathStringSourceType**. Ceci afin de renvoyer, au choix, le texte de la node, ou, là encore, une **Node** ou un **Navigator** selon l'option choisie dans **InnerElementType**. Il s'agit – et de loin – de l'énumérateur le plus complexe à utiliser, dont l'utilité est décuplée conjugué à un script et à l'API XML du framework .NET.

L'**Énumérateur SMO Foreach**, le dernier, est lui apparenté à l'énumérateur de schéma ADO.NET, à la différence près qu'il va utiliser l'API SMO (*SQL Management Objects*) pour itérer sur toutes les propriétés disponibles d'un serveur SQL Server (les bases, les tables, les serveurs liés, les utilisateurs...).

Remarque

Attention aux droits requis pour accéder à SQL Server avec SMO !

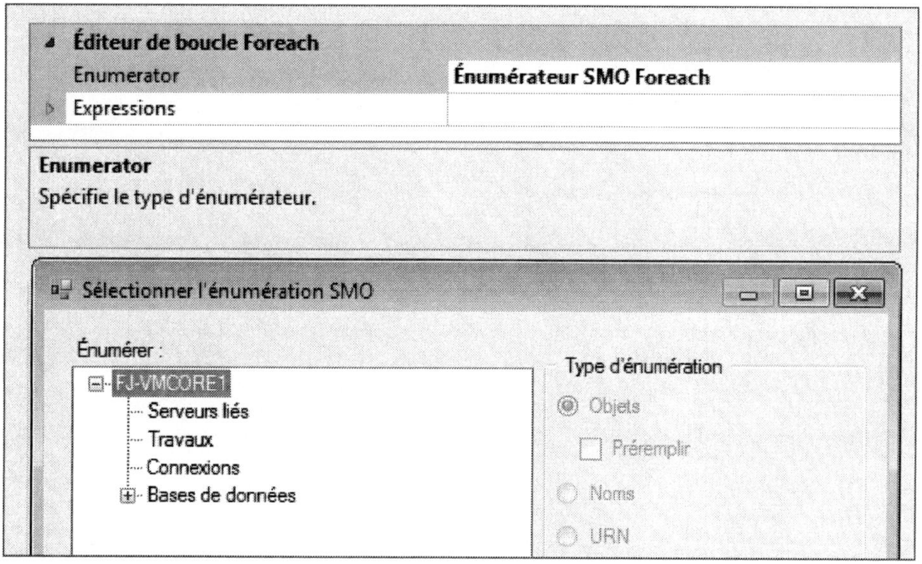

La partie sur les énumérateurs s'achève ici. Mais comme tout programme, un flux de contrôle est aussi capable d'appeler d'autres programmes, et donc d'autres packages…

5. L'appel de packages enfants

L'appel de packages enfants va permettre de découper le travail en plusieurs éléments indépendants, à la manière de procédures séparées qui rendent le code plus utilisable. En effet, il est fréquent que les contrôleurs de source ne soient pas particulièrement friands du format XML utilisé par SSIS, ce qui complexifie le partage d'un lot entre plusieurs développeurs. De plus, faire un développement trop complexe dans un seul fichier rend sa maintenabilité limitée. Cette possibilité est offerte grâce à la tâche d'exécution de packages enfants.

5.1 Tâche d'exécution de package

Qui dit exécution d'un autre package dit stockage de cet autre package. Or, comme on le verra par la suite dans les chapitres liés à l'exploitation, SQL Server 2012 a profondément revu la manière dont les packages sont déployés.

Remarque

Là où les versions précédentes laissaient l'utilisateur relativement libre de son choix, lui permettant de poser les DTSX virtuellement n'importe où, sous forme de fichier ou de champ XML dans une table de base de données, SQL Server 2012 introduit la notion de catalogue qui stocke les packages dans des projets SSIS. Vous en verrez le fonctionnement par la suite. Il est important de noter que cette méthode doit être privilégiée pour tous les nouveaux développements. Ceci dit, les anciens modes de déploiement sont encore fonctionnels dans cette version, même s'ils seront probablement dépréciés rapidement.

La tâche d'exécution de package supporte de pointer sur le projet SSIS 2012 courant, mais aussi sur des packages stockés dans des tables ou des fichiers DTSX, comme sous 2008 R2 et précédemment, et ce dans un souci de rétrocompatibilité avec l'existant.

5.1.1 Référence de projet (mode SQL Server 2012)

Ce mode permet de pointer sur un lot du même projet, ce qui doit être le cas dans la plupart des développements – la philosophie du produit ayant évolué de l'atomicité du package à l'atomicité du projet. La configuration est très simple : il suffit de sélectionner la **ReferenceType** Reference du projet et de choisir le nom du package à exécuter dans **PackageNameFromProjectReference**.

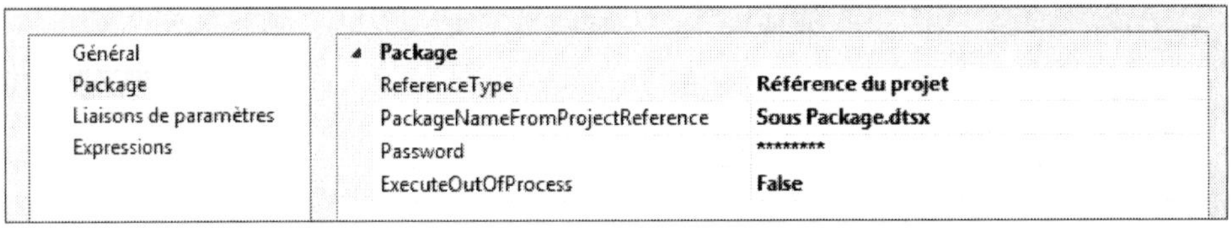

L'option **Password** permet de décrypter le package si celui-ci a été encodé avec un mot de passe.

Remarque

Comme vous le verrez dans la partie déploiement, les packages sont par défaut encryptés partiellement - seules leurs données sensibles comme les mots de passe le sont - par un cryptage basé sur le nom de compte utilisateur du développeur. Ce comportement est gouverné par la propriété ***ProtectionLevel*** *du package, accessible par le panel* ***Propriétés*** *lorsque le focus est mis sur le fond du flux de contrôle. Ce mode par défaut est nommé* ***EncryptSensitiveWith-UserKey****. On peut demander le cryptage global du package selon cette méthode avec* ***EncryptAllWithUserKey****, ou passer à une protection par mot de passe avec* ***EncryptSensitiveWithPassword*** *ou* ***EncryptAllWithPassword****, selon le volume à encrypter. Dans ces deux derniers cas, un mot de passe est nécessaire pour exécuter le package, d'où le sens de cette propriété.*

La dernière option, **ExecuteOutOfProcess**, détermine si le package enfant doit être exécuté dans le même processus que le package parent (False) ou dans un processus distinct (True). Le principal intérêt de l'exécution dans un processus distinct est d'éviter qu'un bug grave dans le processus enfant interrompe le parent (sans oublier que sur un système 32 bits, utiliser un processus distinct permet de réallouer jusqu'à 2 GB de mémoire). Mais ce dernier cas devient de plus en plus rare avec la généralisation des serveurs en 64 bits. Si le découpage sert uniquement à découpler le code, l'exécution dans le même processus sera donc préféré, le coût du lancement d'un processus distinct étant non négligeable.

Comme vous le verrez dans le chapitre consacré aux variables et expressions, SSIS dispose maintenant de paramètres. Vous pouvez définir ces paramètres comme facultatifs ou obligatoires, et les typer à la manière de variables. La seconde partie de l'éditeur de la tâche permet d'attacher les valeurs des paramètres du package enfant à des variables du package courant.

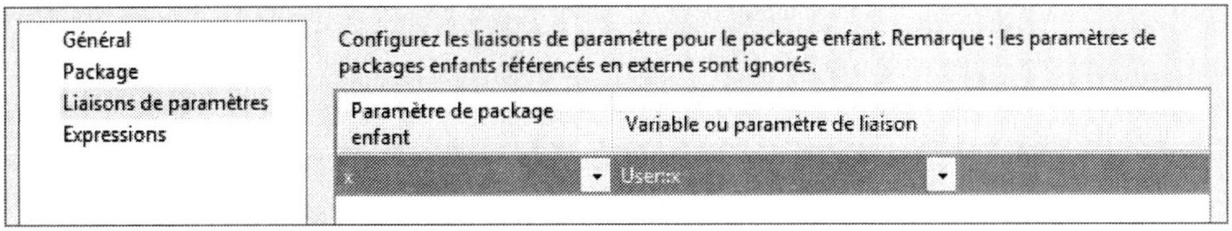

Remarque

Fonctionnellement, il était déjà possible d'affecter des variables en externe via DTExec dans les versions précédentes, en connaissant le nom long de la variable, un texte fortement intuitif (du style \Package\Tache.Variables(User::Variable).Value), et en simulant ainsi un paramètre. Mais cette astuce ne donnait pas au développeur la possibilité de définir une variable comme paramètre obligatoire, et l'obligeait à développer du code customisé pour détecter le renseignement en externe de cette valeur par comparaison avec la valeur par défaut. Dans le contexte parent-enfant, on utilisait plutôt les configurations, comme on le verra juste après.

Tout à fait logiquement, ces liaisons de paramètres ne sont pas disponibles pour l'exécution de packages externes au projet selon des références de fichiers ou de bases, comme nous allons le voir maintenant.

5.1.2 Référence de package (mode SQL Server 2008 R2 et précédents)

Ce mode de référence est la seule alternative possible si le package pointé se situe dans un autre projet ou sur une instance non 2012. Il permet de se connecter à un package stocké tel quel dans le système de fichiers, ou dans la table msdb consacrée (sysssispackages) en choisissant Référence Externe comme **ReferenceType**. Quant au choix entre système de fichiers et SQL Server, il est déterminé par la propriété **Location**.

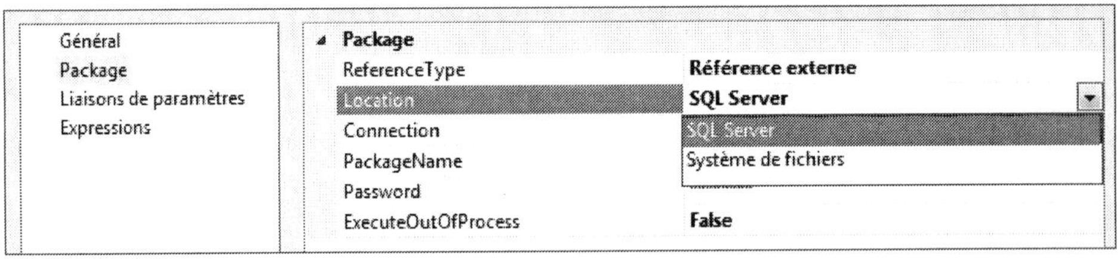

Le mode système de fichiers nécessite logiquement un gestionnaire de connexions de type fichier dans la propriété **Connection**, et le mode SQL un gestionnaire de connexions... vers SQL Server. Le choix **Nouvelle Connexion** dans le menu vous permet, pour chacun de ces choix, de créer la connexion précisément attendue par le composant. En ce qui concerne **Password** et **ExecuteOutOfProcess**, ces propriétés ont le même sens que dans le mode de référence de projet.

5.2 Configuration de Package Parent

Pour le mode de référence externe, il n'est pas possible de passer par les liaisons de paramètres. On passe donc par un type particulier de configuration, **Configurations**, qui sera abordé dans les chapitres suivants.

Remarque

Une configuration est tout simplement la possibilité de stocker en externe une donnée qui sera communiquée au package au moment de son exécution. Il peut s'agir de la valeur d'une variable, d'une chaîne de connexion, mais aussi de toute propriété marquée comme configurable de toute tâche du package. Cette configuration est souvent stockée sous forme de fichier ou de table de base de données, mais on peut aussi utiliser les configurations en mode base de registre ou variable d'environnement. La configuration de package parent est un cas particulier où la source de la donnée est une variable du package appelant le package en cours.

L'accès au menu **Configuration** ne se réalise plus depuis le menu **SSIS** - **Configuration**. En effet, cette fonctionnalité étant elle aussi considérée comme relevant de l'ancien mode de gestion des packages, elle est plus difficile à accéder. Il faut maintenant cliquer sur le bouton **...** situé devant la propriété **Configurations** du package, accessible dans le panneau de **Propriétés** lorsque l'on est sur le fond du flux de contrôle.

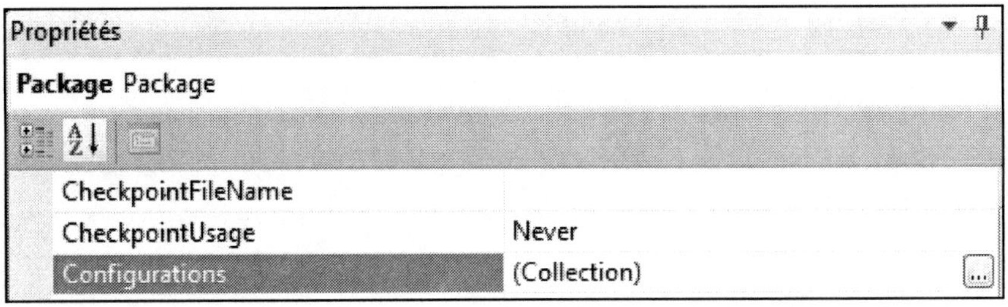

Dans la fenêtre qui s'ouvre, le premier choix permet d'activer les configurations pour le package, ce qui signifie simplement de permettre de paramétrer le package en externe. Une fois ce choix fait, on accède au bouton **Ajouter...** qui permet de créer une nouvelle configuration.

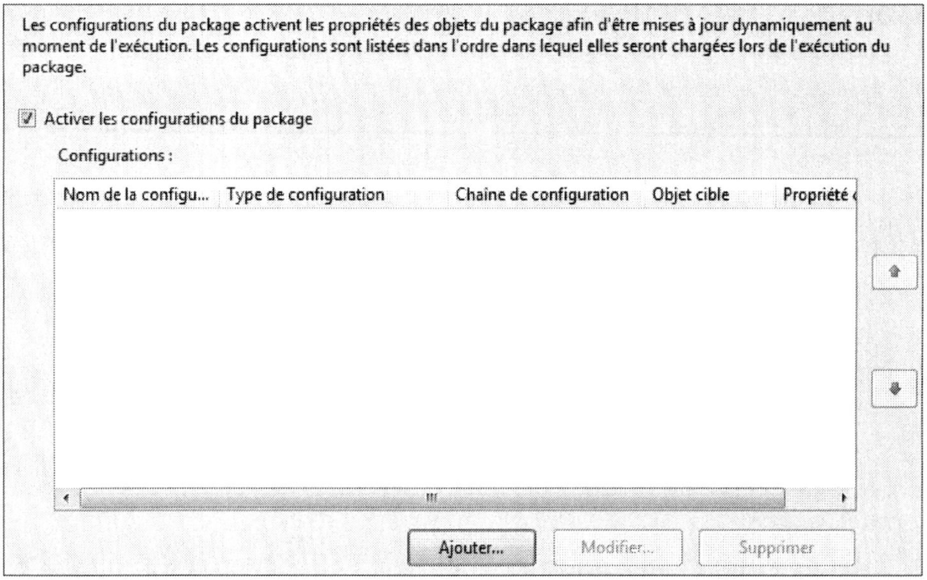

Une fois la page d'accueil affichée, on peut sélectionner le type de configuration **Variable de package parent**. La suite de l'invite consiste simplement à saisir le nom de la variable (dans le package parent) dont on souhaite récupérer la valeur.

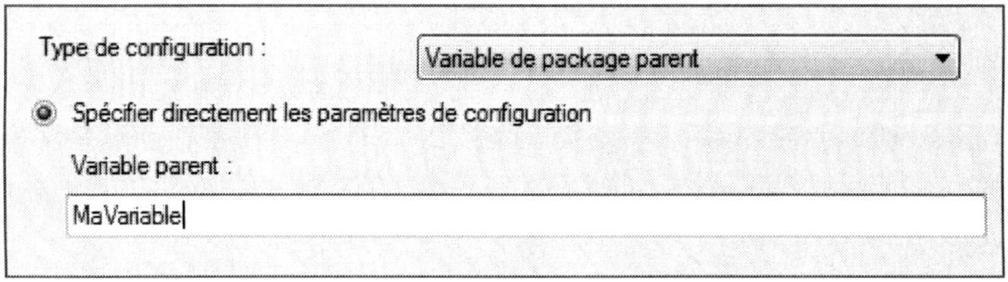

Remarque

Les autres configurations seront abordées dans le chapitre dédié au déploiement et aux configurations.

La seconde et dernière partie consiste simplement à déterminer où cette valeur va être stockée dans le package enfant (celui en cours). On peut en effet l'affecter quasiment à n'importe quelle propriété de n'importe quelle partie du package.

Remarque

Généralement, on peut effectuer les mêmes propriétés que celles qui peuvent être dynamiques via des expressions, tout cela dépendant de la manière dont les composants ont été développés...

Bien évidemment, dans la plupart des cas, cette configuration concernera soit une variable (donc la propriété **Value** d'un objet Variable), soit une chaîne de connexion (la propriété **ConnectionString** d'un gestionnaire de connexions), mais beaucoup d'autres scénarios sont possibles.

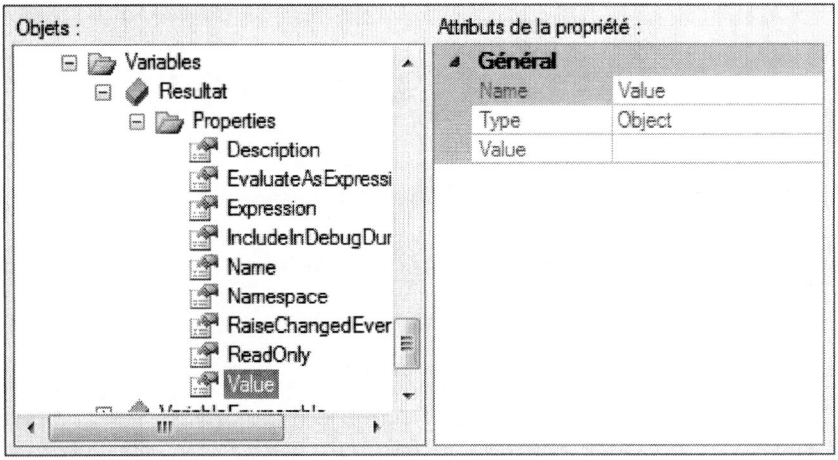

Une fois ceci fait, il ne reste plus qu'à donner un nom à la configuration et à quitter. Vous avez vu comment mettre en place l'héritage de valeurs entre package parent et package enfant ; sachez qu'en 2012, on utilise généralement davantage les paramètres. Notez au passage qu'une configuration n'étant associée qu'à une variable qui elle-même n'est associée qu'à une propriété, un package enfant nécessitant plusieurs valeurs devra posséder autant de configurations.

Remarque

Les variables de package parent ont un inconvénient beaucoup moins connu : contrairement aux autres types de configurations, elles ne sont appliquées qu'après la validation du package. Cela peut avoir un impact très négatif : en imaginant que l'on utilise ce biais pour communiquer une chaîne de connexion, une tentative de validation sera effectuée avant que la configuration soit appliquée, aboutissant généralement à une erreur. C'est une des principales raisons du relatif insuccès de cette fonctionnalité.

6. Les autres tâches de flux de contrôle

Plusieurs chapitres de cet ouvrage sont dédiés à une tâche particulière du flux de contrôle qu'est le flux de données. Mais il existe bien d'autres tâches utilisables, détaillées dans cette partie.

6.1 Tâches sur les bases de données relationnelles

Les bases de données relationnelles sont utilisées extensivement dans le flux de données, mais il est aussi possible de les utiliser dans le flux de contrôle, principalement pour effectuer des appels de procédures, mais pas seulement. La principale tâche de ce type est la tâche d'exécution de requêtes SQL.

6.1.1 Tâche d'exécution de requêtes SQL

C'est très clairement une des tâches les plus utilisées de SSIS, elle va permettre d'exécuter un morceau de code SQL, et de potentiellement récupérer les données du résultat.

Remarque

Comme annoncé en introduction, le transfert de données est à effectuer dans le flux de données. La possibilité de récupérer des données dans le flux de contrôle n'est clairement pas dédiée à cet usage, mais davantage pour tester un résultat d'exécution, ou recueillir un très petit ensemble de données à utiliser dans un Foreach avec un énumérateur ADO. Toute donnée récupérée depuis ce composant sera stockée en mémoire ; attention aux performances !

Cette tâche dispose d'une interface assez sobre et fonctionnelle, et est de ce fait relativement facile à appréhender.

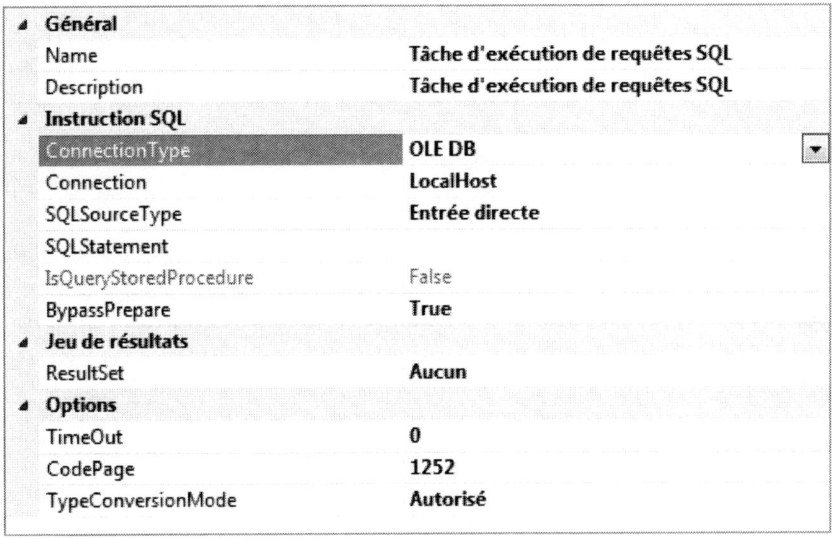

Le premier champ important est **ConnectionType**, soit le type de gestionnaire de connexions à utiliser. Plusieurs sont supportés : ADO.NET, ADO, ODBC, OLE DB, EXCEL et SQLMOBILE. Le gestionnaire de connexions correspondant doit être créé ou sélectionné dans **Connection**. Ce mode de connexion va modifier les paramètres utilisables de la tâche.

Remarque

Comme dans le reste de SSIS, on utilisera majoritairement des connexions OLE DB (et ODBC dans le futur). Mais il arrive de devoir passer par les autres fournisseurs.

Le code SQL à exécuter peut alors être directement saisi dans le champ **SQLStatement** si le **SQLSourceType** est positionné sur *Entrée Directe*, ou récupéré depuis un fichier à travers un gestionnaire de connexions de type fichier (SQLSourceType = *Connexion de Fichier*) voire encore depuis une variable (SQLSourceType = *Variable*). À noter qu'en saisie directe, vous pouvez bénéficier du Query Builder issu d'Access.

À ce stade, vous êtes tout à fait capable d'exécuter une procédure stockée simple dans ce composant.

◢ **Instruction SQL**	
ConnectionType	**OLE DB**
Connection	**Localhost**
SQLSourceType	**Entrée directe**
SQLStatement	**EXEC HelloWorld 'François'**
IsQueryStoredProcedure	False
BypassPrepare	**True**

À noter que la propriété **IsQueryStoredProcedure** est utile seulement pour les connexions ADO et ADO.NET. Comme son nom l'indique, elle doit être mise à True en cas d'exécution d'une procédure stockée à travers ces fournisseurs. Elle permet aussi de simplifier le paramétrage. Quant à **BypassPrepare**, option qui permet par défaut de sauter la phase de préparation de la requête SQL, elle ne doit être changée pour *False* que pour des requêtes coûteuses ne comportant aucun paramètre. Tout en sachant que cela peut compromettre l'exécution de certains types de requêtes dont la préparation est impossible.

Notre requête s'exécute, mais n'est pas dynamique. Il serait intéressant de permettre de passer le paramètre à travers une variable. Pour cela, il faut d'abord modifier la requête pour que les valeurs en dur (ici 'François') soient remplacées par un marqueur de paramètre. À ce stade, il convient de faire attention au type de fournisseur utilisé. Pour la plupart des fournisseurs on remplacera donc ces valeurs par des « ? », sauf pour ADO.NET où il faut nommer le paramètre.

Fournisseur	Marqueur de paramètre
ADO **EXCEL** **ODBC** **OLE DB**	?
ADO.NET	@<NomDuParamètre>

Dans notre cas (OLE DB), la requête devient donc :

```
EXEC HelloWorld ?
```

Il faut ensuite associer une variable à chacun des paramètres de la requête en allant dans l'onglet **Mappage de paramètre** et en créant autant de mappages que nécessaire. Hormis la variable qui va alimenter le paramètre à choisir dans la colonne **Nom de la variable**, le champ le plus important est le **Nom du paramètre**, et là encore, il faut faire attention au type de fournisseur utilisé.

Dans le cas d'ADO, le nom sera Param suivi du numéro d'index du paramètre dans la requête, démarrant à 1. ODBC se contentera du même index démarrant à 1, là ou EXCEL et OLE DB démarrent à 0. Quant à ADO.NET, tout à fait logiquement, il attend le nom de paramètre spécifié dans la requête. Tout cela est résumé dans le tableau ci-dessous :

Fournisseur	Nom du Paramètre
ADO	Param1...ParamN
ADO.NET	@<NomDuParamètre>
ODBC	1...N
OLE DB et EXCEL	0...N

Dans le cas présent, le paramètre est le premier d'une connexion OLE DB, il s'agira donc de 0. Le sens (Input ou Output) dépend du code de la procédure stockée, celle-ci pouvant comporter des paramètres de sortie (ce qui n'est pas le cas ici). Quant au typage, c'est un vaste sujet relativement bien abordé dans la documentation, sachez simplement que dans certains cas complexes propres principalement aux dates, le choix du type de données de mappage peut, sur certains fournisseurs, s'avérer relativement complexe.

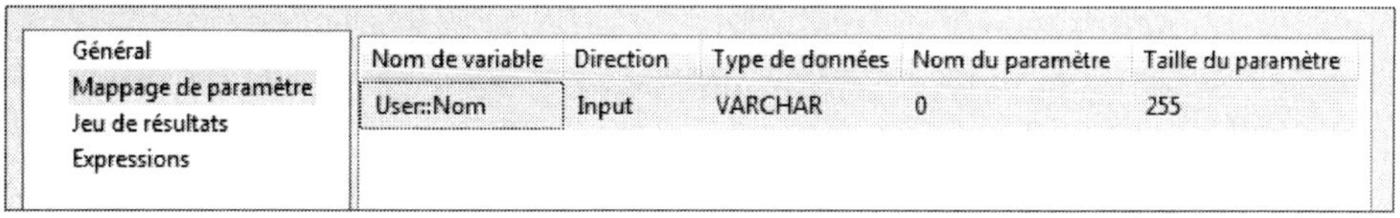

On en vient enfin à la possibilité de récupérer des résultats du code SQL exécuté par la procédure stockée. Jusqu'à présent la propriété **ResultSet** était positionnée à *Aucun*, ce qui signifie que l'on ne souhaite pas exploiter les données exécutées. Les autres valeurs disponibles sont *Ligne unique* pour un résultat simple, *Jeu de résultats complet* pour un résultat de requête multilignes, ou *XML.*

Remarque

La propriété XML n'est valable que si le résultat est renvoyé sous forme XML, comme c'est le cas des requêtes SQL exécutées avec l'option FOR XML.

La procédure stockée renvoyant une seule ligne de résultat, on peut donc choisir la valeur Ligne Unique.

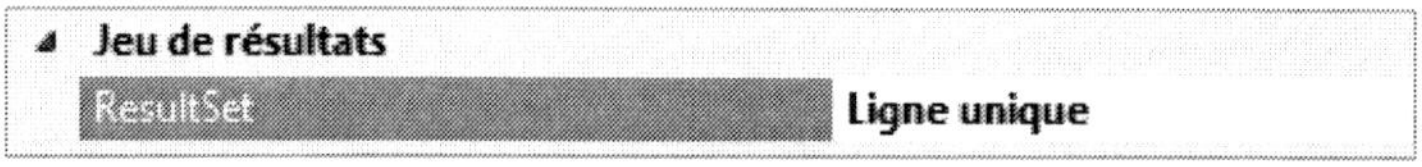

Conformément à la logique du produit, le résultat va pouvoir être récupéré dans une ou plusieurs variables SSIS. Cela se passe dans l'éditeur de jeu de résultats. Dans le cas d'un résultat issu d'une ligne unique, on va créer autant de mappages avec des variables qu'il y a de colonnes dans la ligne. Le nom du résultat peut être soit le nom de la colonne dans la requête, soit l'index de celle-ci, démarrant à 0, et ce pour tous les fournisseurs.

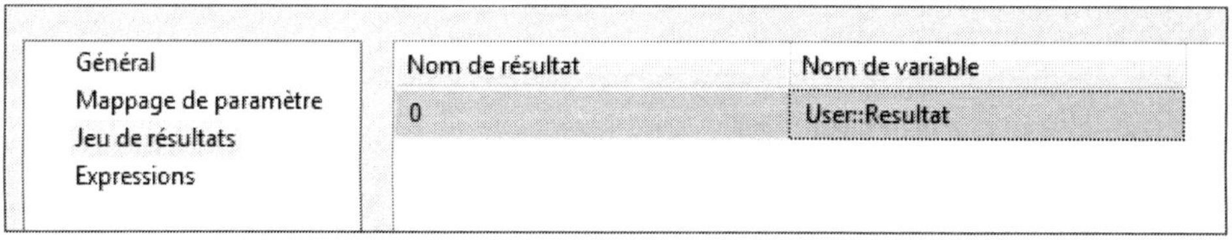

Dans le cas des jeux de résultats de type Complet ou XML, il n'y a forcément qu'un seul mappage numéroté 0 vers une variable. Dans le cas d'un jeu de résultats complet, la valeur stockée dans cette variable, qui est forcément de type Object, sera un ADO Recordset.

Remarque

Ce Recordset pourra ensuite être utilisé par un Foreach ou récupéré dans un script grâce à un OleDbDataAdapter.

Dans le cas du XML, on peut choisir entre une variable de type Object qui contiendra un objet DOM ou une variable de type String qui récupèrera le résultat XML sous forme textuelle, choix qui sera le plus souvent fait dans la pratique.

6.1.2 Tâche de contrôle du Change Data Capture

Le Change Data Capture (CDC) a été introduit dans SQL Server 2008. Il consiste simplement en un mécanisme de suivi des changements de données effectués sur des tables afin d'en faciliter la détection, d'où le nom du produit.

Remarque

Le principal frein à son adoption est un problème d'utilisabilité : en effet, les données de changements ne sont pas simplement datées, elles sont attachées à un LSN, qui est le numéro d'enregistrement de la transaction ayant donné lieu à modification dans le log de la base de données.

Son utilisation est dorénavant considérablement simplifiée dans Integration Services, puisqu'on dispose de composants de flux de données dédiés, que vous verrez par la suite, et de cette fameuse tâche de contrôle qui va les coordonner. Le but de celle-ci est très simple : elle ne fait que persister le dernier traitement de Change Data Capture effectué sur la table dans une table technique, et communiquer cet état à travers une variable à toutes les tâches qui peuvent l'exploiter (généralement les tâches liées au CDC du flux de données).

Elle ne peut stocker que cinq états :

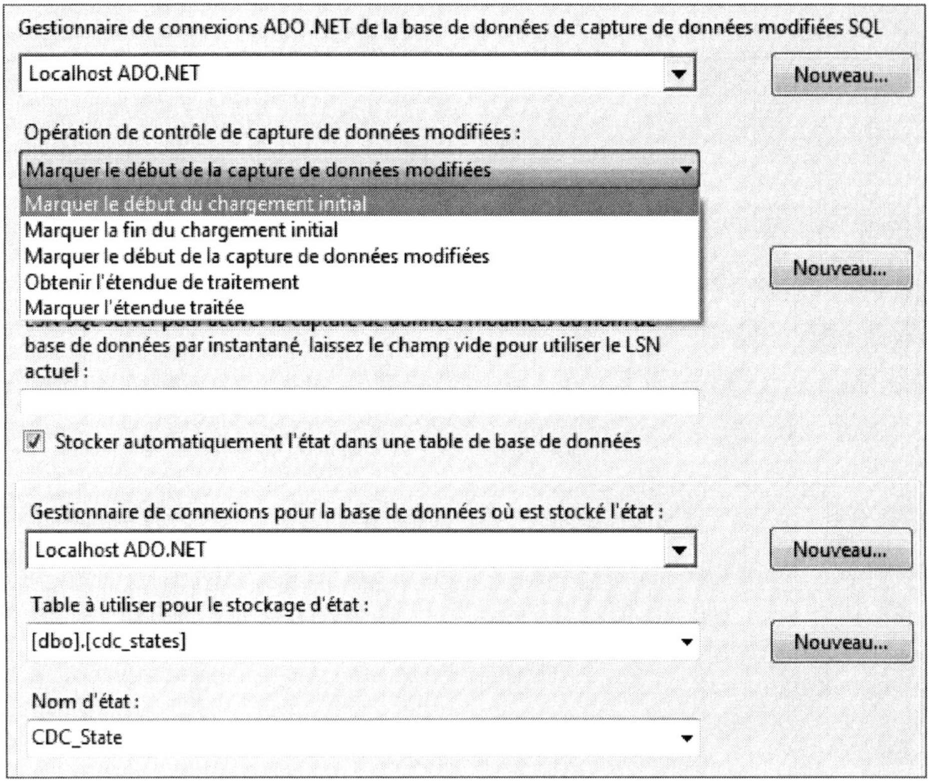

Avant d'en venir à l'explication de ces états, il est important de comprendre que généralement, dans un projet où on souhaite récupérer des modifications de données, il existe des données d'origine, issues de l'historique avant utilisation du CDC. Il faut donc généralement d'abord créer une table activée pour le suivi des modifications et l'alimenter avec ces anciennes données.

Remarque

Se référer pour l'activation du CDC à la page de documentation MSDN, très bien faite.

Les deux premières valeurs, *Marquer le début* et *Marquer la fin du chargement initial*, permettent de marquer que cette opération a été effectuée : dans ce cas, on utilisera deux CDC Control Task, une avant et une après les opérations de chargement pour marquer que la table est dorénavant chargée, et suivie pour modifications. La table d'état contient la valeur ILEND (comme Initial Load End, fin du chargement initial).

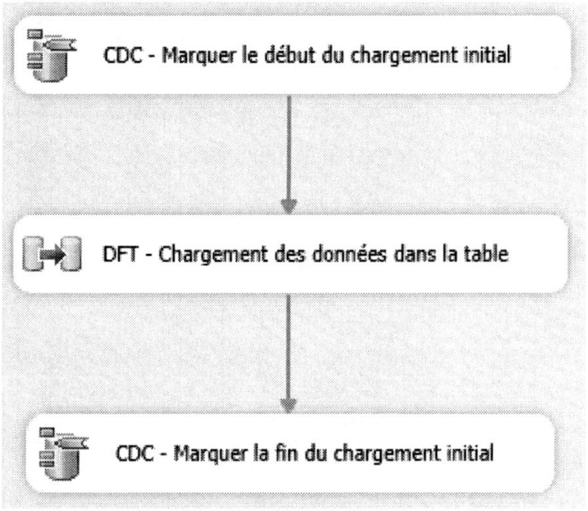

Une fois la table préalablement chargée, on va régulièrement procéder à la vérification du changement des données. Le problème avant l'introduction des composants CDC était de déterminer la fenêtre de changements non traités et de persister cette donnée, pour éviter d'examiner deux fois les mêmes modifications. Avec les deux valeurs *Obtenir l'étendue du traitement* et *Marquer l'étendue traitée* il n'y a plus ce problème : la première CDC Control Task va obtenir depuis la table d'état l'intervalle non traité, le communiquer aux Data Flows suivants qui vont traiter ces données, et la seconde va marquer définitivement cet intervalle comme traité, évitant ainsi un retraitement potentiel.

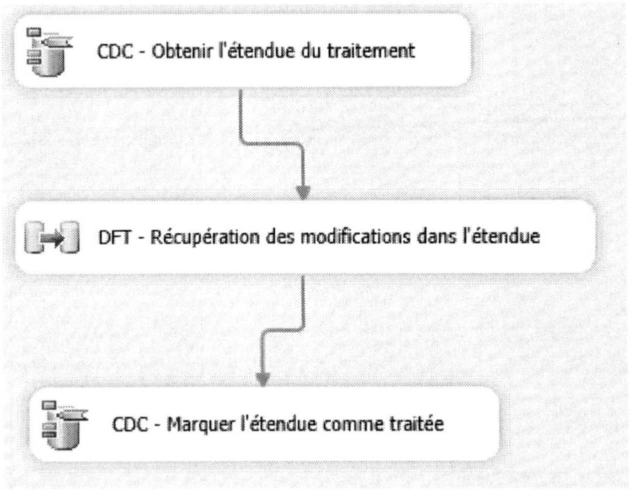

6.1.3 Tâches de plan de maintenance SQL Server

Les tâches de plan de maintenance sont équivalentes à celles utilisables dans Management Studio, dans la partie Plan de Maintenance. Nous allons en donner un aperçu rapide sans les détailler, celles-ci étant généralement relativement faciles à appréhender.

Remarque

Il est à noter que leur origine « externe » est assez visible par le fait qu'elles utilisent un gestionnaire de connexions ADO.NET spécifique pouvant uniquement être créé depuis les tâches elles-mêmes.

Une des plus évidentes est la tâche de **sauvegarde de base de données**, qui va permettre de générer un backup avec toutes les options classiquement disponibles dans Management Studio. On peut aussi faire une sorte de DBCC CHECKDB avec la tâche **vérifier l'intégrité de la base de données**, voire réduire sa taille avec la tâche de **réduction de base de données** (SHRINK).

Tout un pan de ces tâches concerne les index. On va pouvoir bien sûr effectuer des REBUILD et des REORGANIZE, avec respectivement les tâches de **reconstruction** et de **réorganisation d'index** mais aussi mettre à jour leurs statistiques avec la tâche de **mise à jour des statistiques**.

Deux tâches sont dédiées à l'Agent SQL Server, l'ordonnanceur. La tâche **notifier l'opérateur** permet d'envoyer un message à un opérateur au sens SQL Agent, et la tâche d'**exécution de travail SQL Agent** permet de lancer un traitement.

Enfin les tâches de **nettoyage de maintenance** et de **nettoyage d'historique** vont permettre respectivement de supprimer les fichiers générés par les opérations de maintenance (backup...) et les historiques des plans ou des travaux d'Agent.

6.1.4 Tâches de transferts d'objets SQL Server

Là encore, ces tâches sont relativement simples : leur but est d'utiliser l'API SMO (*SQL Management Objects*) pour transférer d'une instance à une autre les objets en question. Elles nécessitent donc un gestionnaire de connexions SMO.

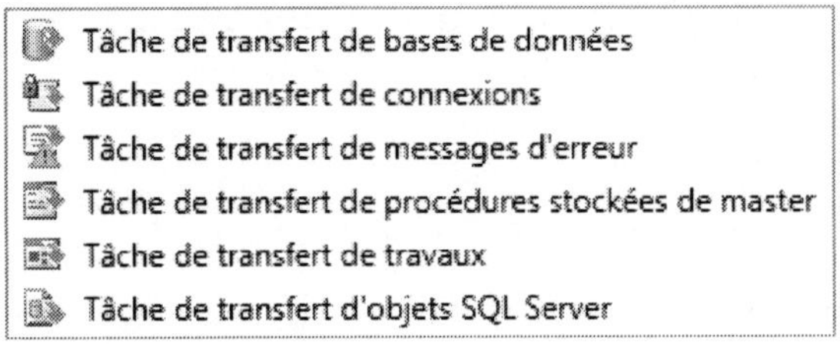

Ces tâches peuvent être très utiles pour procéder à des déploiements.

Remarque

Dans la pratique, ces tâches sont relativement peu utilisées. Elles présentent quelques limitations qui font que beaucoup de développeurs préfèrent parfois développer leur propre code SMO.

6.2 Tâches sur les bases Analysis Services

Analysis Services, le serveur d'analyse de Microsoft, est fréquemment utilisé dans un projet décisionnel, notamment sur sa partie Analyse en ligne (OLAP, *Online Analytical Processing*), mais pas seulement. Les tâches dédiées à Analysis Services dans SSIS permettent de relancer le traitement d'objets (qu'ils soient des dimensions, cubes ou modèles de mining), d'interroger un de ces modèles, voire même d'exécuter du code XMLA (*XML for Analysis*) pour altérer la structure des objets sur le serveur.

Remarque

Le mode tabulaire, introduit dans Analysis Services 2012, est totalement compatible avec XMLA et les fournisseurs Analysis Services classiques. Ces tâches, hormis le mining, le concernent donc aussi.

6.2.1 Tâche de traitement Analysis Services

Qu'il s'agisse d'un modèle de mining, d'un cube, d'une dimension ou même d'un modèle tabulaire, tous les objets d'Analysis Services doivent à un moment donné être traités. Le traitement consiste à récupérer les données source de ces objets et à les mettre à jour, en fonction d'un certain nombre de paramètres.

La tâche est relativement simple à configurer, il suffit de sélectionner les objets devant être traités, ainsi que le mode de traitement leur étant associé.

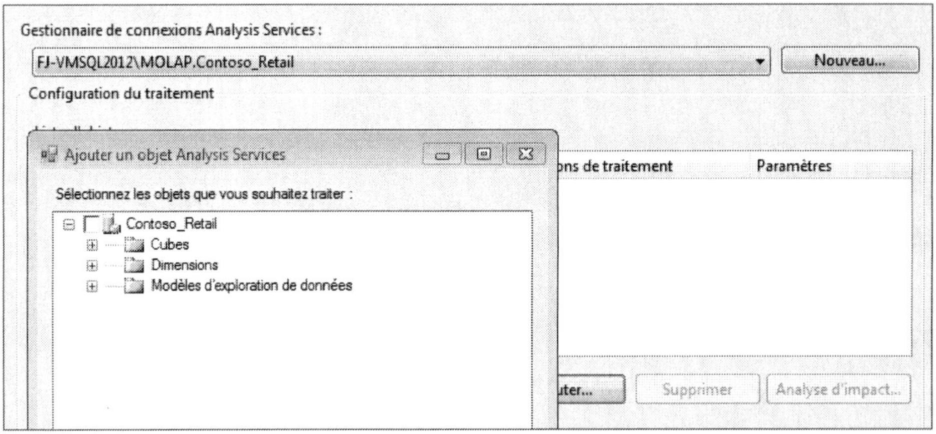

Remarque

Le sujet des modes de traitement d'Analysis Services est relativement vaste et en dehors du scope de SSIS. Pour les plus connus, il faut savoir par exemple qu'un ProcessFull régénère totalement l'objet considéré, qu'un ProcessUpdate pour une dimension ne calcule que les données non encore présentes dans celle-ci à l'inverse du Full qui les traite toutes. Pour plus d'informations, n'hésitez pas à consulter la documentation d'Analysis Services.

Un bouton **Analyse d'impact...** est présent pour permettre de détecter les objets qui devront eux aussi être recalculés si la tâche est exécutée telle quelle.

Remarque

Si on traite totalement une dimension par exemple, les liens avec les cubes l'utilisant sont invalidés, nous obligeant à les recalculer eux aussi. C'est pourquoi on utilise fréquemment le ProcessUpdate, qui n'a pas cet inconvénient, pour les dimensions.

Enfin, le bouton **Modifier les paramètres** permet, lui, de choisir entre un traitement séquentiel ou parallélisé, et de modifier la configuration d'erreur par défaut de l'objet pour augmenter la tolérance aux incohérences de données.

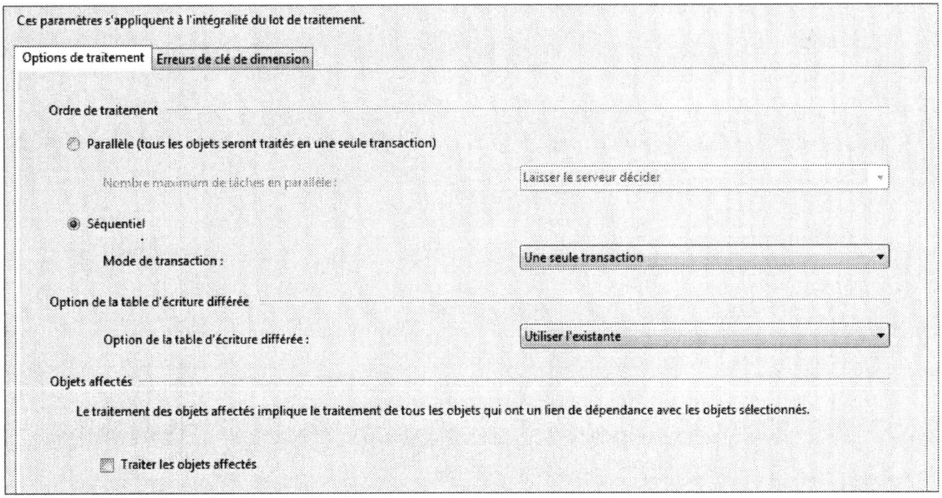

Remarque

Dans la réalité, ces options ne devraient être utilisées qu'en développement ou pour du diagnostic de panne, mais jamais en production, puisqu'elles ouvrent la porte à des erreurs au niveau des données !

6.2.2 Tâche d'exécution de DDL Analysis Services

XMLA est l'équivalent de SQL pour un serveur Analysis Services, en ce sens qu'il permet d'altérer la structure des objets et de récupérer des informations sur ceux-ci. De la même manière que SSIS dispose d'un composant d'exécution de requêtes SQL, cette tâche est son équivalent pour Analysis Services. Cette tâche va permettre par exemple de créer la partition nécessaire au chargement en cours, en utilisant la commande XMLA Create Partition :

```
<Create xmlns="http://schemas.microsoft.com/analysisservices/
2003/engine">
    <ParentObject>
        <DatabaseID>Contoso_Retail</DatabaseID>
        <CubeID>Operation</CubeID>
        <MeasureGroupID>Fact Sales 2012</MeasureGroupID>
    </ParentObject>
    <ObjectDefinition>
        <Partition>
            <ID>Fact Sales 2012</ID>
            <Name>Fact Sales 2012</Name>
          ...
        </Partition>
    </ObjectDefinition>
</Create>
```

Pour ce faire, il suffit de stocker la commande soit directement dans le composant si l'option **Entrée directe** est sélectionnée, soit à travers une connexion de fichier, soit dans une variable. C'est le sens de l'unique paramètre SourceType.

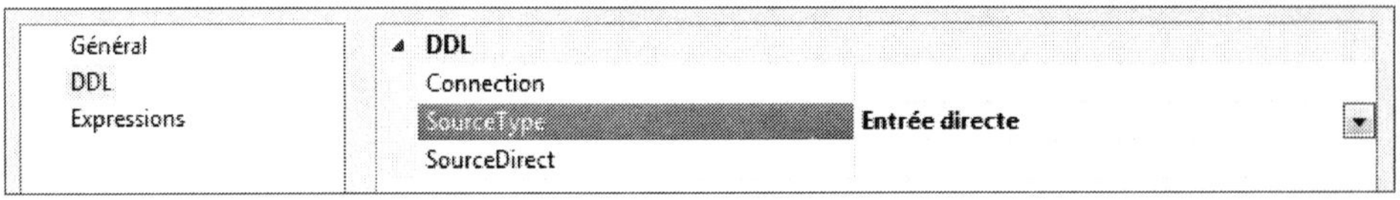

Remarque

Le résultat d'exécution, quant à lui, ne peut pas être récupéré dans une variable. Pour cela il faudra passer par un script personnalisé.

6.2.3 Tâche de requête de Data Mining

Le Data Mining, ou Exploration de données en traduction approximative, est la discipline qui permet d'extraire de la connaissance de gros volumes de données en créant des modèles, permettant par exemple de qualifier l'appétence d'un client pour tel ou tel article par rapport à ceux qu'il a déjà en sa possession, d'affiner les observations météo, voire de prédire l'évolution de flux financiers. Analysis Services comporte un module Data Mining, dont les modèles peuvent être requêtés en DMX (*Data Mining eXtensions*).

Pour l'utiliser, il suffit d'abord de créer un gestionnaire de connexions du type approprié (OLE DB pour Analysis Services), et de sélectionner un modèle.

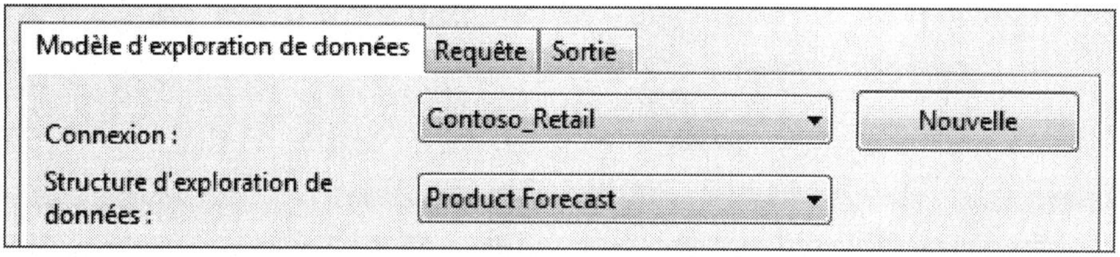

Remarque

Là encore, expliquer en détail le Data Mining dans Analysis Services n'est pas le propos de ce chapitre. Retenez simplement que plusieurs types de modèles existent. Un type très connu, appelé Analyse de Panier ou Basket Analysis, est très fréquemment employé sur les sites marchands pour vous recommander un objet que vous n'avez pas encore acquis, connaissant ceux que vous avez déjà achetés. Mais on peut aussi faire de la prévision simple à partir d'une série de valeurs, comme une prévision de ventes, ce qui est le cas utilisé ici.

Le second onglet de la tâche permet d'ouvrir l'éditeur de requêtes. On peut soit utiliser l'éditeur DMX, soit taper la requête soi-même si on connaît le langage. Cette requête permet de récupérer la première prévision d'une série chronologique. À noter que les paramètres, comme dans ADO.NET, se préfixent en DMX par une arrobase et sont nommés.

```
SELECT FLATTENED
    PredictTimeSeries([V Product Forecast].[Sales Amount],1)
FROM
    [V Product Forecast]
WHERE [Product Category] = @Categorie
```

Qui dit paramètre dit mappage. Le mappage doit correspondre au type attendu et se fait, là encore, comme en ADO.NET, en utilisant le nom du paramètre.

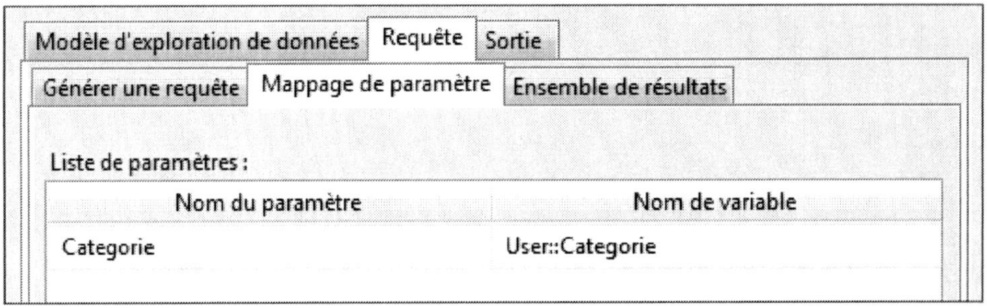

Enfin, on peut récupérer le résultat d'exécution de deux manières. Il est possible de le stocker dans une variable contenant une ligne unique ou le jeu de résultats complet à la manière du composant SQL.

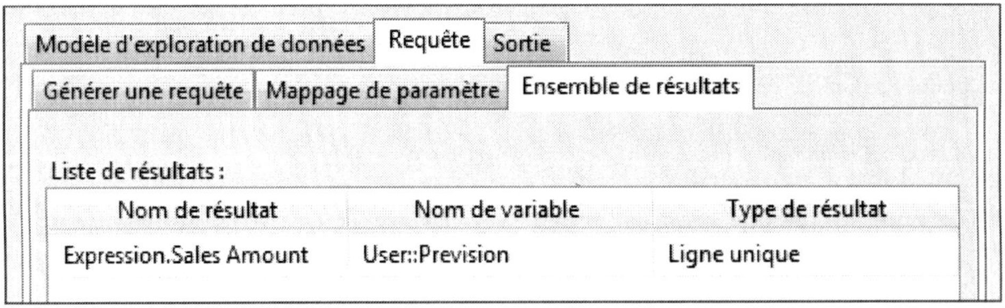

Mais aussi on peut l'insérer automatiquement dans une table SQL pour laquelle on fournit un nom et un gestionnaire de connexions.

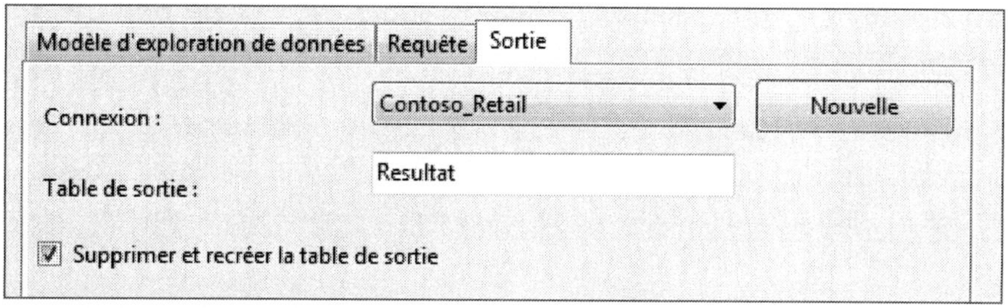

6.3 Les autres tâches

Il existe bien plus de tâches dans SSIS que celles abordées précédemment. La plupart de celles dont nous allons parler ici ont déjà été évoquées dans les parties précédentes.

6.3.1 Tâche d'envoi de mail

Il s'agit d'une tâche relativement simple à appréhender : elle fournit les champs classiques offerts par n'importe quel client de messagerie pour envoyer un mail (destinataires, personnes en copie cachée ou pas, priorité...) et utilise évidemment un gestionnaire de connexions SMTP.

Remarque

Elle intègre les limitations connues du gestionnaire de connexions en question. Les limitations sont contournables, soit en utilisant l'API SMTP de .NET dans un script, soit en mettant au point un relais SMTP dans IIS.

Le contenu du message peut être tapé directement ou passé via une variable ou un fichier en utilisant les différentes valeurs de la propriété **MessageSourceType**. Les pièces jointes sont spécifiées par leur URI absolue dans la propriété **Attachments**, en les séparant s'il y a lieu de barres verticales.

6.3.2 Tâche de script

Integration Services est un produit complexe techniquement, cela ne fait aucun doute. Comme dit précédemment, il repose sur un moteur ETL natif (en C++) exploité par des tâches codées en .NET.

À la fin de l'ouvrage, une partie est d'ailleurs consacrée au développement de tâches personnalisées en utilisant un des langages du Framework. Heureusement pour les développeurs novices, il n'est pas nécessaire de mettre en place un mécanisme d'une telle complexité pour effectuer un traitement personnalisé : Integration Services, via la tâche de script, permet l'exécution d'un script en .NET, conçu avec Visual Studio Tools for Applications.

Remarque

Visual Studio Tools for Applications (VSTA), environnement de développement intégré (IDE, Integrated Development Environment), a été introduit dans SSIS à partir de la version 2008, en remplacement de VSA (Visual Studio for Applications). VSTA a permis le support de .NET, des Web Services, et des références vers des librairies depuis n'importe quel emplacement.

Pour expliquer son fonctionnement, utilisons un composant script pour réaliser l'envoi de mails via SMTP avec une authentification non Windows, et ainsi combler un manque du produit. Tout d'abord, commençons par définir les variables nécessaires.

Nom	Étendue	Type de don...	Valeur
MailContent	Package	String	Ceci est un message de test.
MailFrom	Package	String	fjehl@infinitesquare.com
MailSubject	Package	String	Message de test SSIS.
MailTo	Package	String	fjehl@infinitesquare.com
SmtpServerLogin	Package	String	fjehl@infinitesquare.com
SmtpServerName	Package	String	pod51014.outlook.com
SmtpServerPasswo...	Package	String	
SmtpServerPort	Package	Int32	587

Le composant script peut récupérer ces variables de deux manières : en accès en lecture seule ou lecture-écriture. Dans le cas présent, celles-ci concernant juste du paramétrage, elles seront toutes en lecture. Cependant, si on souhaitait retourner un résultat, on pourrait parfaitement les déclarer autrement. C'est d'ailleurs, hormis le langage de développement choisi (ici C#), le seul réglage intéressant réalisable dans les options de la tâche.

Remarque

Une fois que le script a été affiché une fois dans un langage, il est impossible d'en changer.

Le bouton d'ouverture du script affiche l'IDE VSTA. Il suffit alors de développer le script. Le fonctionnement de cet IDE ressemble fortement à Visual Studio, qu'il s'agisse de l'ajout de références externes (web ou pas) ou des raccourcis clavier. Les choses propres uniquement à SSIS sont assez rares.

La récupération – et l'affectation si la variable est accessible en écriture – des variables se fait en utilisant la syntaxe :

```
Dts.Variables[<nom_de_la_variable>].Value
```

Il est possible, de la même manière, d'interagir avec les gestionnaires de connexions pour, par exemple, accéder à une ressource externe en respectant le formalisme de SSIS :

```
Dts.Connections[<nom_du_gestionnaire_de_connexions>].Acquire-
Connection(...)
```

Remarque

L'appel à AcquireConnection renvoie une connexion générique qu'il faudra caster selon le cas dans le type attendu (SqlConnection...). À noter que cette méthode attend un objet Transaction, utile si le script doit contribuer à la Transaction en cours.

Il est enfin possible de renvoyer des erreurs, des informations au moteur SSIS, afin par exemple que celles-ci soient journalisées. On utilise pour cela les fonctions Dts.Events.FireXXX qui permettent d'envoyer selon le cas souhaité une erreur (qui va généralement interrompre le package), une information...

Le code de notre envoi de mail fait usage de la méthode FireError pour permettre l'enregistrement d'une erreur explicite en cas d'échec de l'envoi du message, au sein du bloc catch.

```
public void Main()
{
    //Récupération des variables SSIS
    string smtpServerName = Dts.Variables["SmtpServerName"].Value.ToString();
    int smtpServerPort = (int)Dts.Variables["SmtpServerPort"].Value;
    string smtpServerLogin = Dts.Variables["SmtpServerLogin"].Value.ToString();
    string smtpServerPassword = Dts.Variables["SmtpServerPassword"].Value.ToString();
    string mailFrom = Dts.Variables["MailFrom"].Value.ToString();
    string mailTo = Dts.Variables["MailTo"].Value.ToString();
    string mailSubject = Dts.Variables["MailSubject"].Value.ToString();
    string mailContent = Dts.Variables["MailContent"].Value.ToString();

    //Instanciation d'un SmtpClient et envoi d'un MailMessage
    SmtpClient client = new SmtpClient(smtpServerName,smtpServerPort);
    client.EnableSsl = true;
    client.Credentials = new NetworkCredential(smtpServerLogin, smtpServerPassword);
    MailMessage message = new MailMessage(mailFrom
        ,mailTo
        ,mailSubject
        ,mailContent);
    try
    {
        client.Send(message);
        Dts.TaskResult = (int)ScriptResults.Success;
    }
    catch(SmtpException e)
    {
        Dts.Events.FireError(0, "Envoi de mail", e.Message, e.HelpLink, 0);
        Dts.TaskResult = (int)ScriptResults.Failure;
    }
}
```

Le script est débogable. On peut utiliser les points d'arrêt ainsi que les évaluateurs d'expressions pour suivre l'évolution de l'exécution. Un point d'arrêt se positionne en cliquant dans la colonne précédant la ligne, ou en appuyant sur [F9]. Une fois ceci fait, lors de l'exécution du package, VSTA s'ouvre, arrêté sur le point d'arrêt. On peut alors passer à la ligne suivante ([F10]), rentrer dans une méthode ([F11]) : en bref toutes les options disponibles sur un Visual Studio classique.

Lorsque l'on est en mode debug et arrêté sur une ligne, il est possible d'évaluer une expression dans le contexte en cours en utilisant l'espion qui permet la saisie d'un morceau de code.

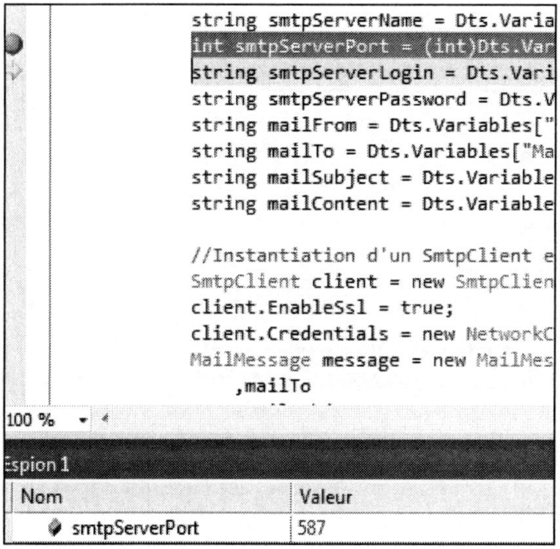

Remarque

Les usages du script sont pratiquement aussi larges que ceux d'un Visual Studio de développement, il serait donc présomptueux de vouloir tous les couvrir. Sachez que pratiquement tout ce qui est faisable en .NET est faisable dans la tâche de script. Quant à savoir si cela est souhaitable... cela devient du ressort de l'architecte !

6.3.3 Tâche de service Web

Nous avons vu que le script permet l'invocation d'un service Web, il arrive néanmoins que des non-développeurs .NET souhaitent réaliser ce type d'appel, et c'est pourquoi une tâche d'appel simplifiée est présente dans le flux de contrôle. Pour l'utiliser, il suffit d'un gestionnaire de connexions HTTP pointant sur le WSDL (*Web Service Description Language*) du service Web, qui va servir à sauvegarder ce code WSDL dans un fichier.

Remarque

Lorsque l'on parle de services Web, on recouvre un certain nombre de protocoles et d'acronymes pas forcément évidents. Le WSDL (Web Service Description Language) est un schéma XML permettant de définir le contrat de service. C'est grâce à cette donnée que l'on connaît, entre autres, les fonctions disponibles sur le service, et les types utilisés. Les messages d'appel et de retour de méthodes sont ensuite échangés en SOAP (Simple Object Access Protocol), lui aussi un schéma XML, sur le réseau.

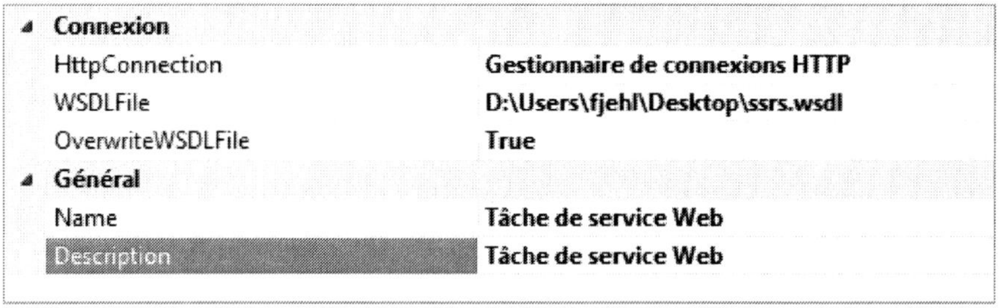

L'onglet **Entrée** permet de sélectionner la WebMethod à exécuter et renseigner les paramètres.

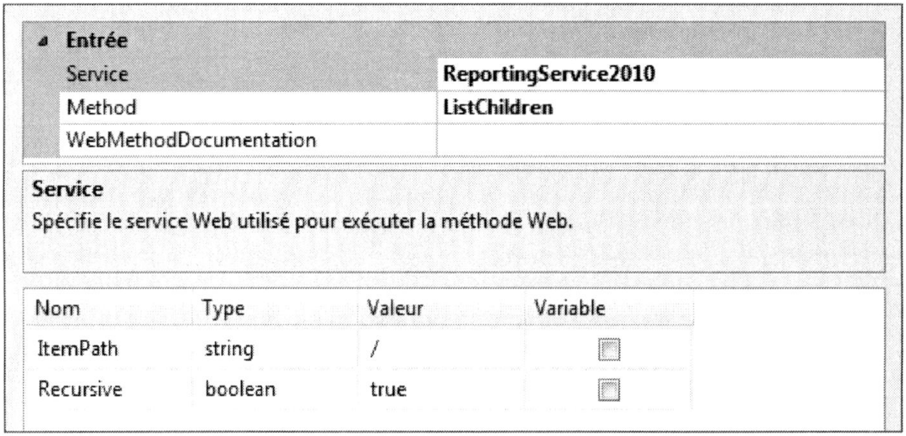

Le résultat peut ensuite être sauvé, dans la partie **Sortie**, dans un fichier ou une variable.

Sortie	
OutputType	**Connexion de fichiers**
File	**ListOfItems.xml**

Dans le cas présent, on a récupéré tout le contenu du serveur Reporting Services, que l'on pourra retraiter avec une tâche XML.

6.3.4 Tâche XML

La tâche XML permet d'effectuer une opération standard sur un ou plusieurs fichiers XML et sauvegarder le résultat dans un fichier ou une variable. Là encore, ceci est faisable avec un script, mais l'usage d'une tâche standard améliore l'accessibilité pour les non-développeurs.

Un de ses intérêts est la possibilité d'effectuer une requête XPATH et de sauvegarder le résultat dans un fichier.

Deuxième opérande	
SecondOperandType	**Entrée directe**
SecondOperand	**//CatalogItem[rs:TypeName='Report']/rs:Nam**
Entrée	
OperationType	**XPATH**
SourceType	**Connexion de fichiers**
Source	**ListOfItems.xml**
Options XPath	
Namespaces	**(Collection)**
PutResultInOneNode	**True**
XPathOperation	**Liste de nœuds**
Sortie	
SaveOperationResult	**True**
OperationResult	

Remarque

La tâche a pour principal inconvénient de ne pas renvoyer d'erreur si la requête XPATH est incorrecte ; n'hésitez pas à utiliser un des validateurs disponibles en ligne. Pour XPATH le problème vient souvent d'un problème de namespace, qu'il ne faut pas oublier de déclarer dans la propriété ***NameSpaces****.*

D'autres opérations sont possibles, comme la fusion/différence de fichiers de même structure, l'application d'une transformation XSLT ou la validation quant à une DTD ou un schéma XSD. Cette opération est choisie dans le champ **OperationType**. En toute logique, une validation d'un fichier par un schéma XSD attend comme **SecondOperand** un schéma XSD, l'application d'une XSLT attend un fichier XSLT, etc.

Remarque

Comme les Web Services, XML est composé d'un sous-ensemble de nombreuses fonctionnalités désignées par leurs acronymes. Un fichier XML peut être validé pour vérifier qu'il correspond à une structure attendue, structure qui peut être normée par des DTD (Document Type Definition, ancien) ou des XSD (XML Schema Definition, exprimé en XML et plus récent). Les transformations d'un fichier XML peuvent être écrites en XML en suivant le schéma XSLT (Extensible Stylesheet Language Transformations).

6.3.5 Tâche de système de fichiers

La tâche de système de fichiers permet d'effectuer un certain nombre d'opérations simples sur un ou plusieurs fichiers ou dossiers. Les opérations, choisies dans la propriété **Opération**, permettent de copier, supprimer ou déplacer un fichier ou dossier, de créer un dossier ou de le vider, ainsi que de définir les attributs d'un fichier tels que Lecture Seule ou Système.

Connexion de destination	
IsDestinationPathVariable	**False**
DestinationConnection	**DestinationFile.txt**
OverwriteDestination	**True**
Connexion source	
IsSourcePathVariable	**False**
SourceConnection	**DestinationFile.txt**
Général	
Name	**Tâche de système de fichiers**
Description	**Tâche de système de fichiers**
Opération	
Operation	**Copier le fichier**

Le fichier ou dossier est pointé au choix par un gestionnaire de connexions de type fichier, ou par une variable contenant son URI sous forme de texte, selon la valeur des options **Is...Variable**.

6.3.6 Tâche FTP

La tâche FTP fonctionne comme n'importe quel client de ce type. Les opérations pouvant être effectuées sont classiques, et consistent principalement en du transfert de fichier, ou en des opérations classiques comme de la création/ suppression de fichiers et répertoires locaux ou distants. En cela, elle fonctionne comme la tâche de système de fichiers Windows, et permet, comme cette dernière, de référencer les fichiers ou répertoires par une variable si nécessaire.

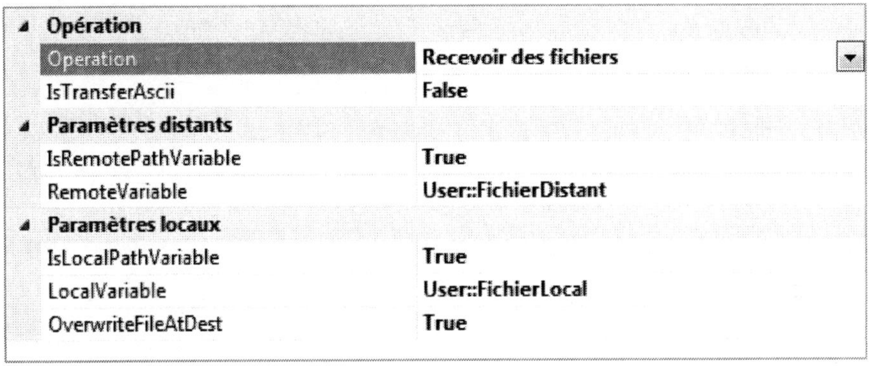

6.3.7 Tâche d'expression

Il s'agit d'une nouveauté très simple de SSIS 2012 : précédemment, pour assigner la valeur d'une expression à une variable, il fallait passer par du scripting. Cette tâche permet de remplir simplement cette fonction, en ayant le petit inconvénient d'obliger à taper le nom de la variable en texte plutôt qu'en fournissant une boîte de sélection...

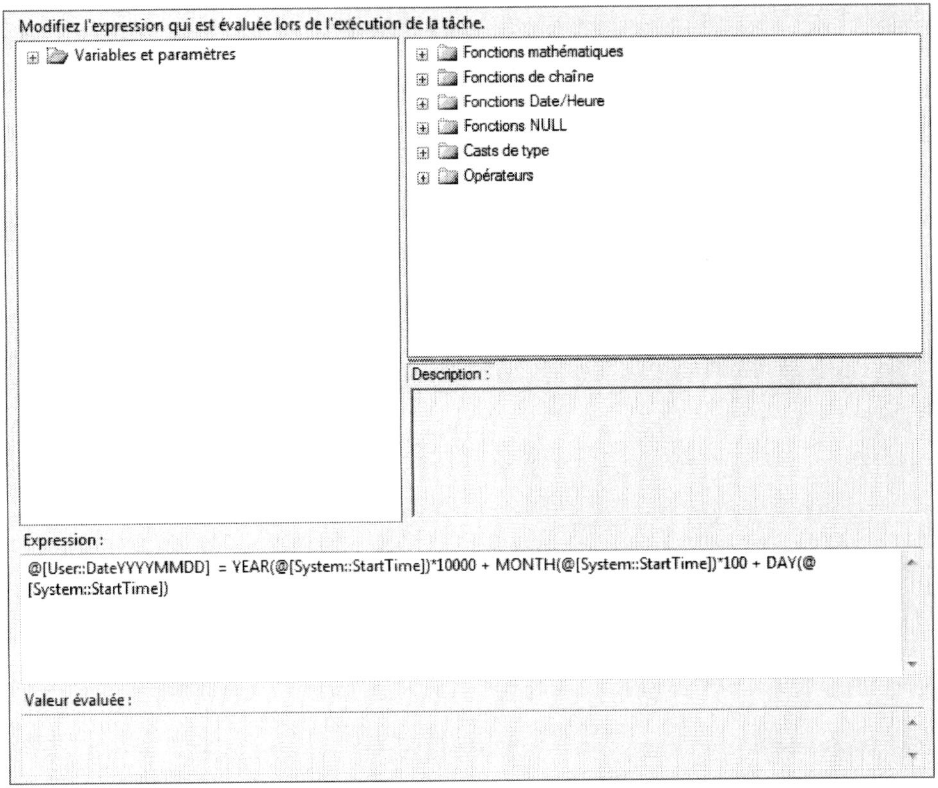

6.3.8 Tâche d'exécution de processus

La tâche d'exécution de processus permet le lancement d'un exécutable. Il est possible de lui spécifier des paramètres dans la propriété **Arguments** ainsi que son répertoire de travail. L'entrée standard passée au processus peut l'être par une variable, et le résultat de sortie capturé de la même manière, ainsi que l'erreur. Enfin le code d'erreur retourné par le processus peut être customisé pour gouverner la réussite ou l'échec de la tâche.

◢ Traiter	
RequireFullFileName	True
Executable	C:\Program Files\7-Zip\7z.exe
Arguments	a fichier.zip fichier.txt
WorkingDirectory	C:\
StandardInputVariable	
StandardOutputVariable	
StandardErrorVariable	
FailTaskIfReturnCodeIsNotSuccessValue	False
SuccessValue	0
TimeOut	0
TerminateProcessAfterTimeOut	True
WindowStyle	Hidden

À noter que, par défaut, une fenêtre apparaît lors de l'exécution du processus. Elle peut être masquée en positionnant **WindowStyle** à *Hidden*.

6.3.9 Tâche MSMQ

La tâche MSMQ (*Microsoft Message Queue*) utilise un fournisseur MSMQ pour se connecter à la file de messages d'un serveur et y effectuer une opération d'envoi ou de réception, selon la valeur de la propriété **Message**.

◢ Général	
Name	Tâche MSMQ
Description	Tâche MSMQ
Use2000Format	False
MSMQConnection	ConnexionMSMQ
Message	Envoyer un message

En cas d'envoi, on peut choisir trois formes de messages : du texte brut, une variable ou un fichier spécifié par son URI.

Envoyer	
UseEncryption	**False**
EncryptionAlgorithm	RC2
MessageType	**Message de type chaîne**
StringMessage	**Démarrer le traitement**

En cas de réception, les options sont les mêmes (texte, variable ou fichier) sachant que les fichiers peuvent être sauvegardés, et le texte stocké dans une variable. Les messages peuvent être filtrés, par contenu pour le texte, par provenance pour les autres.

Recevoir	
RemoveFromMessageQueue	**True**
ErrorIfMessageTimeout	**False**
TimeoutAfter	1
MessageType	**Message de type chaîne**
Compare	**Contenant**
CompareString	**SSIS**

Remarque

Il est à noter que dans le cas de messages de types variable ou fichier, ceux-ci peuvent être filtrés pour provenir d'un package SSIS spécifique identifié par son GUID. MSMQ peut donc être utilisé pour faire de la communication asynchrone entre différents lots s'exécutant de manière concurrente, par exemple pour connaître l'état d'un package s'exécutant continuellement ou quasi continuellement, sans avoir à développer de mécanisme de communication.

6.3.10 Tâches WMI

WMI est une API très particulière, bien connue des administrateurs réseau. WMI permet de définir en WQL (*Windows Query Language*), un langage proche de SQL, des requêtes allant récupérer des données statiques ou événementielles. Selon le type de requête effectuée, on utilisera soit un **Observateur d'événements** WMI, soit un **Lecteur de données**.

Le lecteur de données WMI permet de récupérer des informations système avec une requête WQL spécifiée soit directement, soit par une variable, soit par un fichier, et de les stocker tous de la même manière dans un fichier ou une variable. On peut par exemple regarder les processus lancés sur le serveur au moment de l'exécution du package.

Options WMI	
WmiConnection	Gestionnaire de connexions WMI
WqlQuerySourceType	Entrée directe
WqlQuerySource	SELECT * FROM Win32_Process WHERE Parent
OutputType	Table de données
OverwriteDestination	Conserver l'original
DestinationType	Connexion de fichiers
Destination	DestinationFile.txt

L'observateur d'événements peut être utilisé pour attendre qu'un événement récupéré via WQL soit levé avant de continuer l'exécution du package. On peut par exemple attendre qu'une clé de registre change suite à l'installation concurrente d'un produit lancée de manière asynchrone depuis une exécution de processus. Les autres paramètres gouvernent le nombre d'événements à attendre et l'action à entreprendre lors de la réception (ainsi qu'un éventuel timeout).

Options WMI	
WmiConnection	Gestionnaire de connexions WMI
WqlQuerySourceType	Entrée directe
WqlQuerySource	Select * from RegistryValueChangeEvent Wher
ActionAtEvent	Enregistrer l'événement et activer l'événemen
AfterEvent	Retour avec succès
ActionAtTimeout	Enregistrer le délai d'expiration et activer l'évé
AfterTimeout	Retour avec échec
NumberOfEvents	1
Timeout	0

6.3.11 Tâche de profilage de données

En plus de se consacrer à la structure des données, il est fréquent de souhaiter suivre l'évolution des valeurs présentes dans une table de base de données. La tâche de profilage de données permet d'effectuer un certain nombre de types d'examens des valeurs présentes dans une table (répartition, clés candidates...) et de stocker le résultat dans un fichier XML, qui peut ensuite être ouvert avec le Data Profile Viewer, outil installé avec SQL Server.

Ce mode de fonctionnement n'est pas sans soulever un certain nombre d'objections quant à l'utilité de la tâche : il n'est en effet pas évident d'utiliser une tâche qui nécessite une analyse par un outil tiers pas forcément facile à déployer. Bien sûr, le fichier XML contenant les résultats peut être analysé dans un script, mais le chargement de ce dernier et son traitement sont souvent tout aussi coûteux que de réaliser soi-même l'analyse...

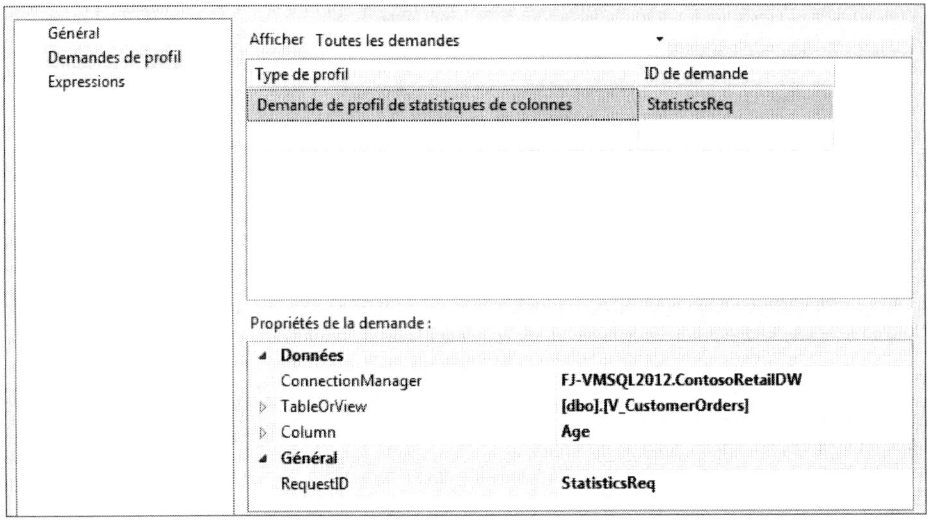

Néanmoins ce petit exemple peut vous donner une idée d'un cas d'utilisation, en gardant à l'esprit qu'il en existe bien plus. Si on souhaite par exemple examiner la crédibilité des âges saisis dans les profils utilisateur des acheteurs d'un site marchand, on peut demander à récupérer les statistiques de cette colonne Age, à travers un fournisseur ADO.NET. On sélectionne pour cela l'opération « statistiques de colonnes » et la colonne considérée dans les propriétés de l'opération.

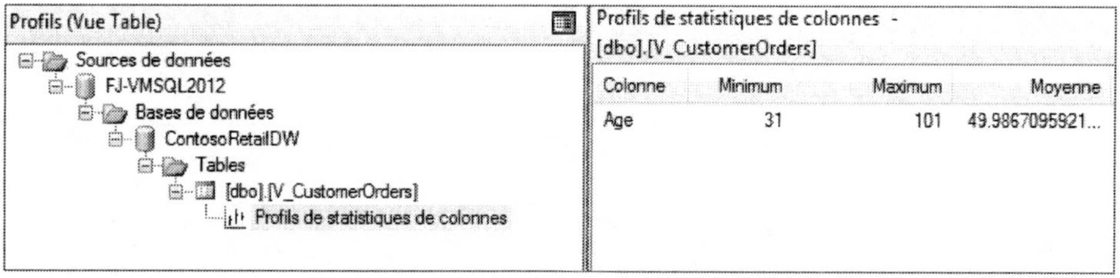

Le résultat généré sous forme XML est alors analysable dans le Data Profile Viewer.

À noter qu'on peut bien sûr l'utiliser sous forme XML depuis un script, par exemple :

```
<DataProfileOutput>
    <Profiles>
      <ColumnStatisticsProfile IsExact="true"
ProfileRequestID="StatisticsReq">
        <DataSourceID>{7FAE37AB-F403-4182-86BA-D0D7172C4AC0}
</DataSourceID>
        <Table DataSource="FJ-VMSQL2012"
Database="ContosoRetailDW" Schema="dbo" Table="V_CustomerOrders"
RowCount="12627608" />
        <Column Name="Age" SqlDbType="Int" MaxLength="0"
Precision="10" Scale="0" LCID="-1" CodePage="0" IsNullable="true"
StringCompareOptions="0"  />
        <MinValue>31</MinValue>
        <MaxValue>101</MaxValue>
        <Mean>49.9867095921782</Mean>
        <StdDev>11.4977178805243</StdDev>
      </ColumnStatisticsProfile>
    </Profiles>
</DataProfileOutput>
```

Chapitre 3
Variables, paramètres et expressions

1. Les variables

1.1 Présentation des variables

Dans Integration Services, les variables contiennent des valeurs qui peuvent être utilisées en lecture et en écriture lors de l'exécution des packages. Comparables aux variables des langages de programmation, elles permettent la mise en place de différents types de logiques de traitement :

- Itération en association avec des conteneurs de boucles.
- Affectation pour modifier les valeurs des propriétés des composants qui doivent être évaluées dynamiquement (chemin de répertoire, nom de fichier, calcul d'une date de référence pour les traitements incrémentiels...).
- Condition pour participer aux expressions utilisées dans des contraintes de précédence basées sur des expressions (voir chapitre Flux de contrôle, principes de fonctionnement) ou des transformations de fractionnement conditionnel (voir chapitre Transformation des données).
- Communication entre les composants de script (*Tâche de script* du flux de contrôle et *Composant script* du flux de données) et les autres composants des packages.

Elles constituent ainsi une des fonctionnalités centrales de SSIS dont nous avons vu, dans le chapitre Flux de contrôle, principes de fonctionnement, plusieurs exemples d'utilisation.

Nous précisons dans la première partie de ce chapitre les différentes informations relatives à l'environnement de travail de SSDT dédié aux variables, puis nous abordons les spécificités des deux types de variables (système et utilisateur). Enfin, un exemple montrant l'utilisation de celles-ci conjointement à l'utilisation d'expressions SSIS et de paramètres est présenté en fin de chapitre.

1.2 La fenêtre Variables

Pour pouvoir accéder aux variables dans SSDT, il faut afficher la fenêtre **Variables** du concepteur de package. Elle comporte une grille contenant des colonnes permettant de visualiser et d'éditer les différentes propriétés des variables.

Si cette fenêtre n'est pas visible :

- Cliquez sur le bouton  situé dans le coin supérieur droit du concepteur.

Ou

- Dans le menu **Affichage** - **Autres Fenêtres** - sélectionnez **Variables**.

Ou

- Faites un clic droit sur le fond de la fenêtre du concepteur des onglets **Flux de contrôle** ou **Flux de données** et sélectionnez **Variables**.

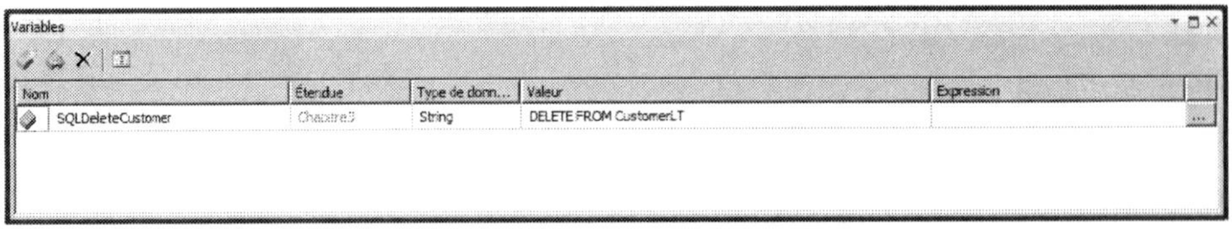

Par défaut, elle apparaît en bas de la fenêtre de conception. Cependant, vous pouvez déplacer et disposer celle-ci selon votre convenance, comme n'importe quelle autre fenêtre du concepteur.

Remarque

Dans les versions précédentes de SSIS (de 2005 à 2008 R2), la fenêtre ***Variables*** *s'affichait par défaut dans le volet de gauche du concepteur de package, sur toute la hauteur de la fenêtre, mais sur une largeur trop étroite pour afficher plusieurs colonnes de propriétés. Une disposition sur une plus grande largeur se prête mieux à la visualisation et à l'édition des propriétés, nous vous conseillons donc de conserver la disposition proposée par défaut dans la version 2012.*

Cette fenêtre comporte une barre d'outils contenant des boutons permettant d'ajouter, déplacer ou supprimer une variable ainsi qu'un bouton pour accéder aux options de la grille.

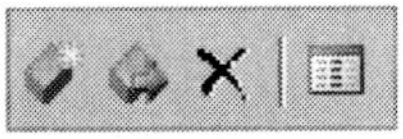

En utilisant ce dernier bouton, vous pouvez sélectionner les options qui vous permettent d'afficher des propriétés supplémentaires dans des colonnes de la grille ou d'activer ou désactiver les filtres de variables.

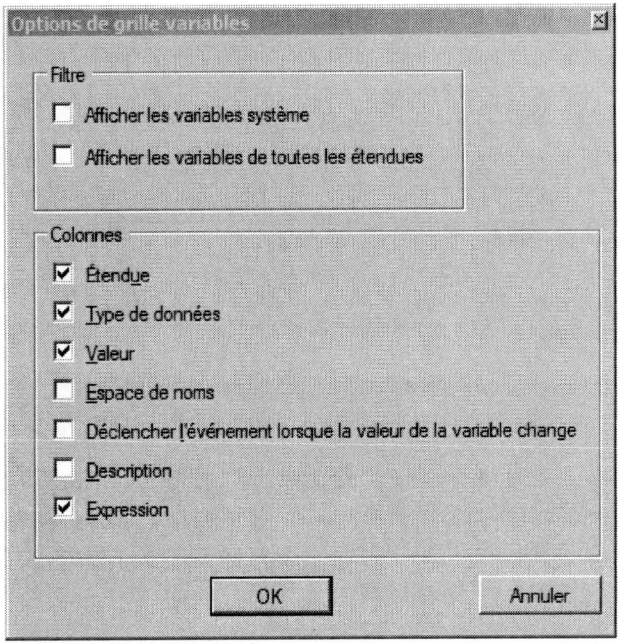

Vous pouvez ensuite sélectionner une variable dans la grille de la fenêtre **Variables** et visualiser l'intégralité des propriétés de celle-ci dans la fenêtre **Propriétés** qui s'affiche par défaut à droite du concepteur (si cette fenêtre n'est pas présentée, utilisez la touche [F4] pour la faire apparaître).

Remarque

*Autre nouveauté du concepteur en version 2012, la présence de la colonne Expression dans la grille de la fenêtre **Variables** rend l'édition et la consultation de celle-ci beaucoup plus aisée et plus rapide. D'une part il n'est plus nécessaire de passer par la fenêtre de propriétés, d'autre part, la simple modification de la valeur de cette colonne modifie non seulement la propriété **Expression** mais aussi la propriété **EvaluateAsExpression** qui lui est associée.*

1.3 Les variables système

1.3.1 Présentation des variables système

Les variables système font partie de chaque package. En lecture seule, elles exposent des valeurs de propriétés des packages et sont souvent utilisées à des fins d'audit. La transformation *Audit* est d'ailleurs dédiée à la collecte de ces variables pour les inclure dans le flux de données (un exemple d'utilisation de celle-ci est présent à la fin de ce chapitre).

Différentes variables système sont présentes pour quatre catégories de composants :

- Packages
- Conteneurs
- Tâches
- Gestionnaire d'événements

Au moment où nous rédigeons cet ouvrage, la liste des variables système présentes dans l'aide en ligne de SQL Server n'est pas exhaustive et ne contient pas les deux nouvelles variables apparues avec la version 2012 pour les packages. Nous reprenons ci-dessous les listes par catégorie en indiquant celles qui sont manquantes[1] et celles qui ont été ajoutées[2].

Packages

Nom de la variable	Type de données	Description
CancelEvent	Int32	Gestionnaire d'un objet d'événement Windows que la tâche peut signaler pour indiquer qu'elle doit interrompre son exécution.
ContainerStartTime	DateTime	Heure de démarrage du conteneur.
CreationDate	DateTime	Date de création du package.

Nom de la variable	Type de données	Description
CreatorComputerName	String	Ordinateur sur lequel le package a été créé.
CreatorName	String	Nom de la personne qui a créé le package.
ExecutionInstanceGUID	String	Identificateur unique de l'instance exécutée d'un package.
FailedConfigurations	String	Nom des configurations ayant échoué.
IgnoreConfigurationsOnLoad	Booléen	Ignorer les configurations lors du chargement du package.
InteractiveMode	Booléen	Indique si le package est exécuté en mode interactif. Si un package s'exécute dans le concepteur SSIS, cette propriété a la valeur True. Si un package s'exécute par le biais de l'utilitaire de ligne de commande DTExec, la propriété a la valeur False.
LastModifiedProductVersion	String	Version de produit SQL Server avec laquelle le package a été modifié la dernière fois.
LocaleId	Int32	Paramètre régional utilisé par le package.
MachineName	String	Nom de l'ordinateur sur lequel s'exécute le package.
OfflineMode	Booléen	Indique si le package est en mode hors connexion. Le mode hors connexion n'acquiert pas de connexion à des sources de données.

Nom de la variable	Type de données	Description
PackageID	String	Identificateur unique du package.
PackageName	String	Nom du package.
ParentContainerGUID	String	GUID du conteneur parent.
ProductVersion	String	Version de produit SQL Server actuelle.
StartTime	DateTime	Heure de début d'exécution du package.
ServerExecutionID[2]	Int64	Identifiant d'exécution du package exécuté sur le serveur Integration Services.
UserName	Chaîne	Compte de l'utilisateur qui a démarré le package. Le nom d'utilisateur est qualifié par le nom de domaine.
VersionBuild	Int32	Version du package.
VersionComments	String	Commentaires sur la version du package.
VersionGUID	String	Identificateur unique de la version.
VersionMajor	Int32	Version principale du package.
VersionMinor	Int32	Version secondaire du package.

Conteneurs

Nom de la variable	Type de données	Description
LocaleId	Int32	Paramètre régional utilisé par le package.

Nom de la variable	Type de données	Description
ParentContainerGUID[1]	String	GUID du conteneur parent.

Tâches du flux de contrôle

Nom de la variable	Type de données	Description
ContainerStartTime[1]	DateTime	Heure de démarrage du conteneur.
CreationName	String	Nom de la tâche.
LocaleId	Int32	Paramètre régional utilisé par la tâche.
ParentContainerGUID[1]	String	GUID du conteneur parent.
TaskID	String	Identificateur unique d'une instance de tâche.
TaskName	String	Nom de l'instance de tâche.
TaskTransactionOption	Int32	Option de transaction utilisée par la tâche.

Gestionnaire d'événements

Nom de la variable	Type de données	Description	Gestionnaire d'événements concerné
Cancel	Booléen	Indique si l'exécution du gestionnaire d'événements s'arrête lorsqu'une erreur, un avertissement ou une annulation de requête se produit.	OnError OnWarning OnQueryCancel

Nom de la variable	Type de données	Description	Gestionnaire d'événements concerné
ErrorCode	Int32	Identificateur de l'erreur.	OnError OnInformation OnWarning
ErrorDescription	String	Description de l'erreur.	OnError OnInformation OnWarning
ExecutionStatus	Booléen	État de l'exécution en cours.	OnExecStatus-Changed
ExecutionValue	DBNull	Valeur de l'exécution.	OnTaskFailed
LocaleId	Int32	Paramètre régional utilisé par le gestionnaire d'événements.	Tous les gestionnaires d'événements
PercentComplete	Int32	Pourcentage de travail terminé.	OnProgress
ProgressCountHigh	Int32	Partie supérieure d'une valeur 64 bits qui indique le nombre total d'opérations traitées par l'événement OnProgress.	OnProgress
ProgressCountLow	Int32	Partie inférieure d'une valeur 64 bits qui indique le nombre total d'opérations traitées par l'événement OnProgress.	OnProgress

Nom de la variable	Type de données	Description	Gestionnaire d'événements concerné
ProgressDescription	String	Description de la progression.	OnProgress
Propagate	Booléen	Indique si l'événement est propagé à un gestionnaire d'événements de niveau supérieur. La valeur de la variable Propagate est ignorée lors de la validation du package. Si vous affectez la valeur False à Propagate dans un package enfant, cela n'empêche pas la propagation d'un événement à un package parent.	Tous les gestionnaires d'événements
SourceDescription	Chaîne	Description de l'exécutable dans le gestionnaire d'événements qui a déclenché l'événement.	Tous les gestionnaires d'événements
SourceID	String	Identificateur unique de l'exécutable dans le gestionnaire d'événements qui a déclenché l'événement.	Tous les gestionnaires d'événements

Nom de la variable	Type de données	Description	Gestionnaire d'événements concerné
SourceName	String	Nom de l'exécutable dans le gestionnaire d'événements qui a déclenché l'événement.	Tous les gestionnaires d'événements
VariableDescription	String	Description de la variable.	OnVariableValueChanged
VariableID	String	Identificateur unique de la variable.	OnVariableValueChanged

1.3.2 Utilisation des variables système

Pour afficher les variables système :

- Dans la barre d'outils, cliquez sur l'icône **Option de grille** puis, dans la section **Filtre**, cochez **Afficher les variables système**.

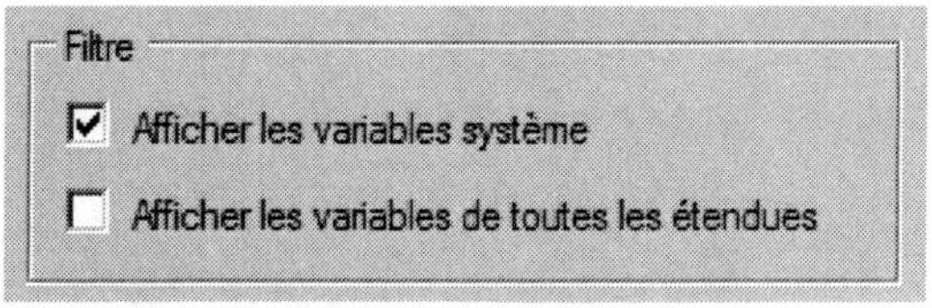

La seule propriété modifiable dans la fenêtre **Variables** est **Raise Change Event** (affichable via l'option **Déclencher l'événement lorsque la valeur de la variable change**). Elle permet d'indiquer si l'on veut qu'un événement soit déclenché au changement de valeur de la variable lors de l'exécution du package. Pour le reste, la grille ne sert qu'à consulter les valeurs de propriétés lors de la conception.

Remarque

*La propriété Espace de noms (**Namespace** dans la fenêtre de propriétés) a la valeur **System**, ce qui permet d'identifier et trier simplement les variables système dans la fenêtre **Variables**. Cet espace de noms est réservé et ne peut être utilisé pour les variables utilisateur.*

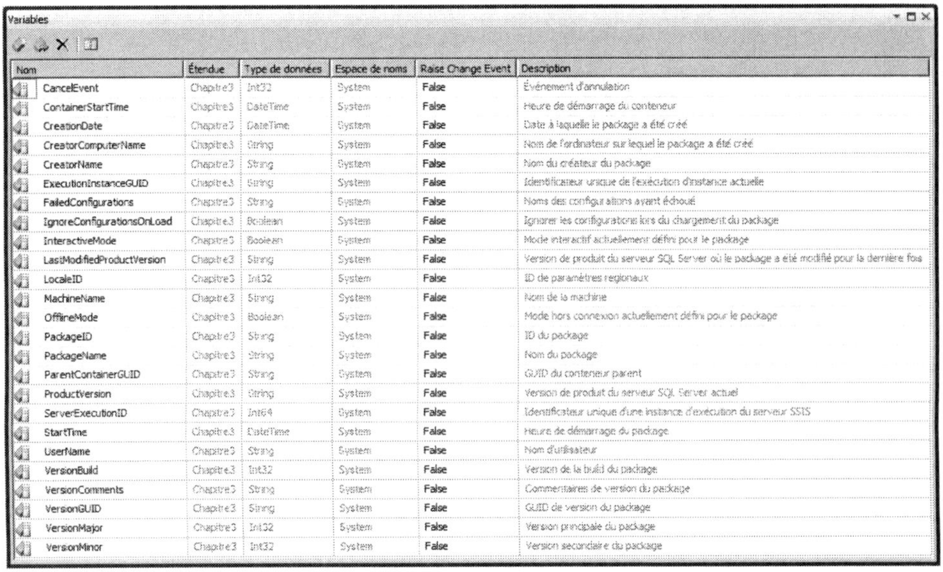

Nom	Étendue	Type de données	Espace de noms	Raise Change Event	Description
CancelEvent	Chapitre3	Int32	System	False	Événement d'annulation
ContainerStartTime	Chapitre3	DateTime	System	False	Heure de démarrage du conteneur
CreationDate	Chapitre3	DateTime	System	False	Date à laquelle le package a été créé
CreatorComputerName	Chapitre3	String	System	False	Nom de l'ordinateur sur lequel le package a été créé
CreatorName	Chapitre3	String	System	False	Nom du créateur du package
ExecutionInstanceGUID	Chapitre3	String	System	False	Identificateur unique de l'exécution d'instance actuelle
FailedConfigurations	Chapitre3	String	System	False	Noms des configurations ayant échoué
IgnoreConfigurationsOnLoad	Chapitre3	Boolean	System	False	Ignorer les configurations lors du chargement du package
InteractiveMode	Chapitre3	Boolean	System	False	Mode interactif actuellement défini pour le package
LastModifiedProductVersion	Chapitre3	String	System	False	Version de produit du serveur SQL Server où le package a été modifié pour la dernière fois
LocaleID	Chapitre3	Int32	System	False	ID de paramètres regionaux
MachineName	Chapitre3	String	System	False	Nom de la machine
OfflineMode	Chapitre3	Boolean	System	False	Mode hors connexion actuellement défini pour le package
PackageID	Chapitre3	String	System	False	ID du package
PackageName	Chapitre3	String	System	False	Nom du package
ParentContainerGUID	Chapitre3	String	System	False	GUID du conteneur parent
ProductVersion	Chapitre3	String	System	False	Version de produit du serveur SQL Server actuel
ServerExecutionID	Chapitre3	Int64	System	False	Identificateur unique d'une instance d'exécution du serveur SSIS
StartTime	Chapitre3	DateTime	System	False	Heure de démarrage du package
UserName	Chapitre3	String	System	False	Nom d'utilisateur
VersionBuild	Chapitre3	Int32	System	False	Version de la build du package
VersionComments	Chapitre3	String	System	False	Commentaires de version du package
VersionGUID	Chapitre3	String	System	False	GUID de version du package
VersionMajor	Chapitre3	Int32	System	False	Version principale du package
VersionMinor	Chapitre3	Int32	System	False	Version secondaire du package

Les variables système apparaissent dans l'éditeur d'expression, et sont toutes préfixées par **System::** (ex : *System::PackageName*).

Elles sont alors utilisables dans les expressions avec une syntaxe du type *@[NameSpace::NomVariable]*.

Exemple d'expression référençant la variable système PackageName :

@[System::PackageName]

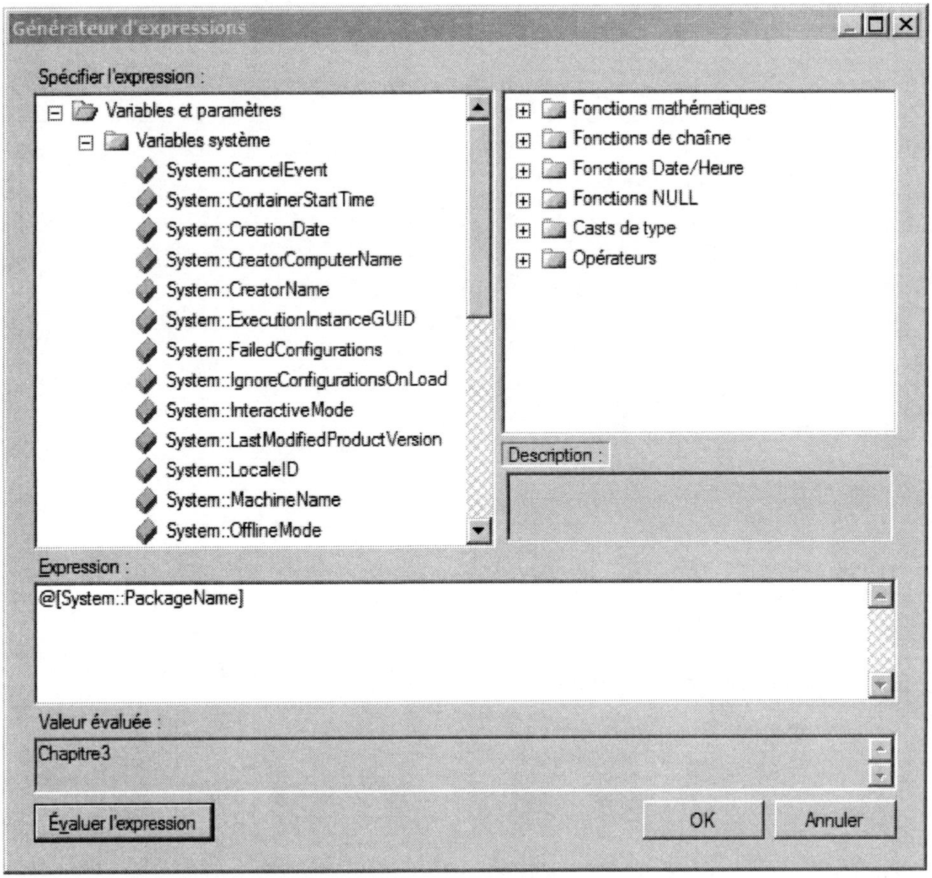

1.4 Les variables utilisateur

Les variables utilisateur sont créées en fonction des besoins lors de la conception des packages. À la différence des variables système, le développeur peut donc définir la plupart de leurs propriétés.

Lors de l'exécution du package, elles sont en lecture et écriture, leur valeur pouvant changer en fonction de la logique de traitement voulue.

1.4.1 Propriétés principales

Le **nom** de la variable (il est sensible à la casse).

L'**étendue**, qui détermine la portée de la variable au sein du package. La valeur de cette propriété correspond au nom de l'exécutable (au sein de SSIS) auquel elle est rattachée. Elle peut être fixée de manière globale au niveau du package, d'une tâche, ou d'un conteneur. Par défaut, dans SSIS 2012, toutes les variables utilisateur sont créées avec une étendue package (alors que dans les versions précédentes, lors de la création de la variable, l'étendue était celle du dernier composant sélectionné dans le concepteur). Il est ensuite possible de modifier l'étendue de celles-ci via le bouton **Déplacer la variable**  de la barre d'outils de la fenêtre **Variables**.

Remarque

Cette fonctionnalité de déplacement de variable a été inspirée et reprise de celle de l'add-in BIDSHelper (http://bidshelper.codeplex.com). Elle palliait un manque du concepteur de variables dans les précédentes versions de SSIS, lequel obligeait à supprimer et recréer les variables dont on souhaitait modifier l'étendue.

L'espace de noms (*NameSpace*) rentre en ligne de compte dans la façon dont la variable est référencée lors de son utilisation dans les expressions SSIS ou dans les composants de script (tâche et transformation).

La **valeur** peut être initialisée manuellement dans le concepteur (fenêtre **Variables** ou fenêtre **Propriétés**) ou définie dynamiquement dans une tâche de script ou dans une tâche d'expression (cf. chapitre Flux de contrôle, principes de fonctionnement) ou via la propriété **Expression**.

Le **type de données** peut être choisi parmi une liste de types proches des types de données du framework .NET. Dans SSIS, la liste disponible est spécifique aux variables et ne correspond donc pas aux types SSIS que l'on retrouve dans les flux de données (ceux qui sont préfixés par DT_). Cependant les variables étant souvent utilisées dans des expressions qui permettent la manipulation des données avec les types SSIS, comme par exemple dans les transformations de *Colonne dérivée* ou de *Fractionnement conditionnel*, il est important de connaître la correspondance entre les deux.

Le tableau ci-dessous détaille les différents types de données des variables et donne un équivalent dans le type SSIS le plus proche :

Type de données des variables

Variable	Type SSIS	Description
Boolean	DT_BOOL	Valeur booléenne.
Byte	DT_UI1	Entier numérique sur 1 octet non signé.

Variable	Type SSIS	Description
Char	DT_UI2	Permet de stocker le code ASCII d'un caractère sous forme d'entier non signé sur 2 octets. L'utilisation de ce type de variable n'est pas intuitive. Lorsque vous créez une variable de ce type, vous ne pouvez saisir dans le champ de propriété Valeur que le caractère et pas son code ASCII. Lors de son utilisation dans les expressions SSIS, la variable est bien évaluée en tant qu'entier numérique. Pour retrouver le caractère alphanumérique correspondant, vous pouvez convertir celui-ci via un Composant Script dans le Flux de données. En revanche, aucune fonction du langage d'expression SSIS ne permet d'effectuer le traitement équivalent ; une conversion vers le type DT_WSTR renvoie le code ASCII sous forme de chaîne de caractères (ex : 66 pour le caractère B).
DateTime	DT_DBTIMESTAMP	Date et heure en année, jour, mois, heures, minutes, secondes.
DBNull	Non disponible	La "valeur" NULL.
Double	DT_R8	Valeur numérique à virgule flottante de double précision.
Int16	DT_I2	Entier numérique sur 2 octets signé.
Int32	DT_I4	Entier numérique sur 4 octets signé.
Int64	DT_I8	Entier numérique sur 8 octets signé.

Variable	Type SSIS	Description
Object	Non disponible	Type objet, n'ayant pas d'équivalent en type de données SSIS. Utile pour stocker les jeux de données (Dataset), il est généralement utilisé comme collection dans un conteneur de boucles Foreach (voir une présentation de ce conteneur au chapitre Flux de contrôle, principes de fonctionnement).
SByte	DT_I1	Entier numérique sur 1 octet signé.
Single	DT_R4	Valeur numérique à virgule flottante de simple précision.
String	DT_WSTR	Chaîne de caractères Unicode à longueur variable.
UInt32	DT_UI4	Entier numérique sur 4 octets non signé.
UInt64	DT_UI8	Entier numérique sur 8 octets non signé.

La propriété **Expression** permet de définir une instruction de calcul de la valeur (en éditant directement la propriété dans la colonne de la grille de la fenêtre **Variables** ou en passant par la fenêtre **Propriétés**. Elle est directement liée à la propriété **EvaluationAsExpression** dont la valeur doit être fixée à True pour que l'expression soit évaluée. Le résultat de l'expression est alors utilisé comme valeur de la variable à la place du contenu de la propriété **Valeur**, lors de l'exécution du package.

La propriété **Description** permet de saisir un texte libre pour documenter la variable.

La propriété **ReadOnly** permet de définir si la variable est en lecture seule. Par défaut sa valeur est à False (= écriture).

La propriété **RaiseChangeEvent** permet de déterminer si l'événement **OnVariableValueChanged** du conteneur de la variable (correspondant à l'étendue de celle-ci) est déclenché lors d'un changement de valeur de la variable.

Remarque

*Dans le cas où la propriété **RaiseChangeEvent** est activée pour différentes tâches et conteneurs d'un package, seul l'événement **OnVariableValueChanged** du conteneur qui constitue l'étendue de la variable sera levé, même si l'exécutable qui modifie la valeur est différent de celui-ci. Par exemple, si un package contient un conteneur de séquence englobant une tâche de script, et qu'une variable de ce package a pour étendue le conteneur de séquence, si la tâche de script modifie la valeur de la variable, c'est seulement l'événement du conteneur de séquence qui sera levé.*

1.4.2 Création d'une variable utilisateur

Nous allons voir dans cet exemple comment créer une variable utilisateur.

Dans SSDT :

- Affichez la fenêtre **Variables**.
- Créez un nouveau package et nommez-le **Chapitre3**.
- Ajoutez une tâche de **Flux de données** et nommez-la **DFT CustomerLT**.
- Cliquez sur le bouton **Ajouter une variable** de la barre d'outils.
- Saisissez le **Nom** : **Var1**.
- Choisissez le **Type de données** : **Char**.
- Saisissez la **Valeur** : **A**.
- Modifiez l'**Espace de noms** : **User**.
- Cliquez sur le bouton **Déplacer la variable** pour modifier son étendue en choisissant la tâche **DFT CustomerLT**.

Remarque

Il est possible de créer plusieurs variables portant le même nom mais avec des étendues et des espaces de noms différents. Il faut donc prêter attention à ne pas créer par erreur plusieurs versions d'une même variable ; d'autant plus que, par défaut, toutes les variables de toutes les étendues ne sont pas affichées.

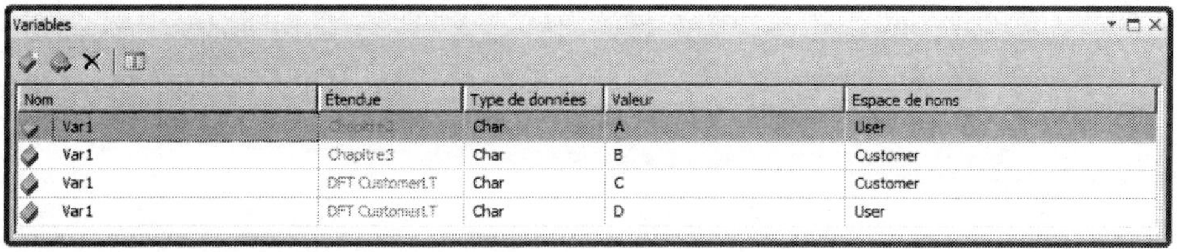

1.4.3 Utilisation des variables utilisateur

Les variables utilisateur apparaissent dans le générateur d'expressions, et sont toutes préfixées par leur espace de noms suivi de deux caractères ":" (ex : *Customer::CustomerType*).

De la même manière que les variables système, elles sont alors utilisables dans les expressions avec une syntaxe du type *@[NameSpace::NomVariable]*.

Exemple d'expression référençant la variable utilisateur CustomerType :

@[System::PackageName]

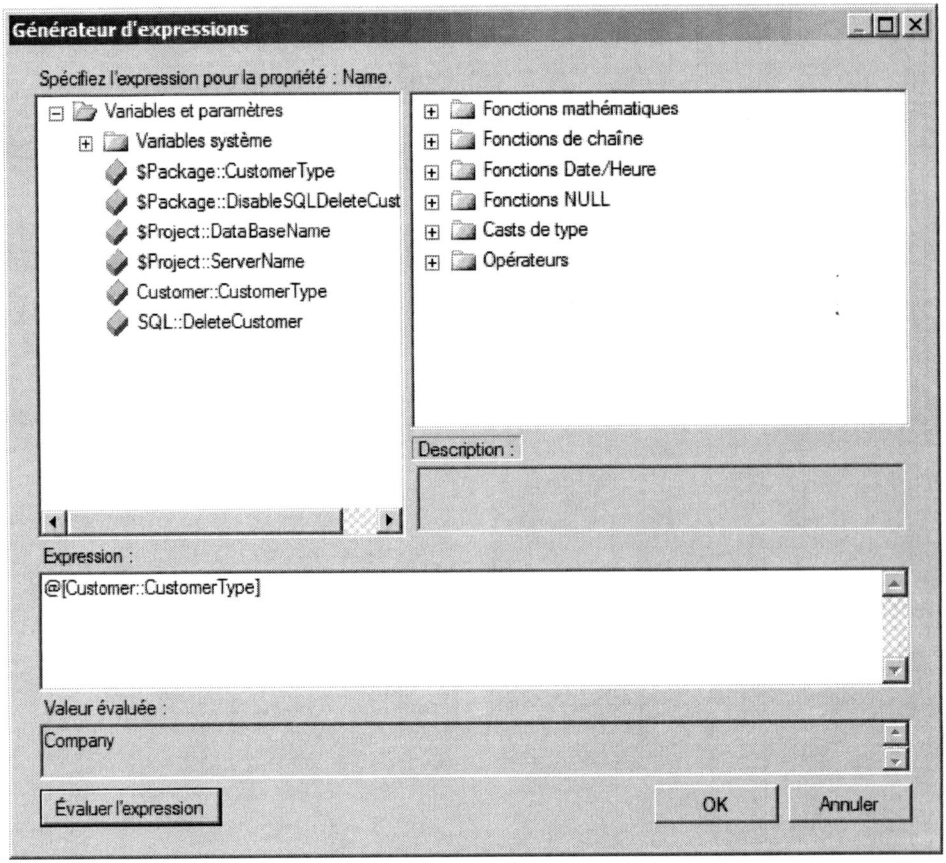

Remarque

La principale différence dans le référencement des variables utilisateur par rapport aux variables système se situe dans l'espace de noms qui n'est pas unique et dépend entièrement de celui qui est défini lors de la conception de la variable. Il faudra prêter attention aux modifications qui pourraient être faites a posteriori sur celui-ci car il nécessitera la mise à jour des expressions référençant les variables concernées.

2. Les paramètres

2.1 Présentation des paramètres

Les paramètres sont une des principales nouveautés dans SSIS 2012. En offrant une entrée externe sur les packages, ils permettent l'exposition des propriétés des composants (tâches, gestionnaires de connexions...) et rendent ainsi possible l'affectation de leur valeur depuis l'extérieur du package au moment de leur exécution.

Les valeurs des paramètres peuvent aussi être utilisées au sein d'expressions à la manière des variables. Les paramètres étant exploitables uniquement au sein des packages faisant partie du nouveau mode de déploiement de projet (apparu dans SSIS 2012), ils sont le seul moyen de configuration des packages dans ce cas-là. Pour autant, ils constituent une méthode de configuration bien plus cohérente que celle basée sur les anciennes configurations de packages. En effet, si cette ancienne méthode est toujours utilisable pour les packages dans le mode de déploiement de package hérité, elle complexifie la mise en place de la configuration en nécessitant des ressources externes plus difficiles à administrer (fichier XML, données stockées dans une table SQL Server).

Remarque

Si vous utilisez le modèle de déploiement de package hérité (seule méthode utilisable jusqu'à la version 2008 R2 mais encore présente en version 2012) et que vous déployez des packages utilisant des paramètres de package dans des expressions, ce sont les valeurs par défaut de ceux-ci qui seront utilisées lors de leur exécution. En revanche, avec ce même mode de déploiement, si le package utilise des paramètres de projets, l'exécution échoue.

2.2 Propriétés des paramètres

Le **nom** du paramètre est sensible à la casse.

Le **type de données** du paramètre est sélectionnable parmi les mêmes types que ceux des variables (cf. section Présentation des variables système) à l'exception des types Char, DBNull et Object.

La **valeur** peut être initialisée manuellement dans le concepteur (fenêtre **Variables** ou fenêtre **Propriétés**) en tant que valeur de création. Si elle n'est pas redéfinie après déploiement (par une valeur de serveur ou une valeur d'exécution) c'est elle qui sera utilisée, en revanche si le paramètre est **requis** elle ne sera pas prise en compte.

La propriété booléenne **sensible** indique que la valeur du paramètre sera chiffrée dans la base catalogue SSIS et qu'elle sera affichée à NULL dans l'outil d'administration SSMS.

La propriété **requis** oblige l'affection de la valeur du paramètre après le déploiement du package pour permettre son exécution sur le serveur. Cependant, côté développement, la valeur de création par défaut est utilisée lorsque le package est exécuté en debug dans SSDT.

2.3 Les types des paramètres

Il existe deux types de paramètres, ceux qui sont définis au niveau du package et ceux qui le sont au niveau du projet Integration Services.

2.3.1 Les paramètres de package

Les **paramètres de package**, à l'instar des variables, sont propres à celui-ci et ne peuvent être utilisés dans d'autres packages. Ils sont créés via l'onglet **Paramètres** du concepteur de packages.

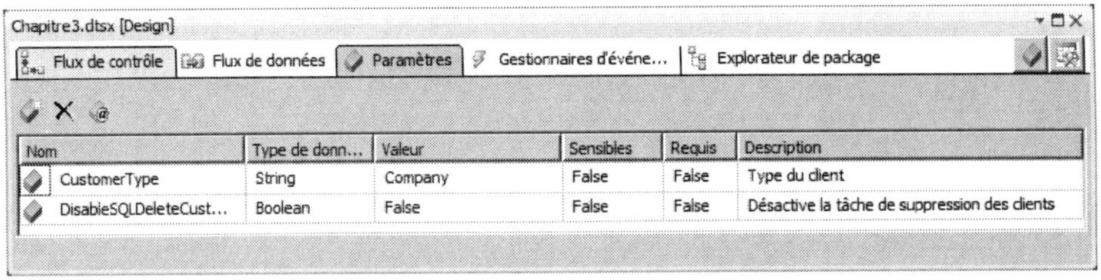

2.3.2 Les paramètres de projet

Les **paramètres de projet** sont créés au niveau du projet SSIS dans un fichier spécifique **Project.params**. Celui-ci est présent à la racine du projet et visible dans l'Explorateur de solutions.

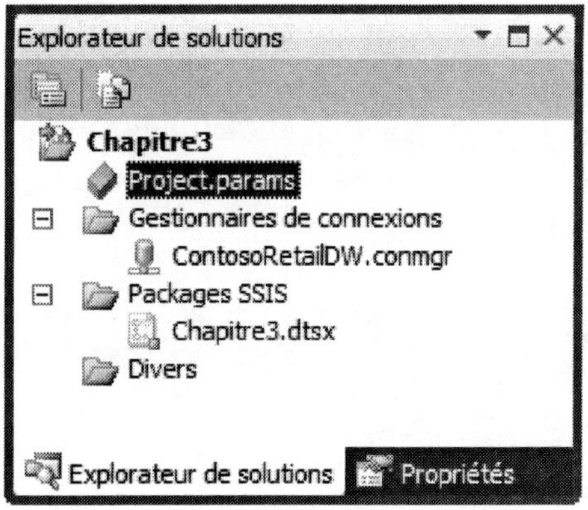

Pour accéder spécifiquement au concepteur de paramètres de projet :

▶Affichez l'**Explorateur de solutions**.

▶Double cliquez sur **Project.params**.

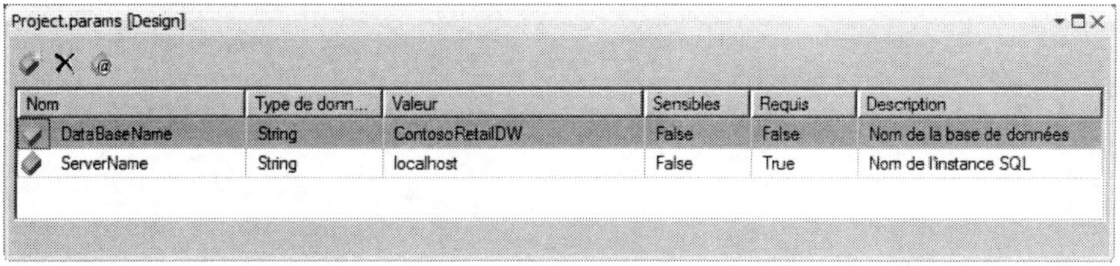

■Remarque

Vous noterez que cet écran contient uniquement les paramètres au niveau projet. Il ne reprend pas les paramètres que vous auriez pu créer dans les différents packages du projet en question. Du fait qu'il est possible de créer des paramètres de package et des paramètres de projet portant le même nom, il faut faire attention à ne pas se tromper en référençant ceux-ci dans les expressions.

2.3.3 Utilisation des paramètres

Une fois créés, les paramètres apparaissent avec les variables dans l'éditeur d'expressions.

Le nom des paramètres est préfixé par **$Package::** pour les paramètres de package (ex : *$Package::CustomerType*) et par **$Project::** pour les paramètres de projet (ex : *$Project::ServerName*).

Ils sont alors utilisables dans les expressions avec une syntaxe similaire aux variables, entre crochets et précédés du caractère arobase (@).

ex : @[$Package::CustomerType]

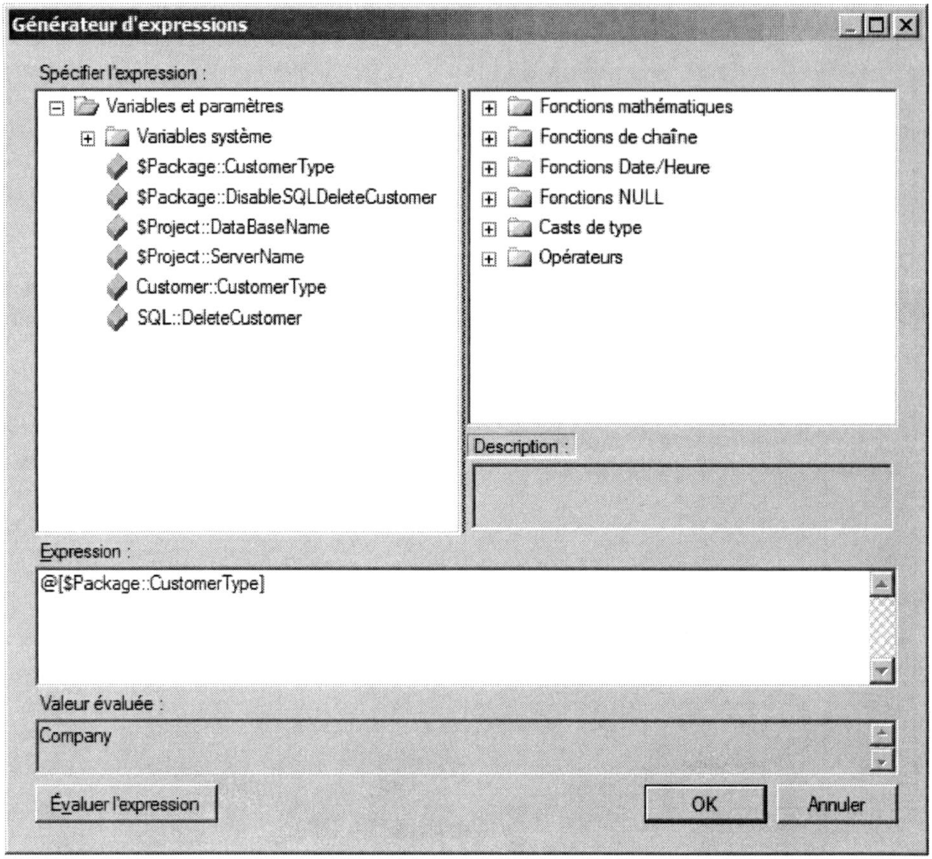

2.4 Création d'un paramètre

Une fois la fenêtre ou l'onglet de conception de paramètres affiché, vous pouvez créer ou supprimer ces paramètres via la barre d'outils présente en haut à gauche de celle-ci.

 Permet de **créer un nouveau paramètre**.

 Permet de **supprimer** celui ou ceux qui sont sélectionnés dans la grille affichant les paramètres existants.

 Permet d'**ajouter des paramètres aux configurations** de SSDT ce qui offre la possibilité de modifier les valeurs de création des paramètres en fonction de la configuration choisie pour simuler ou tester l'exécution sur plusieurs environnements.

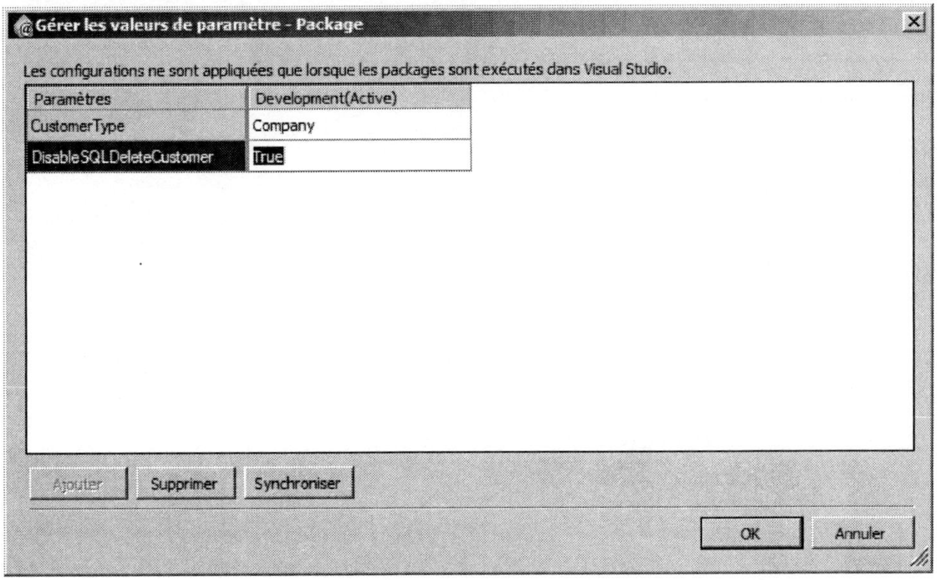

De la même manière que pour les variables, en plus du concepteur dédié qui permet l'édition sous forme de grille, vous pouvez sélectionner un paramètre dans celle-ci et utiliser ensuite le volet de propriétés de SSDT, lequel permet d'éditer l'ensemble des propriétés des paramètres.

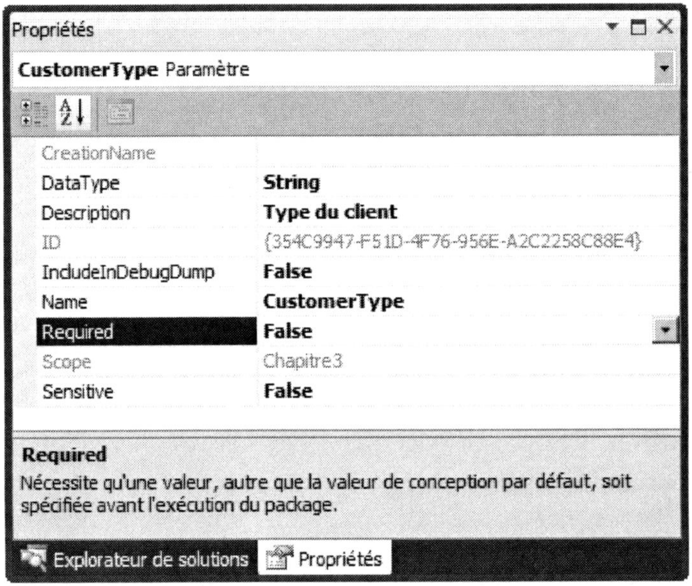

Il est aussi possible de créer des paramètres pour modifier les propriétés des packages ou des tâches en utilisant la fonctionnalité **Paramétrer** du concepteur de flux de contrôle du package.

Pour cela :

- Faites un clic droit sur le fond du concepteur.
- Dans le menu contextuel, cliquez sur **Paramétrer...**.

Dans la boîte de dialogue qui s'affiche :

- Sélectionnez la **Propriété** du package à paramétrer.
- Utilisez le bouton radio pour choisir l'option désirée pour la création du paramètre : **Ne pas utiliser de paramètre** (permet de supprimer le paramétrage existant sur une propriété de package) ou **Utiliser un paramètre existant** ou **Créer un paramètre**.

Si vous avez choisi de créer un paramètre :

- Choisissez l'**Étendue** (Package ou Projet).
- Cochez les cases **Requis** et **Sensibles** en fonction du besoin.

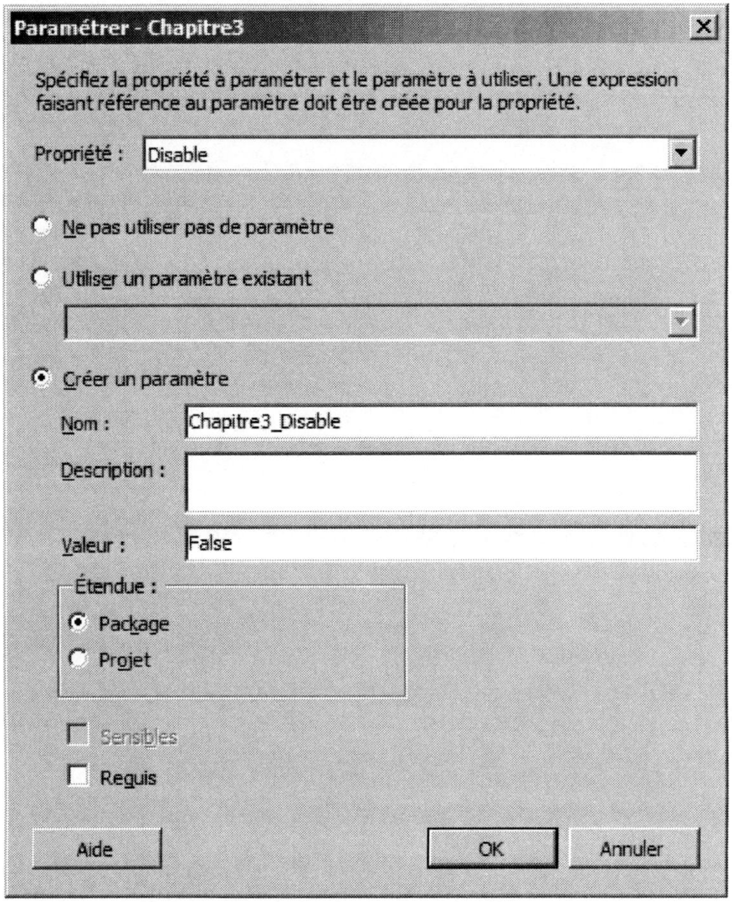

Ce mode de paramétrage des **Expressions** des packages et tâches simplifie leur édition en permettant un accès direct à celles-ci, et ce de manière plus rapide qu'en passant par la fenêtre de propriétés.

3. Les expressions

Les expressions sont présentes à de nombreux endroits dans les packages SSIS. Elles permettent de modifier les propriétés des packages, des gestionnaires de connexions et des tâches ainsi que d'établir des logiques d'affectation des valeurs requises pour la mise en place de contraintes de précédence ainsi que des logiques de traitement dans les transformations de flux de données.

Remarque

Dans les versions antérieures à SSIS 2012, la longueur des expressions était limitée à 4000 caractères. À part en utilisant une solution de contournement fastidieuse, basée sur l'utilisation de tâches de script, il était souvent impossible d'utiliser les expressions pour dépasser cette limite. À titre d'exemple, cela rendait impossible la constitution de requêtes SQL dynamiques qui sont parfois utilisées pour les tâches d'exécution SQL, les sources ou les destinations des flux de données car elles peuvent rapidement dépasser cette longueur. Avec la version 2012, cette limite disparaît et rend encore plus efficiente l'utilisation des expressions dans la construction de chaînes de caractères dynamiques.

3.1 Le générateur d'expressions

La fenêtre du **générateur d'expressions** est utilisée à chaque fois qu'il est nécessaire d'éditer les expressions liées à des propriétés ou des expressions variables dans SSDT.

Elle permet de simplifier la construction parfois complexe des expressions longues, lesquelles nécessitent la mise en place de logiques conditionnelles et de conversions de colonnes imbriquées les unes aux autres.

Le générateur d'expressions se décompose en plusieurs zones :

- Le cadre supérieur gauche liste les variables et les paramètres.
- Le cadre supérieur droit contient les différentes fonctions et opérateurs qui constituent les éléments du langage d'expression. Ces éléments sont classés par type de données traitées en entrée ou en sortie.
- En dessous, sur toute la largeur, se situe la zone d'édition de l'**Expression** en tant que telle. Il est possible de saisir l'expression librement, mais il est conseillé de profiter de la possibilité d'effectuer des glisser/déplacer depuis les cadres des variables et des fonctions pour construire plus rapidement et facilement celle-ci.

- La zone de texte **Valeur évaluée** située en dessous permet comme son nom l'indique de tester et d'afficher la valeur de l'expression après évaluation.

Remarque

Il est fréquent de chercher à cliquer ou à double cliquer sur les éléments de variables, paramètres ou fonctions pour essayer d'éditer l'expression. Pour autant, le clic ou double clic n'a aucun effet, seul le glisser-déplacer fonctionne dans ce cas-là.

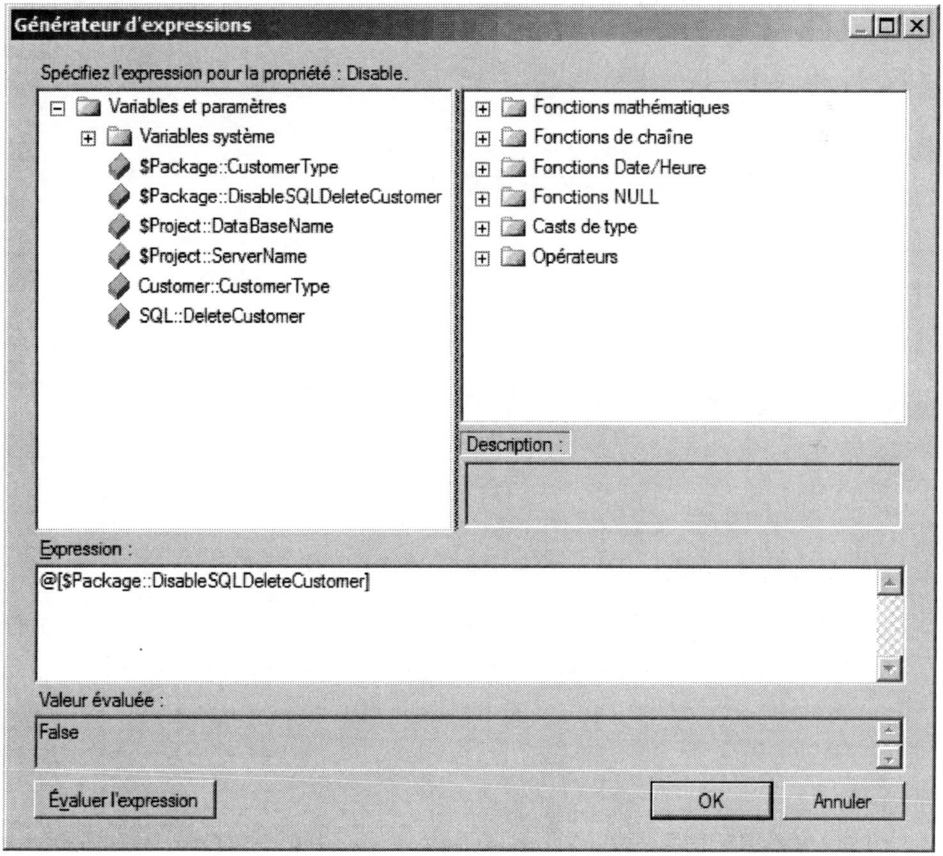

3.2 Les opérateurs

Les opérateurs du langage d'expression sont standard pour quelqu'un qui est familier des langages de programmation. En revanche, certains n'ont rien d'évident pour un utilisateur du Transact-SQL (le langage de requête de SQL Server). Il est dans ce cas important de se familiariser avec ceux qui sont les plus utiles mais dont la syntaxe n'est pas toujours intuitive. On retrouve dans le tableau suivant une sélection des opérateurs les plus utilisés dont la syntaxe est différente de celle du T-SQL :

Exemples d'opérateurs du langage d'expression

Opérateur	Description (équivalent en T-SQL)	Exemple
||	Ou Logique (OR)	ProductType == 1 || ProductType == 2
&&	Et Logique (AND)	Category = 'Bikes' && Country == 'France'
==	Comparateur d'égalité entre les deux expressions (=)	CustomerType == 'Company'
!=	Comparateur d'inégalité entre deux expressions (<>)	CustomerName != 'Martin'
? :	Opérateur ternaire permettant de tester une condition (CASE)	ISNULL(CustomerId) ? -1 : CustomerId

En plus de ces opérateurs, on retrouvera aussi les opérateurs de calcul standard (+, -, *, /) ainsi que les opérateurs de comparaison courants (<, >, <=, >=). Pour une liste exhaustive, veuillez vous référer à l'article de la documentation SSIS **Opérateurs (expression SSIS)**.

3.3 Les fonctions

Les fonctions du langage d'expression permettent d'effectuer des conversions, des calculs, et des traitements variés sur les données manipulées dans SSIS, en particulier dans les transformations des flux de données qui utilisent les expressions (Fractionnement conditionnel et Colonne Dérivée).

Une fois encore, ces fonctions sont assez proches de celles que l'on retrouve dans les langages de programmation ou dans le langage de requête T-SQL. Pour obtenir une référence complète, rendez-vous sur l'article **Fonctions (expression SSIS)** de la documentation en ligne de SSIS 2012.

Sans reprendre de manière exhaustive la liste de ces fonctions, on notera les différentes catégories de fonctions existantes dans le langage d'expression :

- Les **fonctions mathématiques** regroupent les fonctions les plus fréquemment rencontrées dans ce type de langage parmi lesquelles *ABS*, *POWER*, *LOG*, *FLOOR*, *SQUARE*, etc.

  Si la colonne *Montant* est égale à *565,48* l'expression suivante renvoie la valeur *565* :

  FLOOR(565,48)

- Les **fonctions de chaîne** de caractères sont, là encore, assez classiques. On y trouve des fonctions telles que *RIGHT*, *LTRIM*, *REPLACE* et *UPPER*. On trouve cependant trois nouvelles fonctions qui sont apparues dans cette catégorie avec SSIS 2012 : *LEFT*, *TOKEN* et *TOKENCOUNT*. Nous détaillons ci-dessous la première qui est la plus utilisée ; pour les deux autres, référez-vous aux articles dédiés de la documentation SQL Server (NB : l'article Fonctions (expressions SSIS) cité précédemment ne référence pas ces deux dernières fonctions à l'heure ou nous écrivons ce livre, il faut donc faire une recherche directement sur les fonctions elles-mêmes).
  - *LEFT(chaîne, nombre)*. Elle est le pendant de la fonction *RIGHT* et permet de retourner la partie gauche d'une expression de chaîne avec le nombre de caractères spécifié. Auparavant, il était nécessaire d'utiliser la fonction *SUBSTRING* pour faire l'équivalent.

    Si la colonne *PostalCode* est égale à *75019* l'expression suivante renvoie la valeur 75.

    LEFT(PostalCode, 2)

- Les **fonctions de date** sont, pour la majorité, proches de celles dont on dispose en T-SQL ou dans d'autres langages de programmation ou d'expression. Les fonctions *DATEPART*, *DATEDIFF*, *DATEADD*, *GETDATE*, *GETDATEUTC*, *MONTH*, *DAY* et *YEAR* existent toutes dans le langage de requête de SQL Server avec une syntaxe identique, ce qui facilite donc leur utilisation.

  Si la colonne *DateFin* est égale à *04/09/2012*, l'expression suivante renvoie 3.

  DATEPART(qq,DateFin)

- Les **fonctions NULL**. La majorité des fonctions de cette catégorie renvoient un NULL typé. Cela est utile pour être sûr d'obtenir une valeur dont le type corresponde à la colonne traitée, ce qui évite les problèmes de conversion implicite vers un type non voulu. Ensuite, on trouve deux fonctions permettant de traiter le NULL : *ISNULL* et *REPLACENULL*. Elles sont particulièrement utiles et nous les détaillons ci-dessous :

  - *ISNULL(expression)* permet de tester le paramètre *expression* et renvoie une valeur booléenne égale à 1 (True) si sa valeur est NULL. Pour le connaisseur du langage T-SQL, cette fonction est un faux ami car elle existe dans le langage de requête mais sa syntaxe et son utilisation sont différentes. L'expression suivante renvoie 1 (*True*) si la valeur de la colonne CustomerKey est NULL, sinon elle renvoie 0 (*False*) :

    ISNULL(CustomerKey)

  - *REPLACENULL(expression1,expression2)* est une nouveauté de SSIS 2012. Elle permet de tester si *expression1* est NULL et si c'est le cas elle renvoie la valeur du paramètre *expression2*. Cette fonction est souvent utilisée pour substituer les NULL des colonnes NULLABLE et les remplacer par des valeurs de substitution par défaut comme c'est souvent le cas par exemple dans l'alimentation de tables d'un entrepôt de données. Elle correspond à la fonction ISNULL du langage de requête T-SQL.

    L'expression suivante renvoie la valeur de la colonne *CustomerKey* si elle est non NULL, sinon elle renvoie la valeur *-1*.

    REPLACENULL(CustomerKey, -1)

Remarque

Avant SSIS 2012, il était fréquent de devoir mettre en place des expressions utilisant la fonction ISNULL en premier argument d'un test effectué avec l'opérateur ternaire pour effectuer un traitement équivalent à celui de la fonction REPLACENULL. Il est donc conseillé de privilégier l'utilisation de cette nouvelle fonction quand cela est possible pour alléger les expressions nécessitant la mise en place de ce type de logique.

- Les **fonctions de conversion** (classées sous le répertoire *Casts de type* dans le générateur d'expressions) sont très souvent utilisées du fait que SSIS est très strict concernant le typage des données. Il existe une fonction par type de données SSIS. La syntaxe pour convertir une expression dans le *TYPE* est de la forme : *(TYPE)Expression*. L'exemple suivant retourne la valeur de la colonne *Quantite* en *entier numérique*.

  (DT_U2)Quantite

3.4 Marqueurs d'icônes

Lorsque des expressions sont utilisées pour affecter de manière dynamique la valeur d'une propriété d'une tâche, d'un gestionnaire de connexions ou d'une variable, un **marqueur d'icône** portant le symbole **fx** apparaît.

Cette nouveauté du concepteur de package de SSIS 2012 est inspirée d'une des fonctionnalités de l'add-in gratuit BIDSHelper (http://bidshelper.codeplex.com/). Elle permet ainsi de visualiser et de vérifier directement l'utilisation d'expressions sans avoir à passer systématiquement par la fenêtre de propriétés.

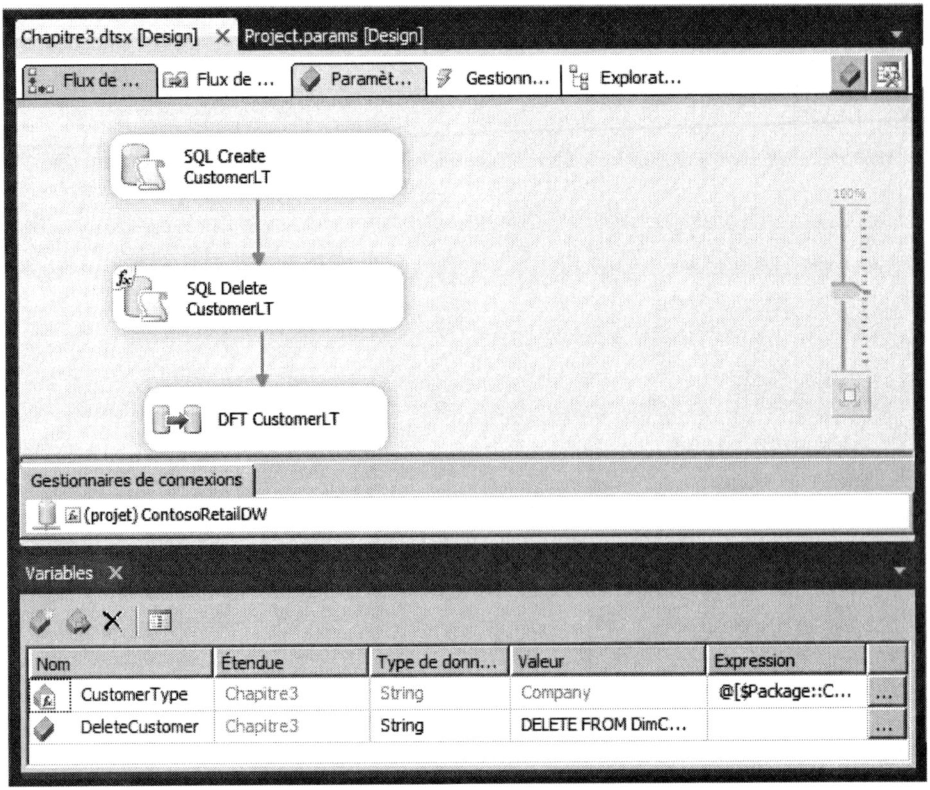

4. Exemple d'utilisation

Dans le projet SSIS *Chapitre3* disponible en téléchargement sur le site des Éditions ENI, vous trouverez des exemples d'utilisation des variables, paramètres et expressions. Ils s'appuient sur l'utilisation de la base exemple *ContosoRetailDW*.

Le projet contient un package lui aussi nommé *Chapitre3*. Il illustre un exemple simple d'alimentation d'une table DimCustomerLT. Nous allons détailler la structure de celui-ci en indiquant au fur et à mesure l'utilisation des variables, paramètres et expressions utilisées.

Deux paramètres ont été créés au niveau projet :

- **DatabaseName** a pour valeur le nom de la base de données **ContosoRetailDW**.
- **ServerName** a pour valeur le nom de l'instance du serveur de base de données, c'est un paramètre **requis** qui devra être défini côté serveur après déploiement du projet.

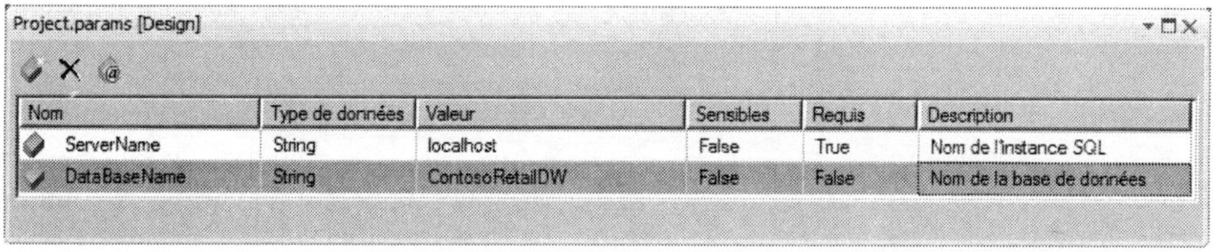

Le package contient un gestionnaire de connexions **ContosoRetailDW** défini au niveau projet. Il est paramétré pour que ses propriétés **ServerName** et **InitialCatalog** récupèrent leur valeur des paramètres de projet ServerName et DatabaseName.

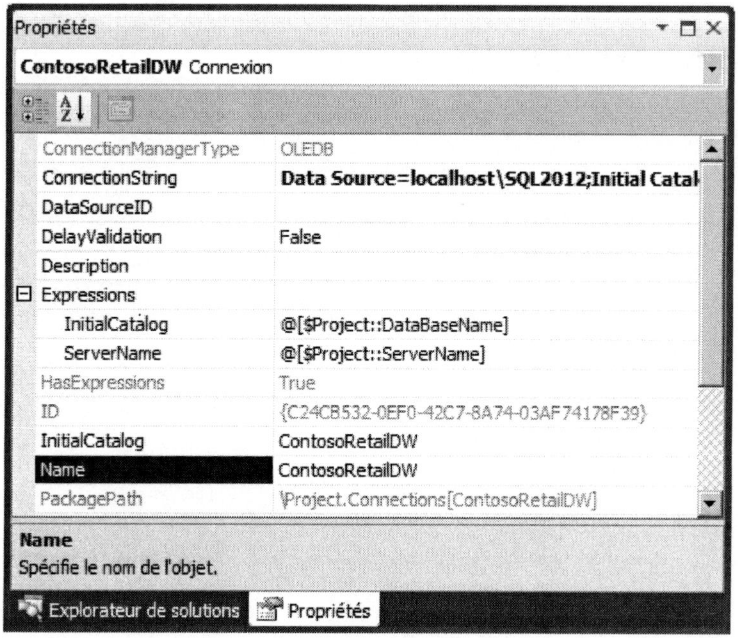

Deux paramètres de package ont été créés :

- **CustomerType** qui est égal à *Company* (qui est le type de client sur lequel on voudra faire un traitement spécifique).
- **DisableSQLDeleteCustomer** qui est une valeur booléenne utilisée pour paramétrer l'activation/désactivation de la tâche d'exécution SQL de suppression des données dans la table **DimCustomerLT**.

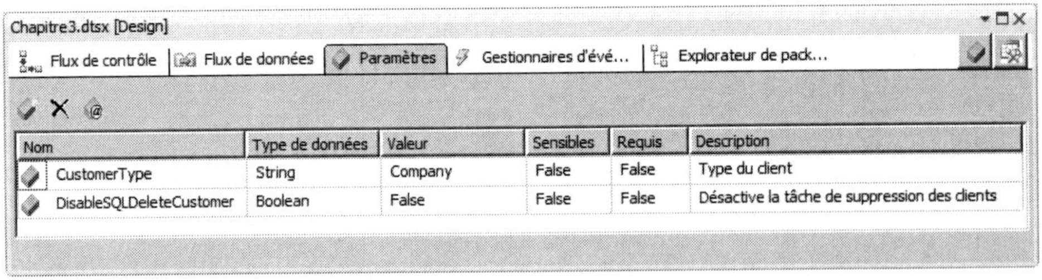

Deux variables utilisateur ont été créées :

- **CustomerType** qui reprend la valeur du paramètre du même nom.
- **DeleteCustomer** qui contient la chaîne de caractères de la requête de suppression des données de la table DimCustomerLT.

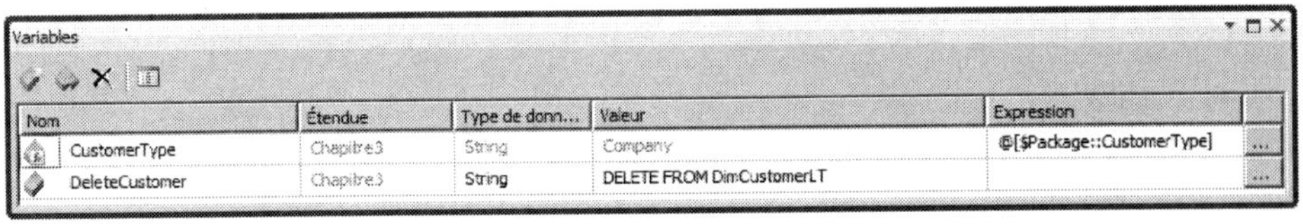

Dans le flux de contrôle on trouve :

- La tâche d'exécution SQL **SQL Create CustomerLT** qui crée la table **DimCustomerLT** dans la base de données.

– La tâche d'exécution SQL **SQL Delete CustomerLT** qui vide la table DimCustomerLT en prenant comme requête source la valeur de la variable **DeleteCustomer** ; et donc la propriété *Disable* est paramétrée avec **DisableSQLDeleteCustomer**.

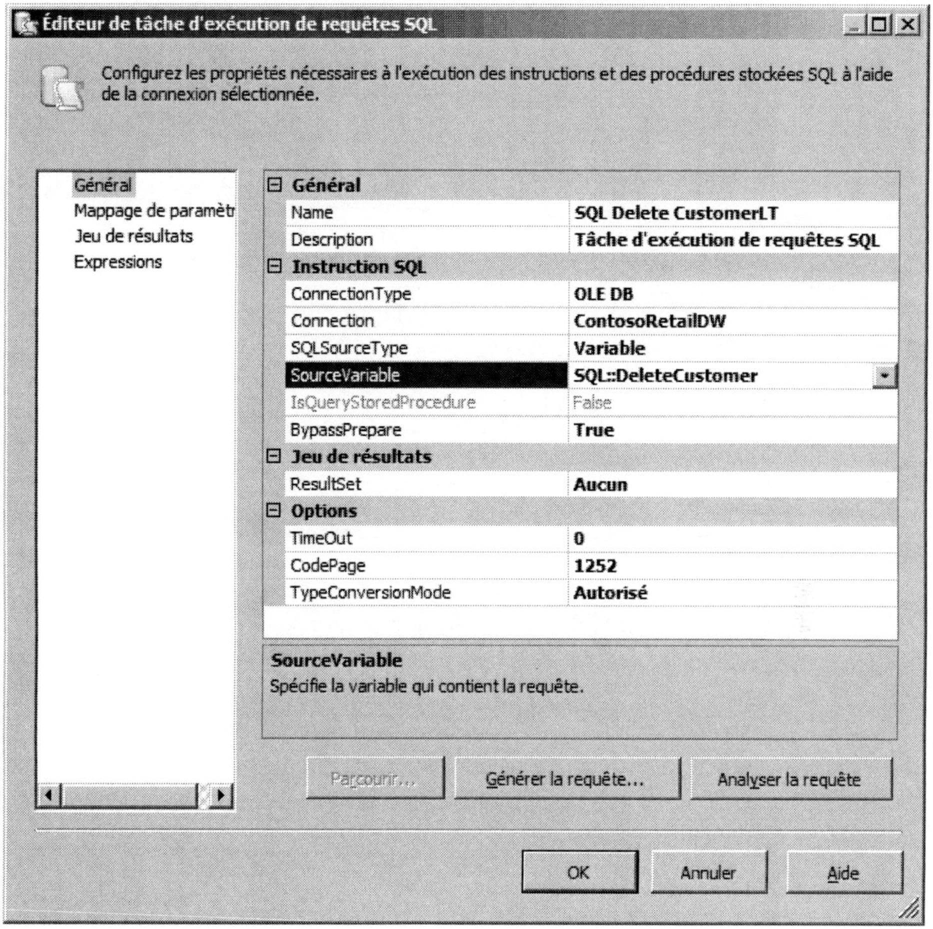

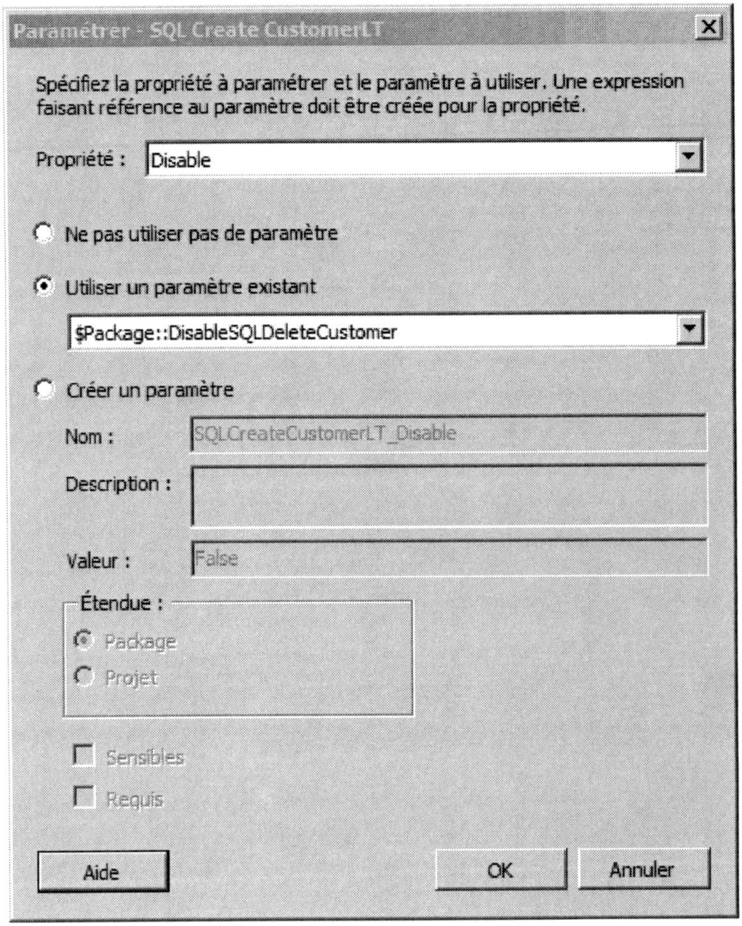

– Une tâche de flux de données **DFT CustomerLT** qui contient la logique d'alimentation de la table.

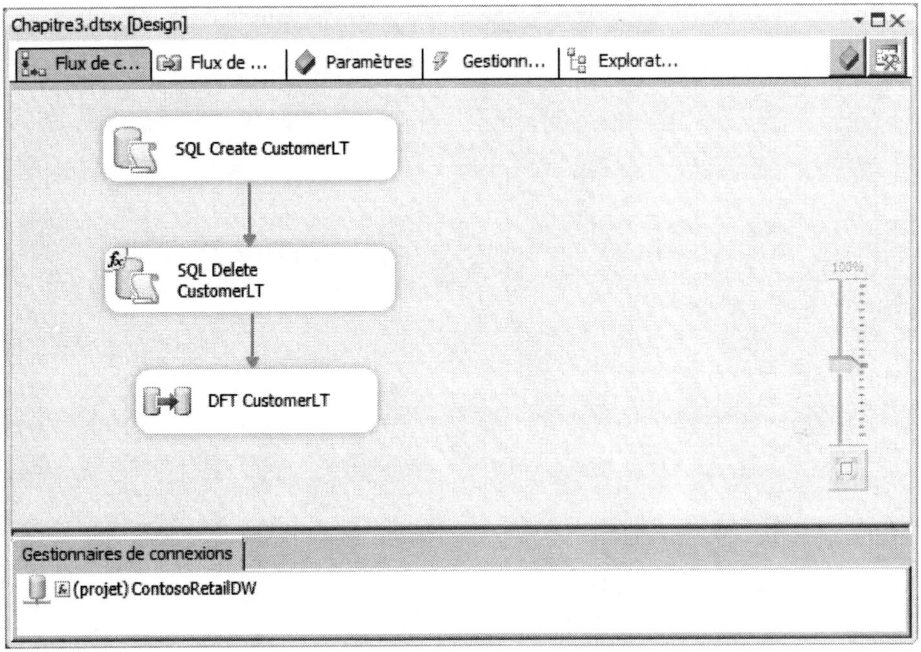

La tâche de flux de données **DFT CustomerLT** est composée de :

- Une source de données **SRC Customer** qui requête la table *DimCustomer*.
- Une transformation de fractionnement conditionnel dont la sortie **Company** récupère la partie du flux respectant la condition de l'expression suivante :

  CustomerType == @[Customer::CustomerType]

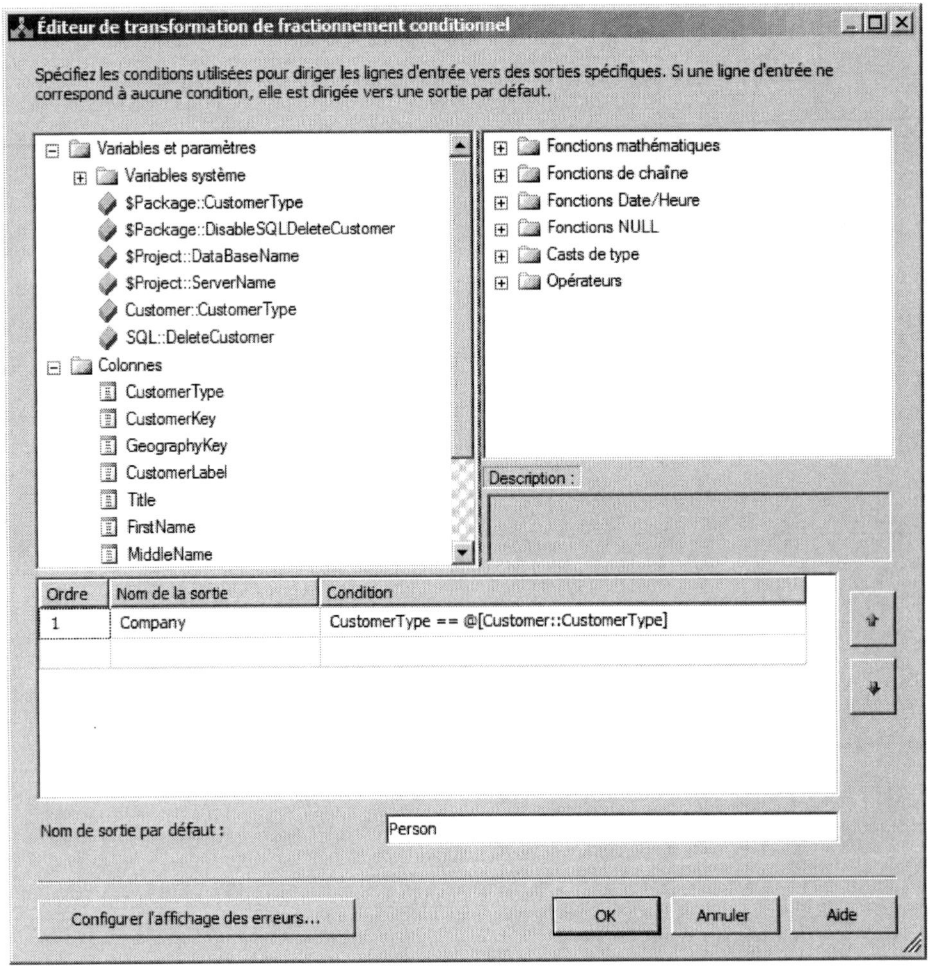

- Une première transformation de colonne dérivée **DC Person** qui :
  - Ajoute une colonne **FullName** avec pour valeur le résultat de l'expression :

    FirstName + (ISNULL(MiddleName) ? "" : " " + MiddleName) + " " + UPPER(LastName)
  - Remplace la colonne **LastName** par le résultat de l'expression :

    UPPER(LastName)

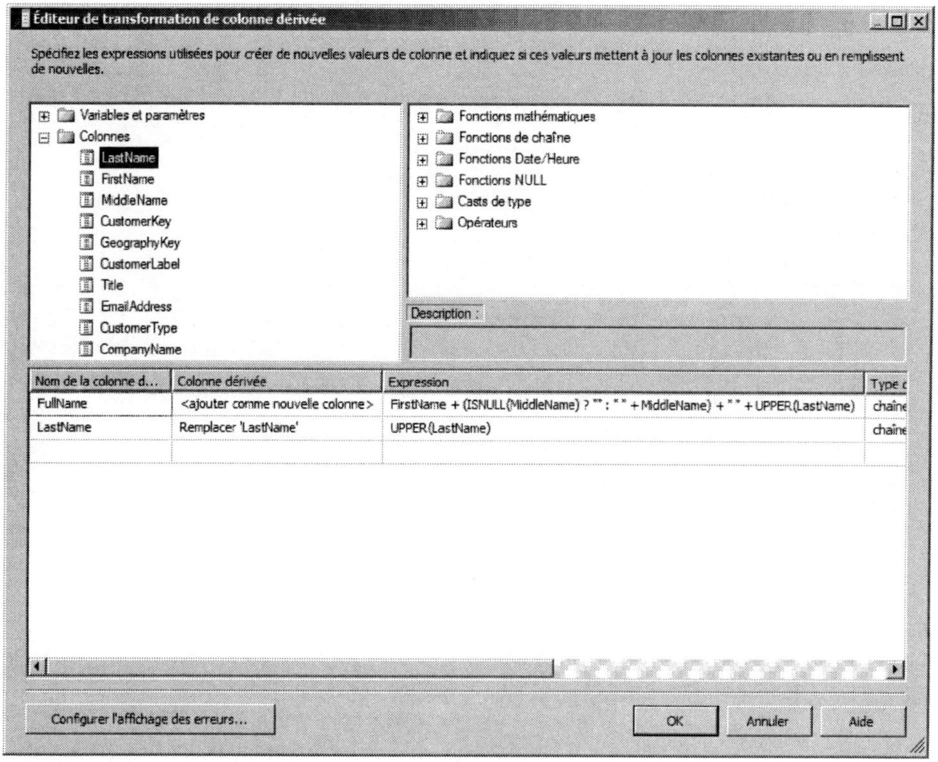

- Une seconde transformation de colonne dérivée **DC Company** qui récupère les données des sociétés et ajoute une colonne **FullName** dont la valeur est l'expression qui est égale au contenu de la colonne **CompanyName**.

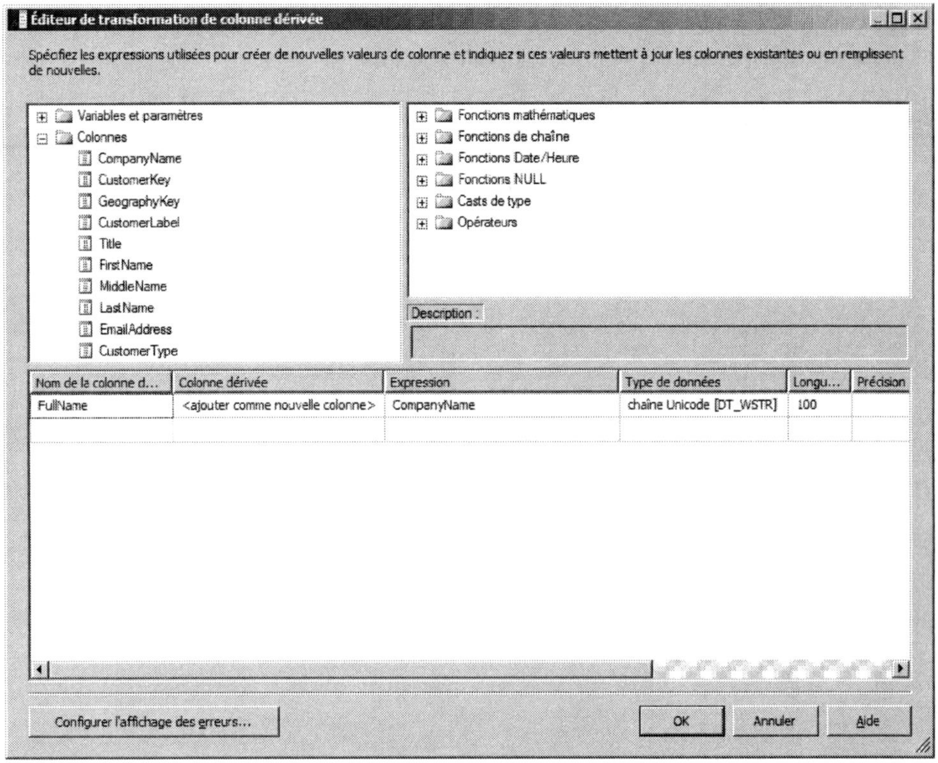

- Une transformation d'union **ALL Customer** qui réunit les deux flux de données.
- Une transformation d'audit **Audit** qui rajoute au flux de données deux colonnes (**Source** et **LoadDate**) prenant respectivement pour valeur les variables système **Nom du package** (PackageName) et **Heure de début d'exécution** (StartExecutionDate).

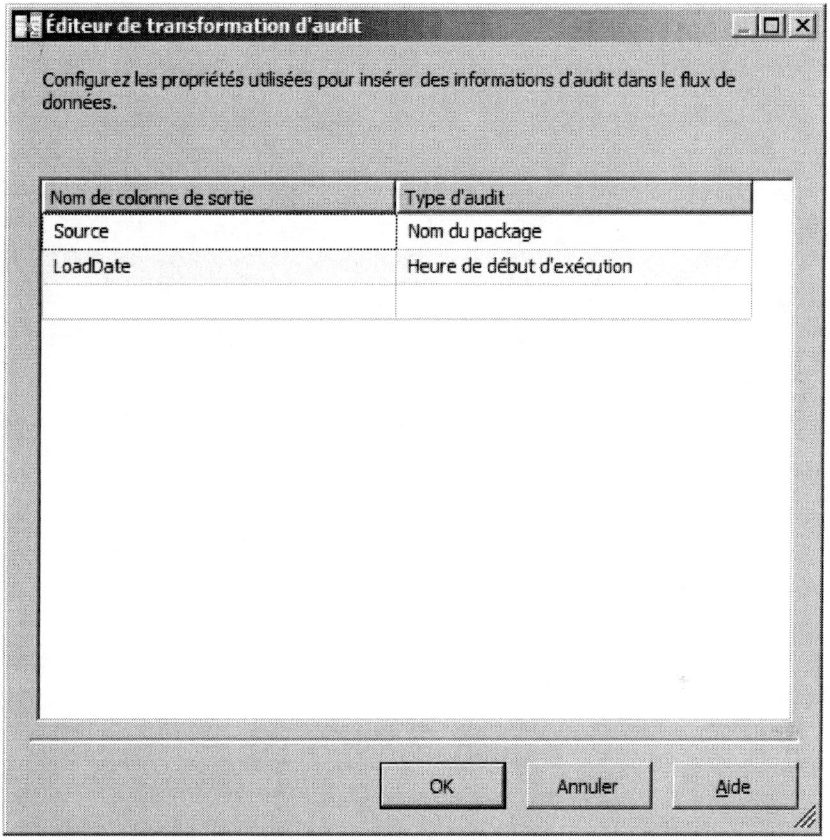

– Une destination **DST CustomerLT** qui permet l'insertion des données dans la table DimCustomerLT.

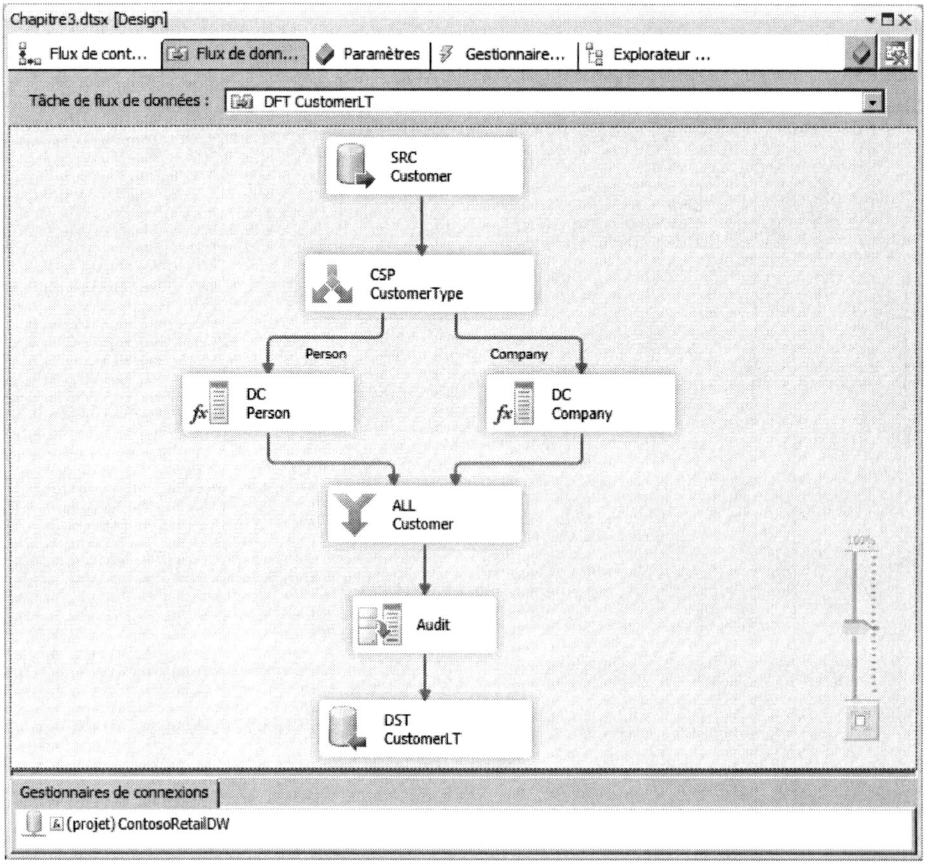
Chapitre3.dtsx [Design]
Flux de cont...
Flux de donn...
Paramètres
Gestionnaire...
Explorateur ...
Tâche de flux de données :
DFT CustomerLT
SRC Customer
CSP CustomerType
Person
Company
DC Person
DC Company
ALL Customer
Audit
DST CustomerLT
Gestionnaires de connexions
(projet) ContosoRetailDW

Chapitre 4
Manipulation de données simples

1. Le flux de données

Dans le chapitre précédent, nous avons présenté les principales fonctionnalités du flux de contrôle et l'utilisation des variables et expressions. Pour résumer, nous avons appris que cette partie de notre lot SSIS a pour principal objectif la coordination des différentes tâches qui composent notre package. Il n'a, pour le moment, pas encore été question de gestion de données ; cette notion représente l'objectif de ce chapitre. En effet, il est important de bien comprendre la distinction qu'il existe entre le moteur de gestion des flux de données (et des manipulations associées à ces flux) et l'orchestration des tâches de notre lot (tâches dont fait partie le flux de données, par ailleurs).

Nous allons donc nous intéresser ici à la création de flux de données à savoir : leur implémentation, les objets les définissant et leur mode basique de fonctionnement (une explication plus aboutie des flux de données est présentée dans les deux chapitres suivants, Transformation des données et Flux de données multisource et jointures).

1.1 Principaux objectifs

Si nous ne devions retenir qu'un seul but à l'existence du flux de données, c'est bien sûr celui de la manipulation des informations que nous allons ensuite, par exemple, insérer dans notre entrepôt de données. Mais en allant un peu plus avant dans la définition, l'objectif est en fait triple : c'est lui qui se chargera d'extraire les données depuis les sources (bases de données, fichiers plats, etc.), pour ensuite les transformer avant de les charger vers la destination de notre choix (ici encore, un Système de gestion de bases de données relationnelles ou SGBDR, un fichier Excel, des structures de données propres à SSIS, etc.). Cette phrase résume à elle seule l'ensemble des types de composants qui sont mis à notre disposition pour concevoir notre flux de données : des composants de source, de transformation et de destination.

1.2 Aperçu

Avant de rentrer dans le vif du sujet, voici un exemple de flux de données permettant d'extraire des informations depuis une table de la base de données A, de réaliser quelques manipulations B et C sur ces données et d'insérer le tout dans une table de la base de données D (schéma ci-dessous). Nous rencontrons donc bien ici l'ensemble des types d'objets disponibles dans un flux de données.

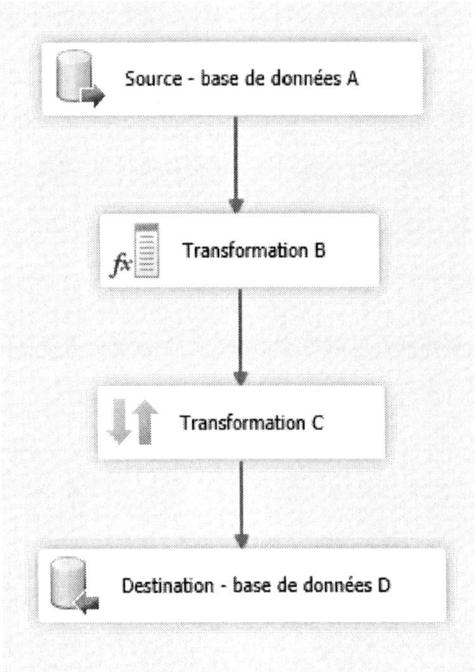

Nous pouvons remarquer des similitudes, du point de vue de leur forme générale, entre le flux de contrôle du chapitre précédent et le flux de données. Dans les deux cas, nous avons des objets (on parle de tâches pour le premier et de composants pour le second) reliés par des flèches. La distinction va porter sur le sens que l'on donne à ces flèches justement (afin d'accentuer cette différence, depuis SSIS 2012, les flèches du flux de contrôle sont vertes et celles du flux de données sont bleues). Dans le cas du flux de contrôle, et nous l'avons vu dans le chapitre précédent, la flèche permet de définir le cheminement d'exécution du lot SSIS (ou WorkFlow) avec les contraintes de précédence associées. Pour le flux de données, bien entendu, cela va permettre d'ordonnancer les composants, mais il faut également voir cette flèche comme un flux de données entre ces différents composants (en anglais, nous parlons de pipeline, ce qui permet de bien différencier les rôles de ces flèches entre le flux de contrôle et celui de données). Par exemple, il faut voir la première flèche de l'image ci-dessus comme un « tuyau » par lequel les données de la base de données A vont transiter pour être consommées par les composants B et C qui se chargeront de leur appliquer un certain nombre de transformations. Une fois que le composant C a réalisé la totalité des actions qui lui incombent, les données vont emprunter le « tuyau » reliant la sortie de ce composant avec l'entrée du composant permettant d'écrire dans la base de données D (ces notions d'entrée-sortie sont importantes pour comprendre et s'approprier le mode de fonctionnement du flux de données). Il y a donc bien des données qui transitent sur ces flèches.

Avant de revenir plus précisément sur la manière dont les données transitent (dans le chapitre Bonnes pratiques et notions avancées), il est tout de même utile de fixer certaines choses afin de bien comprendre les mécanismes en jeu. Tout d'abord, nous l'avons déjà présenté dans le chapitre d'introduction, SSIS fonctionne en mémoire. Quand on dit cela, c'est surtout valable pour le flux de données et les opérations de transformation qu'il réalise. Quand une donnée transite dans un pipeline, elle est en fait stockée dans la RAM du serveur. La zone mémoire occupée par cette donnée est ce que l'on appelle un buffer. Il existe plusieurs scénarios de gestion de ces buffers en fonction du type de composant que l'on utilise dans le flux de données : ils sont présentés dans le chapitre Bonnes pratiques et notions avancées. C'est une notion importante à comprendre, notamment lorsque l'on doit définir une architecture matérielle pour la mise en place d'un processus ETL dans un SID (Système d'information décisionnel).

1.3 Entrée-sortie et flux de données

Cette notion d'entrée-sortie (ou de flux, ou de pipeline) est l'une des principales différences entre les tâches du flux de contrôle et les composants du flux de données. Dans le cas des composants de type transformation, ces derniers possèdent de ce fait une entrée et une sortie. En revanche, les composants de type source ne possèdent pas d'entrée au sens SSIS car ils sont alimentés d'une autre manière et réciproquement pour les composants de type destination qui ne possèdent pas de sortie (excepté une sortie d'erreur dont nous allons parler un peu plus tard). Les entrées et les sorties sont nommées, par défaut, par le lot SSIS, mais nous avons la possibilité de changer leur nom (et c'est même indispensable dans certains cas). C'est un point important car avoir des flux rigoureusement nommés permet de tracer plus facilement l'information en cas d'erreur et accroît fortement la lisibilité du flux de données pendant la phase de développement. Certains objets possèdent même plusieurs sorties (composant de multidiffusion par exemple) ou peuvent recevoir des données depuis plusieurs entrées (les composants de jointure, entre autres). Il est dans ce cas primordial de nommer les flux de manière à pouvoir identifier la nature de la donnée qui y transite. Car lorsque nous allons devoir brancher les composants entre eux, lorsque nous avons plusieurs sorties possibles, il va bien falloir savoir laquelle choisir. C'est le cas avec l'exemple de flux de données ci-dessous. Il implémente un composant de fractionnement conditionnel (son fonctionnement est détaillé dans le chapitre suivant) qui propose deux sorties : Clients validés et Clients non validés. Un traitement différent est réalisé sur les lignes qui appartiennent à l'un ou l'autre de ces deux flux.

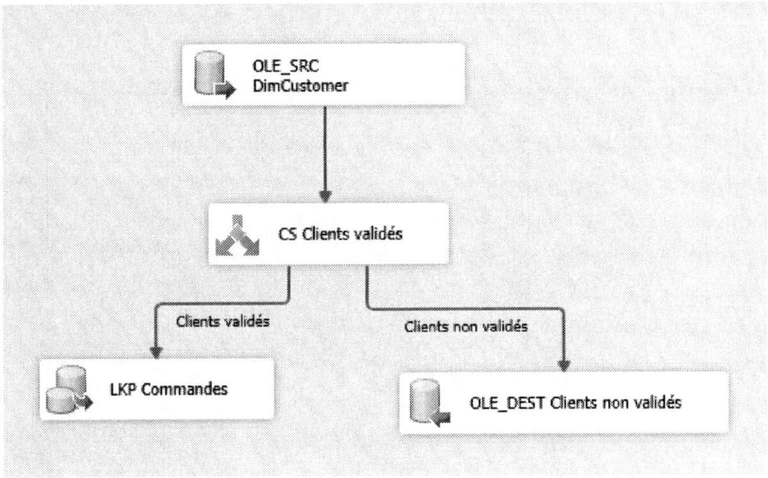

Si nous reprenons notre premier exemple de flux de données, voici comment nous pouvons interpréter le cheminement de l'exécution de ce flux de manière simplifiée : sur son entrée, la transformation B va trouver les données issues de la sortie du composant précédent A. Une fois les transformations apportées par B, les données sont envoyées sur sa sortie qui correspond à l'entrée de la transformation suivante C, et ainsi de suite jusqu'au composant de destination qui se charge d'écrire l'information dans un référentiel externe. C'est ce qui va constituer notre flux de données : ce que l'on désignera par « path » en anglais. Sur ces flux transitent les fameux buffers que l'on vient de définir. Analogues à un dataset, ils sont constitués de lignes et de colonnes.

Toujours dans le cas de notre flux de données, le buffer mémoire en sortie du composant Source - base de données A correspond aux données extraites de notre base. C'est donc une structure de données à part entière et, comme beaucoup de structures de données, elle possède des métadonnées comme, par exemple, un type pour chaque colonne du buffer ou encore un identifiant. Ce dernier, que l'on nomme LineageID, permet à SSIS de rendre uniques les colonnes d'un buffer. Toute colonne possède donc au moins un LineageID. Cependant, elles peuvent en avoir plusieurs lorsque, pour des raisons particulières, SSIS est obligé de faire de la copie de buffer. Cette copie de buffer est induite par certains composants et nous reviendrons en détail sur ces types de composants dans le chapitre Notions avancées et bonnes pratiques. Le LineageID est parfois le seul moyen à notre disposition pour réaliser la correspondance entre deux colonnes (pour le composant d'importation de colonnes, par exemple).

La structure des buffers (que l'on pourra nommer jeux de données ou encore datasets) est visible en double cliquant sur l'une des flèches.

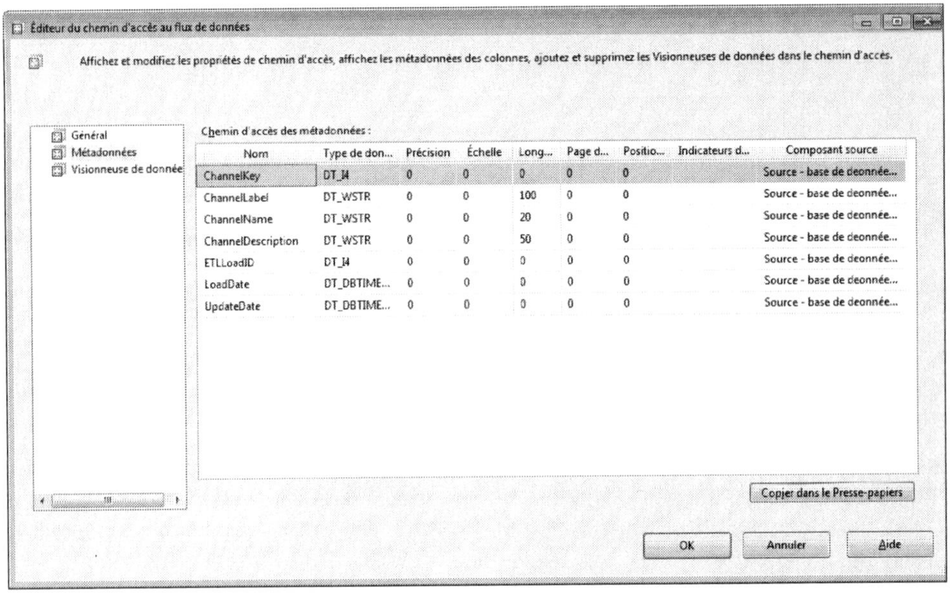

Nous voyons ici l'ensemble des colonnes qui composent le buffer : **ChannelKey**, **ChannelLabel**, **ChannelName**, etc. Nous retrouvons également le type de ces colonnes : ces types de données sont propres à SSIS mais trouvent leur correspondance dans les types de destination que nous utilisons. Sur cette même fenêtre, dans l'onglet **Général**, nous retrouvons une information sur notre pipeline dont nous avons déjà parlé : son nom. Mais un flux possède d'autres propriétés, comme un identifiant (ID), un nom de source (SourceName) et de destination (DestinationName) qui identifient le point d'entrée et la sortie de ce flux.

Nous venons de visualiser les colonnes de notre buffer, mais qu'en est-il des lignes ? Celles-ci ne seront visibles qu'en mode débogage via la **visionneuse de données** également visible sur cette fenêtre. Nous reviendrons sur l'utilisation de cet outil dans le chapitre Événements et suivi d'exécution.

2. Composants source et destination

Les composants source et destination sont ceux qui vont nous permettre de lire et d'écrire les données que nous transformons (Extraction et Chargement). Ils ont pour habitude d'être les premiers et les derniers composants d'un flux de données.

2.1 Source et destination OLE DB

C'est certainement le composant source le plus utilisé. Il va nous permettre d'interroger des bases de données compatibles avec l'API OLE DB de Microsoft (exemple de SGBDR : SQL Server ou Oracle). Son utilisation passe par la création d'un gestionnaire de connexions de type OLE DB. Ci-dessous, vous trouverez une présentation de l'interface de ce composant :

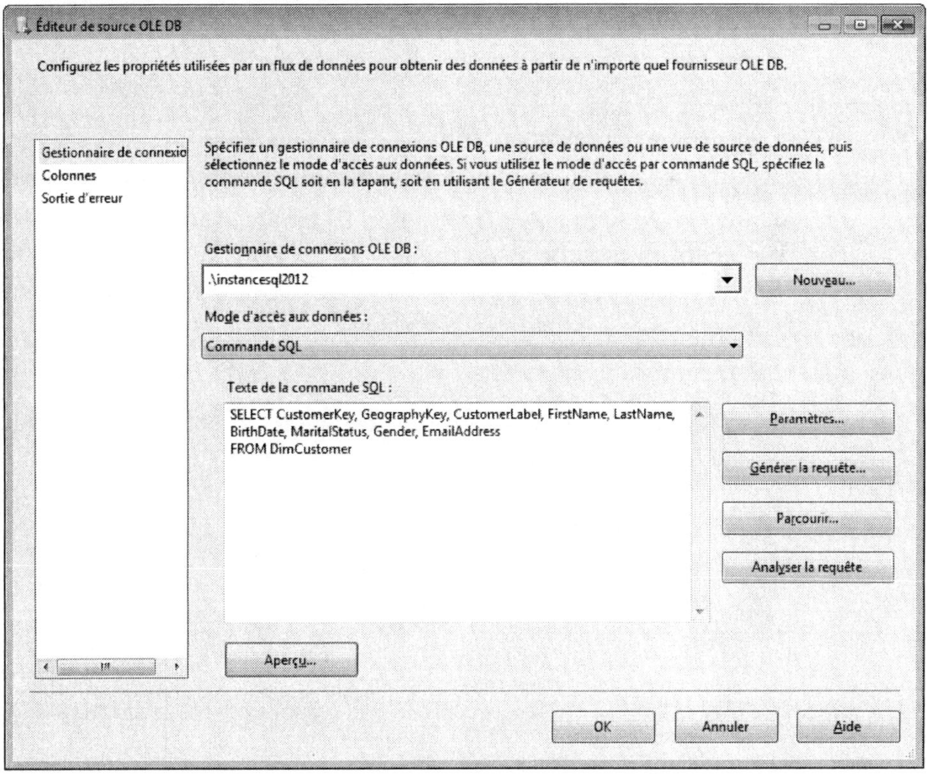

Le **Gestionnaire de connexions OLE DB** : c'est la première étape de configuration. Il va falloir choisir parmi les gestionnaires de connexions préalablement créés, ou bien le construire à partir de cette fenêtre en cliquant sur le bouton **Nouveau...** (dans ce cas, le gestionnaire sera partagé comme les autres et utilisable par d'autres composants).

Le **Mode d'accès aux données** : avec cette liste déroulante, nous allons définir par quel moyen nous allons avoir accès aux données de notre source. Les options possibles sont :

- **Table ou vue** : permet de sélectionner une table ou une vue existante dans la base de données référencée par le gestionnaire de connexions. Attention, toutes les colonnes et toutes les lignes de la table/vue seront retournées, ce qui aura un impact non négligeable sur les performances de vos lots SSIS.
- **Variable de nom de table ou de vue** : même principe que précédemment sauf que cette fois, le nom de la table ou vue sera renseigné dans une variable SSIS.
- **Commande SQL** : la sélection des informations va se faire ici grâce à une requête SQL (cela peut également être une procédure stockée). La requête (ou la procédure stockée) pourra contenir des paramètres dont les valeurs pourront être renseignées grâce aux variables SSIS. Ces paramètres sont à préciser avec un point d'interrogation pour chacun d'entre eux. Il faudra ensuite les faire correspondre avec les variables via le menu du bouton **Paramètres...**).
- **Commande SQL à partir d'une variable** : même principe que précédemment sauf qu'ici, la requête est stockée dans une variable SSIS.

Quel mode d'accès aux données doit-on privilégier ? Bien entendu, la réponse à cette question dépend du besoin, mais une règle générale est tout de même observée. D'un point de vue performance et rigueur de développement, il est souhaitable de préciser dans une requête SQL les colonnes qui seront utilisées par la suite dans notre flux de données car cela permettra :

- De rapatrier moins de données et donc de ne pas consommer de ressources réseau inutilement dans le cas d'une base source distante.
- D'alléger la charge sur notre flux de contrôle (nous en reparlerons dans le chapitre Notions avancées et bonnes pratiques).

- D'être flexible face au changement de structure potentiel sur les tables que nous utilisons comme source. Imaginons le cas où, après nos développements sur notre package, sont ajoutées 15 colonnes à notre table pour des besoins opérationnels non essentiels pour notre ETL ; sélectionner par avance nos champs nous permettra de ne pas inclure ces nouvelles colonnes dans notre flux.
- D'éviter de faire un SELECT *.

La **Sélection des colonnes** : une fois le mode d'accès aux données configuré, il est possible de sélectionner les colonnes parmi celles renvoyées par notre composant via le menu **Colonnes**. C'est une méthode que, logiquement, nous n'utilisons pas si la sélection des colonnes a été bien faite en amont, dans la requête SQL.

Remarque

Le fait de décocher les colonnes inutiles à cet endroit ne permet pas d'éviter que tous les champs de la table soient rapatriés lors de l'utilisation d'un accès aux données de type table ou vue.

La **Sortie d'erreur** : il arrive parfois que des erreurs surviennent lors de l'exécution de la requête de sélection des données. Elles peuvent se produire par exemple si une colonne de type date de votre table est mappée avec une colonne de type booléen dans votre flux de contrôle. Cette incohérence de type lors du chargement du buffer peut se gérer grâce à la sortie d'erreur. Trois actions sont alors possibles :

- Ignorer l'échec : dans le cas d'une troncation, la valeur sera tronquée de manière à respecter le type de donnée de destination.
- Réacheminer la ligne : la ligne ayant généré l'erreur sera dissociée des autres lignes en étant redirigée vers une autre sortie du composant source (la sortie d'erreur, signalée par une flèche rouge).
- Composant défaillant : dans ce cas, la progression du flux de données est arrêtée et il tombe en erreur.

Le composant de destination OLE DB se présente comme suit :

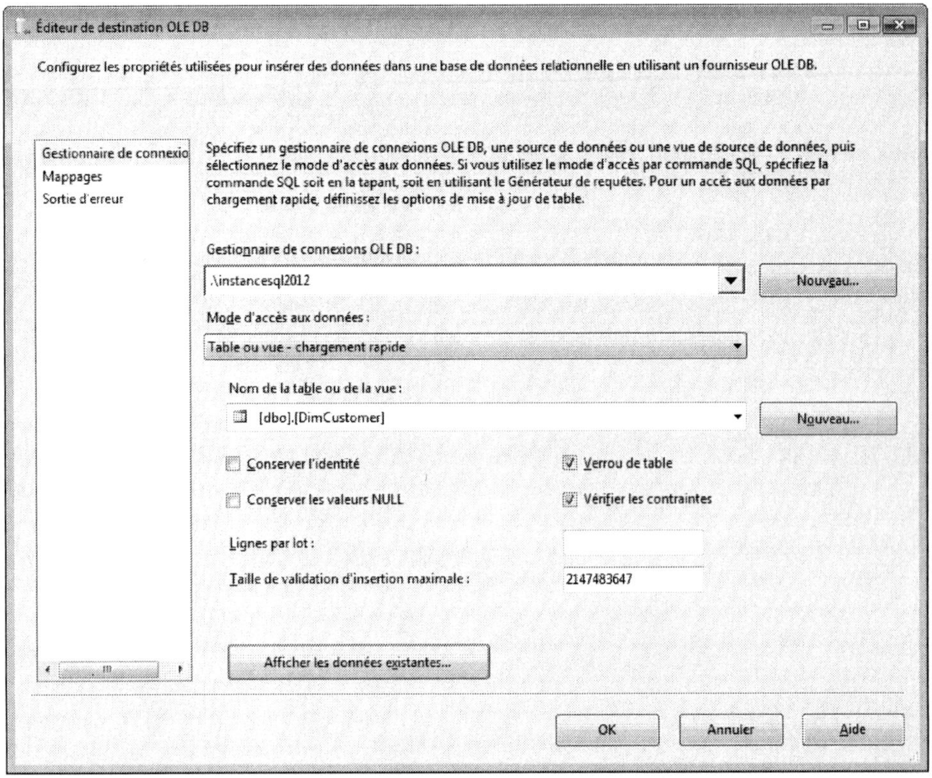

De la même manière que pour le composant source, c'est l'un des objets de destination les plus utilisés car il permet d'écrire dans des bases de données. Il faut utiliser le même type de gestionnaire de connexions que pour la source.

La sélection de la table dans laquelle les données sont enregistrées utilise les mêmes modes d'accès aux données que le composant source à une différence près : le chargement rapide. Il permet d'accroître les performances en écriture et de réduire le temps de traitement de ce composant. L'insertion se fait en bloc (BULK INSERT) et non plus ligne à ligne via des ordres INSERT INTO. Il est donc recommandé d'utiliser ce mode d'insertion le plus souvent possible. Car il existe des cas pour lesquels l'insertion en bloc ne peut pas être choisie.

Citons par exemple la volonté de rediriger les lignes n'ayant pas pu être insérées dans la table cible vers la sortie d'erreur du composant de destination OLE DB. Notons que le chargement rapide fonctionne uniquement avec des bases de données SQL Server.

En privilégiant ce mode de chargement, l'interface du composant nous offre la possibilité de jouer sur quelques paramètres supplémentaires :

- **Conserver l'identité** : permet à notre composant d'écrire dans une colonne SQL de type Identity (auto-incrémentée).
- **Verrou de table** : permet d'obtenir un verrouillage au niveau de la table. Dans ce cas, les performances en écriture sont accrues, mais la table est inexploitable par d'autres processus, notamment les requêtes utilisateur. Il est donc recommandé de l'utiliser le plus souvent possible tout en prenant en compte les contraintes d'utilisation de la table en question.
- **Conserver les valeurs NULL** : si des contraintes de valeur par défaut en cas de valeur NULL ont été posées sur des colonnes de la table, cocher Conserver les valeurs NULL va permettre de surcharger cette contrainte et d'insérer la valeur NULL tout de même.
- **Vérifier les contraintes** : si cette option est cochée, elle permet au composant de destination OLE DB de vérifier les contraintes d'intégrité pendant l'insertion. Dans le but de gagner en performance, il est habituel de décocher cette option, à condition d'être sûr d'avoir conçu un flux de données suffisamment solide afin d'éviter d'insérer des données non conformes.
- **Lignes par lot** : spécifie le nombre de lignes qui seront traitées par lot par le composant OLE DB de destination.

- **Taille de validation d'insertion maximale** : précise le nombre de lignes qui seront validées (Commit) par lot. La valeur par défaut, 2147483647, signifie que toutes les lignes traitées par ce composant seront validées en une seule fois. Cela permet d'économiser des étapes de validation intermédiaires, mais en contrepartie, cela affecte les performances de la base SQL cible (du point de vue de l'utilisation du journal de transaction, de tempdb et donc de la mémoire utilisée par SSIS sur le serveur). Si la valeur de cette propriété est modifiée, il faudra avoir testé au préalable le comportement du lot SSIS et mesuré les impacts sur la base de données de destination. Pour vous convaincre de son fonctionnement, exécutez une première fois le flux de données avec la valeur par défaut, puis avec une taille de validation d'insertion maximale à 100 : vous constatez que le lot est plus lent car il valide plusieurs fois les blocs insérés.

L'étape par laquelle on termine consiste en la création de la correspondance entre les champs issus du flux de données et les colonnes de la table cible via le menu **Mappages**. La correspondance sera automatique si les champs SSIS se nomment comme les colonnes de la table, ce qui représente un léger gain de temps dans le cas où le nombre de colonnes est important. Inversement, attention à cette mise en correspondance automatique si jamais un champ du flux de données et une colonne de la table portent le même nom, mais ne concernent pas la même donnée.

2.2 Fichier plat

La source de fichier plat permet de gérer des fichiers pourvus de différentes structures : délimité, de largeur fixe ou mixte. La structure du fichier est à définir dans le gestionnaire de connexions de type fichier plat. La configuration de ce composant est présentée en détail dans le chapitre Flux de contrôle, principes de fonctionnement. Voici tout de même un rappel sur les formats de fichiers disponibles et les principales propriétés :

- **Délimité** : c'est le format que l'on retrouve le plus souvent. Les valeurs des différentes colonnes sont séparées par un caractère spécial. Par exemple, dans le cas d'un fichier CSV, ce caractère est un point-virgule.

- **Largeur fixe** : les données des colonnes possèdent une certaine longueur, qui doit être la même pour toutes les données de la colonne. Configurer le gestionnaire de connexions de fichier plat avec ce genre de format est souvent fastidieux et source de problème de maintenance en cas d'évolution de la structure du fichier source.
- **En drapeau à droite** : fonctionne comme le format **Largeur fixe**, sauf qu'ici nous pouvons spécifier un caractère de fin de ligne ({CR}{LF} par exemple) ce qui simplifie et fiabilise l'utilisation de ce format par rapport au précédent.
- **L'en-tête** : il y a trois propriétés à prendre en compte :
  - **Séparateur de lignes d'en-tête** : permet de spécifier l'élément qui sépare l'en-tête des lignes du fichier quand ce dernier existe.
  - **Lignes d'en-tête à ignorer** : détermine le nombre de lignes à partir du début du fichier à ne pas prendre en compte lors de la lecture des données.
  - **Noms de colonne dans la première ligne de données** : en cochant cette case, la première ligne du fichier est utilisée afin de nommer les colonnes de sortie.
- Dans le menu **Colonnes**, nous avons un aperçu de notre fichier une fois le format appliqué. Mais surtout, en fonction du format sélectionné nous pouvons jouer sur quelques paramètres comme la taille des colonnes pour le format **En drapeau à droite**. C'est assez pratique et cela évite de passer par la fenêtre de propriétés du menu **Avancé**. En revanche, ce menu **Avancé** reste indispensable pour renommer ou typer les colonnes si nécessaire. En voici une illustration.

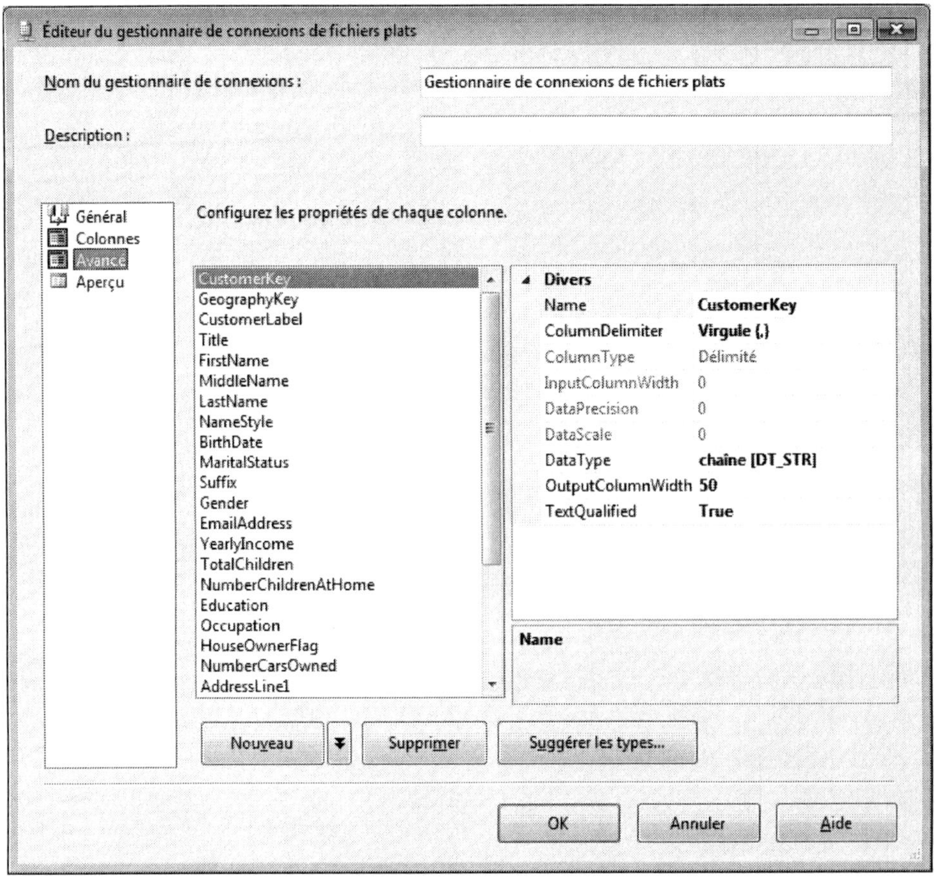

Pour chaque colonne identifiée dans le fichier, il faut préciser le type de données qu'elle contient (une chaîne de caractères et sa longueur, une donnée de type numérique, une date, etc.). Plus la définition de ces métadonnées est précise, plus le flux de données utilisant ce gestionnaire de connexions en tant que source sera performant (ce processus est détaillé dans le chapitre Notions avancées et bonnes pratiques).

La suggestion des types, disponible via le bouton **Suggérer les types**, fonctionne relativement bien mais ne nous dédouane pas de la vérification des modifications appliquées.

Remarque

Réinitialiser les colonnes : attention à l'utilisation de cette fonctionnalité. Elle réinitialise les colonnes définies par le gestionnaire de connexions, donc potentiellement, exige une somme considérable de travail, surtout dans le cas de l'utilisation du format ***Largeur fixe****. Sachez qu'une réinitialisation des colonnes à lieu également si l'on change le format de fichier défini.*

Une fois le gestionnaire de connexions paramétré, il faut utiliser un composant de source ou de destination de fichier plat :

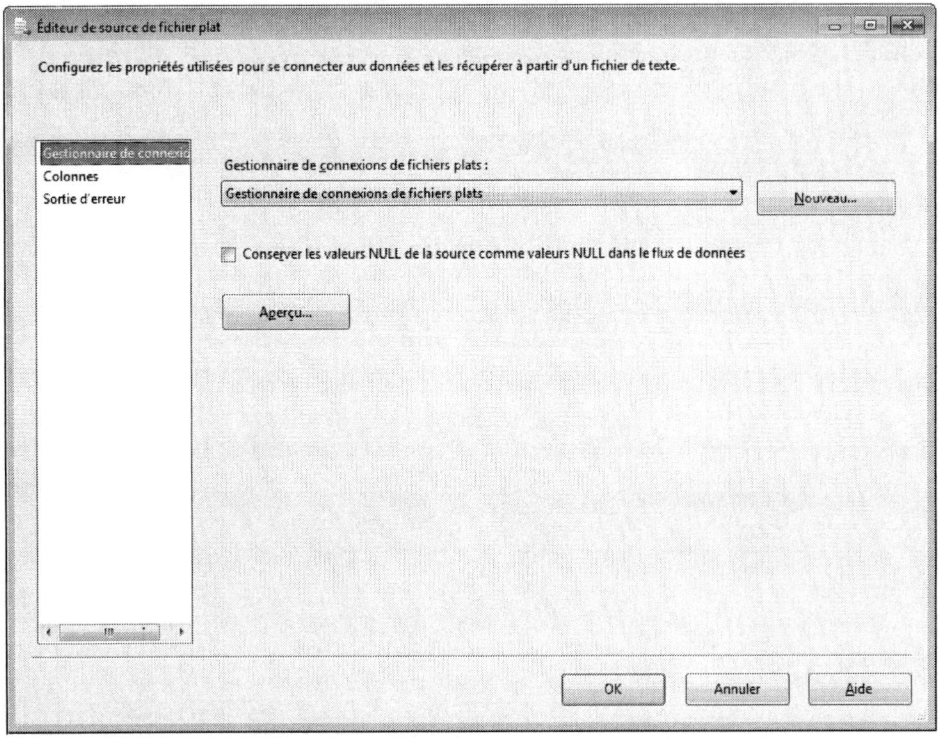

Conserver les valeurs NULL de la source comme valeurs NULL dans le flux de données : dans la fenêtre de configuration du composant source de fichier plat, cette case à cocher permet de considérer les chaînes vides comme des valeurs nulles. Dans le cas où elle n'est pas cochée, ces données seront alors considérées comme des chaînes de caractères vides.

En ce qui concerne la destination de fichier plat, l'objectif est de définir le format du fichier de sortie toujours via le gestionnaire de connexions, puis de réaliser la correspondance entre les éléments de notre flux de données et les colonnes du fichier cible.

Remarque

Intégration de plusieurs fichiers plats : il arrive très souvent que nous ayons à intégrer les données de plusieurs fichiers plats de même structure dans une table. Pour cela, il y a bien évidemment le conteneur de boucle ForEach. Mais il existe un type particulier de gestionnaire de connexions, les fichiers plats multiples, pour lequel les chemins des fichiers doivent être séparés par une barre verticale. L'avantage est que le flux de données correspondant ne sera lancé qu'une seule fois avec une source de fichiers plats contenant les données fusionnées de tous les fichiers source.

2.3 Fichier Excel

Cette source se configure de manière similaire à la source OLE DB. On y retrouve les mêmes modes d'accès aux données. Sauf qu'ici, ce ne sont pas des tables SQL que nous allons interroger, mais des feuilles Excel ou, quand elles existent, des zones de feuille nommées (des tables Excel).

Le type des données des colonnes du composant de source Excel est défini par les types des colonnes utilisées dans Excel. Il faut donc veiller à avoir un fichier Excel suffisamment normalisé, sinon, il faudra passer par une étape de conversion des données afin de les faire correspondre aux types des données de la destination utilisée.

Remarque

Considérations sur le 64 bits : par défaut, c'est le pilote 32 bits d'Excel que l'on retrouve majoritairement sur les environnements. Si un lot SSIS est exécuté en 64 bits, alors le composant d'Excel va tenter d'utiliser un pilote 64 bits qui n'existe pas. Pour cela, deux solutions : soit utiliser SSIS en 32 bits (modifiable dans SSDT dans les propriétés du projet ou via le DTEXEC en 32 bits), soit installer le pilote 64 bits disponible sur le site de Microsoft.

2.4 Fichier brut

Cette source va aller chercher ses informations dans un fichier d'un format un peu particulier. Les fichiers bruts sont des fichiers ayant une structure propre à SSIS (structure que l'on retrouve lors de la gestion des buffers en mémoire dans les flux de données). Ils sont alimentés à partir d'un composant de destination de fichier brut. Ils ont l'avantage de permettre des vitesses de chargement généralement supérieures aux autres types de composants (de par sa structure proche de celle des buffers). L'inconvénient, c'est qu'étant dans un format propre à SSIS, leur exploitation en dehors de l'ETL est impossible.

La plupart du temps, on choisit d'utiliser ce type de structure lorsque nous devons stocker temporairement des données. Il faut également retenir que le composant Transformation du cache, présenté dans le chapitre suivant, utilise ce format de fichier brut pour stocker ses données sur le disque.

En guise de configuration, il suffit de renseigner le chemin vers le fichier de données brutes, soit en le saisissant directement, soit en passant par une variable (le mode d'accès aux données détermine la façon de faire).

2.5 ADO.NET

Les composants source et destination ADO.NET utilisent un gestionnaire de connexions de type ADO.NET (également privilégié pour le composant CDC source). Il permet de se connecter entre autres à des bases SQL Server. Mais pour des questions de performance, il est préférable d'utiliser un gestionnaire de connexions OLE DB et le composant source adapté plutôt que la source ADO.NET. La configuration de ces composants est très proche de ce que l'on retrouve pour la source OLE DB, exception faite de quelques propriétés en moins (le chargement rapide pour l'écriture entre autres).

2.6 Source XML

Ce composant permet d'utiliser un fichier XML en tant que source du flux de données. Contrairement aux autres composants source, il définit son propre gestionnaire de connexions. La configuration de ce composant reste relativement simple. Il faut définir le chemin du fichier XML contenant les données. Ce chemin peut être local au serveur ou bien distant, via un chemin UNC (*Uniform Naming Convention*) ou une adresse HTTP. Il peut être saisi directement depuis le composant de source XML ou être enregistré dans une variable. Mais on peut ne pas utiliser de chemin et choisir d'enregistrer les données XML directement dans une variable SSIS.

Une fois le fichier source sélectionné, nous pouvons renseigner le XSD correspondant, ou bien le générer à partir du fichier de données source depuis le composant XML, ou encore ne pas utiliser de schéma et sélectionner l'option **Utiliser le schéma inclus** lorsque le fichier XML embarque son schéma avec les données.

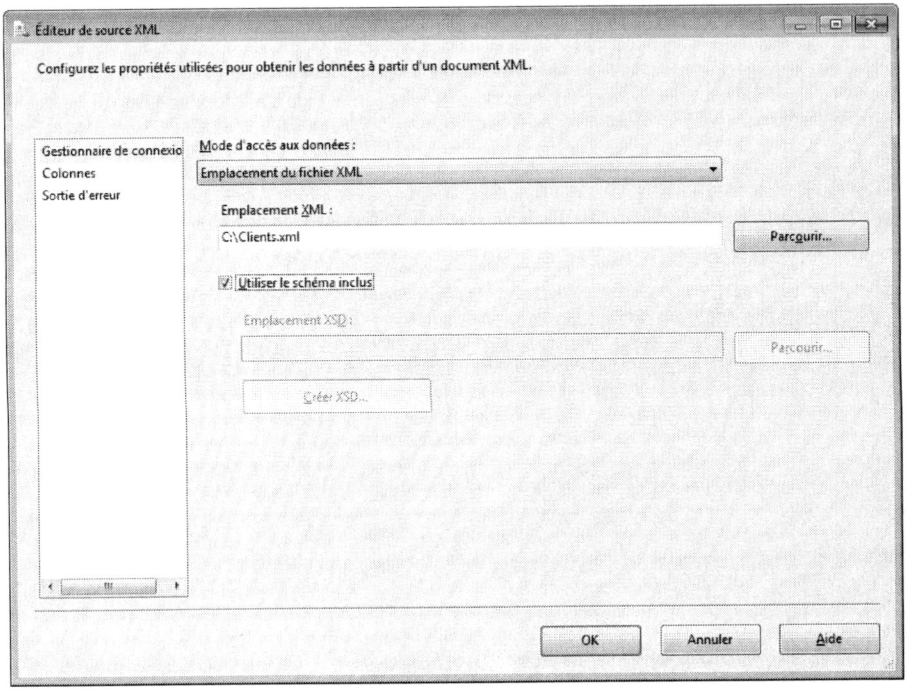

Il faut également noter qu'il n'y a pas de destination XML en natif sur SSIS. Mais des composants tiers existent ; on peut les trouver sur des sites comme www.codeplex.com.

2.7 CDC Source

Ce composant va extraire les données d'une table pour laquelle le Change Data Capture (CDC) est activé. De cette manière, on va pouvoir extraire seulement les données qui ont changé, ce qui offre un gros avantage en termes de performance côté ETL. En revanche, cela génère de la charge supplémentaire pour l'instance SQL. Nous reviendrons sur cette nouveauté SSIS 2012 qu'est la gestion du CDC dans le chapitre suivant.

2.8 Source ODBC

Autre nouveauté pour cette version 2012 : la gestion native des connexions ODBC vers les sources de données. Sur SSIS, son paramétrage consiste à créer un gestionnaire de connexions de type ODBC qui référence le nom de la source de données créée en amont. Cette source de données est initialisée côté système d'exploitation, hors du périmètre SSIS donc. C'est la principale différence avec l'OLE DB qui, lui, est géré directement depuis les applicatifs.

À la question, « quel type de fournisseur de données privilégier entre ODBC et OLE DB ? », la réponse est délicate. D'un point de vue performance, OLE DB offre de légers avantages. Par contre, cette API est dépréciée par Microsoft et, logiquement, la plate-forme SQL Server 2012 sera la dernière version qui la supportera. Même si cela n'arrivera que dans quelques années, il faut dès maintenant ne pas négliger l'utilisation des sources ODBC afin de pérenniser nos développements.

2.9 Destination de l'ensemble d'enregistrements

La destination de l'ensemble d'enregistrements permet, via un recordset ADO, d'alimenter une variable SSIS de type Object. Cette variable pourra ensuite être utilisée en tant que source dans un autre flux de données, en tant qu'énumérateur dans une boucle Foreach ou encore dans un composant de script.

2.10 Destination DataReader

À partir des données extraites dans le flux de données, nous allons pouvoir alimenter un DataReader. C'est une structure de données stockée en mémoire qui peut être utilisée en tant que source d'information par des applications tierces. SSIS fournit l'API nécessaire à l'exploitation de ce DataReader par ces applications. Afin de faciliter les développements, il faudra choisir judicieusement le nom du DataReader.

2.11 Destination pour SQL Server

Il existe deux composants de destination dédiés aux instances SQL Server :

- **Destination pour SQL Server** : cette destination a l'avantage d'être optimisée pour les bases SQL Server. Elle est donc légèrement plus performante que la destination OLE DB. De plus, elle offre des options supplémentaires sur le chargement rapide, comme la possibilité d'exécuter des déclencheurs d'insertion (Triggers) ou encore de choisir un nombre de lignes à insérer via les propriétés **Première Ligne** et **Dernière Ligne**. En revanche, le lot SSIS utilisant ce type de destination doit se trouver sur le même serveur que l'instance SQL Server cible du fait du type de connexion Mémoire partagée exploité.
- **SQL Server Compact Destination** : il alimente les bases de données SQL Server en édition Compact, à destination des appareils mobiles.

2.12 Destination pour SSAS

En ce qui concerne l'interaction entre SSIS et Analysis Services, trois types d'objets peuvent être gérés :

- **Traitement de dimension** : il offre la possibilité de traiter les dimensions selon trois modes : le Traitement incrémentiel (ProcessAdd), le Traitement complet (ProcessFull) et enfin le Traitement de mise à jour (ProcessUpdate). La correspondance se réalise entre les colonnes issues du flux de données et les différentes propriétés nécessaires à la construction d'un attribut de dimension sur Analysis Services (à savoir les **KeyColumns**, le **NameColumn** et le **ValueColumn**). Dans la partie **Avancée** du composant, il est possible de modifier la configuration d'erreur, de la même manière que sur un projet Analysis Services classique (gestion des membres inconnus, nombre d'erreurs supportées, gestion des valeurs NULL, etc.).
- **Traitement de partition** : comme pour les dimensions, il est possible de traiter une partition selon trois méthodes, le Traitement incrémentiel, le Traitement complet, et le Traitement des données (ProcessData). On retrouve la configuration d'erreur propre aux partitions dans le menu **Avancée**.
- **Apprentissage du modèle d'exploration de données** : il va permettre d'entraîner les modèles de Data Mining créés au préalable sur Anaylsis Services. À chaque élément de la structure du modèle d'exploration devra correspondre une colonne du flux de données. Il faut que les données du flux SSIS soient triées avant d'être utilisées par le modèle.

Remarque

Il est relativement rare d'avoir à réaliser ce genre d'opération sur SSAS à partir d'un flux de données. Car un changement dans la modélisation obligerait à modifier le lot SSIS. La correspondance entre la base SQL et la base SSAS est déjà assurée par la vue de source de données des bases Analysis Services. Il est plus commode de gérer ces opérations de mise à jour par d'autres moyens (script PowerShell, utilisation des bibliothèques Analysis Management Object ou script XMLA).

3. Fenêtres avancées

3.1 Éditeur avancé des composants

Il est parfois nécessaire d'aller plus loin dans la configuration des composants de source et de destination. Pour ce faire, une partie d'entre eux possède un éditeur avancé, accessible via un clic droit sur le composant.

Nous prendrons l'exemple ci-dessous de l'éditeur avancé de la source OLE DB :

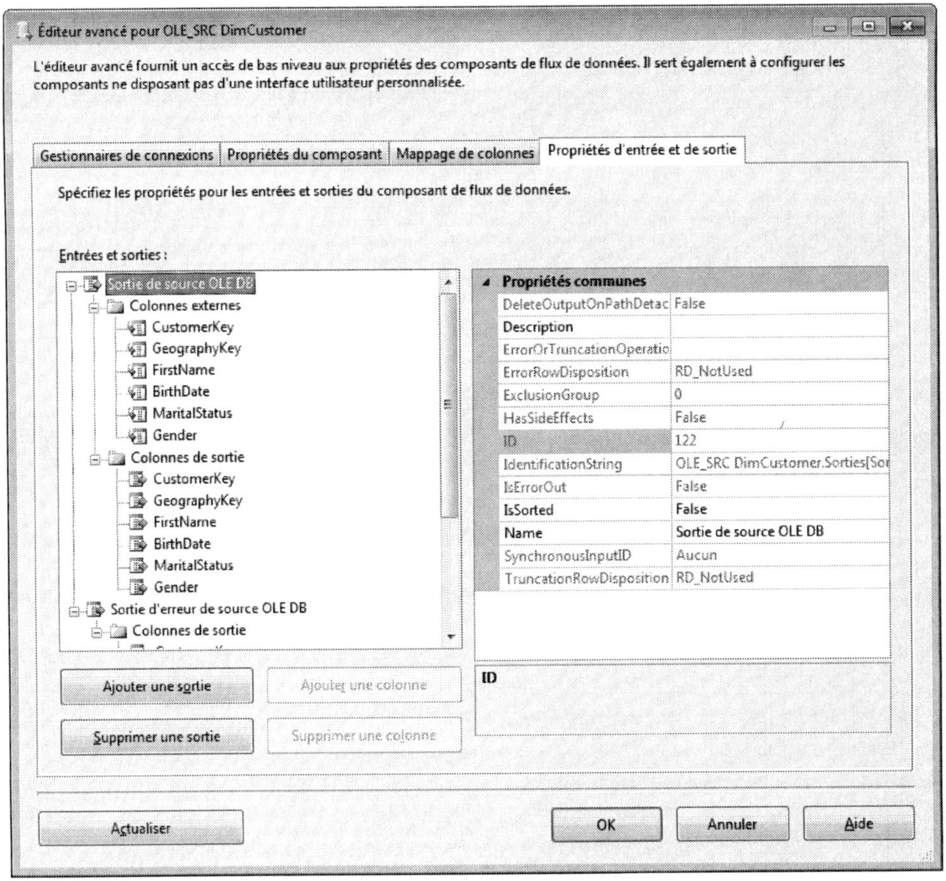

Dans l'onglet **Propriétés d'entrée et de sortie**, nous retrouvons la sortie du composant source OLE DB : **Sortie de source OLE DB**. Ce composant particulier contient deux types de colonnes de sortie : les **Colonnes externes** qui sont extraites de la requête SQL et les **Colonnes de sortie** que l'on retrouve dans la suite du flux. Le mappage entre les colonnes externes et les colonnes de sortie est réalisé via l'onglet **Mappage de colonnes**. C'est une opération qui est réalisée par SSIS : les colonnes externes étant celles définies par le SELECT de la requête, le composant va automatiquement créer les colonnes de sortie correspondantes, avec un nom identique à celui des colonnes externes. Si jamais on souhaite avoir des noms de colonnes de sortie différents de ceux des colonnes externes, il faut passer par cette fenêtre.

Mais l'éditeur avancé expose également des propriétés qui ne sont accessibles que par lui. C'est le cas de la propriété **IsSorted** qui, pour une sortie (un flux), permet de spécifier qu'elle est triée. Bien évidemment, la propriété ne trie pas les données de la sortie pour vous, il faut utiliser une clause ORDER BY par exemple. Nous reviendrons sur ce point dans le chapitre Notions avancées et bonnes pratiques.

3.2 Fenêtre de mise à jour des mappages

Comme nous l'avons vu au début de ce chapitre, entre les sorties et les entrées des composants du flux de données transitent des buffers, constitués de lignes et de colonnes. Les colonnes de ces buffers sont déterminées par la sortie du composant auquel il est associé. Pour la majorité des composants, les colonnes en entrée du buffer, donc en sortie du composant en amont, doivent se retrouver sur l'entrée du composant suivant. Que se passe-t-il pour le composant B si, par exemple, nous supprimons des colonnes dans le composant A ci-dessous ?

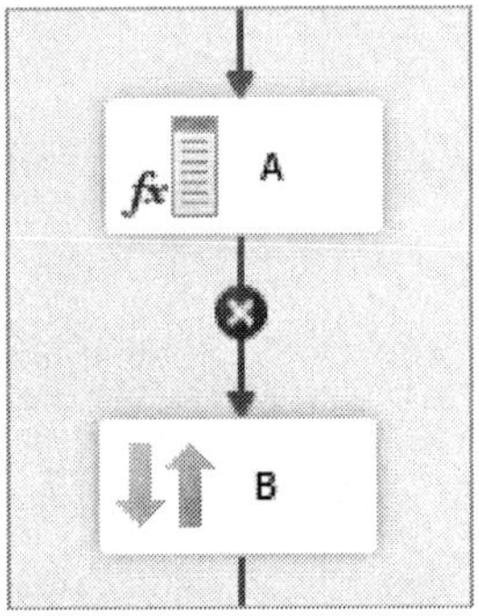

Il va bien falloir que SSIS mette à jour les métadonnées de notre flux afin de supprimer les références faites aux colonnes supprimées dans tous les composants suivants. Cette mise à jour n'est pas forcément automatique (c'est pour cette raison qu'il y a une croix rouge sur le pipeline reliant les deux composants) et la version 2012 met à notre disposition une nouvelle fenêtre pour réaliser les mappages entre les colonnes de sortie du composant A et celles en entrée du composant B. Pour l'obtenir, il faut double cliquer sur la croix rouge.

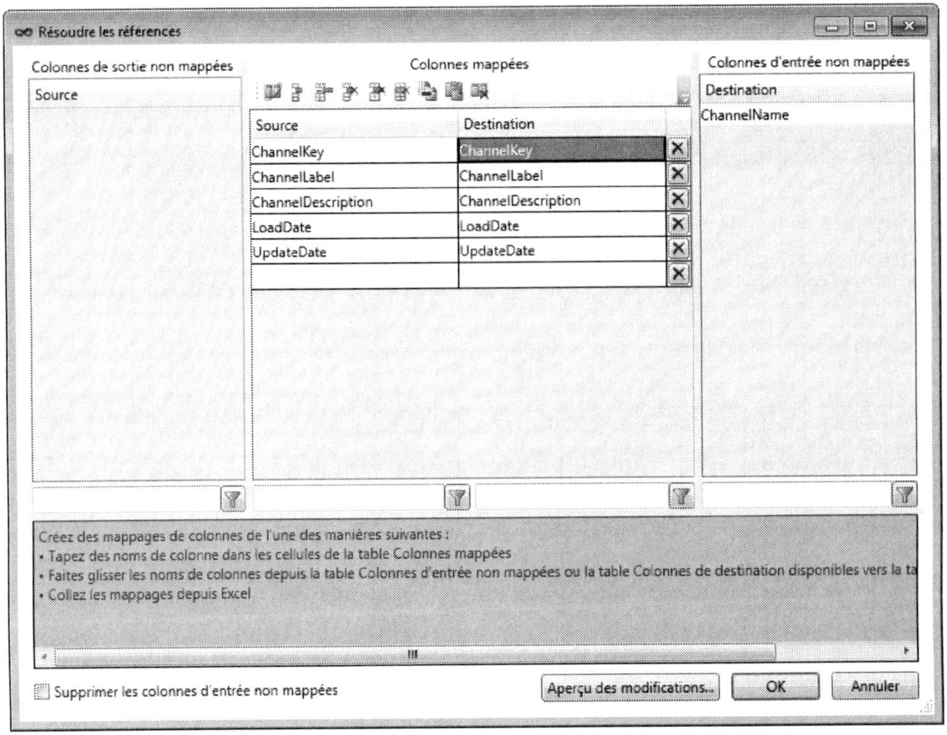

Dans cet exemple, la colonne ChannelName a été supprimée dans le composant A. Il faut maintenant supprimer sa référence dans le composant B en cochant la case **Supprimer les colonnes d'entrée non mappées**.

Il est également possible, si le nombre de colonnes est trop important et donc si le travail de correction du mappage devient fastidieux dans SSDT, de copier le tableau de colonnes mappées dans Excel, de le modifier dans le fichier .xls et de réimporter le tout via cette fenêtre.

4. Flux de données monosource, monodestination

4.1 Stockage de données temporaires SQL

Lorsque l'on utilise un ETL, c'est généralement pour ses outils capables de rendre les données homogènes. Ces données provenant de plusieurs sources, il va falloir les extraire, les nettoyer afin d'avoir un ensemble cohérent et enfin les charger dans un référentiel de destination. Mais SSIS peut être également utilisé pour de l'extraction pure de données, sans transformation. C'est sur ce principe que nous avons construit un lot de données dans le chapitre d'introduction. Ces lots implémentent des flux de données monosource, monodestination. Ils peuvent être utiles pour la construction de tables temporaires, l'alimentation de fichiers plats à destination d'applicatifs, la gestion et le traitement d'objet Analysis Services, etc. L'avantage de ces flux de données est leur relative simplicité d'alimentation. Car finalement, ce qui prend le plus de temps dans le développement d'une solution SSIS, c'est le nettoyage des données. Pour construire ces flux, nous allons nous contenter d'un composant source et d'un composant de destination.

Nous prenons ici l'exemple de l'alimentation d'un référentiel destiné à contenir des informations de manière temporaire. En effet, en fonction des contraintes d'accès aux données source SQL (sécurité, performance, plage horaire, etc.), il peut être utile de réaliser une pré-extraction des informations. L'extraction de ces informations doit être brute afin de réaliser plus tard, via un autre lot SSIS, les opérations de transformation nécessaires à la consolidation de ces données.

Pour réaliser ces opérations d'extraction brute, il existe plusieurs méthodes. La première, certainement la plus rapide pour un flux de données, consiste en l'utilisation d'une source OLE DB et d'une destination de fichier brut. Le fichier brut permet de s'affranchir des contraintes liées aux bases de données (performance en écriture tributaire des ressources disponibles par rapport aux ressources utilisées, droits d'accès, gestion de la journalisation, etc.) et met à disposition un fichier que l'on pourra manipuler en tant que tel par la suite (plus de souplesse par rapport à la table SQL). On pourra observer sur les tables à forte volumétrie un ratio de un à deux du point de vue du temps d'exécution du flux de données. Il existe également un gain lors de la relecture des informations de ce fichier par une source de fichier brut par rapport au temps d'extraction des informations d'une base SQL. Il y a cependant deux inconvénients principaux à cette méthode. Le premier est l'impossibilité d'exploiter les données du fichier brut en dehors de SSIS, là où une table SQL peut être interrogée facilement. Le second est l'augmentation de l'espace de stockage utilisé par ce fichier par rapport à une table SQL compressée. Définir un ratio est délicat car le taux de compression d'une table dépend de ses données et du mode de compression. En revanche, si la table SQL n'est pas compressée, le fichier brut aura l'avantage d'être moins gourmand en espace disque.

Si ces inconvénients deviennent un obstacle, il faudra passer par une table temporaire dans une base de données. Dans ce cas, il faut s'assurer de l'exclusivité de l'accès à cette table afin d'utiliser, comme nous l'avons vu, le chargement rapide de la destination OLE DB, le verrouillage de la table et la désactivation de la vérification des contraintes (comme c'est une table temporaire, il y a de fortes chances pour que ces contraintes n'existent pas côté SQL).

4.2 Utilisation des transformations

Dans la grande majorité des cas, les choses ne sont pas si simples et il est indispensable de réaliser un certain nombre d'opérations sur les données avant de les charger. Nous retrouvons donc d'autres composants du flux de données : les transformations.

Nous trouvons souvent ce type de développement :

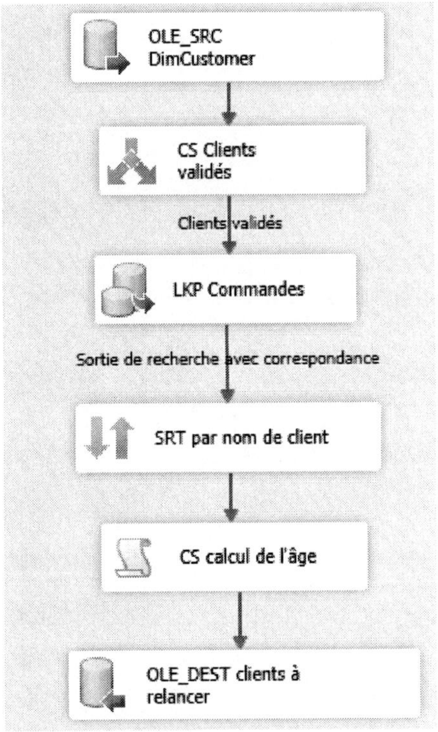

Nous avons ici une seule source de données et une destination, mais entre les deux, nous trouvons plusieurs composants, assurant chacun un rôle bien particulier. L'ajout de ces transformations a un impact très important sur le comportement du flux de données, notamment en ce qui concerne l'utilisation des ressources du serveur. On se rend bien compte qu'entre une source et une destination directement connectées, sans transformation, l'utilisation et le nombre des buffers restent limités. Par contre, quand le nombre de transformations se multiplie, prévoir l'utilisation des ressources du serveur de la part du flux de données devient plus difficile. Il existe cependant des techniques pour estimer cela, elles sont présentées dans le chapitre Notions avancées et bonnes pratiques.

Dans le chapitre qui suit, nous allons justement présenter les transformations mises à notre disposition dans le flux de données.

Chapitre 5
Transformation des données

1. Transformations simples

1.1 Colonnes dérivées

Ce composant va permettre d'ajouter des colonnes au dataset qui transite dans le flux. La colonne dérivée peut voir ses valeurs définies :

- à partir de colonnes existantes (par exemple, pour créer une colonne qui se charge de la concaténation du nom et du prénom d'un client).
- de manière indépendante (saisie en dur des valeurs).
- à partir de variables SSIS.
- remplacer une colonne existante.

Chaque colonne dérivée expose les propriétés suivantes :

- **Nom de la colonne dérivée** : nom de la colonne dans le dataset.
- **Colonne dérivée** : spécifie si c'est une nouvelle colonne ou une colonne en substituant une autre.
- **Expression** : script définissant les valeurs de la colonne.
- **Type de donnée** : type de la colonne (exemple : DT_I4).

- **Longueur** : dépend du type de donnée (taille d'une chaîne de caractères par exemple).
- **Précision** : définit le nombre de chiffres total (dans le cas d'un nombre).
- **Échelle** : nombre de décimales.
- **Page de code** : page de code utilisée pour les chaînes de caractères non Unicode.

Lors de la définition d'une colonne dérivée, SSIS lui fournit automatiquement un type en fonction de son expression. Par exemple, la concaténation de deux chaînes de caractères Unicode d'une longueur de 50 donnera une colonne de type Unicode d'une longueur de 100. Il faut donc faire attention et contrôler les types de données générés par SSIS. Si besoin, des fonctions de conversion sont disponibles dans l'éditeur d'expression.

SSIS offre très peu d'aide à la construction des expressions, ce qui est bien dommage lorsque l'on débute. Nous trouvons à notre disposition la liste des fonctions, les différents transtypages et les opérations que nous pouvons utiliser sur les colonnes du flux de données.

Remarque

*Le composant **Colonne dérivée** est l'un de ceux que l'on retrouve le plus souvent dans les flux de données. Principalement parce que l'un des buts de l'ETL est d'enrichir les données, donc ajouter de l'information. Mais la colonne dérivée permet de faire plusieurs opérations en même temps et de ce fait, peut remplacer d'autres composants comme la conversion de données, l'audit, la copie de colonne, etc. Implémenter ces fonctionnalités dans un composant **Colonne dérivée** permet de réduire le nombre des composants : c'est donc très utile pour les flux de données complexes. En revanche, il en réduit la lisibilité : en utilisant des composants dédiés, il est plus facile de savoir quelles opérations sont réalisées sur les données.*

Dans l'exemple ci-dessous, une colonne **FullName** est créée : elle sera le résultat de la concaténation des colonnes **FirstName** et **LastName** :

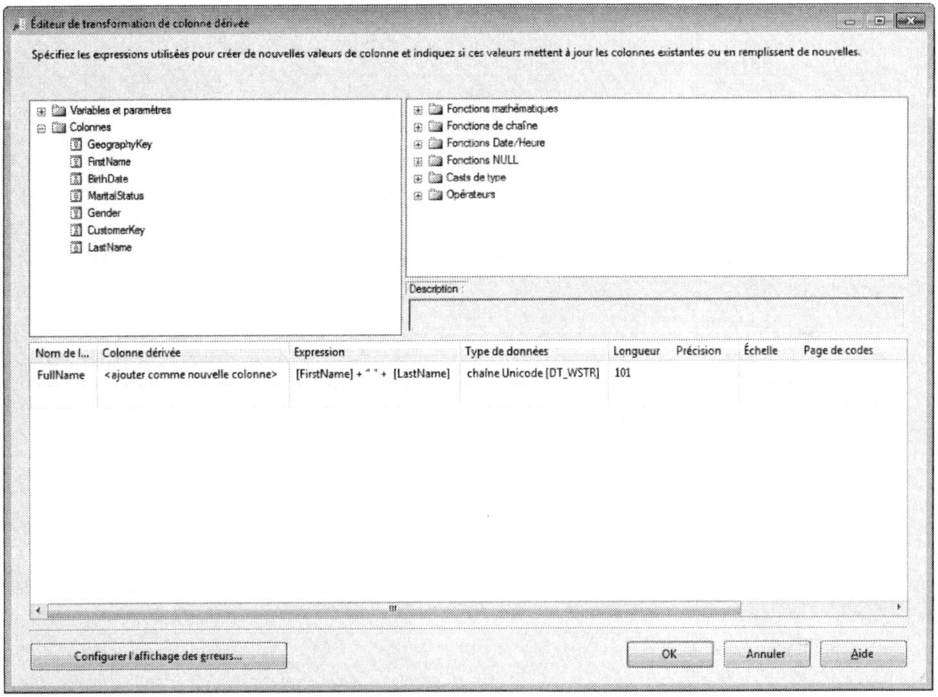

1.2 Multidiffusion

Il est parfois nécessaire de dupliquer son dataset en cours de traitement : c'est l'objectif du composant multidiffusion. Il possède une entrée, et les données présentes sur cette entrée sont redirigées sur n-sorties que l'on pourra exploiter dans la suite du flux de données. En fait, les données du flux ne sont pas dupliquées physiquement en mémoire, car on peut imaginer les conséquences sur la consommation des ressources du serveur. Des pointeurs sont utilisés et permettent de faire référence au dataset présent en entrée du composant multidiffusion.

1.3 Fractionnement conditionnel

Le fractionnement conditionnel va permettre de réaliser des traitements spécifiques en fonction de la nature de la donnée. Grâce à des contraintes que nous allons définir pour ce composant, il va être capable de séparer les lignes de manière à ce que nous puissions leur appliquer des transformations ou des destinations différentes.

Prenons par exemple le cas où nous voulons séparer les produits de notre catalogue ne comportant pas de description de ceux ayant ce champ correctement renseigné. Le but sera d'alimenter une table avec ces produits sans description de manière à ce qu'ils puissent être traités par le back office pour correction. Le fractionnement conditionnel prendra sur son entrée toutes les lignes de produits, mais il possédera deux sorties : une pour les lignes de produits pour lesquelles la colonne description aura une valeur différente de NULL et une autre pour les lignes de produits sans description.

Pour créer une sortie, il suffit de lui donner un nom (la propriété **Nom** de Sortie) ainsi qu'une expression conditionnelle (propriété **Condition**). Il est possible de créer plusieurs sorties à ce composant, chacune avec des expressions de contrainte différentes. Ces contraintes sont évaluées dans leur ordre d'apparition dans la liste. Il est possible de modifier cet ordre via les boutons "monter" et "descendre" sur la droite de la fenêtre. Donc si une ligne respecte plusieurs contraintes de la liste, elle sera envoyée sur la sortie de la première des contraintes satisfaite. Dans notre cas, pour la sortie que nous allons appeler "Sans Description", la condition sera :

```
ISNULL([Description])
```

En ce qui concerne les lignes avec une description, nous avons deux possibilités. Nous pouvons de la même manière créer une sortie que nous allons nommer "Avec Description" et fournir l'expression suivante :

```
!ISNULL([Description])
```

Ou nous pouvons utiliser la sortie par défaut, c'est-à-dire celle sur laquelle sont envoyées les lignes ne satisfaisant aux conditions définies. Dans ce cas précis, les deux méthodes sont viables car aucune ligne n'est perdue : soit la valeur de la description est nulle, soit elle ne l'est pas.

Remarque

Il faut donc bien faire attention à créer suffisamment de sorties afin de pouvoir traiter toutes les conditions possibles, sous peine de perdre de l'information.

Dans l'exemple ci-dessous, les clients mariés sont considérés comme validés, les autres sortiront sur le flux **Clients non validés**, la sortie par défaut :

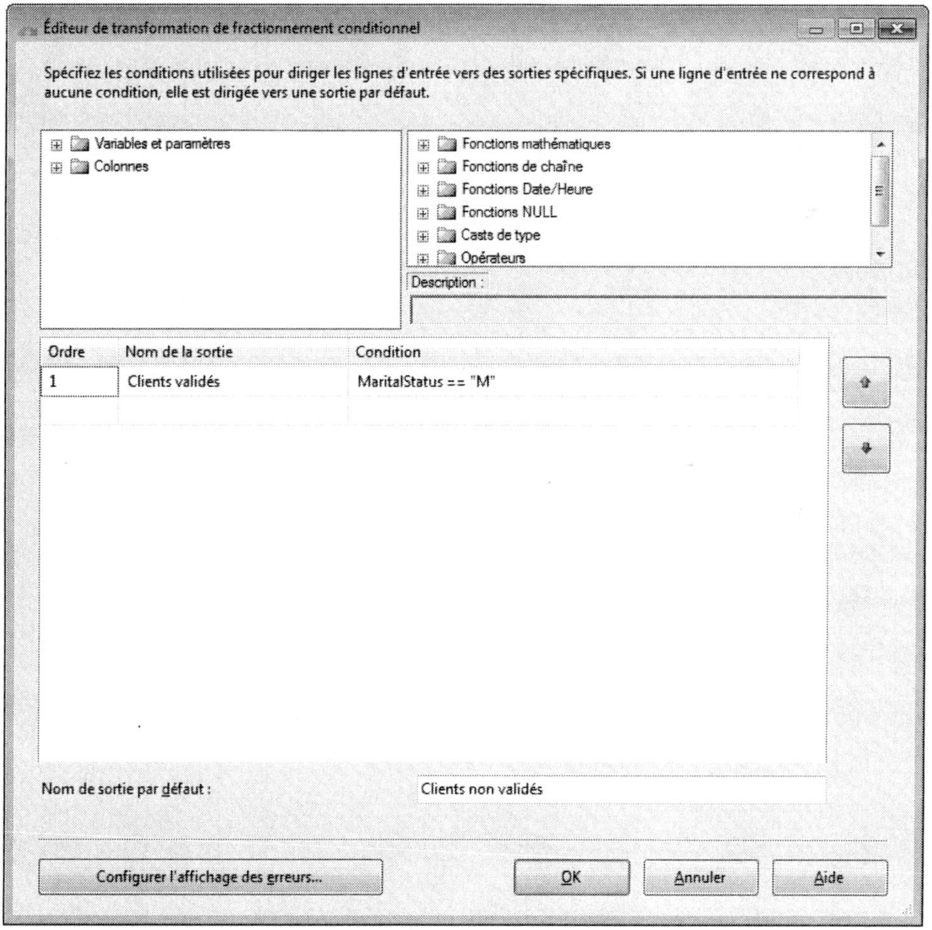

1.4 Conversion de données

Nous le verrons dans la partie sur les opérations de jointure, mais il est parfois indispensable que les types de données pour des colonnes provenant de sources différentes soient rigoureusement identiques. Le composant Conversion de données va nous permettre de convertir les champs qui composent notre flux. Cependant, ce composant ne va pas remplacer directement le type de la colonne, il va tout simplement en créer une nouvelle avec le type de données sélectionné. Il est souvent nécessaire de configurer la gestion des erreurs pour ce composant : la conversion étant un point délicat dont la complexité d'implémentation varie en fonction de la qualité des données source.

Il est également possible de réaliser ces conversions avec un composant de colonne dérivée via les opérateurs adéquats.

Remarque

Conversion à la source : il peut être commode de réaliser les conversions de données depuis le composant source. Par exemple, pour une source de fichier plat, cela consiste à bien définir le type de chacune des colonnes. Pour une source OLE DB, il faut aller dans la configuration avancée du composant et modifier le type des colonnes de sortie ou bien réaliser une opération de conversion en SQL.

1.5 Compteur de lignes

Le Compteur de lignes va compter les lignes traitées aux endroits où ce dernier sera placé dans le flux de données. Il pourra par exemple être positionné en sortie du composant Jointure de fusion afin de contrôler que nous ne perdons pas d'information. Ce composant est surtout utilisé pour extraire de l'information sur les conditions d'exécution des flux de données. On pourra ainsi enregistrer dans une table le nombre de lignes traitées afin d'analyser l'évolution des performances de nos packages SSIS ou encore, de faire de la gestion de qualité des données en vérifiant que le nombre de lignes insérées est proche de ce que nous attendions.

1.6 Tri

Ce composant est très pratique et très souvent utilisé. C'est un tort car il peut s'avérer très consommateur de ressources et de temps d'exécution. Nous reviendrons sur ce point dans le chapitre Notions avancées et bonnes pratiques. Il a pour objectif de trier, de manière croissante ou décroissante, les données du flux en fonction d'un certain nombre de colonnes et dans un ordre défini par nos soins dans ce composant. Il possède deux particularités qui font qu'on le retrouve dans les développements pour d'autres objectifs que le tri. Premièrement, il permet de sélectionner et donc potentiellement de réduire le nombre de colonnes à utiliser dans la suite du flux de données, là où une grande partie des composants ne font qu'ajouter des colonnes ou en modifier le contenu. Pour cela, il faut décocher les cases à cocher dans la colonne **Transfert direct** du composant. Ensuite, il offre la possibilité de supprimer les doublons dans les lignes de données (l'équivalent d'un DISTINCT SQL). Pour ce faire, une case à cocher **Supprimer les lignes avec des valeurs de tri en double** est mise à notre disposition. À noter que la détermination des doublons se fait sur toute la clé de tri avec prise en compte des indicateurs de comparaison si ces derniers ont été positionnés. Lorsque doublon il y a, c'est la dernière occurrence rencontrée qui sera conservée dans la suite du flux de données.

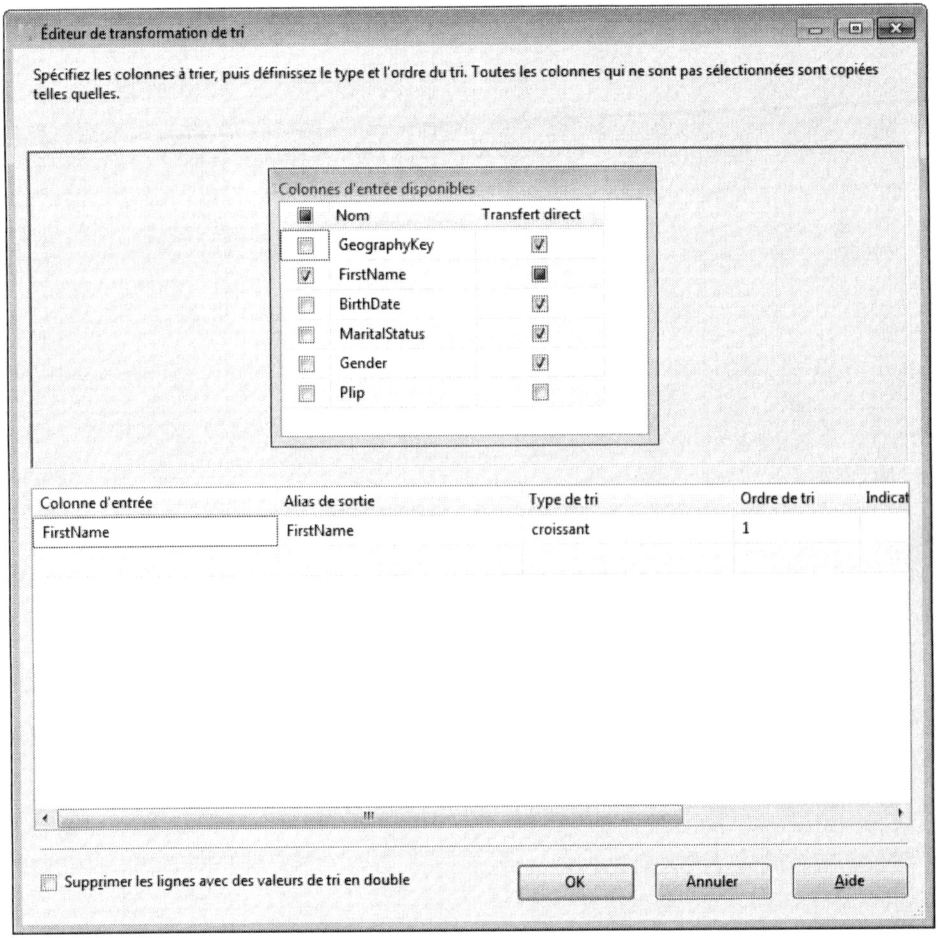

1.7 Agrégation

Il est possible d'agréger les données grâce à ce composant. Pour cela, il faut déterminer les colonnes sur lesquelles sont réalisés les groupements (analogue à un GROUP BY en SQL) et celles concernées par les fonctions d'agrégation (somme, moyenne, comptage, comptage distinct, minimum ou maximum). On retrouve ces éléments dans la colonne **Opération**. Comme pour le composant de Tri, il est possible de sélectionner les colonnes à envoyer sur sa sortie.

Par défaut, le composant Agrégation ne contient qu'une seule sortie. Mais nous pourrions tout à fait avoir besoin d'agréger les données selon un groupe, puis selon un autre. Pour ajouter des sorties au composant, il faut utiliser le menu avancé disponible sur la même fenêtre que la sélection des colonnes. Une fois activée, la section avancée permet de créer des sorties en plus de celles déjà présentes. Tout comme pour le fractionnement conditionnel, il est possible de renommer les flux sortants. Quand la sortie est créée, il faut recommencer la configuration des regroupements et des agrégations de celle-ci. Pour passer d'une sortie à une autre, il suffit de la mettre en surbrillance dans la section avancée.

Ci-dessous, un exemple d'utilisation du composant. Deux sorties sont créées, une pour laquelle le regroupement se fait sur le métier, l'autre sur la sous-catégorie de produit. Dans les deux cas, nous réalisons une somme sur le montant des ventes :

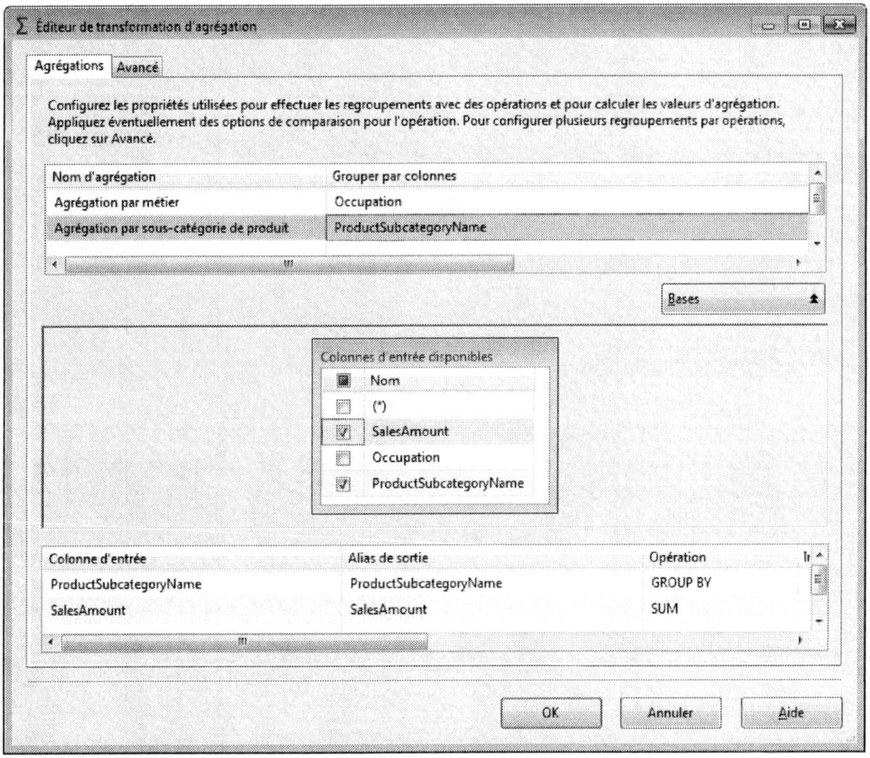

1.8 Commande OLE DB

C'est un objet qui exécute des requêtes SQL pour chaque ligne du flux de données. La commande OLE DB est très utilisée pour réaliser par exemple des opérations de mise à jour, notamment pour un procédé d'UPSERT (Update or Insert : mise à jour de la ligne si elle existe dans la table, sinon insertion de cette ligne). D'ailleurs la commande SQL peut être effectivement une requête, mais bien souvent c'est une procédure stockée qui est appelée.

Comme son nom l'indique, ce composant utilise un gestionnaire de connexions OLE DB. La commande SQL doit être saisie dans la propriété **commande SQL**. Elle doit contenir des paramètres intégrés sous la forme d'un point d'interrogation afin de lui passer des valeurs issues du flux de données. La mise en correspondance de ces paramètres et des colonnes du flux se réalise via l'onglet **Columns mapping**.

Remarque

Il faut faire attention à son utilisation car, comme précisé ci-dessus, la commande OLE DB réalise une requête par ligne du flux de données. On peut dès lors imaginer les impacts sur la base SQL si le flux de données fait transiter plusieurs millions de lignes. Des tests de performance sont à réaliser dans ce cas. Il peut être plus profitable de passer par une structure temporaire pour stocker l'information, puis construire un autre flux de données pour effectuer les opérations initialement réalisées par ce composant.

1.9 Composant Script

Le composant de script est un peu particulier. Ce n'est pas qu'un composant de transformation. Il peut également jouer le rôle de source ou de destination. Il va permettre de gérer les données du flux via un script .NET (C# dans l'exemple ci-dessous ou Visual Basic). En fonction du rôle qu'il va jouer, le script implémentera des méthodes différentes (en tant que source : une méthode pour envoyer des données sur sa sortie ; en tant que transformation : une méthode de traitement des données en entrée, etc.).

Le choix du langage de programmation doit se faire avant la première modification du script. Il faut faire son choix via la propriété **ScriptLanguage**. Ensuite, pour éditer le script, il faut cliquer sur le bouton **Modifier le script**. À ce moment-là, le script est initialisé avec les méthodes de base.

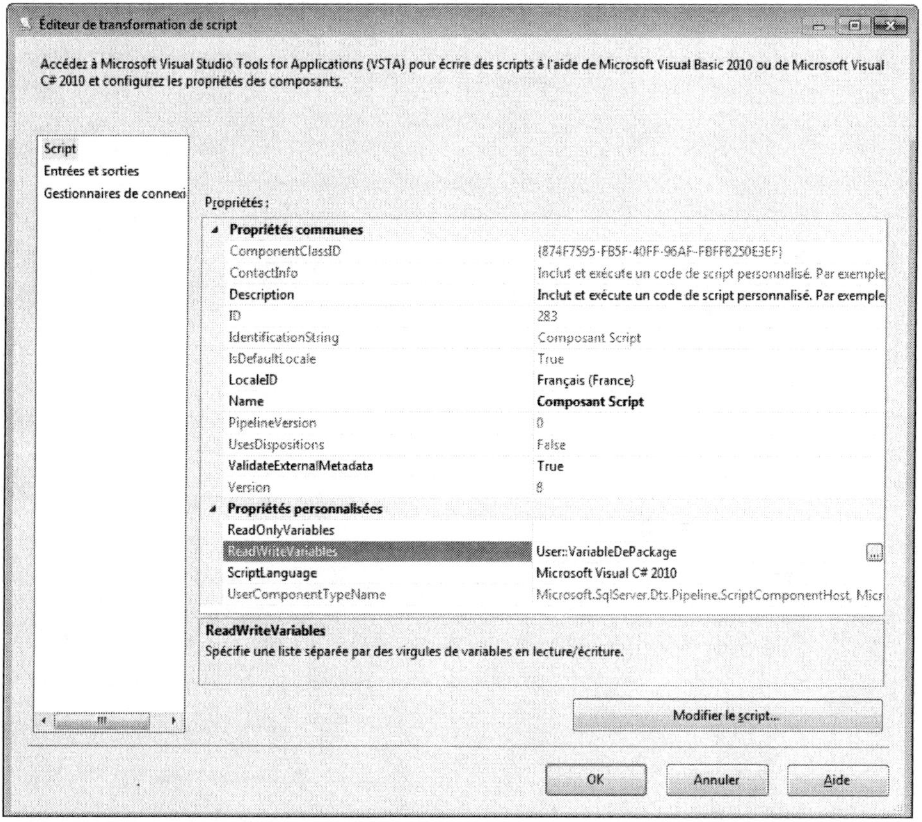

Il y a quelques points à retenir pour sa configuration, avant toute considération du code .NET. Tout d'abord, tout ne se fait pas par le code. Si le script doit utiliser des variables SSIS ou des gestionnaires de connexions, il faut le préciser via l'interface du composant. Pour les variables, il existe deux possibilités. Les variables en lecture seule (**ReadOnlyVariables**) et les variables en lecture et écriture (**ReadWriteVariables**). Dans le premier cas, le script ne pourra que lire la valeur de la variable, très utile lorsque l'on veut se prémunir de toute altération de son contenu. Dans l'exemple ci-dessus, la variable SSIS

VariableDePackage est utilisée en tant que variable lecture/écriture. Ensuite vient la configuration des entrées et sorties. Là encore, avant de passer au scripting, il faut réaliser cette opération via l'interface. Pour un composant script utilisé en tant que source, il faut déclarer les colonnes de sortie. Pour un script de transformation, il faut sélectionner les colonnes arrivant en entrée qui seront utilisées dans le script et déclarer des colonnes de sortie si besoin. Et enfin pour la destination, il suffit de sélectionner les colonnes dont le script va lire les informations pour les externaliser vers un référentiel.

Ci-dessous, quelques colonnes ont été créées pour un composant de script utilisé en tant que source de notre flux de données :

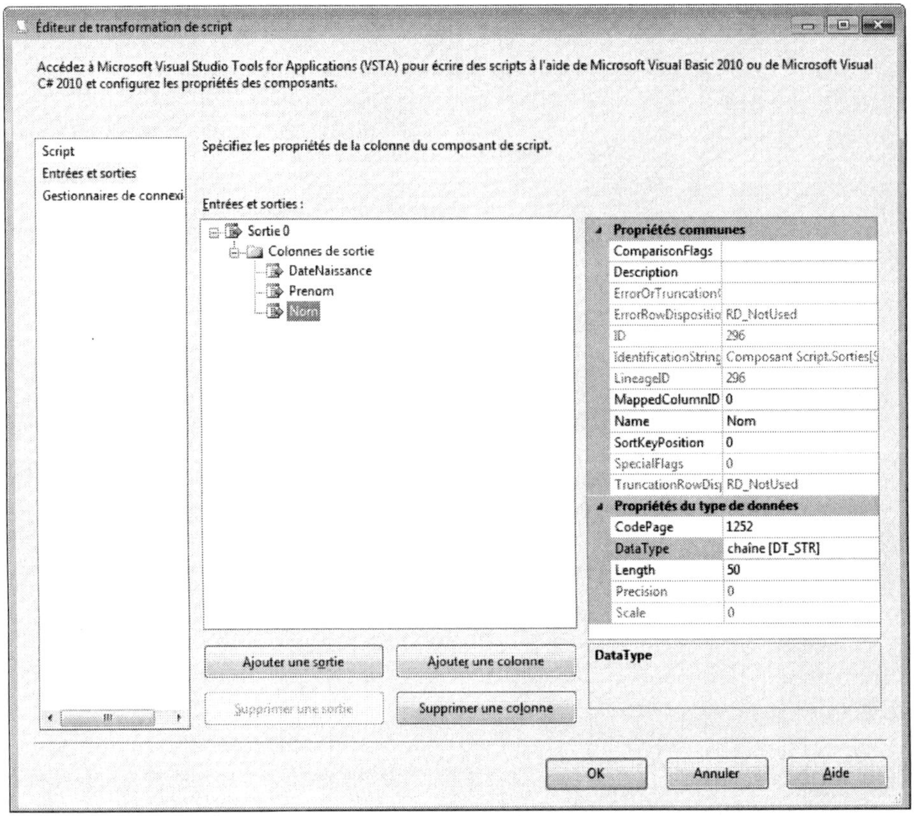

Vient ensuite l'édition du script. Il faut noter que, comme la déclaration des colonnes d'entrée et de sortie se fait en dehors du script, toute modification sur ces éléments oblige à générer le script en cliquant sur le bouton **Modifier le script** visible sur le premier écran. En effet, pour toutes les colonnes d'un script de source, des méthodes set sont générées dans le fichier de classe BufferWrapper.cs, idem avec des méthodes get sur les colonnes d'un script de destination.

Parmi les méthodes générées automatiquement, citons PreExecute, exécutée avant la méthode principale et qui permet, par exemple, d'initialiser les connexions. Ou encore PostExecute, qui est exécutée avant la sortie du script pour, par exemple, clore les connexions ou renvoyer un statut.

Voici un exemple très basique de script permettant de créer des lignes sur la sortie de notre composant source (ce que permet la méthode **CreateNewOutputRows()**) :

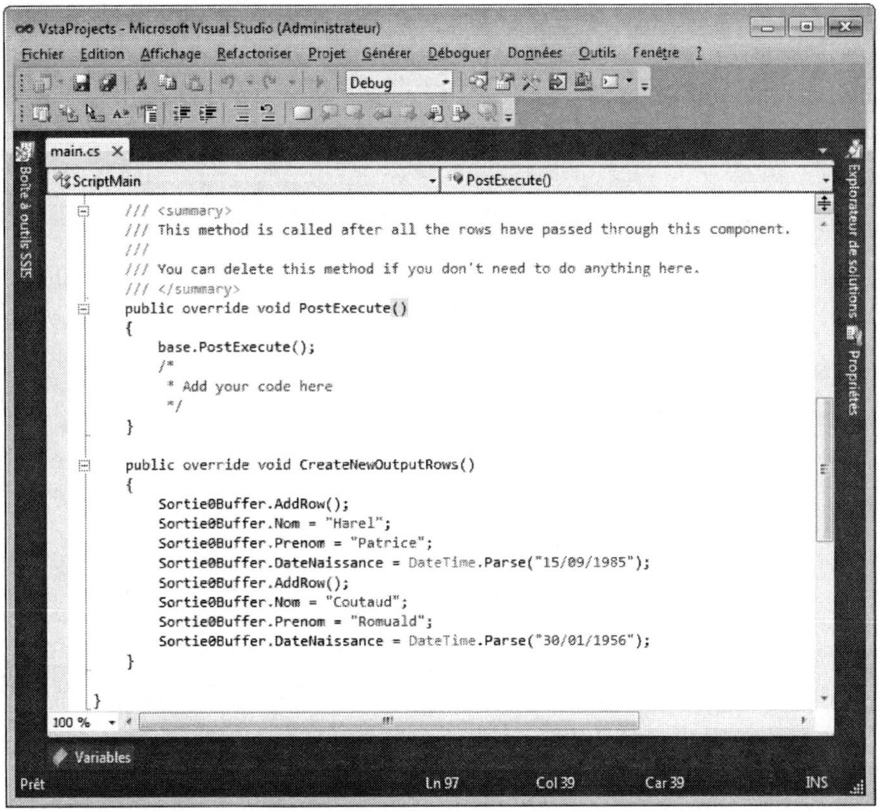

Remarque

L'implémentation de ce genre de composant nécessite des connaissances de base en développement .NET, que nous n'abordons pas ici car ce n'est pas l'objectif de l'ouvrage.

2. Transformations moins communes

SSIS dispose d'une boîte à outils très fournie. Mais dans celle-ci, il existe des composants que nous allons rarement utiliser, non pas qu'ils soient inutiles, mais leur implémentation requiert des cas d'utilisation bien spécifiques. C'est pourquoi nous avons décidé de les rassembler dans cette section.

2.1 Copie de colonne

Ce composant permet de dupliquer une colonne du flux de données. Le nom de la colonne cible doit être différent de celui de la colonne source. Il est rarement utilisé, au profit du composant Colonne dérivée.

2.2 Transformation du cache

Ce composant va permettre de stocker en mémoire les données retournées par une requête. Nous avons vu précédemment que la durée de vie du cache des composants Recherche se limitait à l'exécution du flux de données. Transformation du cache va permettre de disposer de données en mémoire exploitables par plusieurs flux de données. On va donc réduire de manière drastique les appels à la base de données si plusieurs composants Recherche de notre lot SSIS utilisent les mêmes données. La requête sera exécutée une seule fois au chargement du cache par le composant Transformation du cache.

Pour alimenter ce cache, il suffit d'utiliser un composant source, dans notre cas une source OLE DB, et de relier la sortie de cette source sur l'entrée du Transformation de Cache. Le plus simple ici étant de créer le gestionnaire de connexions de Cache directement à partir de notre composant : de cette manière, les colonnes du cache seront directement nommées et typées.

Pour utiliser le cache, il faudra choisir un gestionnaire de connexions de Cache dans les types de connexions du composant Recherche et sélectionner Cache complet comme mode de mise en cache.

2.3 Audit

Il est utilisé pour ajouter des métadonnés aux informations qui transitent dans le flux. Audit permet d'ajouter des colonnes destinées à contenir des informations comme le nom de la tâche de flux de données, le nom du package ou encore le nom du serveur sur lequel le lot s'exécute. Ces informations sont très utiles lors de la mise en place d'un processus de traçabilité de la donnée et pour du monitoring. Il est possible de remplacer le composant Audit par une colonne dérivée utilisant les variables système de SSIS.

2.4 Échantillonnage des données

Principalement utilisés à des fins d'analyse statistique, les composants échantillonnage du pourcentage et échantillonnage de ligne vont permettre de sélectionner de manière pseudo-aléatoire des lignes de données, l'un en pourcentage du nombre de lignes, l'autre en nombre d'enregistrements absolu. Ils possèdent chacun deux sorties : une pour les données sélectionnées par le composant et une autre pour le reste des lignes. Un cas concret d'utilisation serait la création, d'une part, d'un échantillon de travail et, d'autre part, d'un échantillon de validation afin de les utiliser dans un modèle d'exploration de données.

2.5 Table de caractères

On retrouve la table des caractères surtout dans les projets internationaux pour lesquels on compte plusieurs alphabets. Ce composant se charge de réaliser la correspondance entre les alphabets. Il offre également la possibilité de mettre tous les caractères d'une chaîne soit en majuscule, soit en minuscule. Comme pour la colonne dérivée, nous pouvons intégrer les données transformées dans une nouvelle colonne, ou bien remplacer une colonne existante.

2.6 Tableau croisé dynamique

Le Tableau croisé dynamique SSIS, comme son nom l'indique, rend possible la transformation de données en lignes vers des colonnes, en sommant les indicateurs au croisement des données. Afin d'illustrer son fonctionnement, imaginons le résultat d'une requête avec trois colonnes, le nom de la sous-catégorie du produit, le métier du client ayant acheté le produit et le montant de la vente. Réaliser un pivotement de cette table consiste à créer une colonne par métier avec le chiffre d'affaire au croisement du métier et du nom de la sous-catégorie du produit. Bien entendu, il y aura dans cet exemple autant de colonnes qu'il y a de valeurs distinctes de métiers dans les données. Il faut donc faire attention à ne pas pivoter les données sur une colonne possédant trop de valeurs différentes sous peine d'obtenir un résultat difficilement exploitable.

Avec SSIS 2012, l'interface du tableau croisé dynamique a été complètement repensée. Dans les versions précédentes, il fallait configurer un grand nombre de propriétés dans une fenêtre de type éditeur avancé. Sur la version 2012, on se retrouve avec une représentation du tableau de données de sortie sur lequel on paramètre les lignes, les colonnes et les indicateurs, ce qui rend la configuration beaucoup plus aisée car il est plus facile de se représenter le résultat final.

Du point de vue de la configuration, il y a quatre éléments à prendre en compte :

- **La clé**: c'est la valeur que l'on retrouve en ligne. Dans notre exemple, c'est le nom de la sous-catégorie du produit.
- **La clé de tableau croisé dynamique** : ce sont les valeurs de cette colonne qui seront transposées, donc les métiers exercés par les clients.
- **Valeur de tableau croisé dynamique** : c'est la donnée que l'on agrège et celle que l'on retrouve au croisement des valeurs de clé et des valeurs de clé de tableau croisé dynamique : ici le montant des ventes.

- **Colonnes de sortie** : c'est via cette zone de texte que l'on doit définir les colonnes que nous trouvons en sortie du composant. En effet, la création des colonnes à partir des valeurs de la colonne utilisée en tant que clé du tableau croisé dynamique n'est pas automatique. Nous devons ici saisir toutes les valeurs distinctes que l'on peut trouver dans la colonne de pivotement. Le composant se base ensuite sur ces déclarations pour trouver les correspondances et construire les colonnes de sortie. Si jamais une valeur est trouvée dans la colonne de pivotement alors qu'elle n'a pas été déclarée via cette zone de texte, le composant tombe en erreur, sauf si l'on choisit l'option **Ignorer les valeurs clés de tableau croisé dynamique sans correspondance et les signaler après l'exécution de DataFlow** proposée par la case à cocher correspondante. En cliquant sur le bouton **Générer des colonnes maintenant**, le composant crée les colonnes de sortie.

Attention, il est impératif d'avoir agrégé les données sur la clé et la clé de tableau croisé dynamique avant le pivotement. De même, il est obligatoire de trier les données sur la colonne utilisée en tant que clé. Voici la requête SQL qui va nous servir de base pour le pivotement :

```
SELECT SUM(fo.SalesAmount) SalesAmount,
sc.ProductSubcategoryName, c.Occupation
FROM FactOnlineSales fo
INNER JOIN DimProduct p ON p.ProductKey=fo.ProductKey
INNER JOIN DimProductSubcategory sc ON
sc.ProductSubcategoryKey=p.ProductSubcategoryKey
INNER JOIN DimCustomer c ON c.CustomerKey=fo.CustomerKey
WHERE c.Occupation IS NOT NULL
GROUP BY sc.ProductSubcategoryName, c.Occupation
ORDER BY sc.ProductSubcategoryName
```

Au niveau de la configuration du composant de tableau croisé dynamique, nous avons finalement :

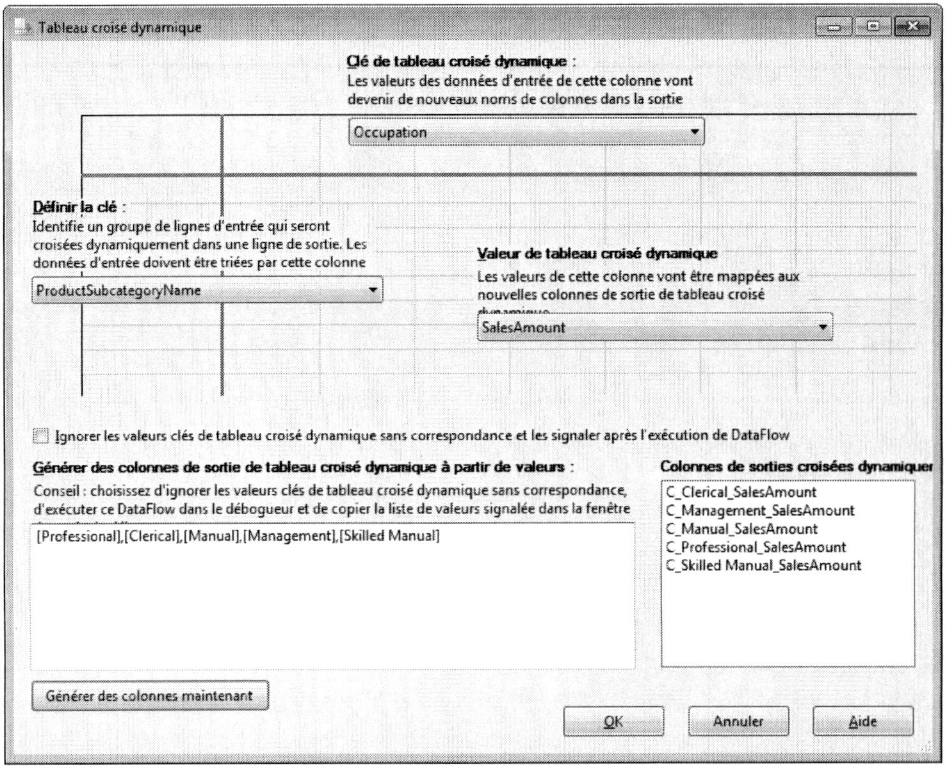

Remarque

Il se peut qu'une erreur soit commise pendant la déclaration des colonnes issues des données transposées. Soit une colonne manque, soit il y en a trop. Il ne suffit pas de redéfinir les valeurs de la colonne de pivotement et de cliquer sur ***Générer les colonnes maintenant****. Cela donne la fausse impression que les colonnes de sortie ont été réinitialisées alors que les anciennes perdurent. Dans ce cas, l'interface de base n'offre pas de bouton permettant de réinitialiser les colonnes ou d'en supprimer certaines. Il va falloir pour cela utiliser l'éditeur avancé.*

L'opération complémentaire consiste à transformer des colonnes en lignes de données : c'est l'objectif du composant **Supprimer le tableau croisé dynamique**. Sa configuration est plus simple que celle du composant précédent. Il faut dans un premier temps sélectionner les colonnes d'entrée, celles qui vont devenir des valeurs de ligne. Ensuite, il faut renseigner les valeurs de clé du tableau croisé dynamique, c'est-à-dire les valeurs que l'on va transposer en lignes. Ces valeurs sont écrites dans une colonne, que l'on nomme via la propriété **nom de colonne de la valeur de clé du tableau croisé dynamique**. Il reste à définir la colonne qui contient les valeurs du tableau croisé dynamique (le chiffre d'affaire dans l'exemple précédent). Pour cela on utilise la propriété **colonne de destination**. Ce nom de colonne doit être le même pour toutes les colonnes d'entrée, sinon SSIS ne validera pas le développement du composant et produira une erreur.

2.7 Extraction de terme

L'extraction de terme va permettre de faire de l'analyse statistique sur du texte. Ce composant va créer des scores sur les différents mots (ou expressions) présents dans cette colonne, en fonction du nombre d'occurrences ou bien de l'algorithme TFIDF. Un cas d'utilisation de ce genre d'objet peut être, dans une base de données de ressources humaines, l'analyse des fiches de bilan annuel des salariés. Il est possible d'en extraire les expressions qui reviennent le plus souvent et de dégager une tendance sur le niveau de satisfaction des employés de l'entreprise.

Du point de vue de son paramétrage, l'extraction de terme se compose de trois onglets. Dans le premier, **Extraction de terme**, il faut sélectionner la colonne qui contient le texte duquel nous allons extraire les expressions. À noter que le choix offert par le biais d'une case à cocher porte à confusion, car on ne peut sélectionner qu'une seule colonne source. Nous pouvons également renommer les colonnes de sortie qui sont par défaut **Terme** (qui contient le terme extrait) et **Score** (référence le score du terme associé). L'onglet **Exclusion** est utilisé pour référencer une table contenant une colonne dont les données sont utilisées pour exclure certains termes de l'analyse. Cela peut être utile dans notre exemple afin d'exclure tout le vocabulaire se rapportant à des termes techniques, propre aux métiers de l'entreprise, car notre objectif est ici de percevoir un bien-être ou un mal-être global des salariés. Le dernier onglet expose plusieurs propriétés. Dans la partie Type de terme, nous avons le choix d'extraire soit des noms, soit des expressions nominales, soit les deux. Le type de score permet de choisir entre un score reflétant le nombre d'occurrences de l'expression (**Fréquence**) ou bien un score calculé à partir de l'algorithme TFIDF (il attribue un poids au terme en fonction de sa fréquence et du nombre total de lignes analysées). Il est ensuite possible de déterminer un seuil de fréquence en deçà duquel le terme n'est pas extrait ou encore de fixer une longueur maximale pour les expressions nominales.

2.8 Recherche de terme

L'objectif est le même que pour le composant précédent, c'est-à-dire calculer des scores de fréquence sur les termes présents dans les colonnes. En revanche le mode de fonctionnement diffère. Pour l'extraction de terme, nous avons la possibilité d'exclure des termes à partir de ceux présents dans une autre table. La recherche de terme fonctionne sur la correspondance et non l'exclusion avec les expressions d'une autre table. Donc, du point de vue de la configuration du composant, il faut créer les correspondances entre les colonnes du flux de données et les colonnes d'une table externe. Recherche de terme recherche alors dans le texte des colonnes du flux de données les expressions nominales présentes dans les colonnes de la table de référence.

Le paramétrage est donc relativement simple. Cependant, il faut faire attention aux incidences de la recherche de terme sur le nombre de lignes générées en sortie. En effet, une ligne sera créée pour chaque expression de la table de référence trouvée dans la colonne du flux de données. Attention donc à la multiplication des lignes et donc la consommation de mémoire du lot SSIS.

2.9 Dimension à variation lente

Ce composant est destiné à l'alimentation d'un type de table particulier, les dimensions, que l'on retrouve dans les modèles dimensionnels (modélisation en étoile). La présentation des méthodes de modélisation de ce type de référentiel n'est pas l'objectif de ce livre, nous ne nous attachons donc qu'à présenter les différents modes de gestion des dimensions en fonction des mises à jour qui ont lieu sur celles-ci : on les nomme alors des dimensions à variations lentes

(*Slowly Changing Dimension*, SCD).

Ce composant va justement nous aider à construire un flux de données capable de gérer les différents types de mises à jour sur les colonnes de la table en fonction des besoins d'historisation des valeurs des attributs. Voici un bref rappel des principaux types de dimensions à variation lente que nous pouvons rencontrer :

- Type 0 : bien qu'une mise à jour ait été détectée, la valeur dans la table de destination restera inchangée.
- Type I : on ne conserve pas d'historique sur l'attribut. C'est la dernière valeur connue qui est stockée.
- Type II : c'est le type de SCD que l'on retrouve le plus. Dès qu'une nouvelle valeur de l'attribut est détectée dans les bases source, une nouvelle ligne est créée dans la dimension. Cette nouvelle ligne possède la même clé d'entreprise que celle déjà présente mais une clé décisionnelle (surrogate key) différente avec une valeur différente pour l'attribut concerné par ce SCD II. Les moyens d'historisation de l'ancienne ligne sont nombreux. Citons par exemple la gestion des dates de début et de fin de validité de la ligne ou encore l'utilisation d'un booléen de type valeur actuelle.
- Type III : gère le changement de valeur d'une colonne en ajoutant une nouvelle colonne, par exemple des colonnes du type Profession1, Profession2, Profession3, etc. dans une table des clients. Ce type est moins souple et plus difficile à administrer que le SCD de type II.

Le composant de dimension à variation lente se présente comme un assistant. En fonction de sa configuration, il va agencer des composants du flux de données de manière à gérer les SCD. Voici le détail des étapes de configuration sur la table DimCustomer :

Sélection d'une table et des clés de dimensions : cette étape permet d'aller sélectionner la table de dimension de notre entrepôt de données qui doit intégrer des SCD sur ses colonnes. Il faut réaliser le mappage entre les colonnes de cette table et celles du flux puis définir la clé d'entreprise (il en faut au moins une).

Colonnes de dimensions à variation lente : c'est ici que l'on va déterminer le type de SCD que l'on va appliquer aux colonnes de la dimension. Après avoir fait le choix des colonnes soumises au SCD, il faut modifier la propriété **Modifier le type**.

- **Attribut fixe** correspond au SCD 0. La colonne ne sera pas mise à jour et conservera sa valeur. Dans l'exemple ci-dessous, il est appliqué à la colonne **BirthDate**.
- **Modification d'attribut** gère le SCD I, c'est-à-dire que la colonne sera mise à jour avec la valeur disponible dans le flux de données (**NumberCarsOwned** dans notre cas).
- **Attribut d'historique** correspond au type II, on va historiser les différentes valeurs prises par la colonne **MaritalStatus**.

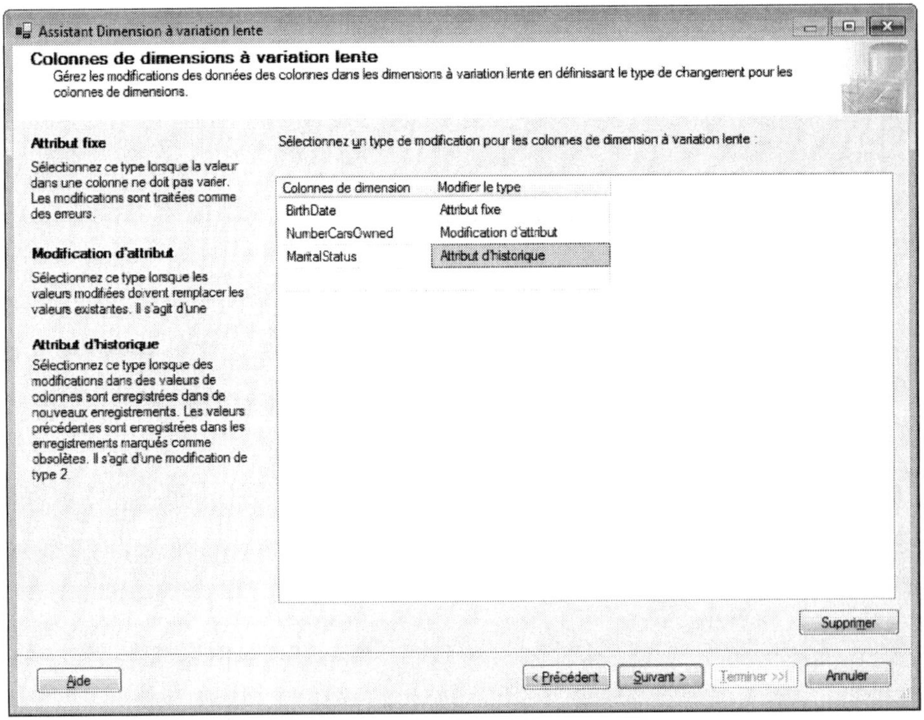

Options des attributs fixes et variables : la gestion des SCD 0 et I est relativement facile car il n'y a qu'une seule option pour chacun d'entre eux.

- **Attributs fixes** : faire échouer ou non la transformation si une donnée différente est détectée.
- **Modification des attributs** : mettre à jour ou non les valeurs de la colonne pour toutes les occurrences du client trouvées.

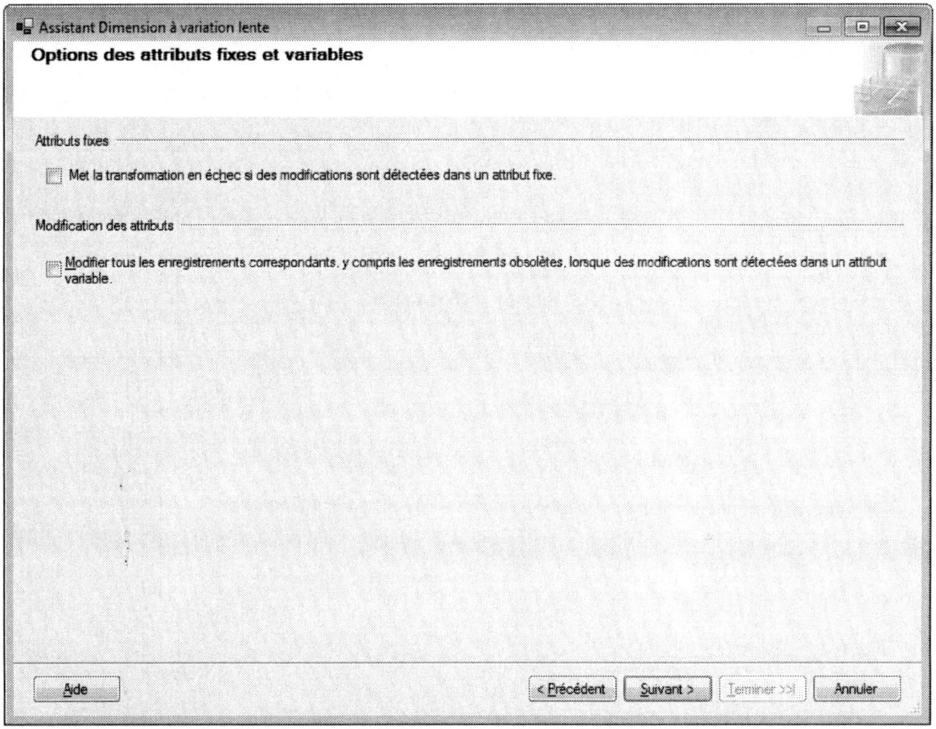

Options des attributs d'historique : le composant nous offre deux possibilités pour gérer ce cas :

- Valeur de colonne : la plupart du temps, c'est un booléen qui détermine quelles occurrences du client sont valides (**Valeur si actif**) et lesquelles ne le sont pas (**Valeur d'expiration**).

– Intervalle de date : l'historisation va se faire au moyen de deux dates qui définissent une période de validité de la donnée. L'occurrence valide du client est celle pour laquelle la date de fin est nulle. La **Variable de définition des valeurs de date** permet de renseigner une date d'initialisation de la nouvelle ligne de client et une date de clôture de l'ancienne ligne.

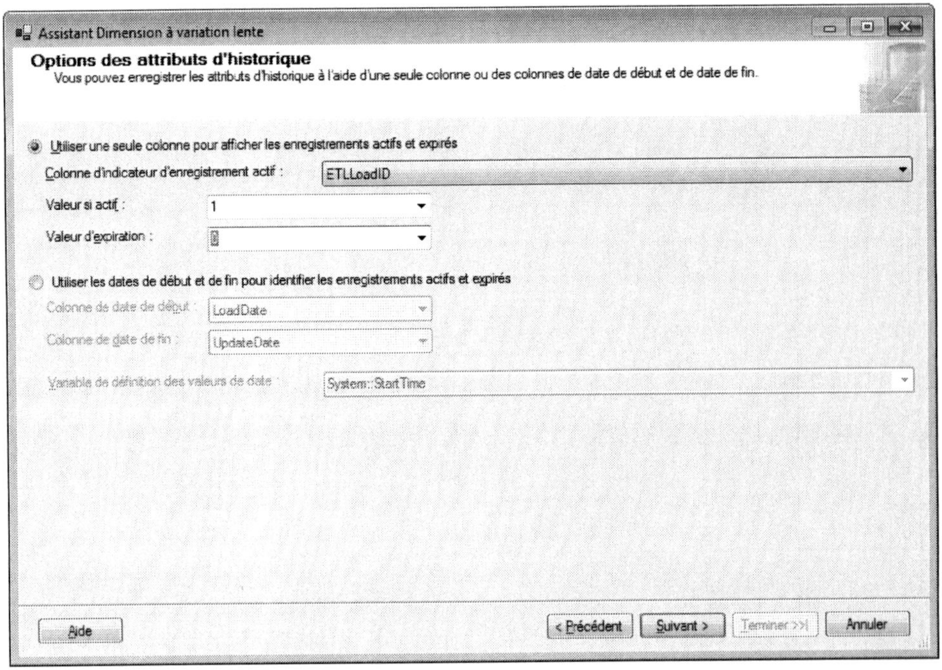

Membres de la dimension inférés : très rarement utilisé, il permet d'insérer une ligne dans la dimension avec généralement peu d'informations sur celle-ci car cet élément de dimension n'était pas connu avant son exploitation dans une table de fait.

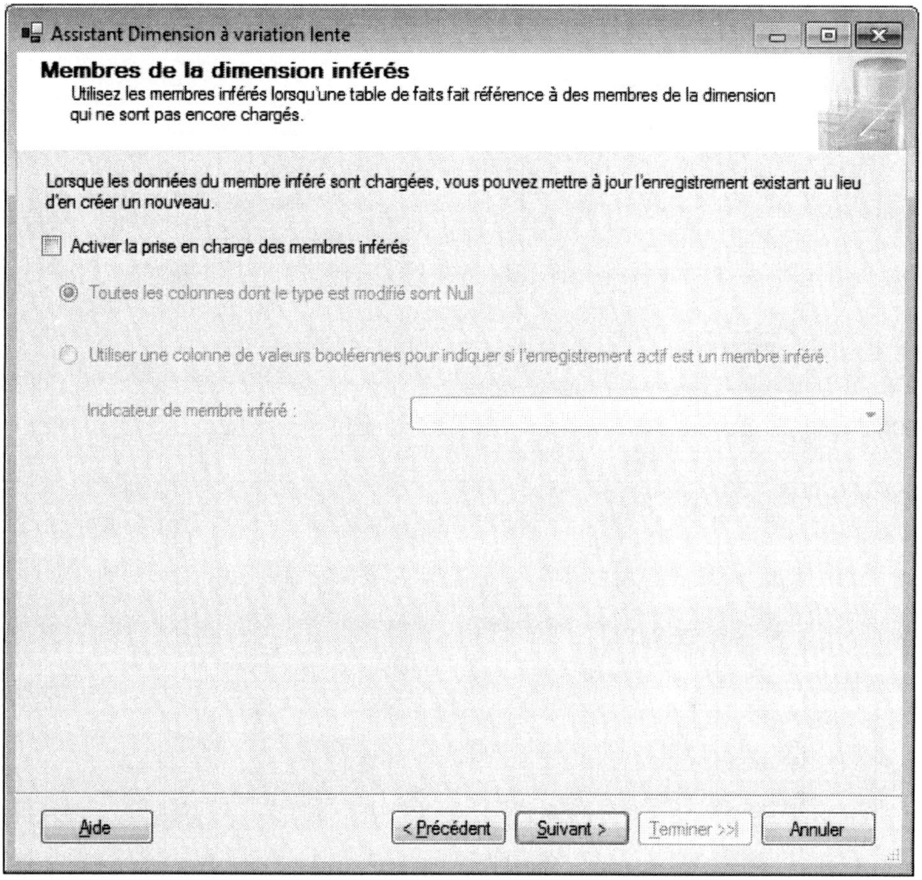

Une fois terminé, nous retrouvons une succession de composants du flux de données. La dimension à variation lente permet d'automatiser la création et le cheminement de ces composants.

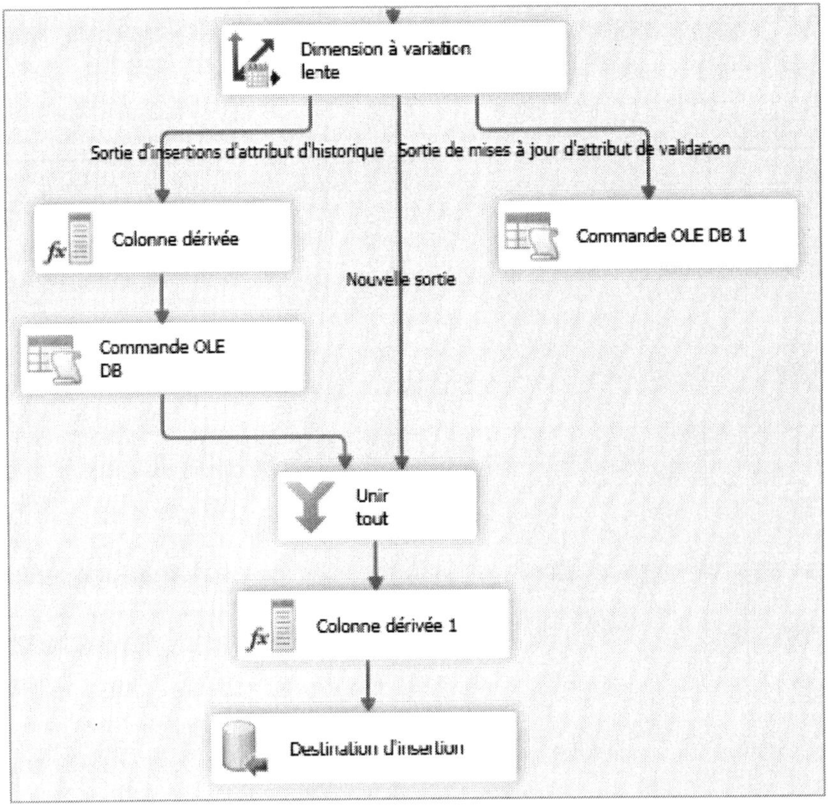

Remarque

Attention : bien que pratique, ce composant fonctionne assez mal sur de grosses volumétries de données. Il faut lui préférer d'autres méthodes, comme la Recherche ou encore du code pur SQL (MERGE).

2.10 Requête d'exploration de données

Ce composant utilise un gestionnaire de connexions pour SSAS afin d'offrir la possibilité d'utiliser un modèle d'exploration de données et d'appliquer une requête DMX (*Data Mining Extensions*) dessus. Les résultats retournés par le composant dépendent du type de modèle utilisé. Il est par exemple possible de compléter les informations de notre table des clients à partir des informations retournées par un modèle d'exploration de données qui catégorise ces clients en fonction de leurs attributs (nombre d'enfants, propriétaire ou non...).

2.11 Export et Import de colonnes

Le composant exportation de colonnes est utilisé pour copier les données provenant de colonnes particulières (de type DT_TEXT, DT_NTEXT ou DT_IMAGE) vers un fichier sur le système de fichiers. Contrairement à la majorité des composants, il n'y a pas besoin de spécifier de gestionnaire de connexions. Le chemin du fichier de destination doit être contenu dans une colonne du jeu de données. Si le fichier n'existe pas, il sera créé. S'il existe, il est possible d'écrire à la suite des éléments déjà présents (**Autoriser l'ajout**), de supprimer le contenu du fichier (**Forcer la troncation**). À noter que l'utilisation de l'une de ces deux options est obligatoire sous peine d'avoir une erreur à l'exécution. Enfin, la troisième option, l'indicateur d'ordre des octets (en anglais *Byte Order Mark* ou BOM), permet de définir dans le fichier le type d'encodage utilisé pour les colonnes de type DT_NTEXT.

L'importation de colonnes permet de réaliser l'opération inverse, c'est-à-dire lire un fichier pour en extraire les informations et les introduire dans une nouvelle colonne du flux de données. Sa configuration peut dérouter car on ne dispose pas d'une interface conviviale comme cela peut l'être pour la grande majorité des autres composants. Le chemin du fichier contenant les données à importer doit se trouver dans une colonne du flux, comme pour l'exportation. Il faut ensuite aller créer une colonne de destination via le menu **Propriétés d'entrée-sortie**, dans la section **Sortie de colonne d'importation**. Une fois la colonne de destination déterminée, il faut la faire correspondre avec la colonne d'entrée (qui contient le chemin du fichier). Il faut y associer le LineageId de la colonne de sortie via la propriété **FileDataColumnID** de la colonne d'entrée.

On peut être amené à utiliser ces composants pour externaliser les colonnes de type BLOB (*Binary Large Object*), consommatrices de volumétrie et responsables de lenteur à l'extraction des données d'une base de données.

2.12 Regroupement probable

Regroupement probable est un composant de mise en conformité des données. Il va s'attacher à rapprocher les différentes valeurs contenues dans une colonne du flux de données. Les cas typiques auxquels nous sommes souvent confrontés sont les différentes nomenclatures utilisées pour l'écriture des noms de produits dans l'entreprise. SSIS ayant pour vocation de fédérer l'information, il est fort probable que nous ayons comme objectif, par exemple, l'homogénéisation de plusieurs référentiels produits. Chaque branche métier de l'entreprise utilise ses propres règles pour l'écriture du nom de ses produits. Ainsi, le produit "Veste à capuche" peut devenir "Veste-A-Capuche," ou encore "Vst Cap". Pour autant, ces trois chaînes de caractères désignent le même produit.

Du point de vue de sa configuration, il faut dans un premier temps choisir un gestionnaire de connexions OLE DB. Il est utilisé par le composant pour créer les tables temporaires dont il a besoin pour faire ses rapprochements. La volumétrie des tables temporaires dépend du volume traité par le flux de données. Ensuite vient la sélection des colonnes pour lesquelles une mise en conformité des données est nécessaire. Parmi les propriétés intéressantes de ces colonnes se trouve la similarité minimale. C'est sur cette valeur, comprise entre 0 et 1, que SSIS va se baser pour déterminer si oui ou non deux valeurs peuvent être rapprochées. Un seuil trop bas impliquera des associations erronées. Un seuil trop haut, et aucun rapprochement ne sera fait. Tout est une question de test et d'estimation. Il est possible d'affiner l'algorithme en excluant des caractères de la comparaison ou des formats de chaînes (la casse par exemple). Une fois le paramétrage mis en place, SSIS va produire des colonnes supplémentaires sur la sortie du composant :

- **_score** : nous donne le score réalisé par la ligne sur la comparaison choisie. Il est compris entre 0 et 1 et sera forcément supérieur au seuil défini en amont.
- **_key_in** : c'est la clé associée à la ligne avant l'application du regroupement probable.
- **_key_out** : c'est la clé de la ligne contenant la valeur sélectionnée par SSIS comme étant celle de référence. Cela permet de mettre facilement à jour les lignes de la table une fois le regroupement réalisé.

3. Change Data Capture

3.1 Considérations sur le CDC

Même si SSIS met à disposition des composants permettant de l'exploiter, le Change Data Capture est avant tout une fonctionnalité du moteur de base de données SQL Server. Nous en rappellerons ici les grands principes sans entrer dans les détails techniques de son fonctionnement. Un grand nombre de ressources expliquent cette fonctionnalité et nous vous invitons à les consulter pour plus d'informations (livres, ressources Web, etc.).

En résumé, le CDC permet de suivre les modifications qui ont lieu sur une table. Ces modifications peuvent être des insertions, des suppressions ou encore des mises à jour de lignes. Elles sont stockées dans des tables dédiées (et même dans un groupe de fichiers différent) donc décorrélées des tables de données. Le CDC se met en place sur des colonnes d'une table. Ce point est important car il n'est pas nécessaire de suivre les changements apportés à toutes les colonnes de toutes les tables de la base de données. La volumétrie générée serait alors trop importante et il va sans dire que la gestion du CDC par le moteur relationnel n'est pas sans incidence sur les performances. Autant faire de bons choix, donc.

Quel est alors l'avantage du CDC pour SSIS ? Eh bien, plutôt que de recharger toutes les nuits l'ensemble des dix années de données de notre entreprise, il est plus commode de repérer les données qui ont changé afin de ne charger que ces modifications dans la base de données cible : on y gagne en temps de traitement et en ressources serveur utilisées (à la fois pour SSIS et le moteur SQL).

3.2 Mise en place

Afin de mettre en place le CDC, il faut l'activer pour notre base de données avec la commande SQL suivante :

```
exec sys.sp_cdc_enable_db;
```

Il faut maintenant activer le CDC sur les colonnes de la table cible : prenons par exemple DimCustomer :

```
exec sys.sp_cdc_enable_table
@source_schema='dbo'
@source_name='DimCustomer'
@role_name=NULL
@capture_instance='DimCustomer_CaptureInstance'
@captured_column_list='CustomerKey, MaritalStatus, LastName'
```

Cette commande va créer dans le schéma cdc, une table DimCustomer_CaptureInstance_CT qui contient la trace des changements effectués sur les données de la table DimCustomer du schéma dbo. Les modifications sont tracées pour les colonnes MaritalStatus et LastName (CustomerKey est obligatoire pour pouvoir identifier la ligne). @role_name permet de restreindre l'accès à la table de capture, dans notre cas, il est non spécifié. Le CDC est maintenant actif. Nous passons volontairement sur les mécanismes de fonctionnement du CDC (lecture du journal de transactions, gestion des dates et des LSN, etc.) mais il faut tout de même savoir que ce sont des tâches du SQL Agent qui se charge de retrouver les modifications et d'alimenter la table DimCustomer_CaptureInstance_CT. Ce service doit être démarré avant l'exécution de la requête ci-dessus.

Notre table de trace va maintenant contenir toutes les modifications apportées à DimCustomer. Le but du jeu sera d'aller lire cette table, en retirer l'information qui nous intéresse et mettre à jour DimCustomer en conséquence. Le problème qui se pose maintenant, c'est d'éviter de faire deux fois les mêmes modifications. Afin de repérer les changements que nous aurions déjà implémentés dans notre table, le CDC côté base de données relationnelle ne suffit pas. Il faut utiliser la tâche de contrôle du CDC du flux de contrôle comme vu dans le chapitre Flux de contrôle, principes de fonctionnement afin de créer cette table technique qui trace les changements que nous avons déjà pris en compte. Dans l'idéal, au premier chargement de notre table DimCustomer et au-delà de toute considération sur le CDC, il faut au préalable disposer d'un package de cette forme.

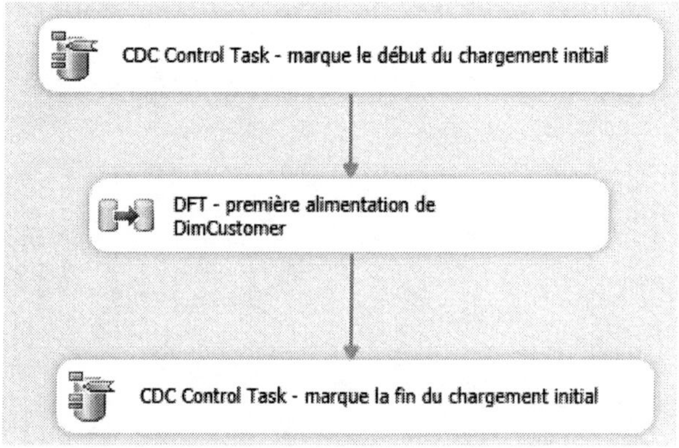

Cela permet d'initialiser la table technique. La configuration de la première tâche de ce package est la suivante :

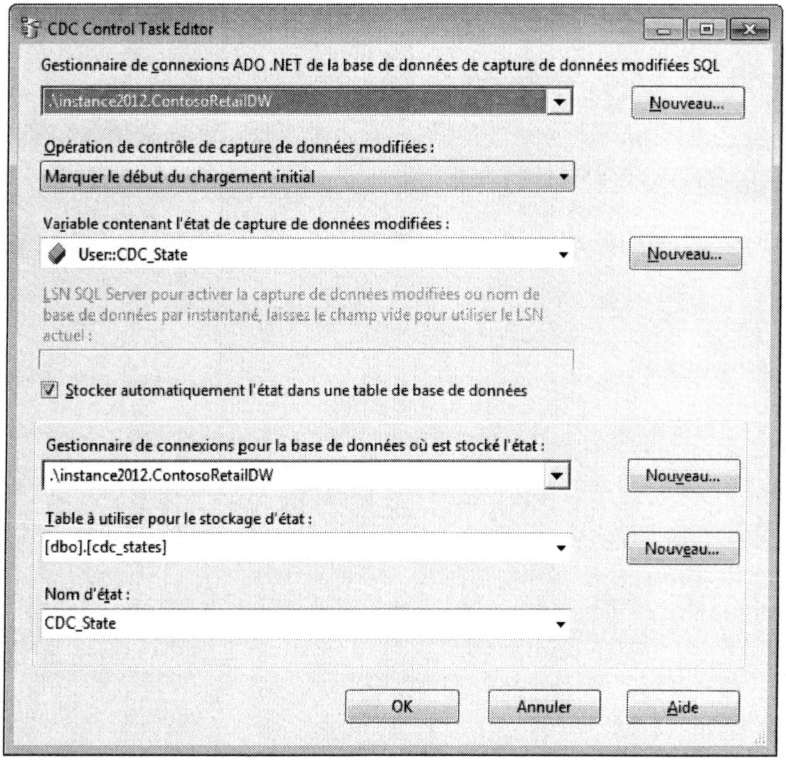

Nous réutilisons les données de cette table technique [dbo].[cdc_states] afin de savoir où nous en sommes dans la prise en charge des modifications de DimCustomer. Le package permettant de mettre à jour DimCustomer à partir des données du CDC est de cette forme :

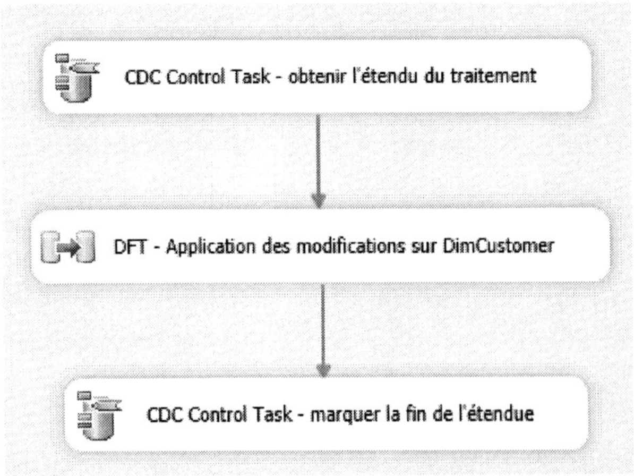

La première tâche va récupérer la ligne de notre table technique permettant de savoir quand a eu lieu la dernière mise à jour de DimCustomer à partir de la table de capture. La dernière tâche horodate la fin de notre mise à jour qui est, elle, effectuée par le flux de données du milieu. Voici la constitution de ce flux de données :

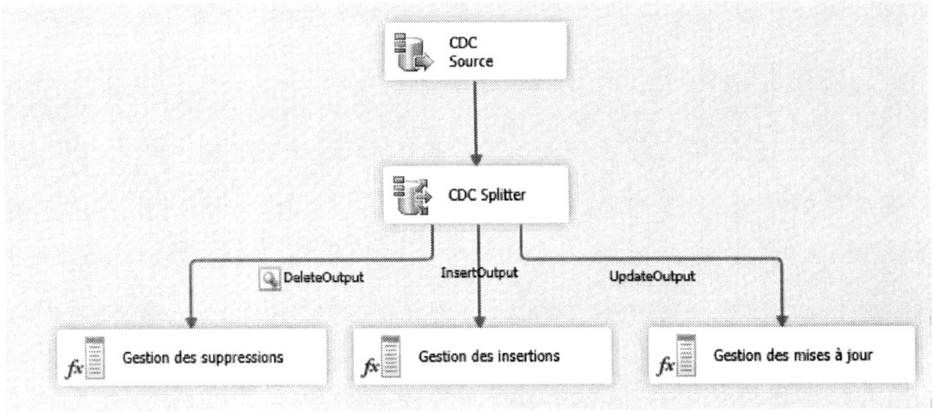

Nous retrouvons ici les deux composants du flux de données pour la gestion du CDC :

- **CDC source** : c'est ce composant qui va aller lire la table de capture tout en prenant en compte le contenu de la variable CDC_State qui contient l'état de prise en charge des modifications.

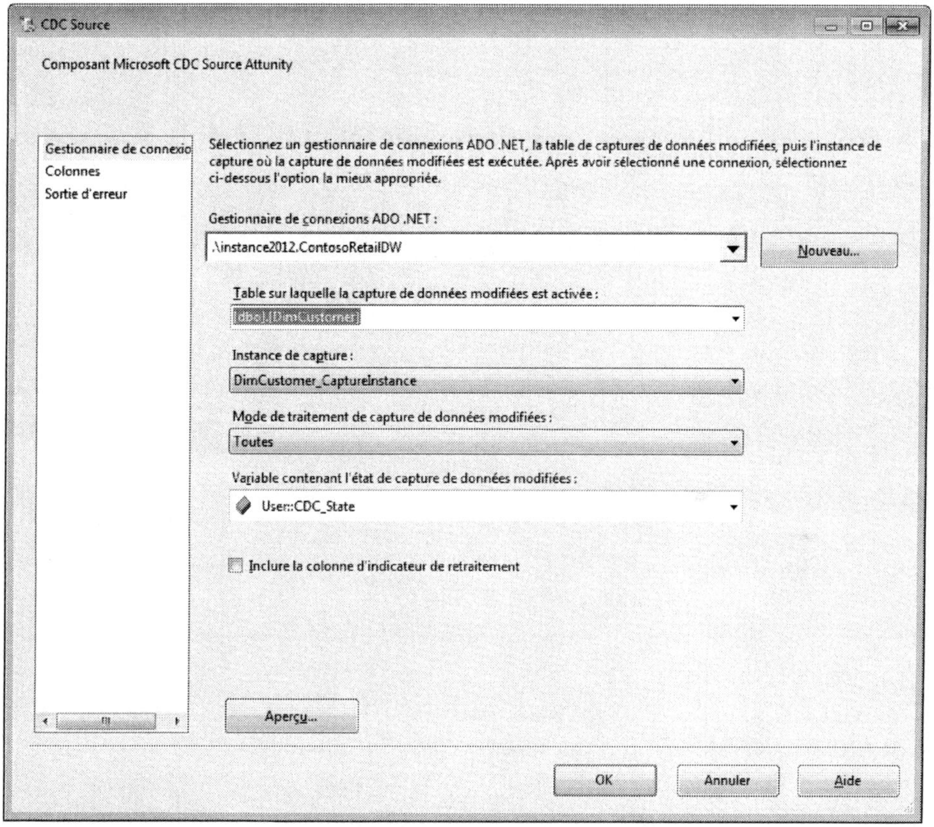

- **CDC splitter** : il va nous permettre de rediriger les lignes en fonction de la nature de l'instruction DML appliquée sur la donnée.

Il suffit ensuite de compléter le flux de données afin d'appliquer les modifications sur la table DimCustomer. Nous venons de répercuter les changements ayant eu lieu dans la table source vers notre table cible via les informations mises à disposition par le CDC.

4. Data Quality Services

4.1 Considérations sur DQS

Data Quality Services est une nouveauté de la plate-forme 2012. Tout comme pour le CDC, ce n'est pas une fonctionnalité de SSIS. La mise en place de DQS est donc hors périmètre de ce livre, mais nous allons tout de même présenter le produit.

DQS est une nouvelle fonctionnalité permettant de garantir la cohérence des informations de l'entreprise. On retrouve dans ce premier élément de définition une analogie avec SSIS mais, pour autant, les deux produits ne fonctionnent pas de la même façon. DQS va permettre de construire un référentiel (une base de connaissances) qui sera la source permettant de garantir cette cohérence des données. Imaginons le cas où, dans notre entreprise, les adresses de nos clients proviennent de multiples sources avec de légères différences orthographiques. Il est possible de consolider ces données via DQS (et sa base de connaissances) et l'édition de règles de gestion.

DQS est constitué de deux modules :

- DQS Server : il inclut les bases système de DQS (base de connaissances et base de projets). Son installation se fait via un exécutable disponible à l'installation de SQL Server.
- DQS Client : c'est une interface qui permet l'édition des règles de gestion (également appelées domaine), des bases de connaissances, l'exécution des processus de nettoyage, de mise en concordance, de profilage et l'administration du serveur DQS. C'est une application utilisateur à part entière.

Ci-dessous se trouve un exemple d'utilisation de l'interface client. Nous avons réalisé une connexion sur notre serveur DQS et sélectionné une base de connaissances. Dans cette base nous retrouvons les domaines (analogues à des règles de gestion). Parmi ces domaines, c'est Coutry/Region qui nous intéresse car nous allons l'utiliser dans notre flux de données. Ce domaine a pour objectif la correction des noms de pays en fonction de la nomenclature différente qui peut être utilisée par les diverses sources d'informations de notre entreprise.

Ce domaine se charge par exemple de corriger les dénominations "FR" ou encore "FRA" en "France".

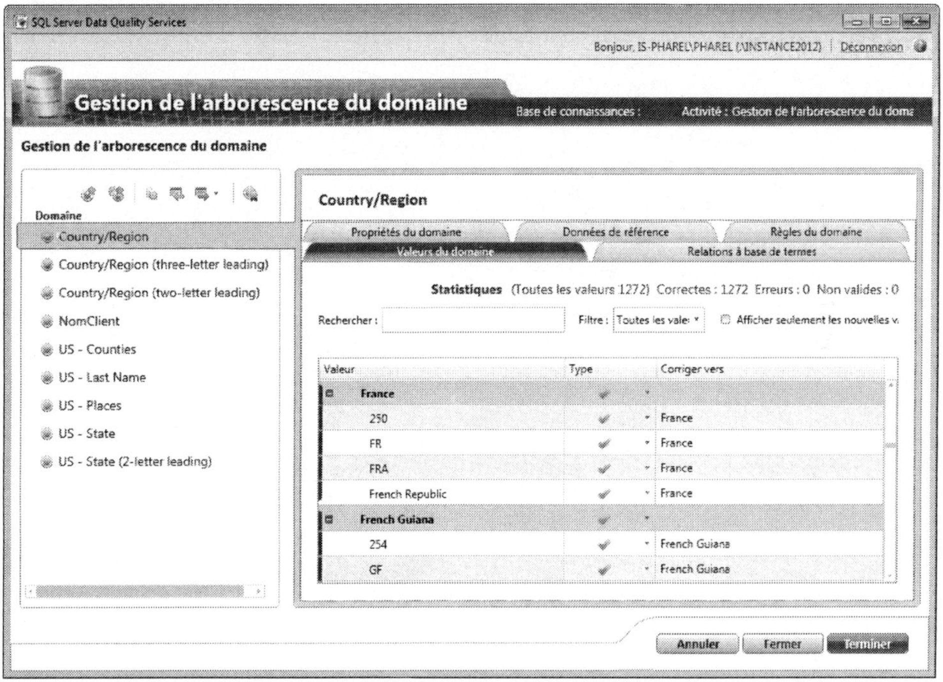

4.2 Nettoyage DQS

Ce composant va utiliser le domaine que nous venons de définir ci-dessus. Il faut pour cela avoir modifié quelques lignes de la table DimGeography de manière à ce que nous ayons quelque chose à corriger (en renommant les lignes dont la colonne RegionCountryName='France' en 'FR' par exemple).

Voici la première étape de paramétrage de notre composant Nettoyage DQS :

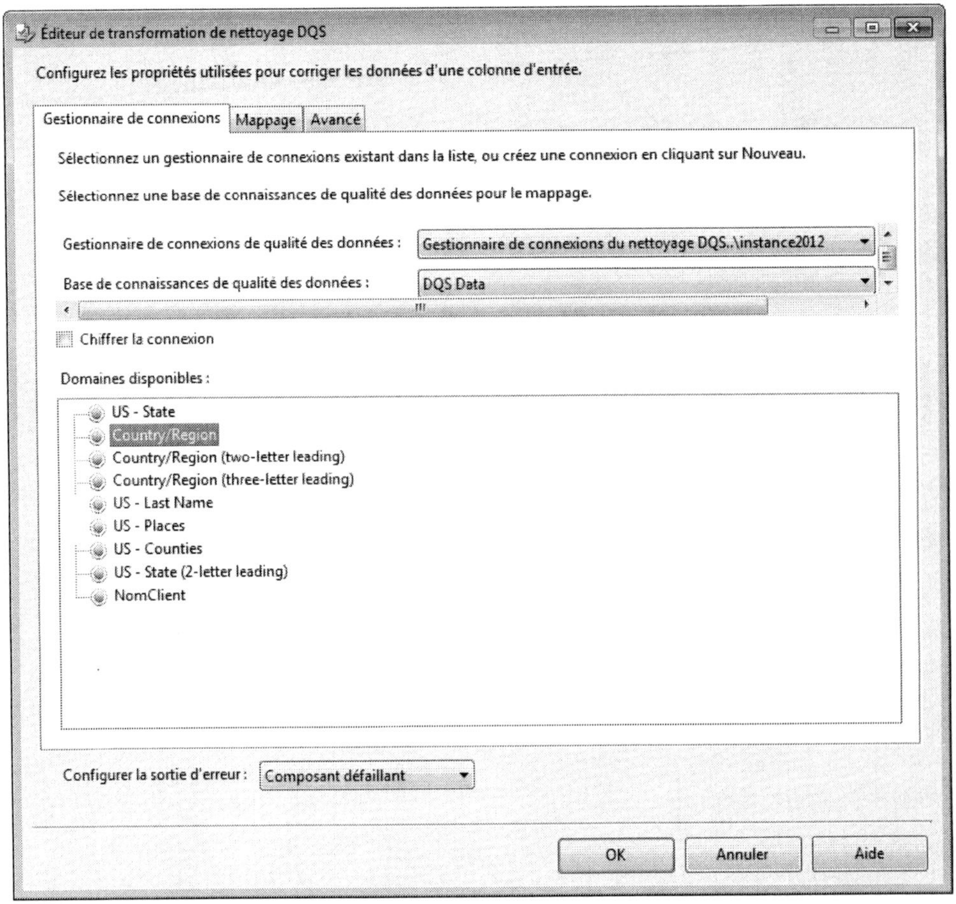

Il nécessite un gestionnaire de connexions de type DQS. Sur ce serveur DQS, nous choisissons la base de connaissances DQS Data et, dans cette base, sont listés tous les domaines définis. Il faut maintenant choisir le domaine d'application en fonction de la colonne à contrôler :

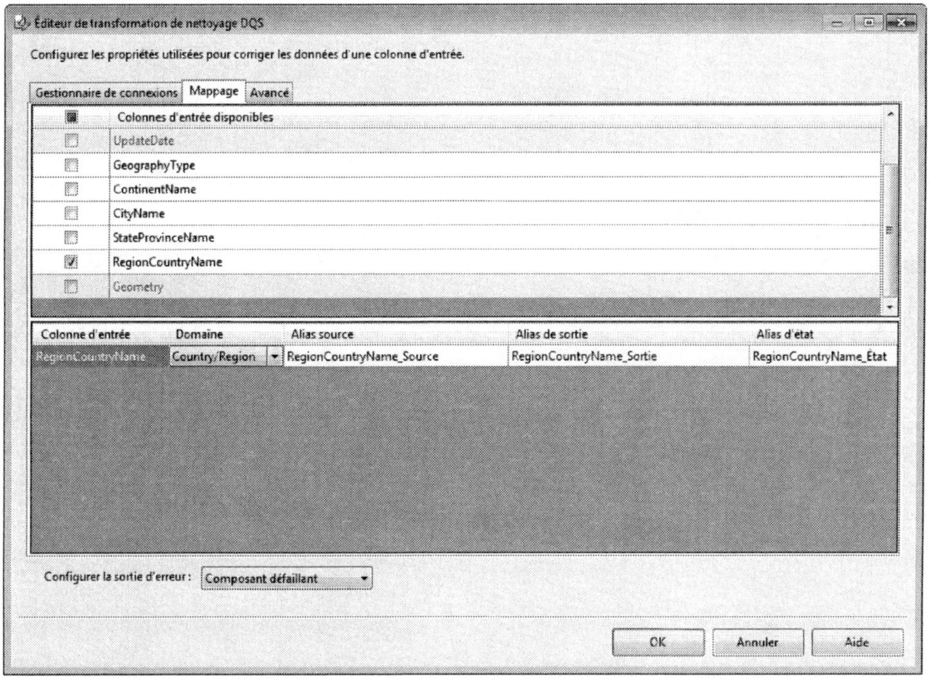

Le mappage se fait entre la colonne **RegionCountryName** et le domaine **Country/Region**. Nous nous retrouvons avec trois colonnes :

- **Alias source** : la colonne RegionCountryName_Source contiendra la valeur de la colonne RegionCountryName telle qu'enregistrée dans la table.
- **Alias de sortie** : la colonne RegionCountryName_Sortie va contenir la valeur corrigée si besoin par application du domaine et de ses règles de gestion.
- **Alias d'état** : la colonne RegionCountryName_État permet de contrôler l'état de la ligne de données ; sa valeur sera par exemple "Correct" si une correspondance a été trouvée entre la valeur dans la table et la valeur du domaine ou encore "Corrigés" si la donnée de la table doit être corrigée.

Nous nous retrouvons avec les informations ci-dessous dans notre flux de données :

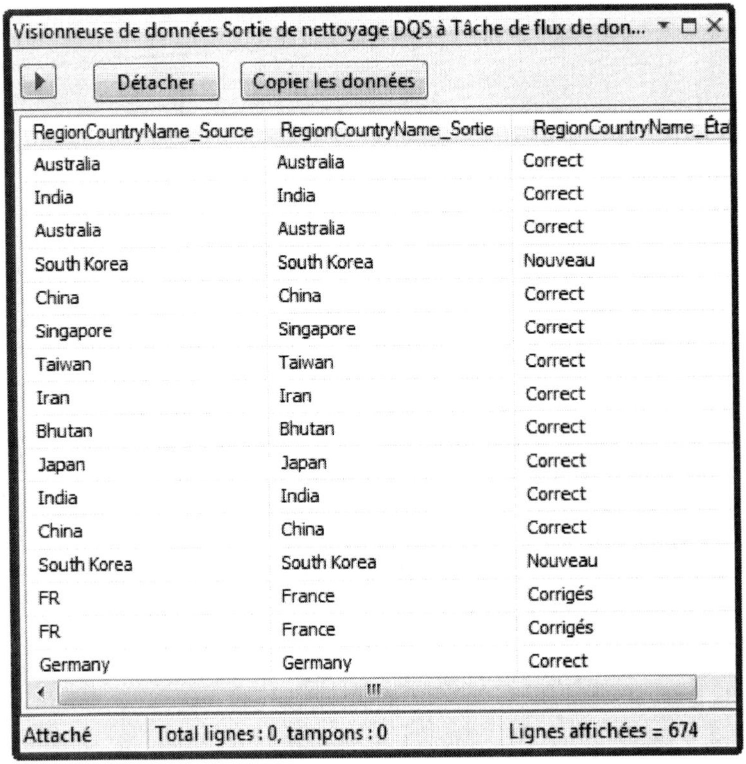

RegionCountryName_Source	RegionCountryName_Sortie	RegionCountryName_Éta
Australia	Australia	Correct
India	India	Correct
Australia	Australia	Correct
South Korea	South Korea	Nouveau
China	China	Correct
Singapore	Singapore	Correct
Taiwan	Taiwan	Correct
Iran	Iran	Correct
Bhutan	Bhutan	Correct
Japan	Japan	Correct
India	India	Correct
China	China	Correct
South Korea	South Korea	Nouveau
FR	France	Corrigés
FR	France	Corrigés
Germany	Germany	Correct

Nous remarquons qu'effectivement, le composant propose de corriger "FR" par "France", mais il indique également que "South Korea" est un élément absent de sa base de connaissances. Il est donc possible de corriger les données de notre base mais également d'alimenter la base de connaissances et c'est, entre autres, cette possibilité d'apprentissage de DQS qui fait sa force.

Nous venons d'avoir un aperçu des possibilités de DQS : à partir de quel moment pouvons-nous le considérer comme complémentaire à SSIS ? Car nous nous rendons compte à travers notre exemple que nous aurions pu gérer ce cas avec une table de référence construite en dehors de DQS et garantir la cohérence avec un composant recherche par exemple. Il faut donc considérer deux choses : premièrement, être capable d'estimer le temps de mise en place d'un projet DQS par rapport à la maintenance d'un référentiel de contrôle pur SSIS. Ensuite, il faut considérer DQS comme une possibilité d'extension vers une vraie solution de Master Data Management : si ce genre d'architecture est mis en place (ou projeté de l'être), alors il faut sérieusement considérer l'option DQS.

Chapitre 6
Flux de données multisource et jointures

1. Introduction

Si les données ne provenaient pas de diverses sources hétérogènes, le besoin d'un moteur ETL se ferait beaucoup moins ressentir sur la plupart des projets. Lorsque l'on dispose de plusieurs sources de données, on souhaite généralement réaliser un de ces trois types de traitements : soit les fusionner, soit les joindre à la manière d'une base SQL, soit utiliser une des sources comme donnée d'appoint à une source principale. Ce sont ces trois approches qui vont être détaillées dans ce chapitre.

2. Union de flux de structure identique

Il est souvent possible que la même donnée d'analyse soit présente dans deux systèmes source complètement différents : on peut par exemple avoir dans l'entreprise des employés gérés par deux systèmes RH différents, à la suite d'une fusion, et conservés par la suite. Lors de l'intégration dans une base d'Analyse, la connexion à ces deux systèmes devra être établie par deux sources différentes, et les données (après de potentielles transformations), fusionnées. Il existe pour ce faire deux transformations dans SSIS, le composant d'union (Union All) et le composant de fusion (Merge).

2.1 Le composant Union All

Il est très simple à appréhender : il permet d'unir un nombre illimité de flux entrants et de renvoyer un flux unique. Lorsqu'une tâche précédente est ajoutée avant l'Union All, l'ensemble des colonnes de sortie de cette tâche est créé dans l'Union All.

Remarque

Dans les chapitres d'optimisation, on expliquera que la transformation Union All est asynchrone : elle recrée un buffer de sortie dans lequel elle effectue une recopie en mémoire de l'ensemble des buffers d'entrée. Son coût n'est donc pas nul et peut être à considérer.

Lorsque d'autres tâches sont ajoutées, les colonnes ayant même nom et même typage sont mises en correspondance. Si la colonne n'existe pas dans la source en question, la valeur de sortie sera nulle.

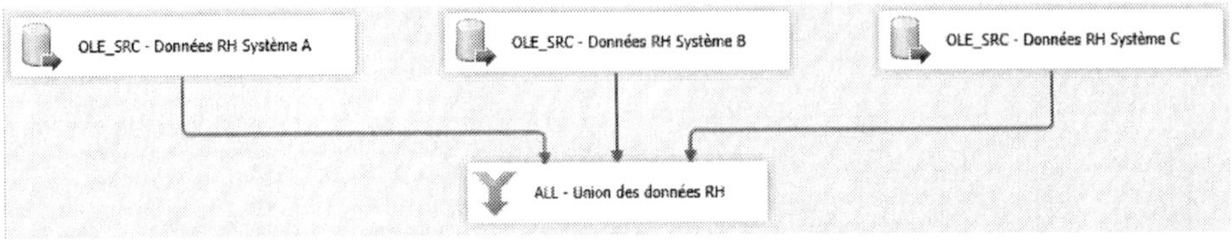

On peut à la demande créer et supprimer autant de colonnes que souhaité dans l'éditeur de la transformation Union All, il suffit selon le cas de rajouter une colonne en contrebas ou de la supprimer en faisant un clic droit, **Supprimer**.

Nom de colonne de sortie	Unir tout entrée 1	Entrée Union All 1
Title	Title	Title
FirstName	FirstName	FirstName
MiddleName	[<ignorer>]	MiddleName
LastName	LastName	LastName
BirthDate	BirthDate	BirthDate

Supprimer

Le composant Union All ne respecte cependant pas l'ordre de tri éventuel des données d'entrée, et ne trie bien évidemment pas la sortie. Pour ce faire, il faut utiliser la transformation Fusion.

2.2 Le composant Fusion

La transformation Fusion permet fonctionnellement d'unir des flux et d'en définir un nouveau, trié ; avec la limitation que ces flux doivent être triés eux aussi et que seuls deux flux sont supportés. On retrouve donc fréquemment ce genre de package.

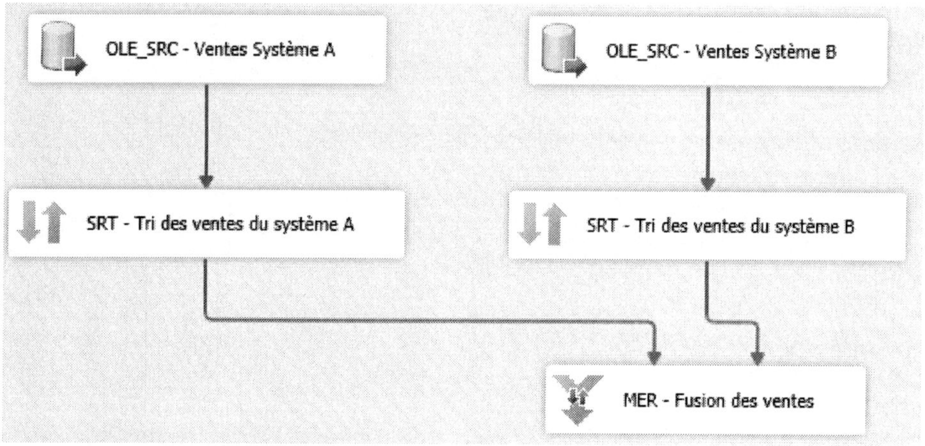

La configuration de la tâche est exactement identique à celle de l'Union All vue précédemment. Les composants de tri sont ajoutés car, si on tente de relier les sources directement, une erreur est affichée indiquant que les entrées doivent être triées.

Mais comment SSIS sait-il qu'un flux est trié ? C'est en réalité possible grâce aux métadonnées des buffers, visibles dans l'éditeur avancé. Un buffer possède en effet une propriété IsSorted, qui, si elle est positionnée à true, signale que celui-ci est trié.

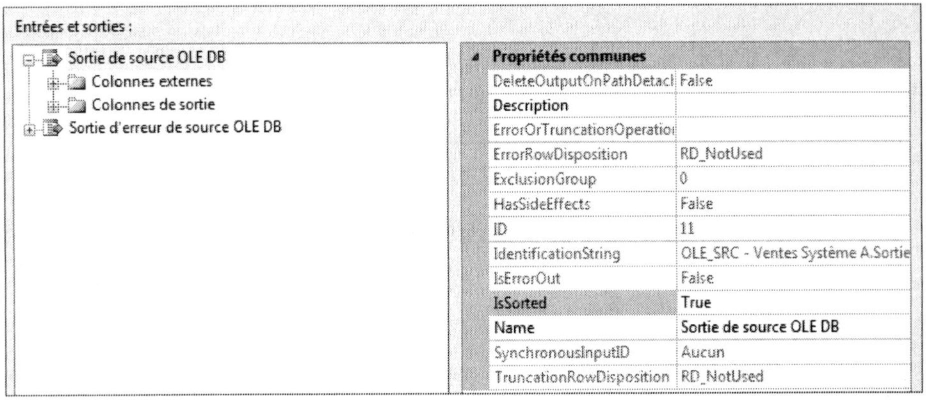

Cette propriété n'a aucun sens si on ne spécifie pas quelles sont les colonnes de tri, ce qui se mentionne par la SortKeyPosition de la colonne. À 0 elle n'est pas triée, à 1 elle est la première colonne triée. Le signe permet de mentionner l'ordre du tri. À 1 la colonne est la première colonne triée par ordre ascendant, à -1 par ordre descendant.

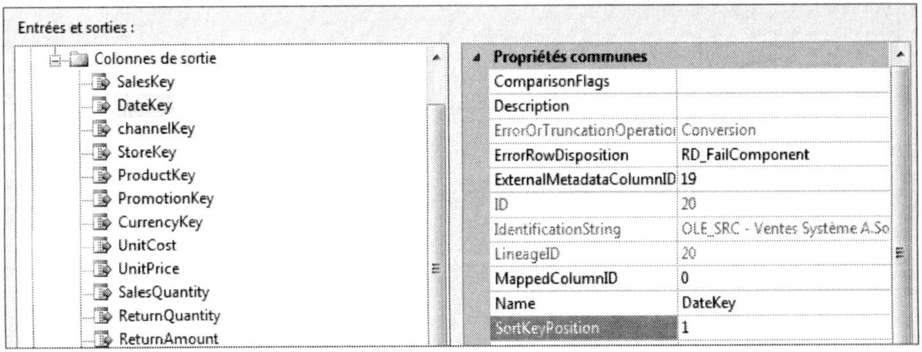

Dans la pratique, le seul composant modifiant ces métadonnées est le composant de tri, d'où son utilisation dans l'exemple. Mais il est en fait assez peu performant...

Remarque

On le dit asynchrone bloquant : il a besoin de lire toutes les données en mémoire pour commencer à sortir des données.

2.3 Comparaison des deux transformations et bonnes pratiques

Les deux composants remplissent un rôle assez proche, sauf en ce qui concerne la notion de tri. Beaucoup d'écrits sur Internet expliquent que Fusion ne sert finalement qu'à peu de choses, car un seul tri en sortie d'un Union All est plus performant que deux tris, un après chaque source de Fusion.

C'est un argument justifié, mais qui omet une chose : les métadonnées de tri sont éditables, et rendent l'utilisation du composant de tri facultative dès lors que la source peut être triée par un autre biais. Une source SQL peut être triée en spécifiant ORDER BY dans la requête. Si on l'ouvre avec l'éditeur avancé et que l'on spécifie les bonnes valeurs de SortKeyPosition avec IsSorted à true, la source est alors directement reliable à la transformation de fusion, sans message d'erreur (voir les notions sur le tri dans la partie sur la Fusion).

Remarque

Attention aux SortKeyPosition : dans ce cas c'est vous (et vous uniquement) qui spécifiez l'ordre de tri. Si vous vous trompez, le résultat sera faux !

En termes de performances pures, si on compare un lot avec deux sources non triées, un Union All et un tri, avec un lot avec deux sources triées et une Fusion, on peut alors arriver à des performances bien meilleures avec la Fusion, selon les systèmes. Mais au final, la seule question fonctionnelle qui prime est de savoir s'il est nécessaire de disposer en sortie d'un flux trié.

3. Jointure de flux sur une clé : le composant Fusion de jointure

Le concept de jointure est propre aux systèmes relationnels. La transformation Fusion de jointure permet de réaliser entre deux flux ce qui est possible entre deux tables dans un moteur SQL. Les types de jointures disponibles sont classiques : jointure interne, gauche, droite et totale.

Remarque

La jointure à droite n'est pas directement disponible dans le menu, mais on peut échanger les entrées de la jointure à gauche.

Tout développeur SSIS doit avoir des notions avancées de SQL, mais il est peut-être bon de rappeler ce que font ces différentes jointures. Soient deux tables T1 et T2 jointes par leurs colonnes B et C.

ColonneA	ColonneB
X1	1
Y1	2
Y2	2

ColonneC	ColonneD
2	Z1
3	T1
3	T2

3.1 Jointure interne

La jointure interne va renvoyer une table composée des colonnes des deux tables et comportant toutes les combinaisons pour lesquelles le prédicat de jointure est valide.

ColonneA	ColonneB	ColonneC	ColonneD
Y1	2	2	Z1
Y2	2	2	Z1

On constate que la valeur Z1 est dupliquée : c'est normal car il existe deux lignes dans la table correspondante pour lesquelles sa valeur de clé de jointure (2 ici) est présente.

3.2 Jointures externes à gauche et à droite

Une jointure externe à gauche récupère les lignes de la jointure interne, additionnée de celles de la table de gauche qui n'ont pas de correspondance. Pour ces dernières, les colonnes normalement issues de la table de droite sont mises à NULL.

ColonneA	ColonneB	ColonneC	ColonneD
X1	1	NULL	NULL
Y1	2	2	Z1
Y2	2	2	Z1

La jointure externe à droite fait exactement l'opposé.

ColonneA	ColonneB	ColonneC	ColonneD
Y1	2	2	Z1
Y2	2	2	Z1
NULL	NULL	3	T1
NULL	NULL	3	T2

3.3 Jointures externes totales

Il s'agit simplement de l'union des lignes des trois précédents types de jointures.

ColonneA	ColonneB	ColonneC	ColonneD
X1	1	NULL	NULL
Y1	2	2	Z1
Y2	2	2	Z1
NULL	NULL	3	T1
NULL	NULL	3	T2

Remarque

La jointure externe totale n'est pas un produit cartésien ! Un produit cartésien renverrait tous les croisements possibles sans prédicat de jointure (on retrouverait notamment (X1,1,3,T2)). Le produit cartésien est une opération coûteuse et rare, et ne possède pas de composant dédié dans SSIS. On peut cependant en effectuer un, en faisant une jointure totale sur des colonnes de valeur constante définies dans les sources.

3.4 Paramétrage de la tâche

Comme le composant Fusion, les entrées doivent être triées, cette fois-ci sur toutes les colonnes composant la clé de jointure. Les mêmes considérations sur les tris que celles expliquées dans la partie précédente sur le composant Fusion s'appliquent donc.

En ce qui concerne le paramétrage, il est assez évident. Hormis le choix du type de jointure dans la boîte de sélection, deux autres actions sont possibles. La modification de la clé de jointure est strictement réservée aux colonnes triées et est donc assez limitée. On peut en revanche choisir les colonnes de sortie, provenant de l'une ou de l'autre table, et leur donner un alias.

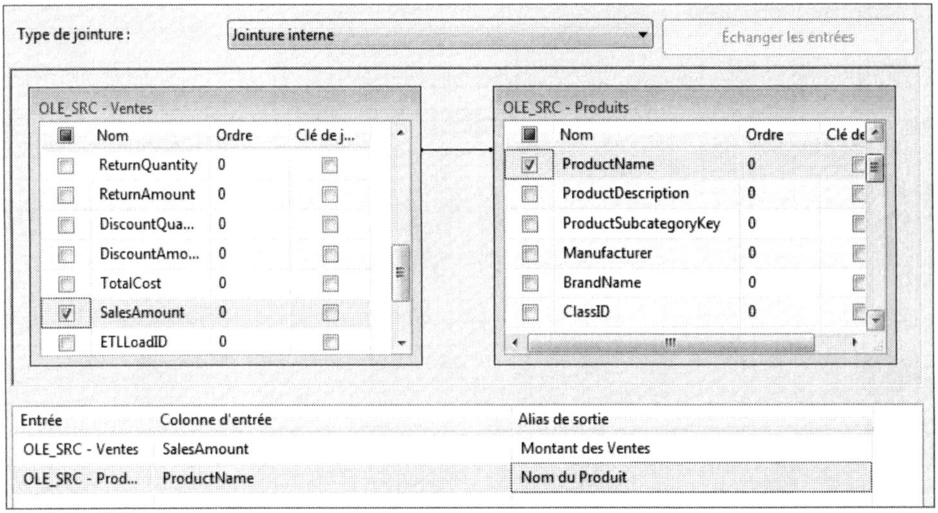

Remarque

Ces colonnes sont les seules qui sortiront de la transformation. Vous pouvez donc deviner que, comme la Fusion ou le Union All, la transformation Fusion de jointure est elle aussi asynchrone et crée un nouveau buffer dans lequel elle dépose les lignes de données de sortie.

4. Ajout d'informations externes dans un flux

Un des besoins les plus répandus quand on parle de récupération de données dans une source externe est de pouvoir prioriser l'une des sources par rapport à l'autre, ce que ne permet pas la jointure, qui par définition va aller remonter les informations des deux sources et générer potentiellement des doublons (voir la partie sur la jointure si cela ne vous paraît pas évident !). Les composants de recherche (Recherche) permettent d'ajouter dans un flux principal les données d'un flux secondaire, en remontant potentiellement en cache les données dans lesquelles rechercher, et en pratiquant des mises en correspondance strictes ou approchées pour la variante floue (Fuzzy).

4.1 Le composant Recherche

Ce composant va donc permettre de rechercher dans des données de référence une ligne de données correspondant à chaque ligne du flux. Ces données de référence peuvent être récupérées depuis une connexion OLE DB ou un Cache SSIS et mises en cache totalement ou partiellement, ou bien récupérées à chaque requête. Ces différents cas vont être abordés, du plus classique au plus exotique.

4.1.1 Cas de base du cache total sur connexion OLE DB

C'est le réglage par défaut du composant, que l'on retrouve dès l'écran d'accueil. Les données demandées vont être remontées en mémoire totalement, la recherche s'effectuant dans ce volume de données.

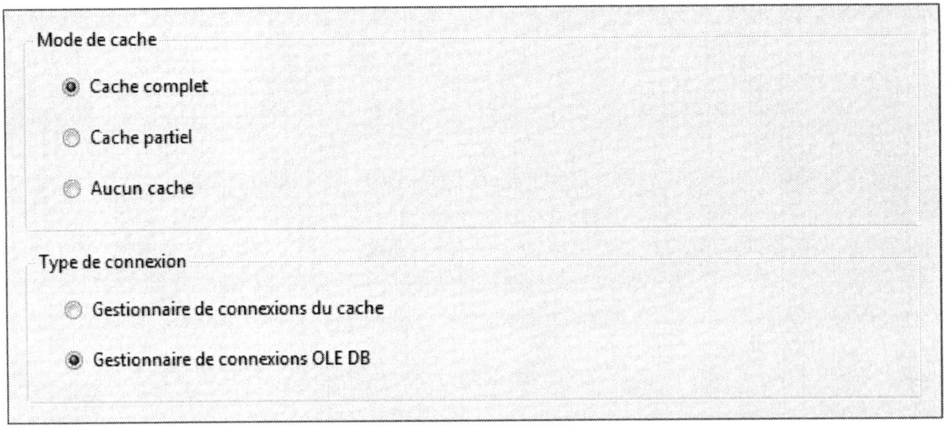

La requête est saisie dans l'écran suivant. Étant donné que l'intégralité des résultats sera remontée en mémoire, il est important de la restreindre uniquement aux données nécessaires. Dans l'alimentation de données de faits et donc la recherche de données de référence dans une dimension, on a généralement une requête récupérant la clé métier (Business Key) et la clé de dimension (Surrogate Key). On dispose d'un Query Designer (ressemblant à celui d'Access) pour designer la requête.

Remarque

Le cas des SCD est spécial et sera abordé par la suite...

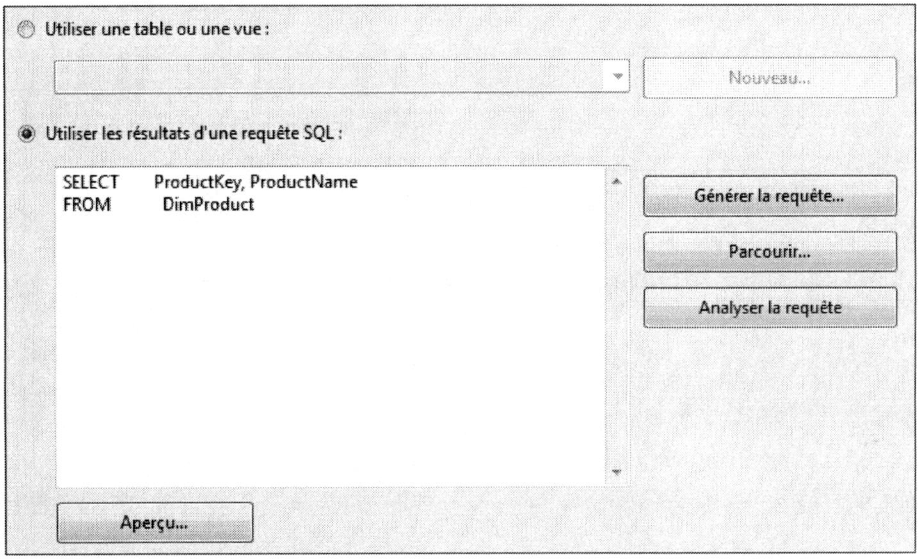

Une fois cette requête saisie, il suffit de mettre en correspondance la clé de recherche, apparentée à une clé de jointure, avec celle présente dans le flux de données, grâce à l'éditeur de mapping graphique.

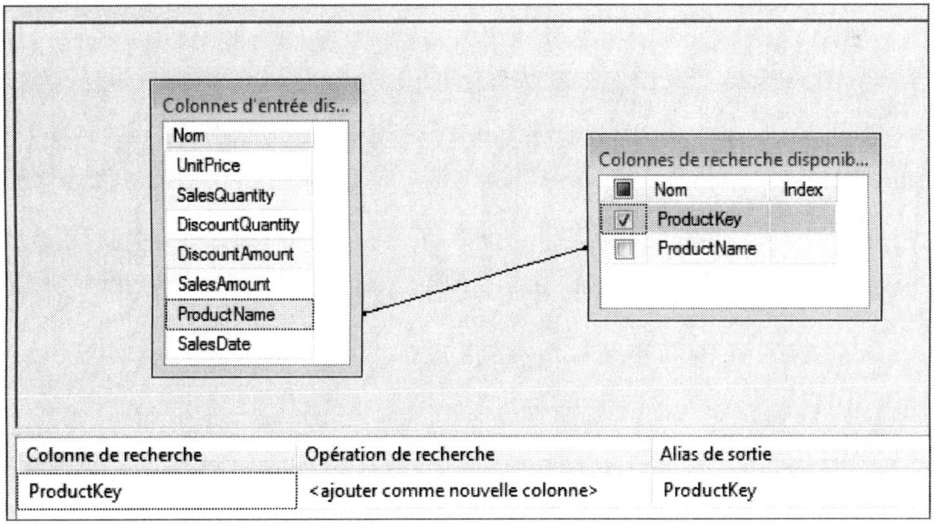

Les colonnes de sortie récupérées dans la requête mise en cache de la Recherche sont récupérables (en les cochant), et renommables. Elles peuvent même remplacer une colonne déjà présente dans le flux.

Une fois ceci fait, la recherche est configurée. Comme précisé dans l'introduction, il va récupérer une et une seule valeur.

Remarque

Si plusieurs valeurs de clé sont présentes dans la requête de la Recherche, un avertissement a lieu à l'exécution : la valeur récupérée est alors complètement imprédictible !

4.1.2 Que se passe-t-il si la valeur est introuvable ?

Si une valeur n'est pas trouvée, le composant va par défaut sortir en erreur, précisant que la valeur n'a pas été trouvée dans les données de référence. Ce comportement peut être modifié dans le premier écran de configuration.

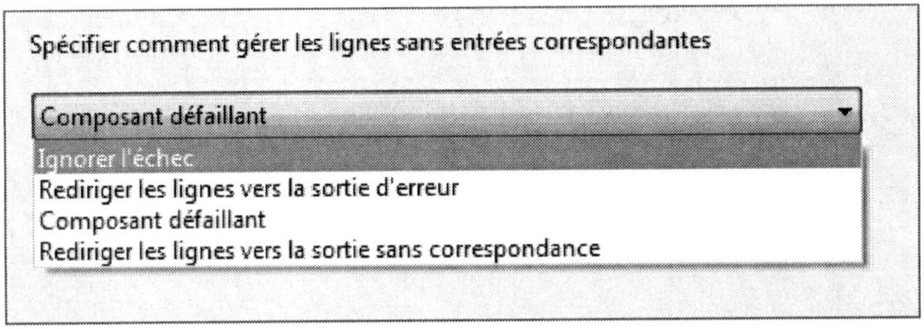

Par défaut, la valeur est « Composant défaillant », qui va causer l'échec de la Recherche et donc du Flux de données tout entier. On peut choisir d'ignorer l'erreur ou de rediriger la ligne sans correspondance, au choix dans le buffer de sortie d'erreur ou dans celui de non-correspondance. Lorsque les lignes sont redirigées ou que l'erreur est ignorée, les valeurs normalement issues des données de référence de la Recherche sont mises à Null dans le flux.

Remarque

Avant SQL Server 2008, seule la redirection vers le buffer d'erreur existait. Si cette non-correspondance est un cas fonctionnel normal et non une erreur, il faut donc utiliser la redirection vers la sortie de non-correspondance, et laisser la sortie d'erreur... pour les erreurs.

Dans le cas d'une alimentation de faits, on trouve donc souvent ce genre de package, ou si la valeur d'une donnée de référence n'est pas trouvée dans la dimension et est donc à Null, on la remplace par une valeur fonctionnelle correspondant à un membre de dimension inconnu.

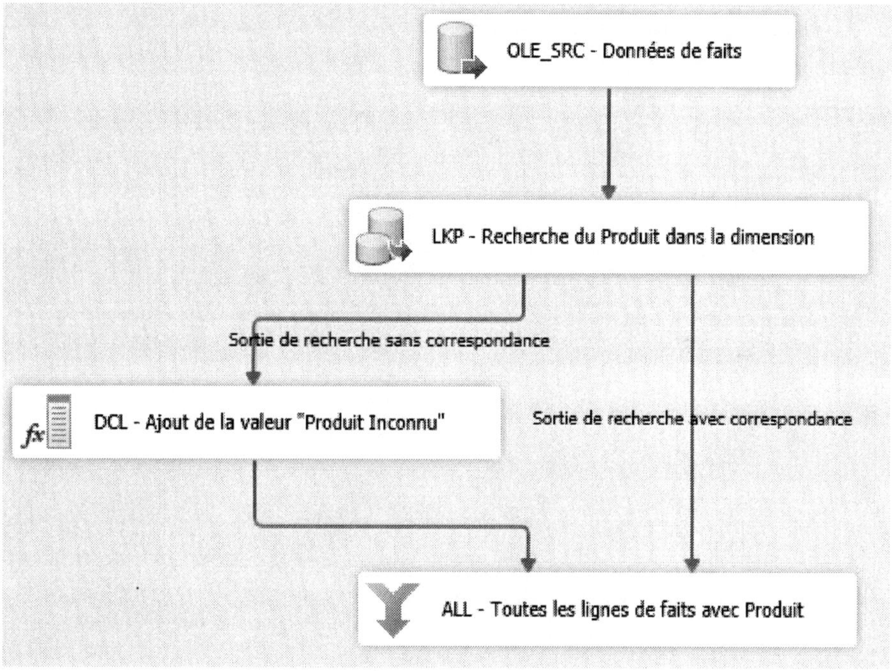

Ce cas précis n'est pas très optimisé. En effet l'Union All ajoute une transformation asynchrone inutile : on a vu que celui-ci a pour effet de procéder à une recopie en mémoire des données, qui peut être coûteuse. Mieux vaut positionner la Recherche sur « Ignorer l'échec » et remplacer les valeurs en testant la nullité de la colonne dans la Derived Column avec la fonction IsNull().

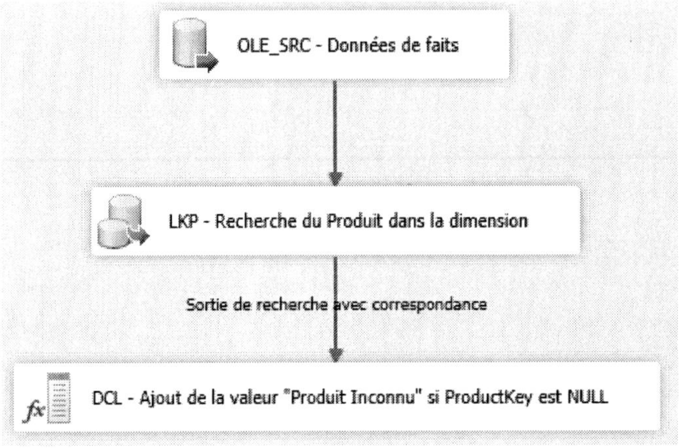

Cette approche est généralement plus rapide d'un ordre de 20%.

4.1.3 Avantages/inconvénients de la mise en cache et alternatives

Lors de l'exécution, le cache est chargé au début et un message d'information s'affiche. Dans le cas de l'exemple, le cache total a mobilisé 2 Mo de données sur la mémoire du serveur ETL.

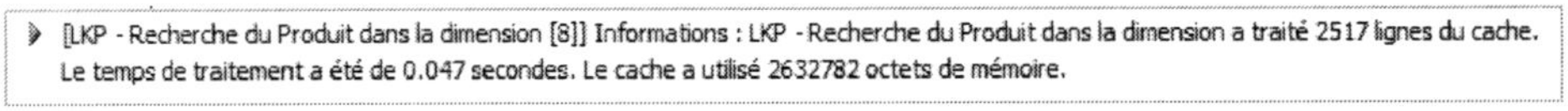

Ceci appelle deux remarques : la première et la plus évidente étant que le cache est chargé totalement au début de l'exécution, et que par conséquent la recherche ne verra pas les modifications potentielles sur la table de référence. Deuxièmement le cache peut être gros, très gros même, et saturer la mémoire de la machine. On a donc des alternatives à ce cache total, que sont les versions cachées partiellement ou non cachées.

Le réglage se fait d'abord au premier écran de configuration, en sélectionnant par exemple « Cache partiel ». Le reste des propriétés intéressantes de ces modes se trouve dans la partie « Avancé » de la configuration.

Le mode de cache partiel ne va procéder à aucun préchargement : initialement il exécute la requête de récupération de données pour chaque valeur de recherche inconnue et stocke le résultat dans un cache. Quand une ligne est présente dans ce cache, il n'effectue pas de requête. Ce cache partiel est réglable en taille : lorsque cette taille est dépassée, les lignes les moins fréquentes sont supprimées au détriment des nouvelles. Cette taille de cache peut être réglée à des valeurs différentes selon si le système est en 32 ou 64 bits.

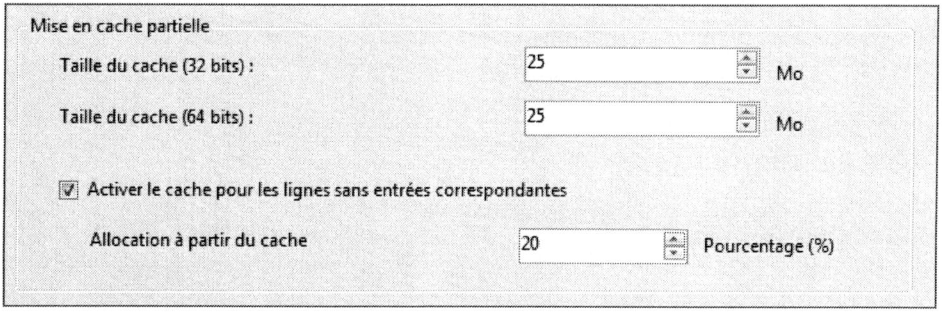

SQL Server 2008 a de plus introduit la possibilité de réserver une partie du cache pour stocker les valeurs sans correspondance, afin d'éviter de requêter plusieurs fois la base si celles-ci ne sont pas trouvées la première fois.

Remarque

Quand utiliser ce mode de caching ? Principalement quand la table de référence est très grande et que l'on n'a besoin que d'un faible sous-ensemble de valeurs fortement redondant, ou alors si celle-ci est modifiée.

Le mode sans cache fonctionne de la même manière... mais sans cache. Il est en pratique très peu utilisé, au détriment du cache partiel, car particulièrement contre-performant, sauf dans certains cas spécifiques.

4.1.4 Utilité de modifier la requête de recherche en cache partiel ou nul

Le dernier paramètre de l'écran avancé permet de modifier la requête de recherche exécutée ligne à ligne dans les caches partiels et nuls. L'utilité de cette possibilité est double : permettre de paramétrer la requête, et de réaliser des correspondances non basées sur l'égalité.

Remarque

Ce que l'on appelle des theta-jointures en algèbre relationnelle.

Il suffit donc d'aller dans l'écran avancé et de modifier la requête après avoir cliqué sur la coche **Modifier l'instruction SQL**.

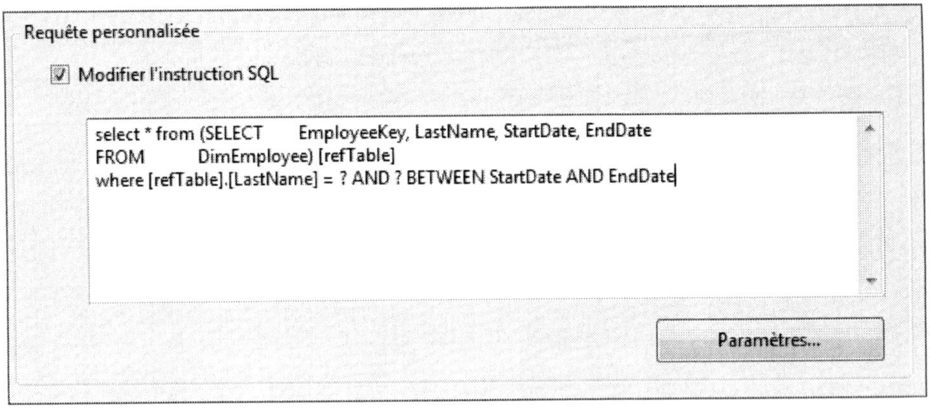

Le bouton **Paramètres...** permet de réaliser les mappages avec les colonnes du flux de données.

Remarque

Il a été prouvé que ce mode de conception est de loin la pire approche en termes de performances pour la majorité des cas : mieux vaut souvent dans ce genre de cas réaliser une fusion de jointure et refiltrer les lignes, ou utiliser une approche scriptée, comme démontré par Matt Masson sur le blog de l'équipe SSIS : http://bit.ly/hjEnuY.

4.1.5 Utilisation du composant Cache en cache total

Chaque recherche utilisant une donnée de référence en cache total va la précharger. Si dans un même package les mêmes données de référence sont utilisées par plusieurs recherches, cette opération sera effectuée plusieurs fois. Pour pallier cela, la transformation Cache permet dans un flux de données de stocker en mémoire ou en fichier les données que l'on souhaite. Elle s'utilise comme une destination, et se base sur une connexion de cache.

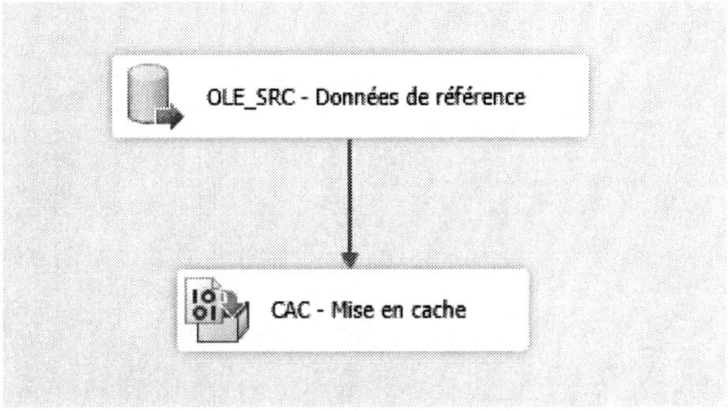

Une fois le cache relié à ses données d'alimentation, il suffit d'ouvrir ses paramètres et de créer un gestionnaire de connexions de cache avec le bouton **Nouveau**. Hormis la possibilité de stocker le cache sous forme de fichier, les options intéressantes sont dans la partie « Colonnes », qui oblige à sélectionner les colonnes composant la clé de recherche des Recherches pour pouvoir indexer le cache. Les valeurs sont du même style que celles des SortKeyPosition des BufferColumns, 0 pour une non-participation à l'index, 1 pour la première colonne, 2 pour la seconde…

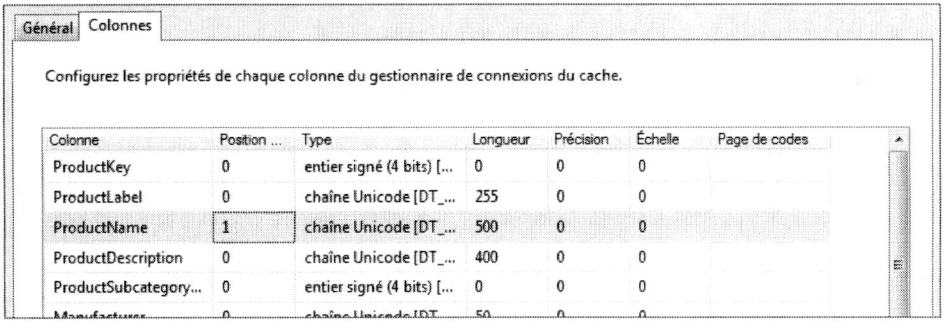

Une fois le gestionnaire créé, il suffit de retourner dans l'onglet mappages du concepteur de transformation cache. On peut y vérifier que seules les colonnes marquées dans l'index du cache sont utilisables comme colonnes de recherche dans les Lookup, ce qui est visible avec l'icône **Loupe**.

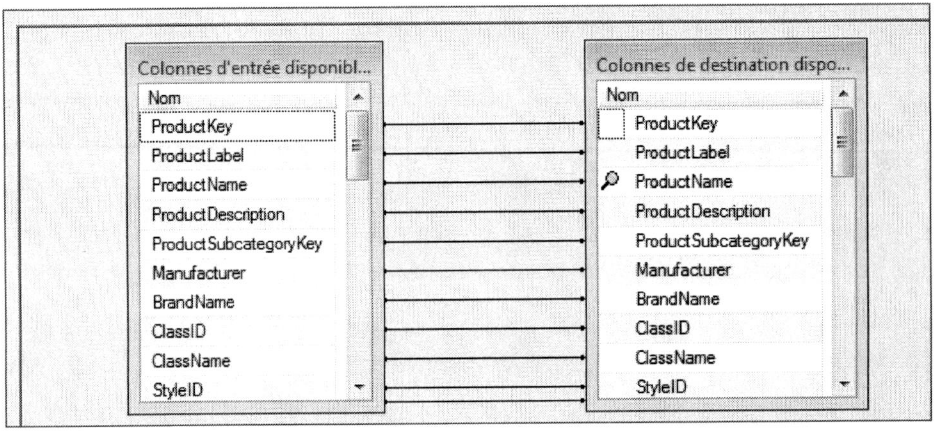

Le composant est alors utilisable dans une recherche. Il suffit de configurer celui-ci en type de connexion « Gestionnaire de connexions du cache ». Notez que contrairement à ce que suggère l'interface, il n'est pas possible d'utiliser les caches partiels ni l'absence de cache.

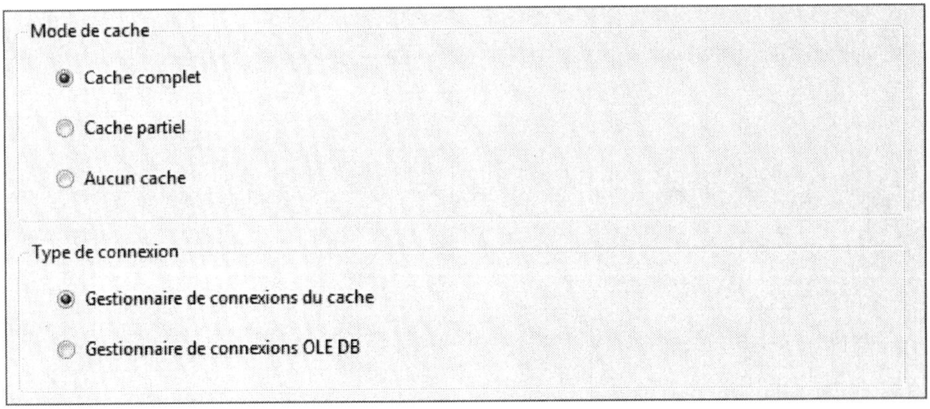

Les autres écrans deviennent bien plus simples, puisqu'il n'est plus question que de vérifier les mappages.

Remarque

Petite remarque pour finir : le cache est inscriptible une et une seule fois, il n'est pas possible de rajouter des données a posteriori d'une alimentation.

Les recherches par correspondance exacte étant assez largement abordées, il est temps de se pencher sur le cas des recherches par correspondance floue, une fonctionnalité réservée aux éditions avancées de SQL Server, et utilisant le composant Recherche Floue.

4.2 Le composant Recherche Floue

Il arrive fréquemment que les données source soient saisies manuellement sans contrôle, ou que deux référentiels n'aient que des correspondances vagues. Dans ce genre de cas, des recherches par égalité, ou même intégrant un LIKE, ne suffisent pas ; il faut utiliser des comparateurs plus sophistiqués.

Remarque

Chose possible dans SQL Server en utilisant la recherche en texte intégral.

Dans SSIS, cette possibilité est offerte par le composant Recherche Floue, dont le fonctionnement est très proche de son grand frère non flou.

4.2.1 Cas d'utilisation classique

Commençons d'abord par récupérer un ensemble de saisies potentiellement erronées ; ici, le nombre de visites dans un parc d'attractions par Ville distincte, avec une notion importante : cette ville est donnée oralement aux caissières lors de l'achat du billet, et la caissière la retranscrit textuellement de manière parfois exotique...

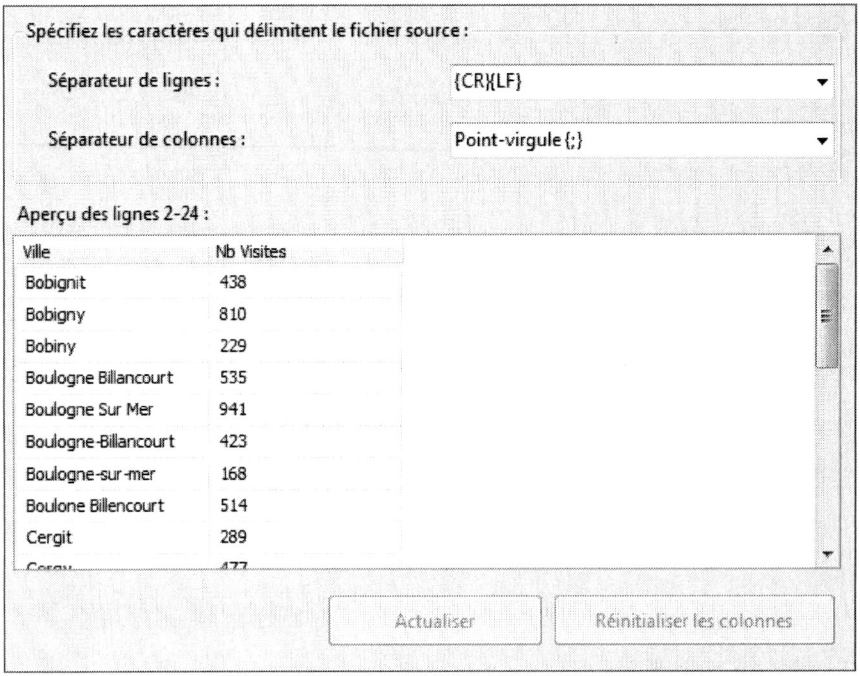

La Recherche Floue s'utilise exactement comme la version non floue : on a donc un flux de données on ne peut plus classique.

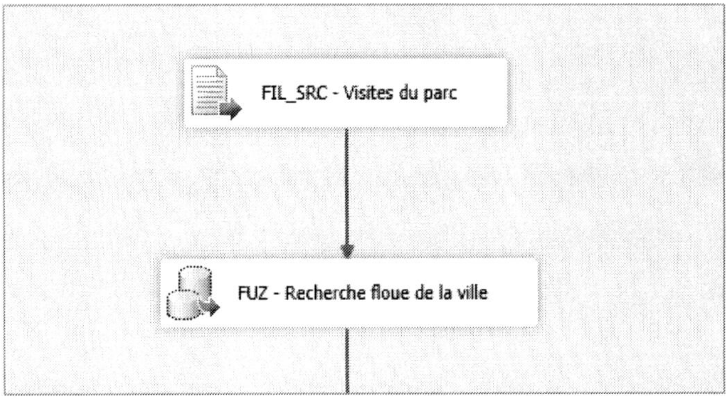

La configuration ne permet que de choisir une table ou une vue dans laquelle rechercher. Il n'est pas possible d'écrire sa propre requête comme dans la Recherche.

Remarque

Mais vous pouvez tout à fait définir une vue côté SGBD pour arriver fonctionnellement au même résultat...

La Recherche Floue n'emploie pas le terme de cache, en effet un cache suppose d'être indexé par une valeur figée. On parle ici d'index : le choix usuel – les autres seront abordés juste après – est de créer un index de recherche sur la table dans laquelle se trouvent les données de référence.

L'onglet **Mapping** est trivial et suit exactement le même principe que celui de la Recherche, en revanche le dernier onglet est beaucoup plus intéressant, puisqu'il va permettre de définir la tolérance aux erreurs du composant, ainsi que les caractères séparateurs de texte.

4.2.2 Confiance et similarité

Lorsque le composant compare un champ de saisie avec une valeur de référence, il calcule deux indicateurs, la similarité et la confiance. La similarité est une formule mathématique, que l'on pourrait approximer à une proportion de lettres identiques et situées à la même place entre les deux expressions. Lorsqu'un champ du flux est identique à un champ de recherche, sa similarité est égale à 1 (100%). Plus elle décroît, plus le nombre de lettres communes décroît.

Remarque

La formule est évidemment plus complexe que cela mais non documentée.

Quant à la confiance, il s'agit de discriminer les valeurs fréquentes par rapport aux valeurs rares. Dans le cas des villes par exemple, beaucoup se nomment Villeneuve-<Quelquechose> en France. Une saisie de « Villeneuve s/ Y. » correspondra avec une bonne similarité à « Villeneuve-sur-Yonne » mais avec une confiance faible, car le nombre de Villeneuve est très grand, et l'erreur potentielle élevée.

4.2.3 Paramétrage avancé

Il est donc possible de filtrer les données pour ne récupérer que les lignes avec une similarité suffisante, grâce à la barre située dans l'onglet avancé. Il est alors possible que plusieurs valeurs soient au-dessus de ce seuil. On choisira souvent de limiter le nombre de valeurs candidates renvoyées, grâce au champ **Correspondances maximales à afficher par recherche** :

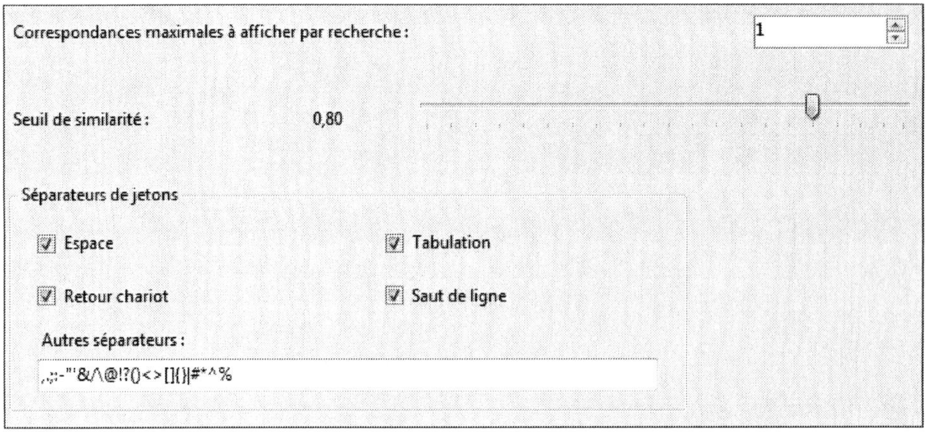

Enfin, les séparateurs permettent d'ignorer un certain nombre de caractères et ainsi de fiabiliser les calculs de cohérence.

Remarque

Les paramètres - en réalité surtout le seuil de similarité - nécessitent souvent plusieurs essais pour être configurés correctement. Les valeurs usuelles de ce seuil sont autour de 75% mais cela dépend des cas.

Une fois la tâche configurée, on peut voir dans un Data Viewer qu'elle donne des résultats plutôt encourageants.

Détacher Copier les données

Ville	CityName	_Similarity	_Confidence
Bobignit	Bobigny	0,75	0,4014751
Bobigny	Bobigny	1	1
Bobiny	Bobigny	0,8562315	0,4992034
Boulogne Billancourt	Boulogne-Billancourt	0,9875	0,5601306
Boulogne Sur Mer	Boulogne-sur-Mer	0,9875	0,5653286
Boulogne-Billancourt	Boulogne-Billancourt	1	1
Boulogne-sur-mer	Boulogne-sur-Mer	1	1
Boulone Billencourt	Boulogne-Billancourt	0,8918183	0,5281975
Cergit	Cergy	0,6666666	0,3706353
Cergy	Cergy	1	1
Chatou	Chatou	1	1
Chatous	Chatou	0,8571175	0,4849878
Chatout	Chatou	0,8571175	0,4849878
Chatoux	Chatou	0,8571175	0,4849878
Colombe	Colombes	0,8749904	0,4999918
Colombes	Colombes	1	1

4.2.4 Les index de la Recherche Floue

Pour les curieux, nous sommes passés rapidement au début sur la configuration de l'index de la Recherche Floue, en disant que celui-ci est par défaut créé à chaque exécution. C'est vrai. Mais il est possible de le sauvegarder sous forme d'une table dans la base de données pour éviter le temps parfois long de sa constitution : il suffit pour cela de cocher la case **Stocker un nouvel index**.

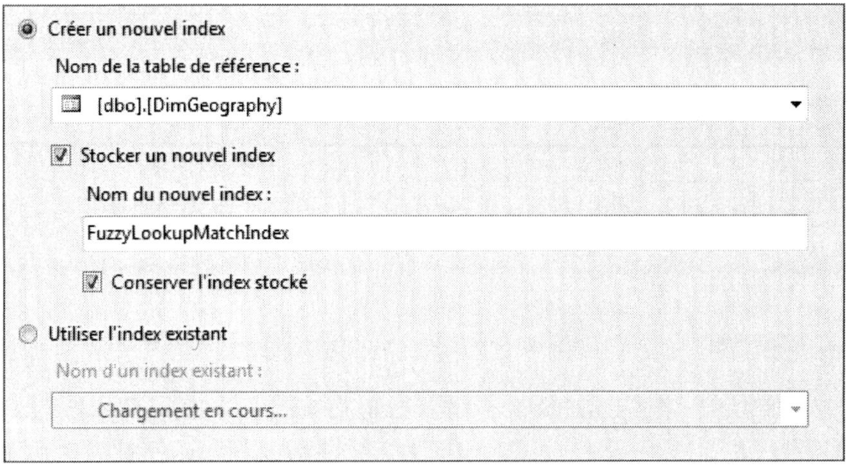

Une table du nom choisi apparaît alors dans la base de données. N'essayez pas de comprendre son contenu, ce n'est pas réellement fait pour.

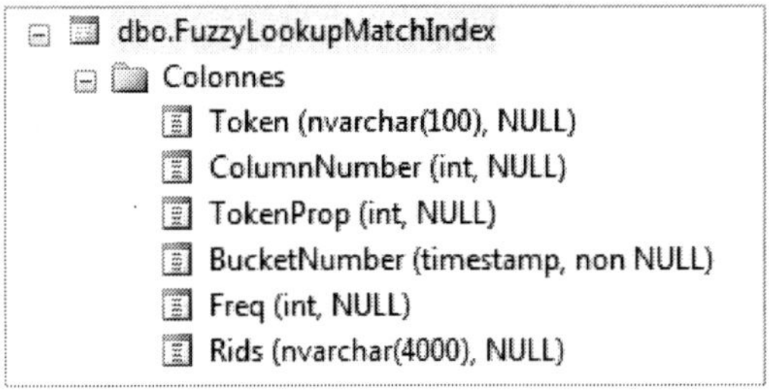

Si on souhaite que l'index soit mis à jour automatiquement, on peut cocher la case pas forcément explicite **Conserver l'index stocké**, qui va créer dans la table de recherche un trigger de mise à jour de l'index.

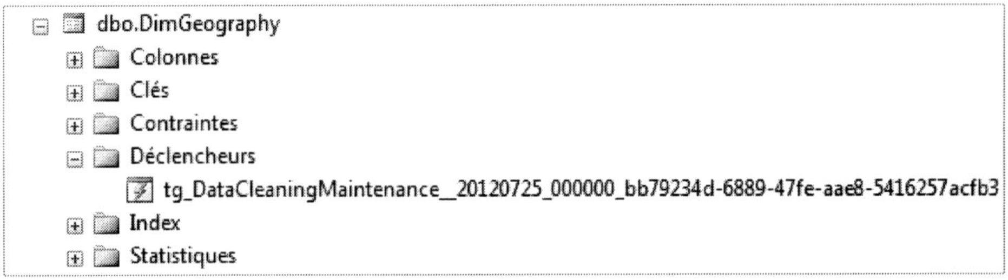

Lorsqu'un index a été créé, l'option **Utiliser l'index existant** est alors sélectionnable.

Quand et comment utiliser ces différentes options ? Par défaut, on utilisera la version non persistée. Si le remplissage de l'index est trop lent, on se retrouve alors devant deux options :

- Si la table de référence est stable, on fera d'abord tourner une fois la Recherche en mode **Créer un nouvel index** puis on utilisera l'option **Utiliser l'index existant**.
- Si celle-ci est changeante, on fera de même, si ce n'est que la première exécution devra s'effectuer en ayant préalablement coché la case **Conserver l'index stocké**.

4.2.5 Paramètres avancés

Il existe trois paramètres intéressants non apparents dans cette interface, et visibles uniquement dans le panneau de propriétés ; il s'agit de **MaxMemoryUsage**, **Exhaustive** et **WarmCaches**. **WarmCaches** permet de charger l'index et la table de référence en mémoire. Il est par défaut à true et ne devrait pas être désactivé. Exhaustive va effectuer des comparaisons supplémentaires et baisse dramatiquement les performances, sans généralement améliorer le résultat et devrait être laissé à false. Quant à **MaxMemoryUsage**, il s'agit d'une borne pour les données mises en cache, par défaut à 0 pour signifier l'absence de limite.

Chapitre 7
Événements et suivi d'exécution

1. Le gestionnaire d'événements

1.1 Principes de fonctionnement

L'objectif de cette fonctionnalité de SSIS est de permettre d'adapter le comportement des lots en fonction des événements qui surviennent sur le flux de contrôle. En effet, chaque tâche du flux de contrôle génère des événements à différents stades de son exécution et il sera possible de réagir en fonction de ces événements. Comme défini en introduction de cet ouvrage, le gestionnaire d'événements est accessible en tant qu'onglet sous SQL Server Data Tools (tout comme les flux de contrôle et de données par exemple). Une fois dans cette section de l'outil de développement, nous nous retrouvons avec le menu ci-après.

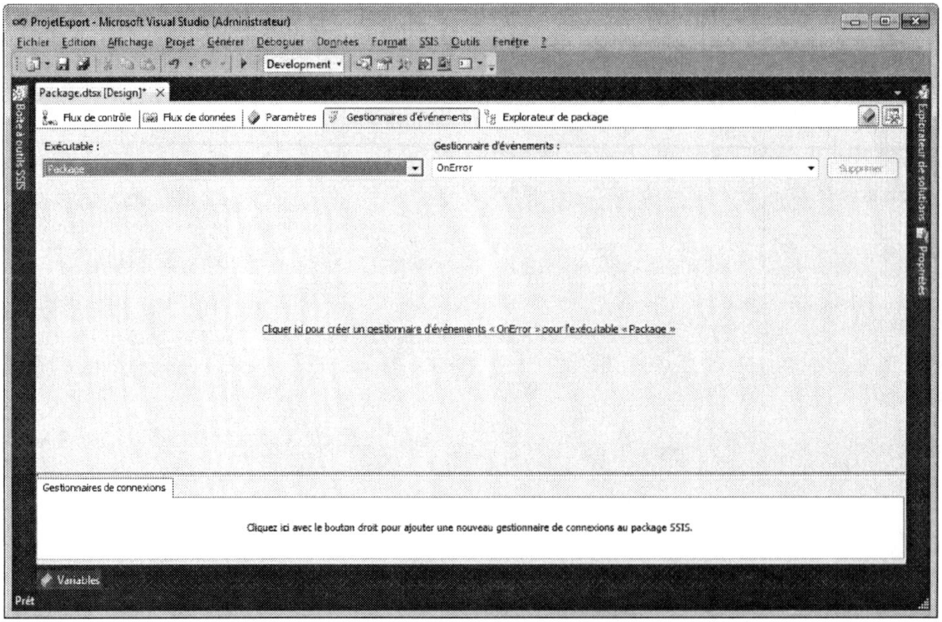

On dispose de deux listes déroulantes :

- **Exécutable** : c'est la liste de tous les éléments que le flux de contrôle est amené à exécuter : les tâches de ce flux, les conteneurs, mais également les exécutables du gestionnaire d'événements car, nous allons le voir par la suite, un gestionnaire d'événements n'est autre qu'un flux de contrôle qui s'exécutera à la survenu de cet événement.
- **Gestionnaire d'événements** : ce contrôle liste tous les événements disponibles en regard de l'exécutable que nous avons sélectionné.

Il existe un grand nombre d'événements et nous allons lister ici les plus communément utilisés par les gestionnaires :

- **OnError** : c'est certainement sur cet événement que sont créés la majorité des gestionnaires. Il survient quand une tâche du flux de contrôle tombe en échec. Imaginons une tâche de flux de données en erreur, il serait utile de tracer cette information, via l'écriture dans un fichier ou bien un envoi de mail.

- **OnVariableValueChanged** : survient lorsque la valeur d'une variable change. Très peu utilisé une fois le lot SSIS en production, c'est un événement que l'on peut gérer pendant la phase de développement et de debug.
- **OnPreExecute** : cet événement se produit juste avant l'exécution de la tâche à laquelle il est associé. Il est utile pour, par exemple, valider l'état de certaines variables ou objets divers (présence d'un fichier, création d'une table SQL, etc.).
- **OnPreExecute** : c'est le complément de l'événement PreExecute. Il intervient à la fin de l'exécution d'une tâche.
- **OnExecStatusChange** : s'exécute lorsque le statut d'exécution de la tâche change (passage de l'état "en cours d'exécution" à l'état "exécuté").

Remarque

D'autres événements existent, et certains pour quelques tâches spécifiques. Ils ne sont pas listés pour le moment car rarement utilisés avec le gestionnaire d'événements. Mais il faut garder à l'esprit que même sans ce gestionnaire, les événements surviennent quand même : ils pourront être exploités par un processus de journalisation par exemple (c'est l'objet d'une autre section de ce chapitre).

Une fois l'événement de l'exécutable sélectionné, nous avons à disposition la surface de conception d'un flux de contrôle. Car au final, un gestionnaire d'événements, c'est un flux de contrôle particulier : nous pouvons y implémenter toutes les tâches mises à disposition dans le flux de contrôle. Ces tâches sont exécutées lorsque l'événement survient sur l'exécutable concerné.

Ce gestionnaire est donc positionnable sur un exécutable, qui appartient potentiellement à une hiérarchie d'exécutables. Cette hiérarchie se définit d'elle-même lorsque par exemple, une tâche de flux de données est insérée dans une boucle Foreach : on considère à ce moment que la boucle est l'élément parent du flux de données. La hiérarchie complète de cet exemple est Package - Boucle Foreach - Data Flow (car le parent de la boucle, c'est le package lui-même et c'est le niveau le plus haut que l'on puisse définir).

Cette hiérarchie est visible dans la liste déroulante **Exécutable** :

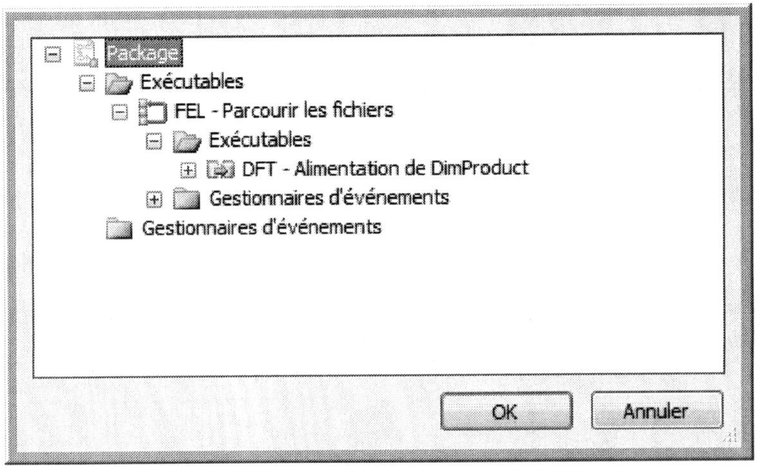

Cette relation entre les exécutables introduit une notion d'héritage sur les gestionnaires d'événements créés. Si un type d'événement est géré à la fois pour l'enfant et son parent, par héritage, le gestionnaire exécute deux gestionnaires d'événements : celui de l'enfant et du parent. Imaginons que l'événement OnError sur le flux de données de notre exemple lance l'envoi d'un mail et que le même événement OnError sur la boucle génère la création d'un fichier de log. Lorsque le flux de données tombe en erreur, un mail est envoyé et un fichier de log est créé. On se retrouve donc avec une remontée d'erreur pour notre boucle alors que c'est son enfant qui est en échec. Il en va de même pour les hiérarchies de packages (créées via la tâche d'exécution de package) : un événement levé dans le package enfant l'est aussi pour le package parent. Afin d'éviter ce genre de désagrément, il est possible de proscrire la propagation des événements par héritage. Pour cela, il faut modifier la variable système **Propagate** du gestionnaire d'événements. En effet, pour le fonctionnement de ce type de gestionnaire, SSIS utilise des variables système afin de passer des valeurs entre le flux de contrôle principal et celui du gestionnaire. Par exemple il faut que le gestionnaire sache quel composant est responsable de son exécution, ou encore quel est l'identifiant du composant parent. Parmi ces variables, le booléen Propagate nous permet d'activer ou non la propagation de l'événement de l'enfant vers son parent.

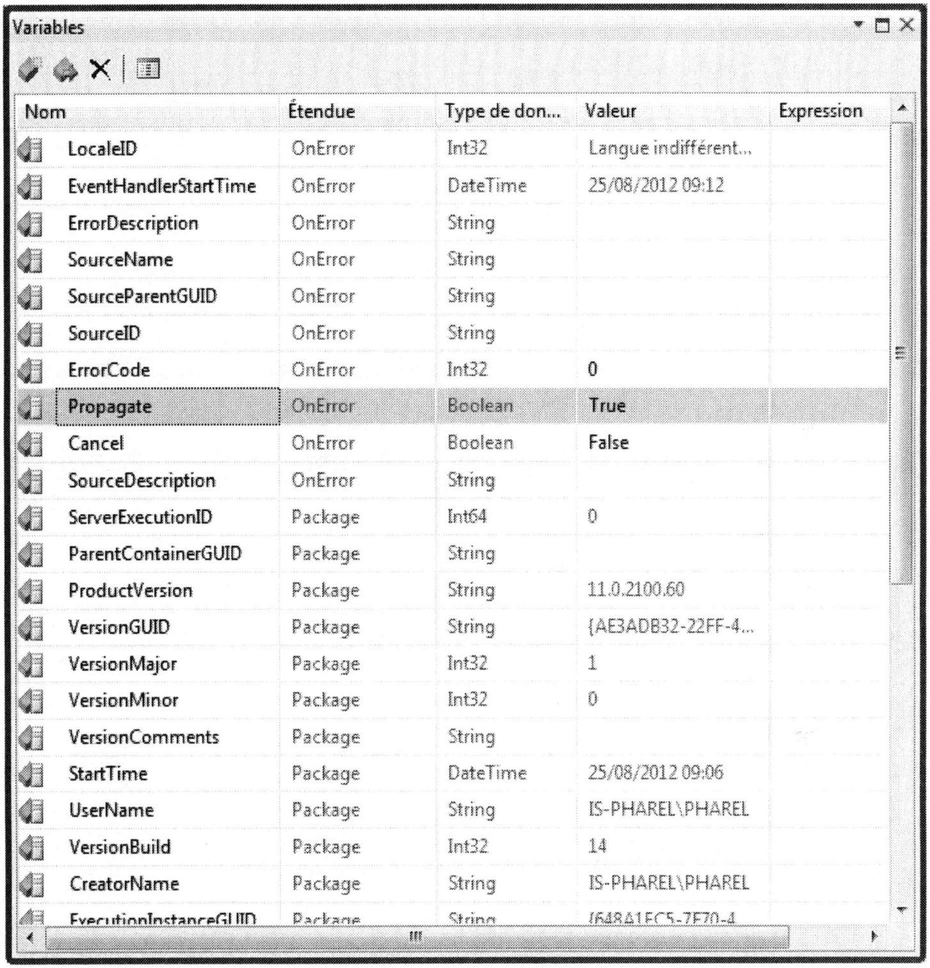

Variables

Nom	Étendue	Type de don...	Valeur	Expression
LocaleID	OnError	Int32	Langue indifférent...	
EventHandlerStartTime	OnError	DateTime	25/08/2012 09:12	
ErrorDescription	OnError	String		
SourceName	OnError	String		
SourceParentGUID	OnError	String		
SourceID	OnError	String		
ErrorCode	OnError	Int32	0	
Propagate	OnError	Boolean	True	
Cancel	OnError	Boolean	False	
SourceDescription	OnError	String		
ServerExecutionID	Package	Int64	0	
ParentContainerGUID	Package	String		
ProductVersion	Package	String	11.0.2100.60	
VersionGUID	Package	String	{AE3ADB32-22FF-4...	
VersionMajor	Package	Int32	1	
VersionMinor	Package	Int32	0	
VersionComments	Package	String		
StartTime	Package	DateTime	25/08/2012 09:06	
UserName	Package	String	IS-PHAREL\PHAREL	
VersionBuild	Package	Int32	14	
CreatorName	Package	String	IS-PHAREL\PHAREL	
ExecutionInstanceGUID	Package	String	{648A1EC5-7E70-4	

Remarque

Cet héritage a une autre conséquence : si un gestionnaire d'événements est positionné au niveau du package, il pourra être déclenché par n'importe quel exécutable de ce lot. Il faut donc faire attention à la portée des gestionnaires d'événements que nous sommes amenés à créer.

1.2 Mise en place

Pour mettre en place ce gestionnaire, il faut dans un premier temps disposer d'un lot SSIS avec quelques tâches. Voici l'implémentation que nous avons adoptée pour l'exemple :

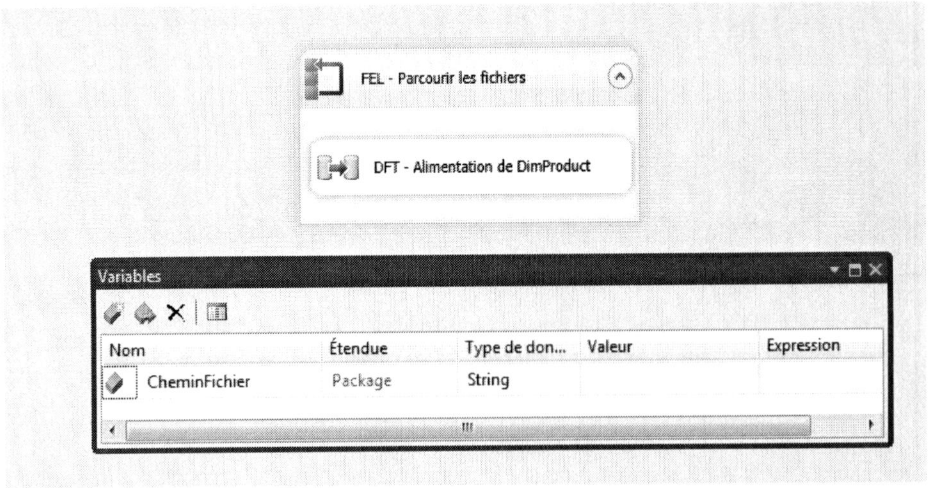

Boucle Foreach : itère sur un répertoire afin d'extraire les références de produits présentes dans divers fichiers texte. Le chemin complet du fichier est stocké dans une variable SSIS : CheminFichier.

Flux de données : alimente la table DimProduct à partir des données issues des fichiers texte.

Pour cet exemple, nous allons mettre en place une action sur l'événement **OnVariableValueChanged** sur le conteneur de boucle Foreach. Cette action consiste en l'insertion du chemin des fichiers pris en compte par la boucle dans une table SQL de contrôle. Nous pourrons a posteriori vérifier le nombre et le nom des fichiers intégrés dans DimProduct. Afin que l'événement soit levé par notre gestionnaire, il faut, dans le cas de l'événement **OnVariableValue-Changed**, passer la valeur de la propriété RaisedChangeEvent de la variable CheminFichier à True.

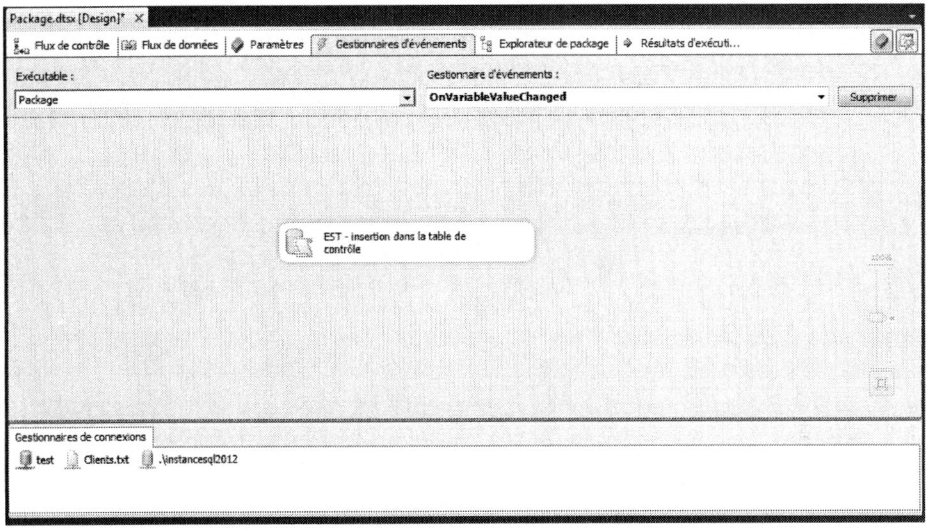

Nous retrouvons ici le niveau sur lequel la gestion de l'événement a été implémentée, le package, et le nom de l'événement associé (OnVariableValueChanged). Nous constatons que nous nous retrouvons dans un nouveau flux de contrôle qui cette fois n'est plus celui du package, mais celui du gestionnaire d'événements.

Voici un développement de gestionnaire d'événements relativement simple : mais nous pouvons aller plus loin. Après tout, rien ne nous garantit que l'insertion dans notre table de contrôle du chemin des fichiers utilisés par le flux de données se passe correctement. La tâche d'exécution SQL ci-dessous est un exécutable comme un autre, même si elle appartient à un gestionnaire de connexions.

Dans la liste déroulante **Exécutable**, nous trouvons ceci :

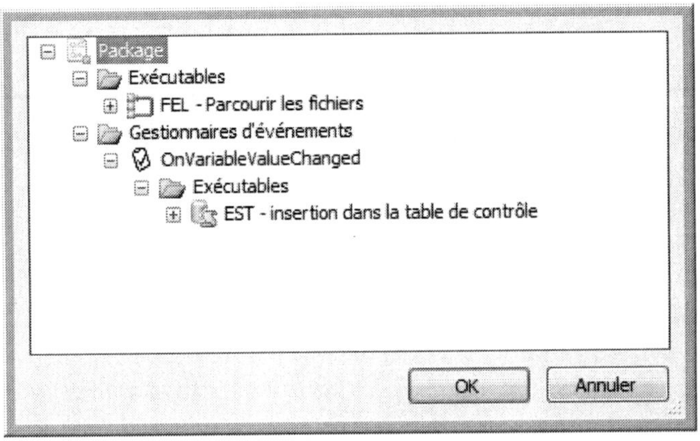

Il est donc tout à fait possible de paramétrer un gestionnaire d'événements sur une tâche... d'un autre gestionnaire d'événements, et ainsi de suite. Nous voyons ici que nous pouvons aller très loin dans l'implémentation de ces gestionnaires et compliquer grandement le développement de notre lot SSIS. C'est dans ce sens qu'il est conseillé d'utiliser les gestionnaires d'événements avec parcimonie et d'éviter les imbrications entre gestionnaires : le tout rend délicate la maintenance des développements. D'ailleurs, en cas de problème sur le déroulement de l'exécution d'un lot SSIS complexe comprenant de nombreux gestionnaires de ce type, il est possible de désactiver la gestion des événements sur les tâches sans supprimer le gestionnaire pour autant. Pour cela il faut passer la propriété **DisableEventHandler** des tâches à True.

2. Journalisation

2.1 Principes de fonctionnement

C'est un point trop souvent négligé lors de la mise en place de projets SSIS. La journalisation permet de remonter des informations sur l'état d'exécution des composants de nos lots SSIS. Il va sans dire que c'est très pratique pour tracer les erreurs. La journalisation est généralement négligée de deux manières : soit il n'y en a pas du tout, et c'est problématique car il reste assez peu de moyens pour débusquer les erreurs. Soit elle est trop verbeuse (tout tracer est inutile), ce qui pose des soucis en ce qui concerne l'excès de temps consacré à l'analyse des logs. L'objectif ici est de présenter les éléments de journalisation mis à notre disposition et la sélection des informations réellement importantes.

Dans la section précédente, nous avons brièvement décrit ce qu'est un événement et proposé une sélection des plus importants. Au final, la journalisation, c'est l'exposition de la survenance de ces événements pour les composants de notre lot. L'enregistrement de ces événements se fait dans le format de notre choix. Voici ceux proposés nativement par SSIS :

- **Fichier texte** : l'enregistrement des événements journalisés se fait dans un fichier texte avec une virgule comme délimiteur (fichier CSV). C'est le format de journalisation le plus souvent mis en place, car il est relativement souple (exploitation rapide via Excel ou un bloc-notes, gestion facilitée du fichier car sur le file system, etc.). La sélection du fichier de destination se fait grâce à un gestionnaire de connexions de type fichier.
- **Table SQL Server** : dans ce cas, la journalisation se fait dans une table SQL nommée sysssislog, automatiquement créée la première fois que le package est lancé. Ce fournisseur de log utilise un gestionnaire de connexions OLE DB. L'avantage par rapport au fichier texte, c'est que nous profitons de tous les apports d'une base de données (sécurité, maintenance, industrialisation, distribution, rétention de l'information, etc.).
- **Fichier SQL Server Profiler** : le format utilisé ici est celui d'un fichier de trace du Profiler de SQL Server (un des outils de monitoring disponible dans la suite SQL Server). Le gestionnaire de connexions est encore une fois de type fichier. Il faut cependant veiller à mettre l'extension ".trc" dans sa déclaration afin de pouvoir l'exploiter avec le Profiler. Ce format est utilisé principalement par les administrateurs de bases de données, très familiers de l'outil. Mis à part cela, on le rencontre assez rarement.

- **Journal d'événements de Windows** : les événements des lots SSIS sont tracés dans le journal d'événements de Windows du serveur sur lequel le lot est exécuté. C'est pratique car accessible depuis le serveur, sans besoin d'une application tierce. En revanche, l'inconvénient qui freine son utilisation est le fait que les informations concernant l'exécution des lots SSIS soient mélangées avec les autres événements serveur. Certes, il est possible de trier ces événements (sur la colonne Source=SQLISPackage110 dans le gestionnaire d'événements), mais cela reste moins pratique à l'exploitation qu'un fichier texte ou qu'une table SQL. Ce format ne nécessite pas de gestionnaire de connexions.
- **Fichier XML** : analogue au fichier texte, sauf que dans ce cas, le fichier est structuré. On utilise toujours le gestionnaire de connexions de fichier en faisant attention à l'extension du fichier de la destination.

Remarque

Dans tous les cas, il faut faire attention à la gestion de l'historique de notre référentiel de journalisation. Car sur les différentes exécutions de nos lots, toutes les informations vont être stockées dans le même fichier ou dans la même table. Il faut prévoir soit un purge, soit un horodatage dans le cas des fichiers (la date dans le nom des fichiers permet par exemple de créer un fichier de journalisation par exécution).

2.2 Mise en place

La mise en place est relativement simple et nous allons prendre un exemple pour l'illustrer. Dans un premier temps, il faut disposer d'un lot SSIS avec quelques exécutables dans le flux de contrôle afin d'avoir quelque chose à journaliser. Une fois le lot créé, il faut faire un clic droit sur le fond du flux de contrôle et choisir **Journalisation** (un autre moyen est de passer par le menu **SSIS**, puis **Journalisation**).

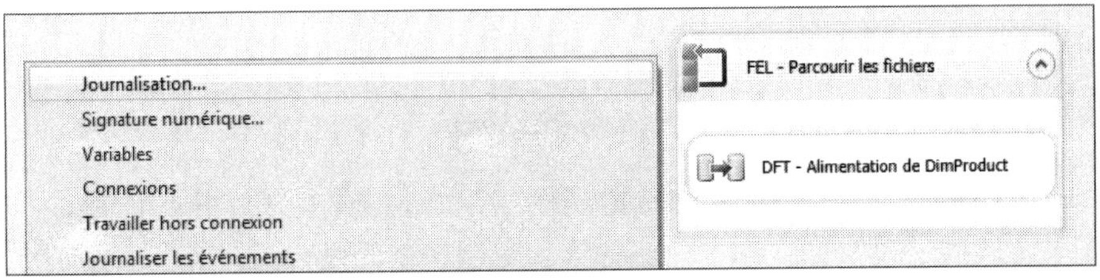

Remarque

***Journaliser les événements**, visible dans ce menu contextuel, ne fait pas tout à fait la même chose que Journalisation : nous allons voir cette fonctionnalité un peu plus tard.*

Nous observons alors la fenêtre ci-dessous :

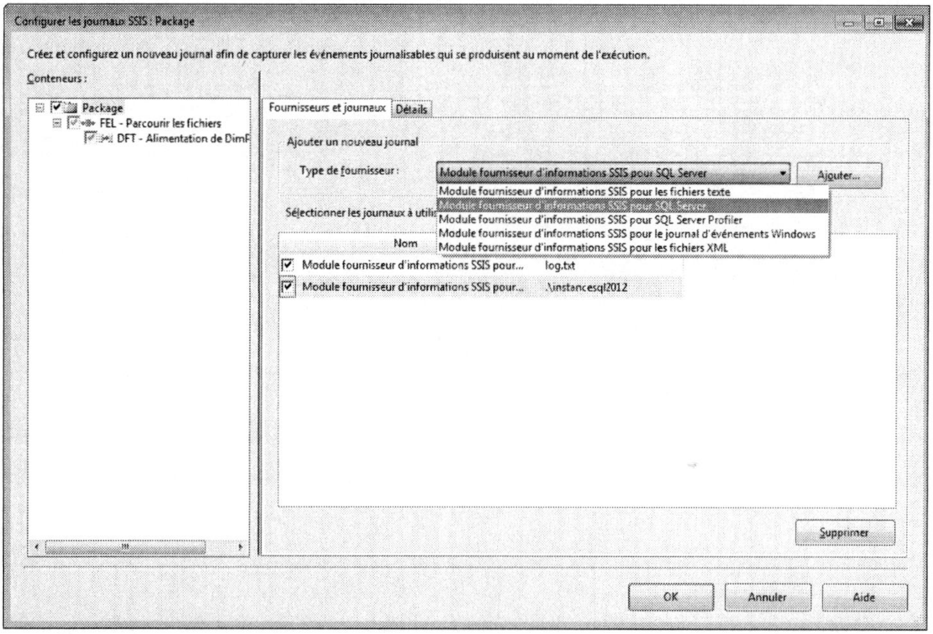

Nous retrouvons tous les fournisseurs de journalisation que nous avons listés précédemment. La première étape consiste à en créer au moins un. Mais, comme illustré ci-dessus, il est tout à fait possible d'en avoir plusieurs (ici, une journalisation de type fichier texte et une autre de type table de base de données). À droite de la définition du fournisseur se trouve son gestionnaire de connexions (log.txt pour le fichier texte et .\instancesql2012 pour la base de données).

Une fois créé, il faut associer ce fournisseur de journalisation à un ou plusieurs exécutables de notre lot SSIS. Pour ce faire, il y a plusieurs cas de figure. Dans l'exemple ci-dessus, nous observons que, dans la partie gauche de l'interface, **Package** est coché de même que, dans la partie droite, les deux fournisseurs sont sélectionnés. Ce qui veut dire que les événements survenant au niveau du package seront enregistrés à la fois dans le fichier texte et dans la base de données. De plus nous voyons également en dessous de Package, l'arborescence des exécutables du lot et leur case à cocher grisée. Cela signifie que, par héritage, ces exécutables vont journaliser leurs événements de la même manière que leur parent. Il est possible de casser cet héritage, comme dans l'exemple ci-dessous :

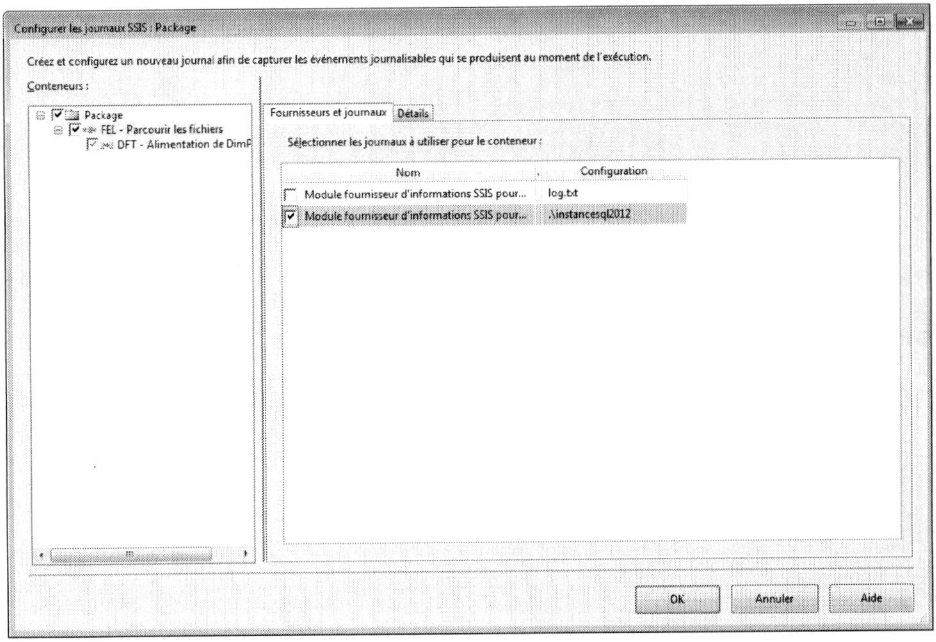

Ici, les événements qui surviennent sur la boucle et son flux de données sont enregistrés dans la table de notre base, indépendamment de la configuration mise en place au niveau du package. Il est donc possible de paramétrer, pour chaque niveau de notre package, un ou plusieurs gestionnaires de journalisation, ce qui offre une grande diversité de possibilités.

Maintenant que nous avons associé un format de journalisation à un exécutable, il faut sélectionner les événements que nous allons journaliser.

C'est l'objectif de l'onglet **Détails** ci-dessous :

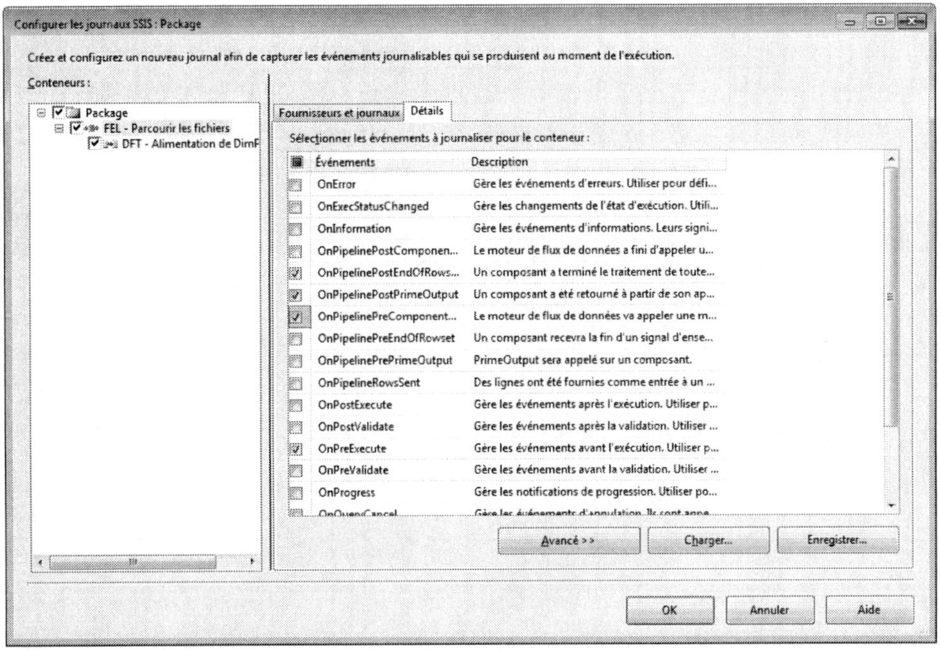

Ces événements sont, en partie, ceux que l'on peut retrouver dans les gestionnaires d'événements. Comme pour les fournisseurs de journalisation, il faut sélectionner les événements en fonction de l'exécutable sur lequel nous sommes positionnés (sur la partie gauche de la fenêtre ci-dessus). L'objectif ici n'est pas de lister tous les événements, mais pour vous aider dans vos choix, la fenêtre ci-dessus en offre une brève description. Lorsque, comme dans le cas de la boucle Foreach et du flux de données, deux exécutables ont une relation de type parent-enfant, alors les événements associés à l'enfant apparaissent en tant qu'événement sélectionnable pour le parent. En effet, il arrive que pour certaines tâches, nous ayons des événements particuliers : c'est le cas ici avec la tâche de flux de données qui propose des événements comme **OnPipelinePreComponentCall** ou encore **OnPipelineRowSent**. Par héritage, ces événements sont également exposés à la boucle Foreach pour la journalisation.

Au niveau basique de configuration, la journalisation est mise en place. Des événements associés à des tâches/conteneurs vont être enregistrés dans un format bien précis. Mais nous pouvons aller un peu plus loin, en sélectionnant précisément les informations de l'événement qui doivent être journalisées. C'est l'objet du menu **Avancé>>**, accessible depuis la fenêtre précédente :

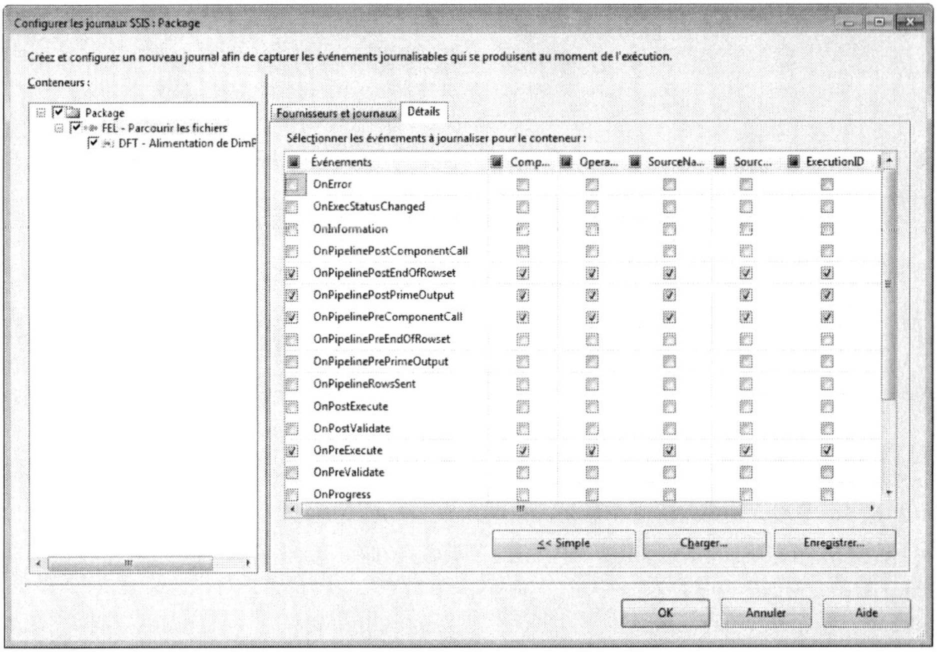

Ici, nous allons pouvoir, par événement, choisir les colonnes de données de journalisation. Elles sont au nombre de sept :

- **Computer** : contient le nom du serveur sur lequel l'événement est levé, donc le nom du serveur sur lequel le lot SSIS est lancé.
- **Operator** : c'est le nom du compte Windows qui exécute le lot SSIS.
- **SourceName** : présente le nom de l'exécutable ayant généré l'événement.
- **SourceID** : GUID de l'exécutable.
- **ExecutionID** : identifiant d'exécution du package (à chaque exécution du lot, cet identifiant est généré, ce qui permet de différencier les lancements de lots entre eux).

- **MessageText** : message associé à l'événement.
- **DataBytes** : tableau d'octets contenant des informations spécifiques à l'événement.

Remarque

Parmi ces colonnes, celles dont il faut impérativement journaliser l'information sont Computer, SourceName et MessageText.

Il est essentiel de savoir sur quel exécutable enregistrer quel événement et quelle information sur cet événement. Il est inutile de tout cocher, car le temps gagné à l'implémentation de la journalisation de cette façon sera perdu à son exploitation. Certes, une bonne configuration de la journalisation demande du temps sur les lots conséquents. Mais SSIS offre la possibilité d'exporter cette configuration dans un fichier XML afin de pouvoir l'importer plus tard. C'est le but des boutons **Enregistrer...** et **Charger...** ci-dessus. C'est un gain de temps non négligeable dans la mise en place de ce genre de fonctionnalité.

2.3 Journalisation de production avec SSIS 2012

En plus des possibilités évoquées ci-dessus, SSIS 2012 offre une nouvelle fonctionnalité concernant la journalisation. Celle-ci va permettre de tracer les événements, indépendamment de ce qui a pu être fait dans la configuration de la journalisation telle que nous venons de la voir, une fois le projet SSIS déployé. C'est très utile notamment si aucune journalisation n'est mise en place pendant la phase de développement. Le niveau de détail des informations rapportées est à sélectionner via Management Studio, dans les propriétés du catalogue SSIS.

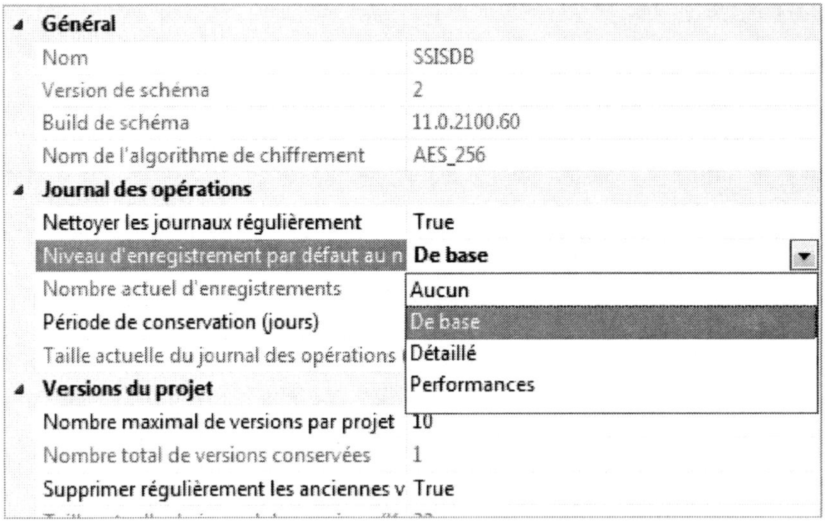

- **Aucun** : niveau d'information minimal. Récupère le statut d'exécution du package (succès ou échec).
- **De base** : ajoute à la journalisation les événements de validation (Pre et Post Execute), d'exécution (Pre et Post Execute), et les informations sur les erreurs (OnError) et les avertissements (OnWarning).
- **Performances** : ajoute les événements permettant de tracer le temps d'exécution des composants du lot SSIS.
- **Détaillé** : capture tous les événements.

Une fois le niveau de journalisation configuré, il faut lancer l'exécution d'un de nos lots SSIS et afficher un rapport d'exécution prédéfini accessible via le menu contextuel **Rapports** du projet SSIS déployé.

Nous obtenons, après avoir cliqué sur **Tous les messages** la fenêtre suivante :

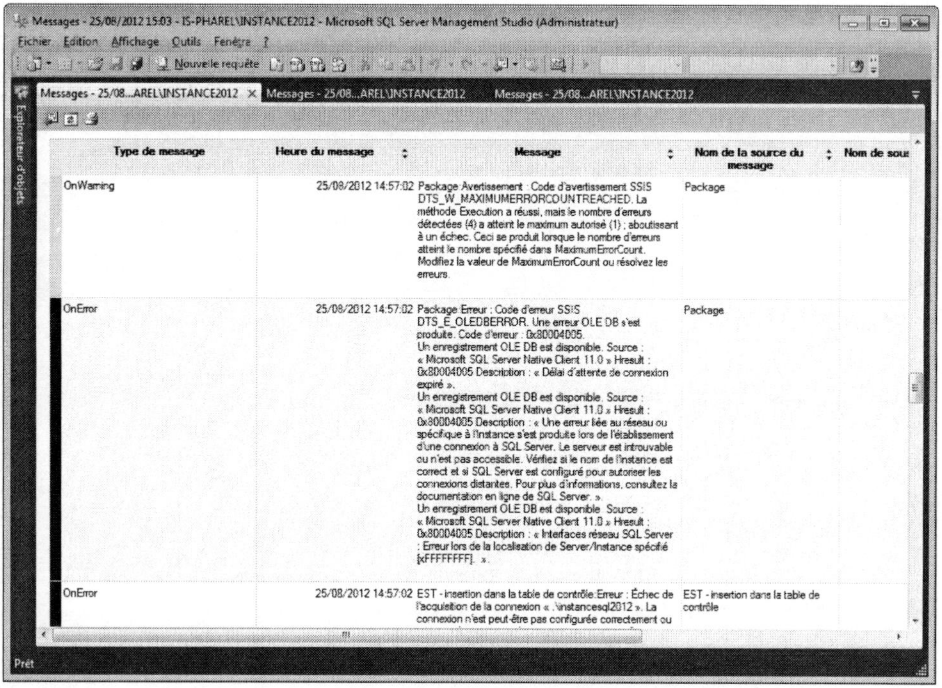

Nous retrouvons les événements relatifs à l'exécution du lot SSIS : ici OnError et OnWarning.

3. Débogage

Autant le gestionnaire d'événements et la journalisation sont principalement utilisés en production, autant le débogage est utile pour la phase de développement. Les outils mis à disposition permettent de contrôler l'avancement de l'exécution d'un package, le contenu des variables, le nombre de lignes insérées, les événements qui surviennent, etc.

3.1 Les points d'arrêt

Dans un flux de contrôle, il est nécessaire de faire une pause pendant son exécution afin de savoir si, par exemple, la bonne valeur est passée à la bonne variable, ou encore sur quel tour de boucle notre Foreach tombe en erreur. C'est l'objectif des points d'arrêt. Ce n'est pas une fonctionnalité propre à SSIS car on la retrouve sur la majorité des plates-formes de développement.

La mise en place d'un point d'arrêt dans le flux de contrôle est relativement simple : il suffit de faire un clic droit sur le composant pour lequel on souhaite positionner un point d'arrêt et sélectionner l'option **Modifier les points d'arrêt...**. Voici la fenêtre que nous obtenons si l'on souhaite ajouter un point d'arrêt sur une boucle Foreach par exemple :

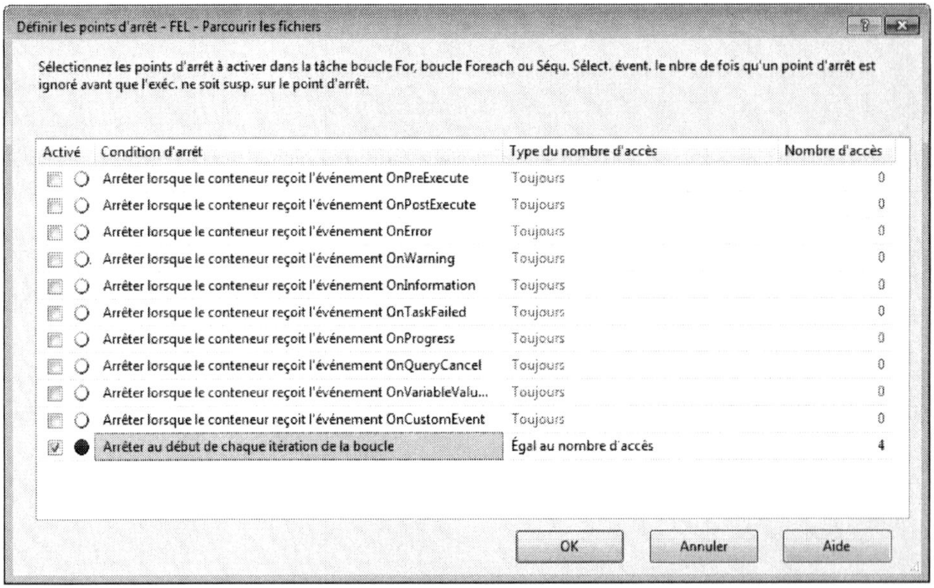

Nous retrouvons une nouvelle fois des événements associés au conteneur. En effet, les points d'arrêt vont majoritairement être posés en corrélation avec la survenance d'un événement. Par exemple, si l'on souhaite mettre l'exécution du lot en pause juste avant que la boucle Foreach ne commence, il faut créer un point d'arrêt sur l'événement OnPreExecute. Il existe des possibilités de placement des points d'arrêt spécifiques à quelques composants. C'est le cas ci-dessus avec le Foreach pour lequel il est possible de placer un point d'arrêt à chaque tour de boucle. La propriété **Type du nombre d'accès** permet de spécifier une occurrence précise de l'événement : par exemple, le point d'arrêt de notre cas ci-dessus ne sera actif qu'à partir du quatrième tour de boucle.

Il est possible de placer un grand nombre de points d'arrêt, aussi, pour des lots SSIS comptant de nombreuses tâches, il peut donc être difficile de tous les retrouver. SSDT met à notre disposition une fenêtre qui permet de gérer ces points d'arrêt. Elle est accessible via le menu **Déboguer** - **Fenêtres** - **Points d'arrêt** :

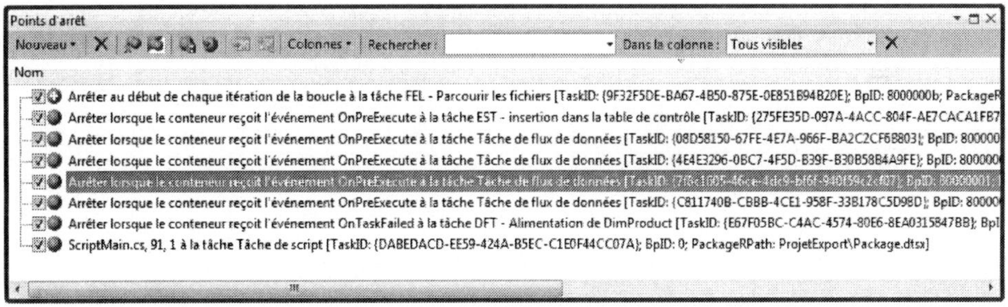

Une fois qu'ils sont positionnés, l'une des premières manières d'exploiter les points d'arrêt est de contrôler la valeur d'une variable. Également accessible depuis le menu **Déboguer**, la fenêtre **Variables locales** affiche la valeur des variables (utilisateur et système) au moment de la mise en pause de l'exécution sur le point d'arrêt :

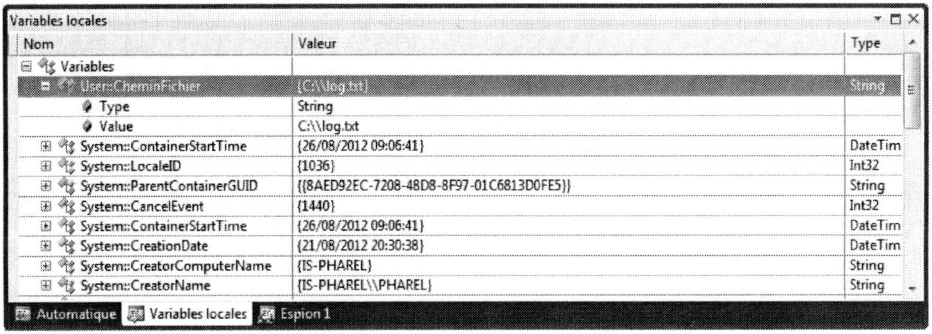

En plus d'afficher la valeur des variables, cette fenêtre offre la possibilité de les modifier alors que le lot est en cours d'exécution. C'est très pratique dans le cas où, pour une même exécution, plusieurs formes de résultats doivent être testées. Pour cela, il suffit de faire un clic droit sur la valeur qui apparaît en face de la propriété **Valeur** de la variable CheminFichier et sélectionner **Modifier la valeur**.

Il peut être commode de ne suivre que certaines variables pendant la phase de débogage. Cette sélection va se faire grâce à la fenêtre **Espion**, dont l'onglet est visible ci-dessus. Pour sélectionner la variable à suivre, il y a deux possibilités : soit faire un clic droit sur la variable depuis la fenêtre **Variables locales** et choisir **Ajouter un espion**, soit directement depuis la fenêtre **Espion** en saisissant le nom de la variable dans la colonne **Nom** :

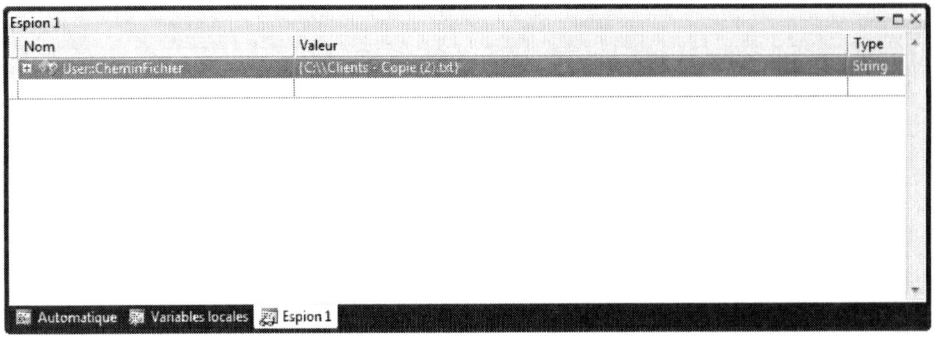

Tout comme pour les tâches standard du flux de contrôle, il est possible de créer des points d'arrêt dans les tâches de script et, depuis cette version 2012, dans les scripts du flux de données. Le mode de positionnement de ces points d'arrêt est le même que pour tout projet Visual Basic ou C#. Il faut éditer le script et sélectionner la ligne sur laquelle on souhaite que le débogueur s'arrête. Il faut cependant choisir judicieusement l'endroit dans le script sur lequel on souhaite marquer une pause. Par exemple, pour un point d'arrêt positionné sur la méthode ProcessInputRows d'un script de transformation du flux de données, si le nombre de lignes traitées est important, le débogueur risque de s'arrêter pour chacune d'entre elles.

3.2 Résultats d'exécution et journal d'événements

Deux autres fenêtres sont intéressantes pendant le débogage. La première est l'onglet **Résultats d'exécution**, qui apparaît pendant l'exécution du lot dans SSDT mais persiste jusqu'à la prochaine exécution. En cas d'échec d'un lot, c'est la première source d'information qui est utilisée afin de comprendre ce qui s'est passé. Cette fenêtre présente entre autres quelques événements survenus sur les composants du lot, un pourcentage de progression en temps réel des tâches, des métriques sur le temps d'exécution tâche par tâche et au global pour le lot, etc. Toutes ces informations sont présentées sous forme d'une arborescence, ce qui facilite son exploitation.

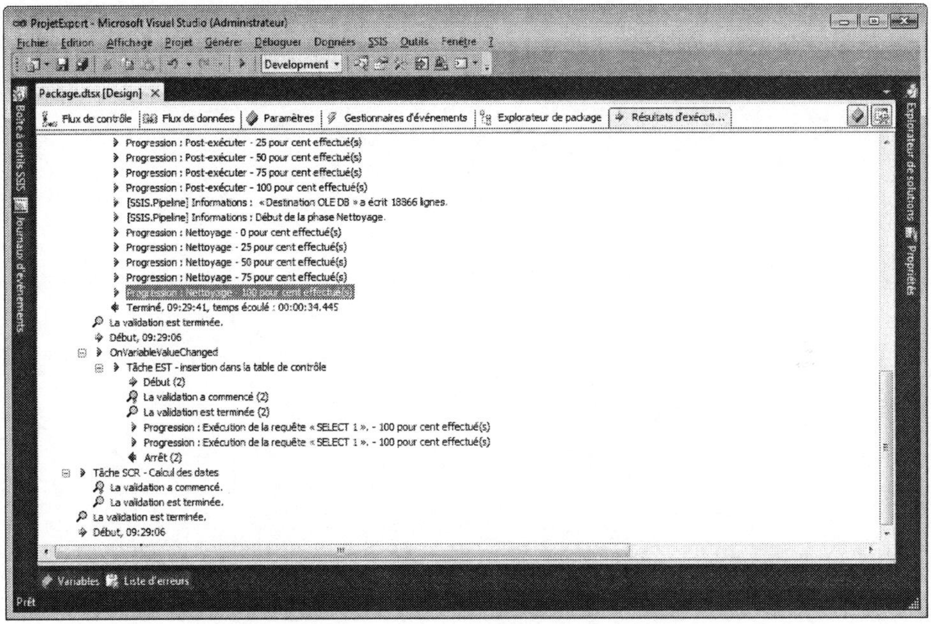

La seconde fenêtre est le **Journal des événements**. Accessible via un clic droit sur le fond du flux de contrôle puis **Journaliser les événements**, elle présente les événements levés par les tâches de notre lot. À l'inverse de la fenêtre **Résultats d'exécution** pour laquelle nous n'avons pas la main sur la sélection des informations à présenter, journaliser les événements se base sur la configuration de journalisation mise en place en amont (comme détaillé au début de ce chapitre). On y retrouve les colonnes Computer, Operator, etc. dont nous parlions précédemment.

3.3 Le flux de données

Hormis pour le composant de script, il n'est pas possible de positionner un point d'arrêt dans le flux de données. Mais d'autres méthodes existent, permettant de contrôler le déroulement de l'exécution. La première est relativement simple et toujours exposée par SSIS, c'est visualiser le nombre de lignes qui transitent dans les pipelines :

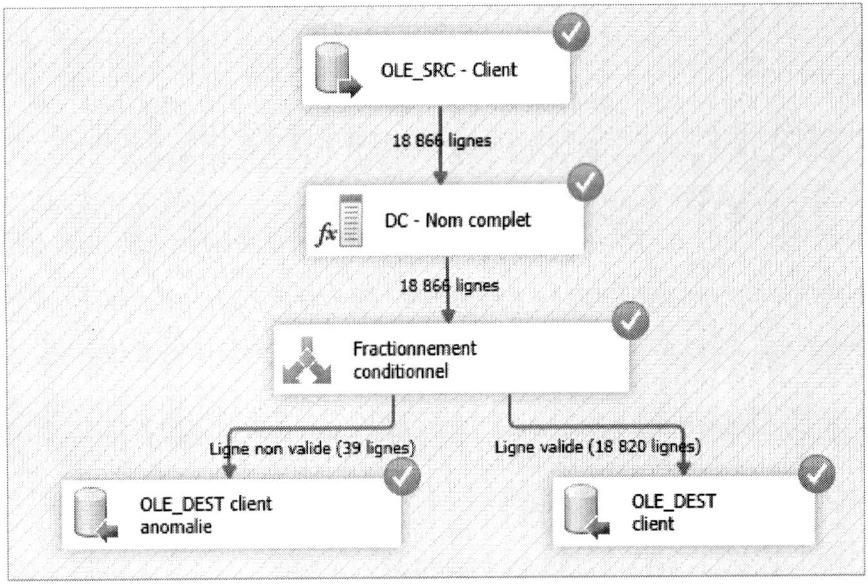

Dans l'exemple ci-dessus, 18 866 lignes sont disponibles en entrée du composant de fractionnement conditionnel. Cependant, nous n'en retrouvons que 18 859 en sortie. Il y a de fortes chances pour que 7 lignes ne respectent aucune des conditions mises en place dans le fractionnement conditionnel : elles sont pour le moment perdues et c'est ce nombre de lignes qui transitent sur les path qui nous permet de nous en rendre compte rapidement.

La visionneuse de données vient compléter ce premier outil. En effet, une fois que le nombre de lignes est validé, il y a souvent besoin de réaliser un contrôle qualitatif de la donnée. Une visionneuse de données se positionne sur un pipeline. Pour ce faire, il faut accéder aux propriétés de ce dernier via un double clic, puis **Visionneuse de données** :

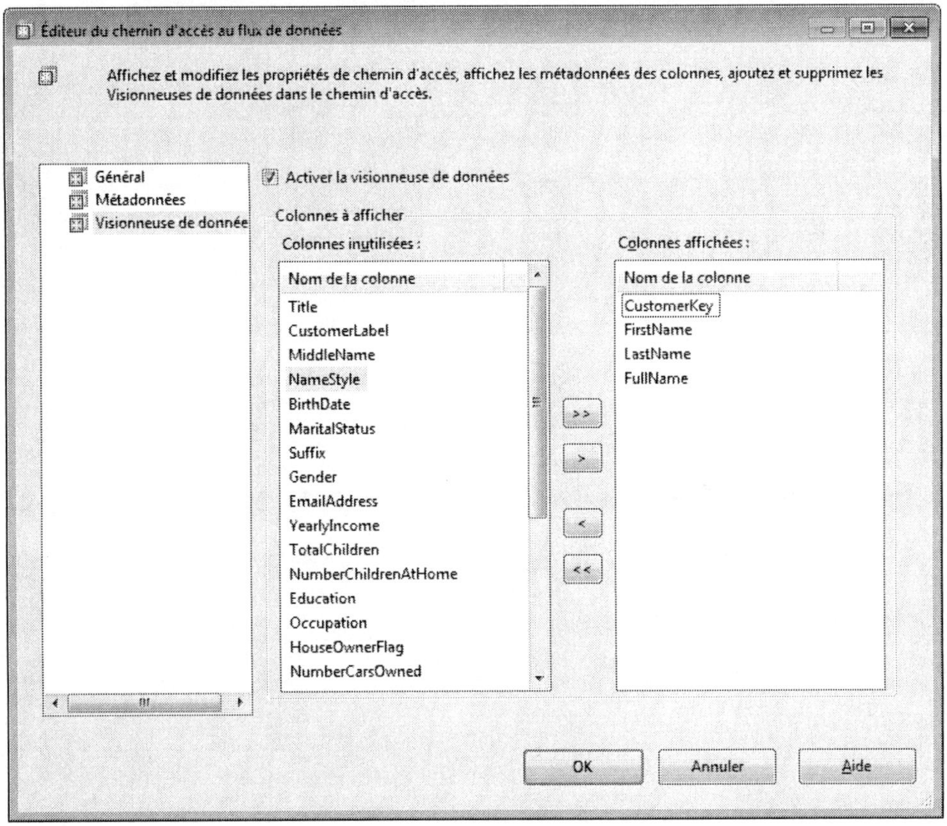

Les deux colonnes visibles ci-dessus nous permettent de sélectionner les champs du buffer dont on souhaite voir les valeurs pour les lignes traitées par le flux de données. Pour y accéder, il faut cocher la case **Activer la visionneuse de données**. Dans notre exemple, son utilisation est destinée à contrôler le calcul de la colonne FullName, issue de la concaténation des colonnes FirstName et LastName. La visionneuse est donc placée en sortie du composant DC - Nom complet.

Voici le résultat lors du débogage :

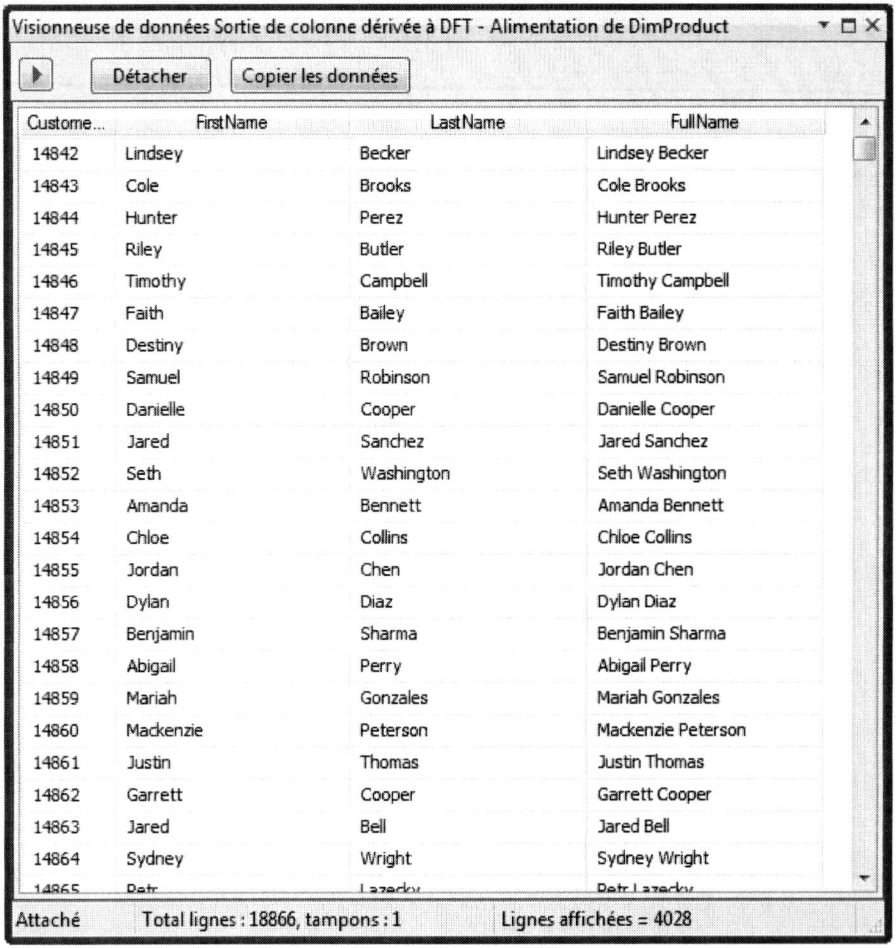

Custome...	FirstName	LastName	FullName
14842	Lindsey	Becker	Lindsey Becker
14843	Cole	Brooks	Cole Brooks
14844	Hunter	Perez	Hunter Perez
14845	Riley	Butler	Riley Butler
14846	Timothy	Campbell	Timothy Campbell
14847	Faith	Bailey	Faith Bailey
14848	Destiny	Brown	Destiny Brown
14849	Samuel	Robinson	Samuel Robinson
14850	Danielle	Cooper	Danielle Cooper
14851	Jared	Sanchez	Jared Sanchez
14852	Seth	Washington	Seth Washington
14853	Amanda	Bennett	Amanda Bennett
14854	Chloe	Collins	Chloe Collins
14855	Jordan	Chen	Jordan Chen
14856	Dylan	Diaz	Dylan Diaz
14857	Benjamin	Sharma	Benjamin Sharma
14858	Abigail	Perry	Abigail Perry
14859	Mariah	Gonzales	Mariah Gonzales
14860	Mackenzie	Peterson	Mackenzie Peterson
14861	Justin	Thomas	Justin Thomas
14862	Garrett	Cooper	Garrett Cooper
14863	Jared	Bell	Jared Bell
14864	Sydney	Wright	Sydney Wright

Dans son mode de fonctionnement, la visionneuse va mettre le flux de données en pause pour chaque buffer qui transite sur le path sur lequel elle est positionnée. Pour passer au buffer suivant, il faut cliquer sur le bouton ▶ en haut à gauche de la fenêtre. Le nombre de lignes et le buffer sur lequel nous nous trouvons sont indiqués en bas de la visionneuse. De cette manière, il est possible de passer toutes les lignes en revue (ce que généralement on évite de faire car les volumes de données traités sont importants). La tendance est au positionnement de la visionneuse sur les sorties d'erreur des composants. De cette façon, nous ne contrôlons que les lignes posant problème afin de corriger le flux de données en conséquence.

Remarque

L'utilisation de cette visionneuse a été simplifiée en 2012. Nous ne disposons plus que de l'équivalent du mode grille de données de 2008 R2. Les histogrammes, nuages de points et autres graphiques ont disparu car très peu utilisés.

4. Monitoring

Lors de leur mise en production, il est important de pouvoir surveiller les packages. Pour se faire, il existe de nombreuses méthodes. L'une des premières que l'on peut mettre en place, c'est l'exploitation automatique des informations remontées par la journalisation, décrite en début de chapitre. En effet, cette fonctionnalité permet de connaître la date et l'heure de début et de fin d'exécution d'un composant et donc, son temps d'exécution. Il est commode, dans le premier temps de l'analyse de savoir si cette durée d'exécution correspond ou non à nos attentes. On sait par exemple qu'un flux de données traitant une centaine de milliers de lignes mais dont le temps d'exécution dépasse les cinq minutes est relativement rare : ce genre de métrique doit nous alerter. Dans un second temps de l'analyse et une fois les données de journalisation historisées, il est possible de surveiller l'évolution du temps d'exécution des lots afin de prévenir toute dérive ou faire de la gestion de capacité (capacity planning) c'est-à-dire de la prévision sur l'utilisation des ressources serveur par exemple. Cette exploitation automatique peut par exemple être mise en place via une journalisation dans une table d'une base de données SQL Server avec un rapport Reporting Services qui requête dessus. C'est très simple à développer et extrêmement puissant en termes de monitoring.

Si l'on souhaite cette fois avoir une vue orientée matériel et suivre les consommations des ressources serveur de nos lots, Performance Monitor est l'outil qu'il nous faut. Il existe quelques compteurs de performance qu'il faut connaître.

SQLServer : pipeline SSIS 11.0 :

- Mémoire tampon (Buffer Memory) : correspond à la quantité de mémoire utilisée par le DTEXEC pour les buffers. Si cette valeur (mémoire physique et virtuelle) est supérieure à la quantité de RAM disponible sur le serveur, cela signifie que le processus "swap" et donc réalise des opérations sur le disque, ce qui ralentit considérablement les lots. Il faut faire attention au niveau de parallélisation des lots SSIS, aux types des données qui transitent (BLOB entre autres) et à la configuration matérielle du serveur (pas assez de mémoire).
- Mémoires tampon spoulées (Buffer Memory Spooled) : c'est le nombre de buffers ayant été écrits sur le disque. Il vient compléter le compteur de performance précédent.
- Mémoires tampon en service : nombre de buffers en cours d'utilisation. Avec le compteur précédent, il est possible de déterminer un ratio de performance sur ces buffers.

Process DTEXEC :

- Temps processeur (% Processor Time) : occupation des processeurs par le DTEXEC.
- Mémoire de travail (Working Set Memory) : mémoire utilisée par le processus.

Voici pour les compteurs principaux. Si en plus de cela, les lots utilisent de manière intensive les bases de données, ou de nombreux fichiers plats sur disque, il peut être utile de suivre des compteurs de performance associés à ces objets.

SSIS 2012 et Management Studio offrent des rapports de monitoring pré-développés. Nous en avons aperçu quelques-uns lorsque nous évoquions la journalisation. Ils seront présentés de manière plus détaillée dans le chapitre Administration SSIS.

5. Data Taps

Les Data Taps sont une nouvelle fonctionnalité dans SSIS 2012. Par analogie, on peut dire qu'ils fonctionnent comme les visionneuses de données. Mais contrairement à ces dernières, les Data Taps ne sont pris en compte qu'au moment de l'exécution du lot, en dehors de l'environnement SSDT. Il est maintenant possible de regarder les données qui transitent sur un flux bien particulier de l'un des flux de données de nos packages. C'est très pratique en cas de nécessité de débogage d'un lot SSIS déjà mis en production. Les données extraites par les Data Taps sont enregistrées dans un fichier .csv. Bien entendu, étant donné qu'ils sont utilisables seulement lors de l'exécution des lots en production, les Data Taps sont créés en dehors de SSDT : c'est un gros avantage, mais nous allons voir que leur mise en place n'est pas triviale.

Pour illustrer leur création, nous allons utiliser le package DataTap.dtsx déployé sur notre serveur de production. La solution ProjetExport contenant le lot à déployer se trouve avec les éléments en téléchargement pour cet ouvrage.

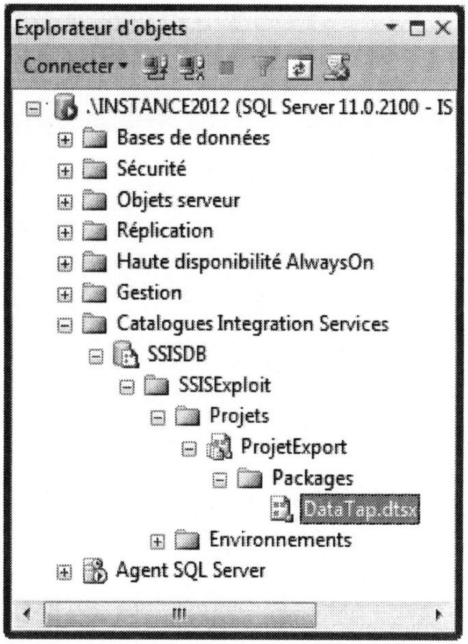

Afin de positionner des Data Taps sur ce lot, nous allons utiliser des procédures stockées disponibles sur SQL Server 2012. Voici un exemple de création d'un Data Tap sur ce package :

```
EXEC SSISDB.catalog.add_data_tap @execution_id=@execution_id,
@task_package_path='\Package\DFT - Alimentation de DimProduct',
@dataflow_path_id_string='Paths[DC - Nom complet.Sortie de colonne
dérivée]',
@data_filename='DataTapExtraction.csv'
```

SSISDB.catalog.add_data_tap : est le nom de la procédure stockée qui permet la création du Data Tap à l'exécution.

@execution_id : est la variable qui va récupérer l'identifiant d'exécution du package afin de pouvoir brancher le Data Tap sur la bonne occurrence d'exécution du lot.

@task_package_path : est le chemin d'identification du flux de données sur lequel le Data Tap est positionné. Dans notre lot, le flux de données se nomme DFT-Alimentation de DimProduct.

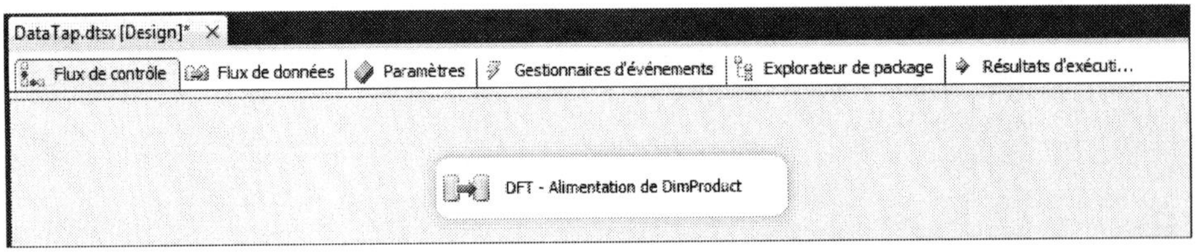

@dataflow_path_id_string : est le path, autrement dit le nom du flux sur lequel est créé le Data Tap. Pour le retrouver, il faut faire un clic droit sur le flux en question, puis aller rechercher sa propriété **IdentificationString**. Attention, nous pouvons voir dans cette propriété une valeur commençant par "Chemin d'accès". Lors de la construction de la commande ci-après, il faut veiller à remplacer cette mention par "Paths".

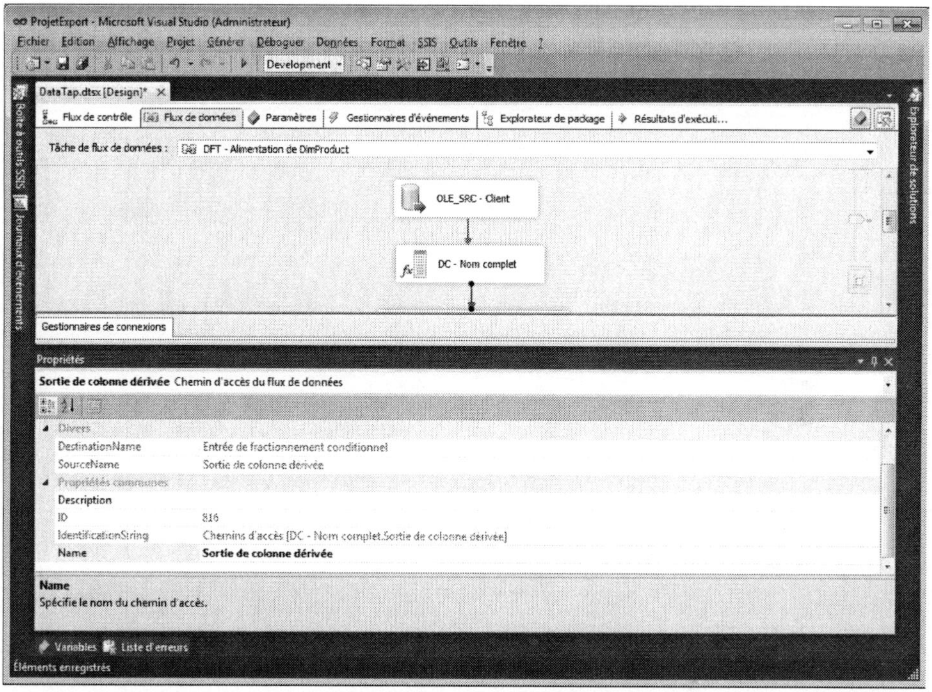

@data_filename : est le nom du fichier CSV qui est créé. Il se trouve dans le répertoire des dumps SSIS. Par défaut, ce répertoire se trouve sur C:\Program Files\Microsoft SQL Server\110\DTS\DataDumps. Il n'est pas modifiable.

Si maintenant nous encapsulons le code SQL ci-dessus avec la procédure stockée permettant l'exécution d'un lot, nous obtenons :

```
DECLARE @execution_id bigint

EXEC SSISDB.catalog.create_execution @package_name='DataTap.dtsx',
@execution_id=@execution_id OUTPUT,
@folder_name='SSISExploit',
@project_name='ProjetExport',
@use32bitruntime=False,
@reference_id=Null

EXEC SSISDB.catalog.add_data_tap @execution_id=@execution_id,
@task_package_path='\Package\DFT - Alimentation de DimProduct',
@dataflow_path_id_string='Paths[DC - Nom complet.Sortie de colonne
dérivée]',
```

```
@data_filename='DataTapExtraction.csv'
EXEC SSISDB.catalog.start_execution @execution_id
```

Le résultat sera un fichier CSV avec les lignes de données et les colonnes qui ont transité sur le flux entre les deux composants du flux de données.

Chapitre 8
Administration SSIS

1. Introduction

1.1 Présentation des modèles de déploiement

Avec l'apparition dans SSIS 2012 du **modèle de déploiement de projet** et du catalogue **SSISDB**, l'administration d'Integration Services est aujourd'hui encore plus intimement liée à l'utilisation du moteur de base de données SQL Server. Les changements liés à ce nouveau mode de déploiement et de stockage apportent plusieurs améliorations importantes et comblent certaines lacunes quant aux capacités de configuration, de gestion de version, d'exécution et de supervision des packages.

Même si l'ancien **modèle de déploiement de package** est toujours utilisable pour la gestion et le fonctionnement des packages dans la version 2012, il a été conservé pour des besoins de compatibilité ascendante. Il est évident qu'il doit être réservé au fonctionnement des projets SSIS développés avec les précédentes versions de SSIS (de 2005 à 2008 R2). Nous vous conseillons donc de ne plus utiliser ce modèle pour vos nouveaux développements, voire d'envisager une migration de vos anciennes solutions pour profiter de l'apport des nouvelles fonctionnalités intégrées au modèle de déploiement de projet.

Ainsi, du fait qu'il semble plus judicieux de se tourner vers l'utilisation du modèle de déploiement de projet, nous détaillerons davantage dans ce chapitre les éléments relatifs à ce nouveau mode de fonctionnement, en prenant soin de clarifier quels sont les composants utilisables dans chaque modèle.

1.2 Comparaison des modèles de déploiement

Nous allons comparer dans le tableau suivant les deux modèles de déploiement présents dans SSIS 2012 en listant les différentes fonctionnalités :

Modèles de déploiement		
	Modèle de déploiement de projet	**Modèle de déploiement de package**
Configuration	Utilisation des paramètres de projet ou de package conjointement aux environnements SSIS.	Au choix parmi : – Les fichiers XML *.dtsconfig*. – Table(s) SQL Server. – Variable(s) d'environnement.
Mode de déploiement	Déploiement des projets basé sur les fichiers .ispac générés dans SSDT.	Déploiement des packages : – Via le manifeste de déploiement généré dans SSDT. – Manuel. – Via l'utilitaire dtutil.

Modèles de déploiement		
	Modèle de déploiement de projet	**Modèle de déploiement de package**
Stockage	Projets et packages dans la base dédiée SSISDB (moteur de base de données SQL Server requis).	Au choix sous forme de : – Données dans la base système MSDB. – Fichiers dans un dossier. – Fichiers dans un dossier spécifique (magasin de packages).
Console d'administration	Dans SSMS, utilisation de l'interface graphique *Catalogues Integration Services* de l'instance SQL Server (sqlservr.exe).	Dans SSMS, connexion à l'instance du service Integration Services (MsDtsSrvr.exe).
Validation	Via des procédures stockées T-SQL	Via l'utilitaire dtexec.
Exécution	Via des procédures stockées T-SQL ou l'utilitaire dtexec.	Via les utilitaires dtexec et dtexecui.
Journalisation	Automatique et simplifiée.	Possible mais exploitation complexe.
Reporting	Rapports prédéfinis.	Pas de rapports prédéfinis.

Remarque

Quelle que soit la version de SSIS, l'API de programmation liée à SSIS constitue un moyen d'exécuter différents traitements relatifs au développement de package ou à l'administration de ceux-ci. Du fait que nous présentons uniquement dans ce chapitre les méthodes basées sur les outils SQL Server et les interfaces utilisateur fournis par celui-ci, vous ne retrouverez pas dans le tableau précédent la possibilité d'utiliser d'API pour effectuer les différentes tâches mentionnées, même s'il est évidemment possible de le faire. De plus, avec la version SQL Server 2012 il est aujourd'hui possible d'utiliser PowerShell pour, là encore, effectuer de nombreuses tâches d'administration. Vous trouverez des exemples de ces deux méthodes dans des articles en anglais disponibles sur le blog de l'équipe produit SSIS (http://blogs.msdn.com/b/mattm/) intitulés ***A Glimpse of the SSIS Catalog Managed Object Model*** *et* ***SSIS and PowerShell in SQL Server 2012****.*

2. Le catalogue SSISDB

2.1 Présentation du catalogue SSISDB

Le catalogue SSISDB est le nouveau référentiel apparu dans SSIS 2012 avec l'arrivée du modèle de déploiement de projet pour lequel il constitue l'unique mode de stockage et de gestion des packages, des paramètres et des projets SSIS. Il contient aussi toutes les données liées à l'exploitation de ceux-ci telles que les données relatives à l'exécution des packages, et les différentes versions déployées.

Ce catalogue SSISDB s'appuie sur une base de données SQL Server portant le même nom que lui. Celle-ci contient tous les objets (tables, vues, procédures stockées et fonctions) nécessaires au stockage et à la réalisation des différentes tâches liées à l'administration et à l'exécution des packages et des projets.

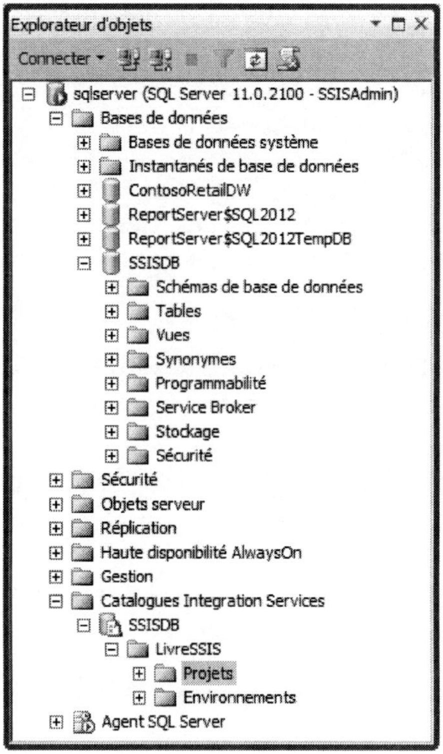

Avec ce nouveau mode de fonctionnement lié au catalogue SSISDB, toutes les actions que vous aurez besoin d'effectuer passeront soit par l'exécution de code T-SQL sur la base SSISDB, soit par l'utilisation de l'interface graphique présente dans SQL Server Management Studio (SSMS) dans le bas de l'explorateur d'objets.

Remarque

Comme la plupart des tâches réalisables dans SSMS lorsqu'on est connecté à une instance du moteur de base de données SQL Server, l'utilisation de l'interface n'est qu'une surcouche à l'utilisation de code T-SQL. Vous pourrez d'ailleurs générer le code équivalent aux actions que vous effectuez en utilisant le bouton ***Script*** *présent en haut de la plupart des fenêtres. Vous retrouverez une aide détaillée sur les objets de la base de données SSISDB et l'utilisation des procédures stockées de celle-ci dans des articles de l'aide SQL Server.*

2.2 Création de la base SSISDB

Pour pouvoir utiliser le nouveau modèle de déploiement de projet et envisager de déployer les projets et les packages, il est d'abord nécessaire de créer la base de données SSISDB dédiée. En effet, même si tous les composants logiciels de SSIS sont installés sur un serveur, la base SSISDB n'existe pas par défaut. Elle doit donc être créée avant de pouvoir y ajouter des dossiers et déployer des projets et des packages SSIS à l'intérieur de ceux-ci.

Pour créer le catalogue SSISDB :

- Dans SSMS, faites un clic droit sur le dossier **Catalogues Integration Services** et sélectionnez dans le menu contextuel **Créer le catalogue**.

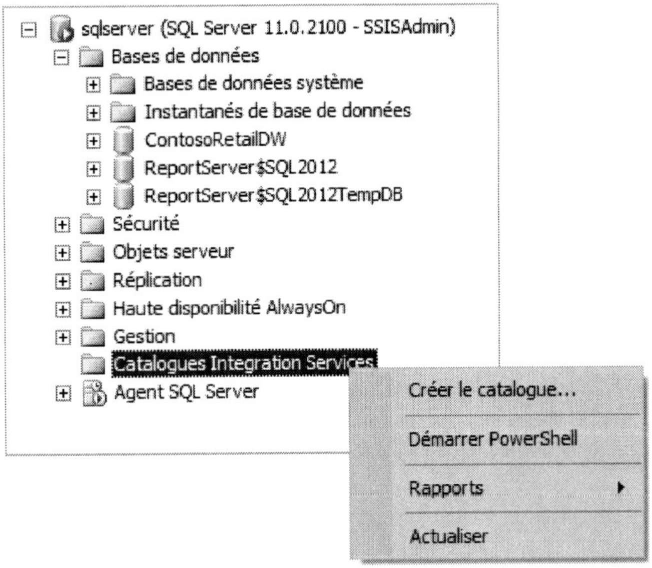

- Dans la fenêtre **Créer un catalogue**, saisissez le **Mot de passe** et conservez les cases à cocher telles quelles.

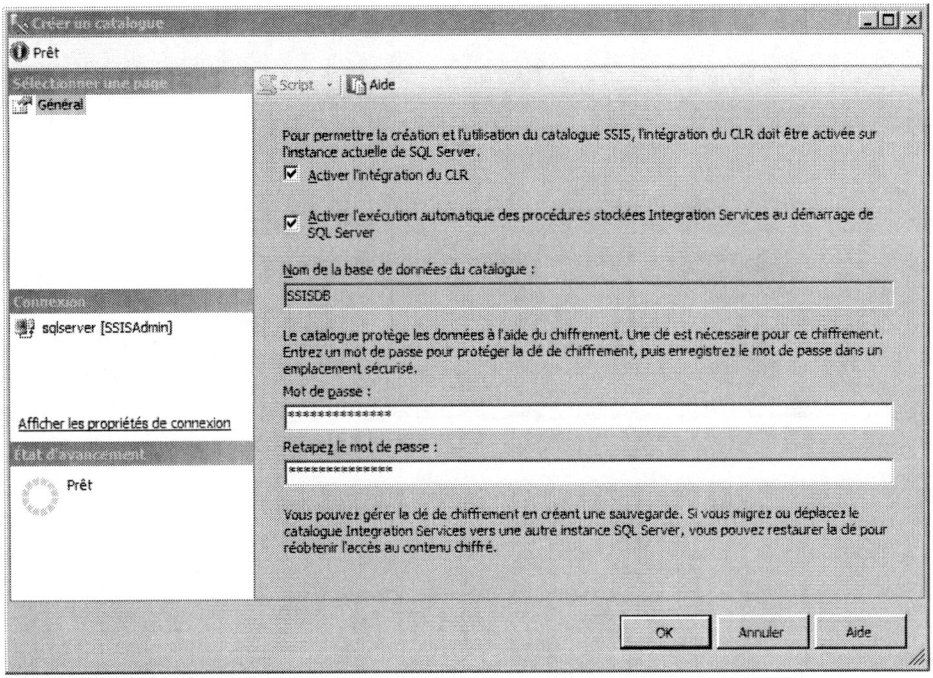

Remarque

*Vous ne pouvez pas choisir le nom du catalogue qui est obligatoirement SSISDB. Celui-ci correspond à la base de données SQL Server sous-jacente présente dans la liste des bases du serveur. De plus, il n'est pas non plus possible de créer d'autres catalogues Integration Services sur une instance SQL Server, bien que le dossier présent dans l'explorateur d'objets comporte un "s" pour le terme **Catalogues**.*

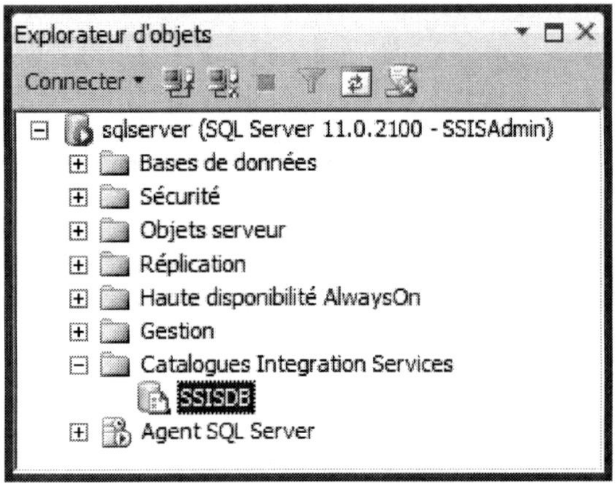

Sauvegarde de la clé de chiffrement

Une fois le catalogue créé, il est conseillé de sauvegarder la clé de chiffrement, tel que mentionné dans l'écran de création du catalogue SSISDB. Cela vous permettra de restaurer la base SSISDB et son contenu sur un autre serveur si vous voulez migrer celle-ci vers une autre instance ou en cas de récupération suite à une perte ou une corruption des fichiers de la base de données.

Pour réaliser cette sauvegarde, ouvrez une fenêtre de requête T-SQL dans SSMS et exécutez une commande équivalente à celle présente ci-dessous en remplaçant les valeurs des arguments suivants :

- FILE = chemin complet du fichier de la clé (comprenant dossiers et nom de fichier).
- PASSWORD = mot de passe utilisé pour sécuriser l'utilisation de la clé. Il est requis lors de la restauration sur un autre serveur.

```
USE SSISDB
BACKUP MASTER KEY
TO FILE = 'd:\backup\key\ssis\SSISkey'
ENCRYPTION BY PASSWORD = '4*jA7R%v'
```

2.3 Administration avec SSISDB

Le catalogue SSISDB rend possible l'administration des projets et des packages via une interface graphique riche et simple d'utilisation. Elle permet d'effectuer de nombreuses tâches qu'il était possible de réaliser auparavant via les utilitaires en ligne de commande DTEXEC et DTUTIL et qui le sont désormais via l'exécution de procédures stockées (qui se substituent à ces utilitaires).

2.3.1 Création de dossiers dans SSISDB

Après avoir créé le catalogue SSISDB, l'une des premières tâches qu'il est possible de faire est de préparer l'arborescence destinée à recevoir les projets SSIS qui seront déployés avec le modèle de déploiement de projet. Du fait qu'il n'est, en effet, pas possible de déployer des projets directement à la racine du catalogue, il peut donc être utile de créer, au préalable, un ou plusieurs dossiers destinés à les recevoir plutôt que d'attendre l'exécution de l'assistant de déploiement de projet qui vous permettra de créer ceux-ci au dernier moment.

Pour créer un dossier :

- Dans **Catalogues Integration Services**, faites un clic droit sur le catalogue **SSISDB** et sélectionnez **Créer un dossier...** :

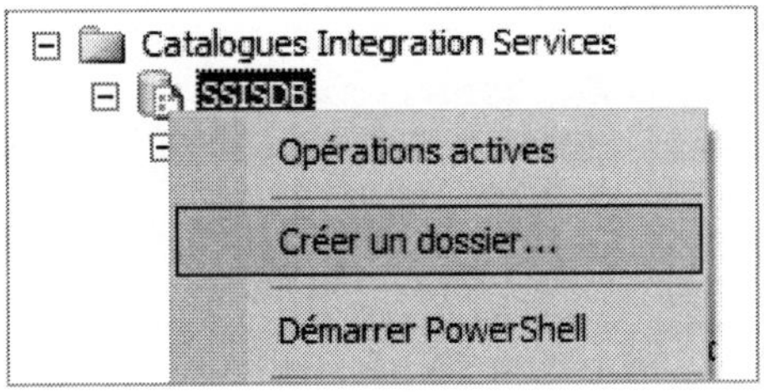

- Saisissez le **Nom du dossier** (vous pouvez ajouter une **Description du dossier** de manière optionnelle) :

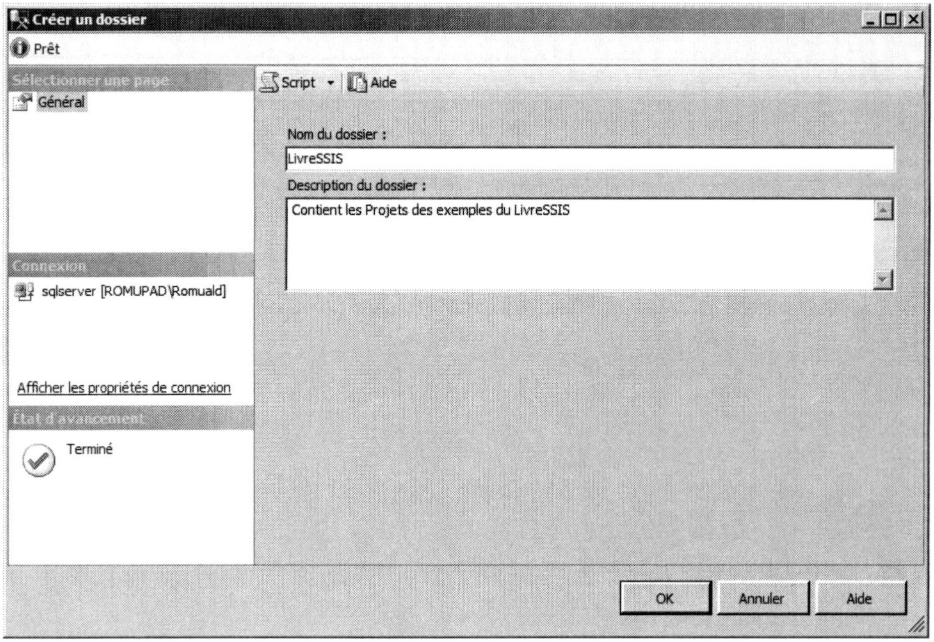

Remarque

Si vous cliquez sur le bouton ***Script*** *de la fenêtre* ***Créer un dossier*** *vous pouvez récupérer le script T-SQL correspondant à l'appel de la procédure stockée utilisée pour la création de celui-ci :*

```
Declare @folder_id bigint
EXEC [SSISDB].[catalog].[create_folder]
@folder_name=N'LivreSSIS', @folder_id=@folder_id OUTPUT
Select @folder_id
EXEC [SSISDB].[catalog].[set_folder_description]
@folder_name=N'LivreSSIS', @folder_description=N'Contient les
Projets des exemples du Livre SSIS'
GO
```

2.3.2 Utilisation d'environnements serveur

Autre apport du catalogue SSISDB, les environnements constituent la fonctionnalité qui remplace avantageusement les configurations du modèle de déploiement de package.

Ils sont créés au niveau des dossiers du catalogue. Leur portée par défaut est celle du dossier de création, mais ils peuvent être utilisés par les projets des autres dossiers.

Le lien entre environnement et package se fait par le biais des variables créées dans l'environnement et ensuite utilisées au niveau des paramètres du package :

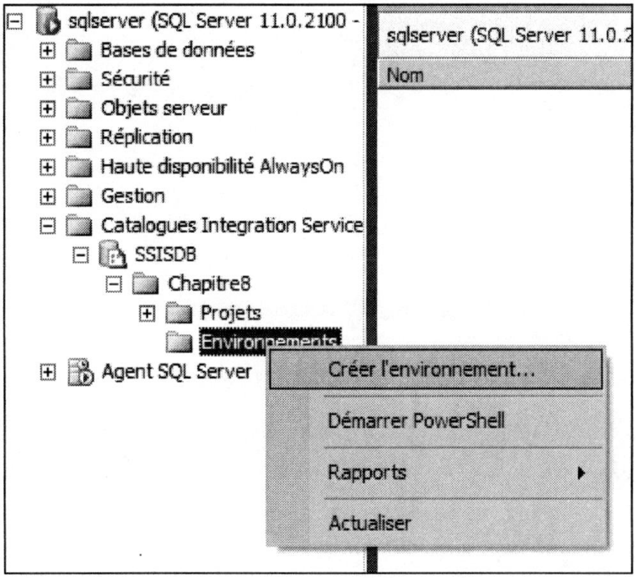

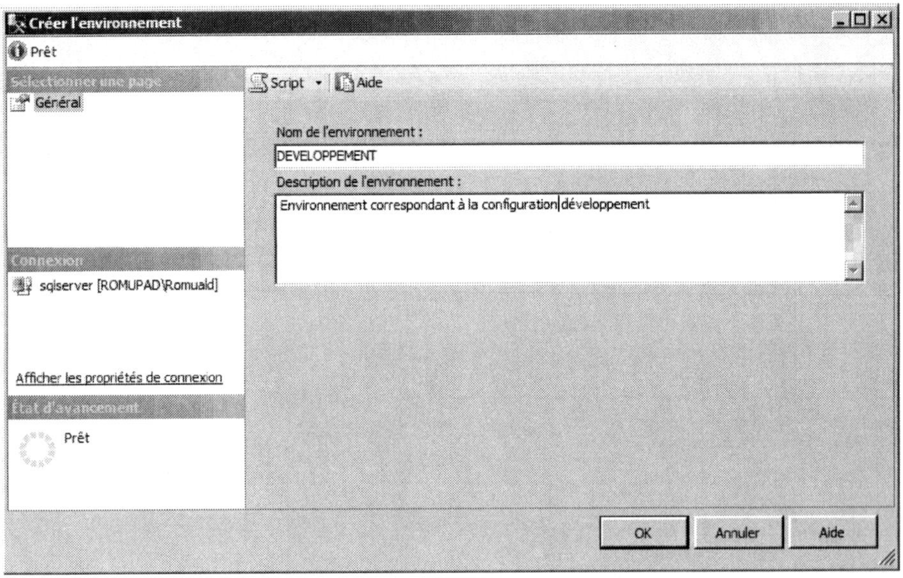

Il faut créer l'environnement et confirmer grâce au bouton **OK**, pour ensuite pouvoir modifier ses propriétés et y ajouter des variables.

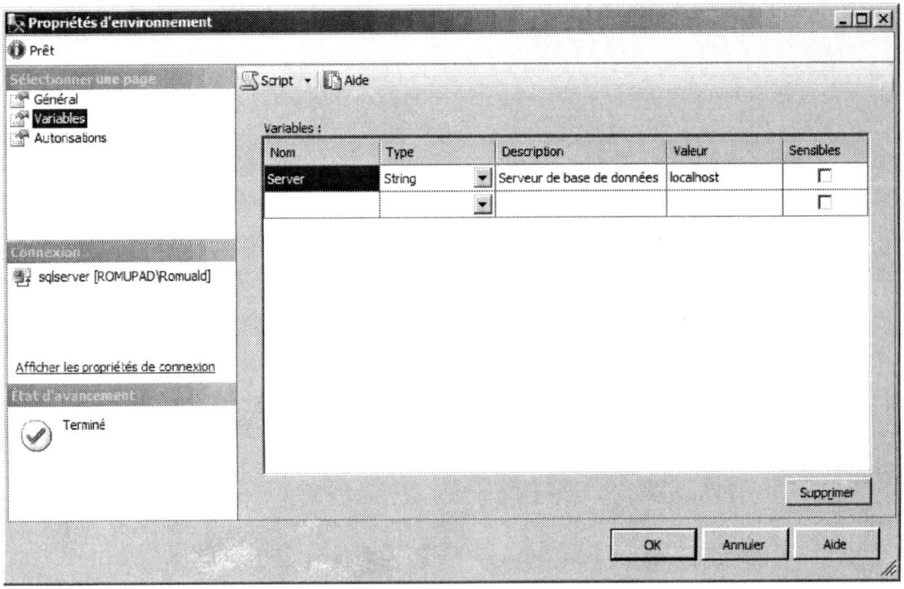

La variable d'environnement est alors utilisable via la commande **Configurer** accessible au niveau des projets et des packages dans le catalogue SSISDB.

Par exemple, pour définir la valeur d'un paramètre, il suffit de choisir **Utiliser la variable d'environnement** et de sélectionner la variable.

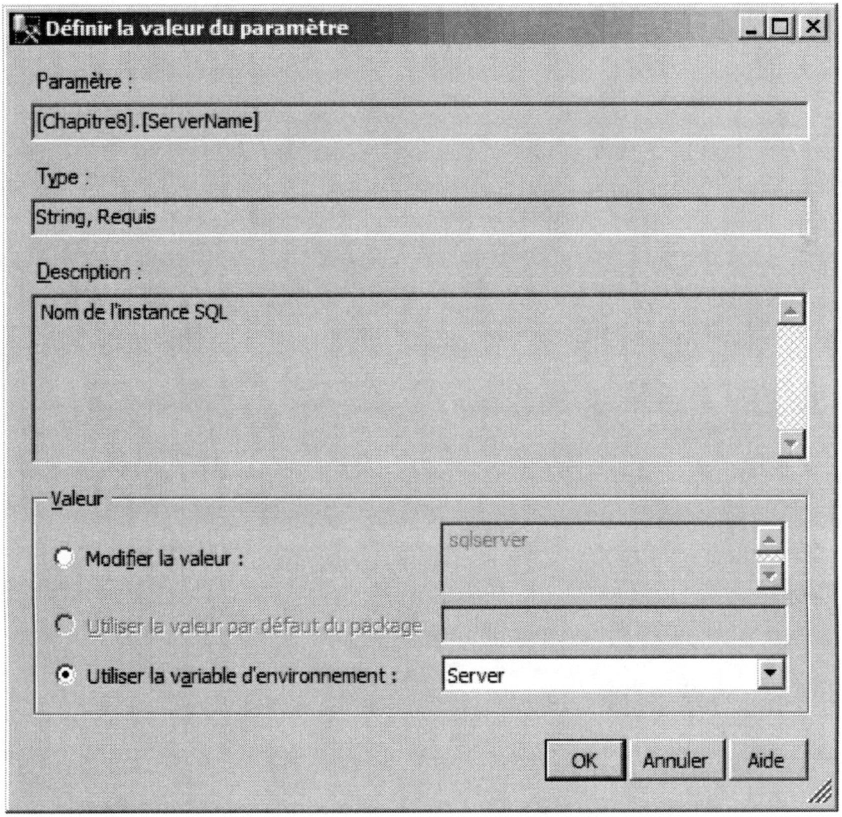

Le paramètre configuré ainsi apparaît avec le nom de la variable d'environnement souligné en tant que valeur :

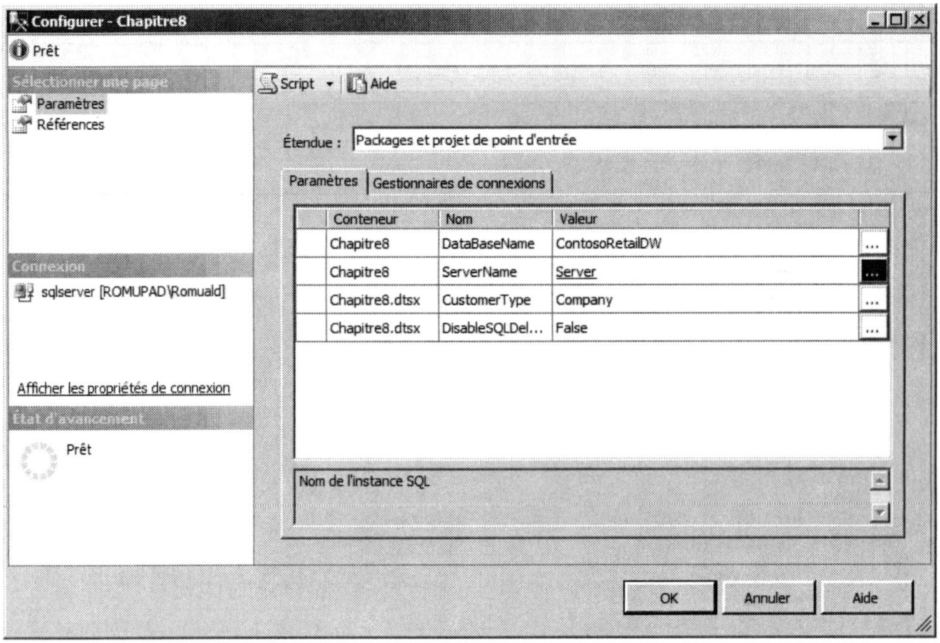

En créant plusieurs environnements contenant les mêmes variables avec des valeurs différentes, vous pouvez donc modifier le contexte d'exécution de vos projets et de vos packages très simplement, en ajoutant les environnements dans les références et en les sélectionnant lors de l'exécution.

2.3.3 Gestion des versions

Autre nouveauté de SSIS 2012, la gestion des versions de projet permet de stocker et utiliser plusieurs versions des packages SSIS déployés dans le catalogue. Cela est rendu possible par le mode de stockage basé sur la base de données SSISDB. Par défaut, la dernière version est utilisée lors de l'exécution. Cependant, vous pouvez restaurer une ancienne version d'un projet très simplement.

En faisant un clic droit sur un projet et en sélectionnant la commande **Version**, vous accédez à la fenêtre de gestion des versions de celui-ci :

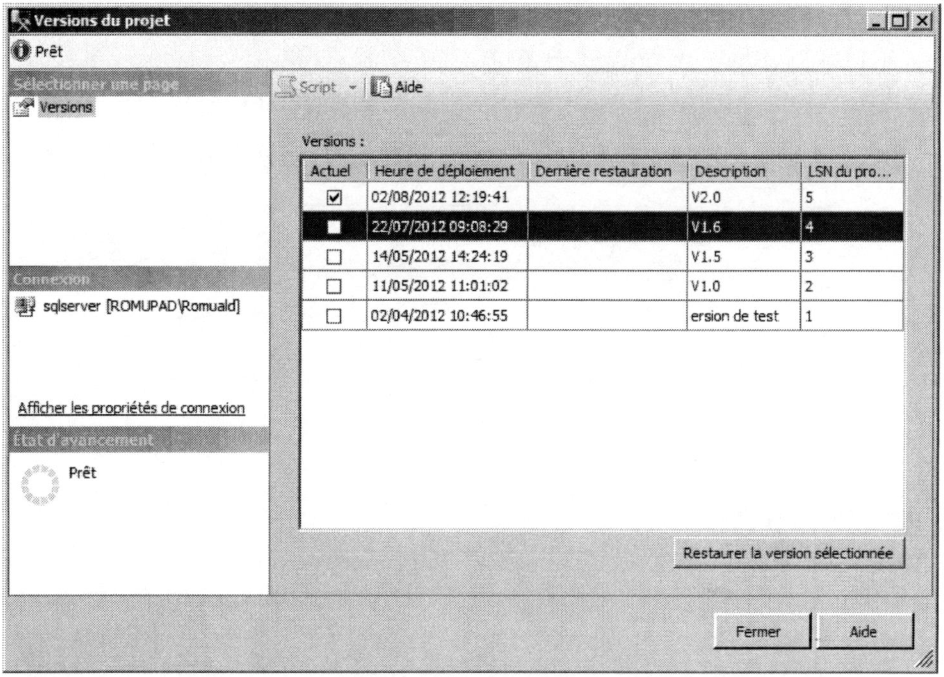

Il suffit alors de cocher la version que l'on souhaite restaurer puis de cliquer sur le bouton **Restaurer la version sélectionnée**. Vous devez confirmer cette action dans une boîte de dialogue.

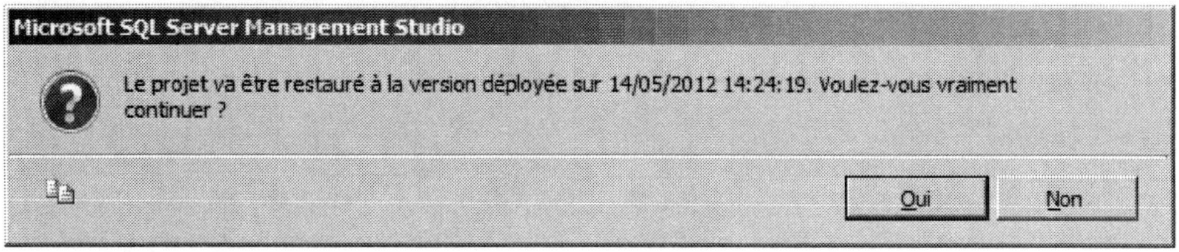

Les versions ne sont, par défaut, pas toutes conservées. Une tâche planifiée basée sur un travail de l'agent SQL Server, purge les anciennes versions au-delà d'un nombre maximum définit à 10 par défaut (mais paramétrable dans les propriétés du catalogue SSISDB). De plus, il est possible de désactiver cette tâche en modifiant la propriété **Supprimer régulièrement les anciennes versions** pour gérer soi-même la façon dont on souhaite les conserver.

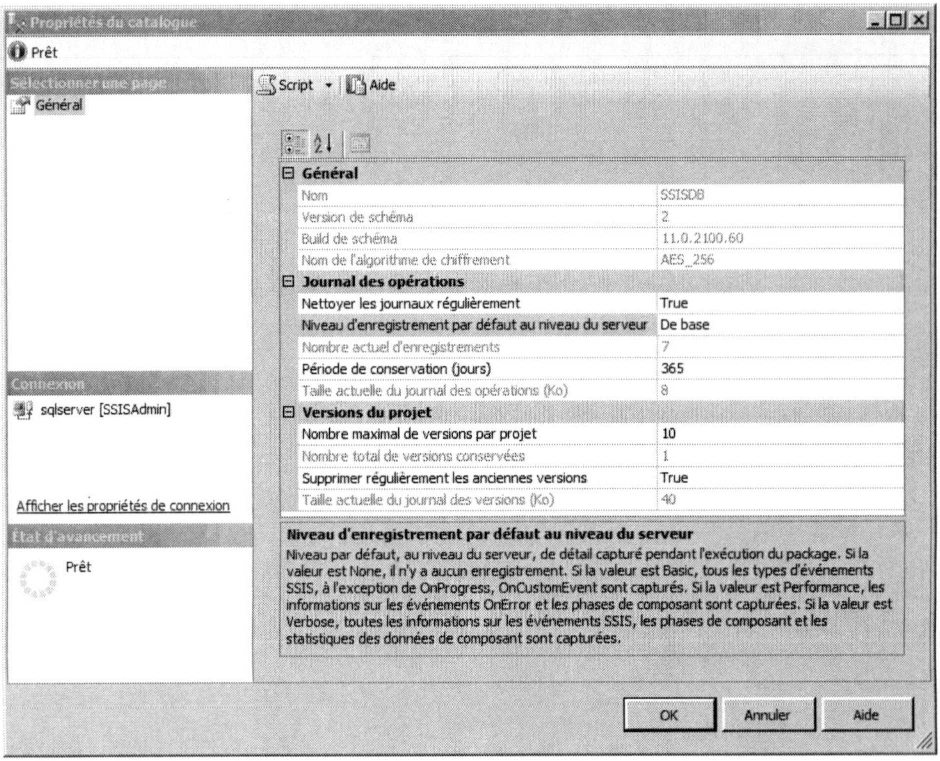

3. Service Integration Services

3.1 Présentation du service

Le service Integration Services est un service Windows lié au modèle de déploiement de package. Il offre la possibilité d'administrer les packages dans SSMS après s'être connecté à l'instance du service.

Remarque

Là encore, vous devez garder en tête que ce service est présent pour assurer la compatibilité avec les versions précédentes de SSIS, il n'a pas de lien avec le catalogue ni la base SSISDB utilisée dans le modèle de déploiement de projet.

À la différence d'autres services SQL, le service Integration Services n'est pas multi-instance pour une même version de SQL Server. Cela signifie qu'il est impossible d'installer plusieurs instances d'une version identique sur une machine. En revanche, il est possible d'avoir plusieurs instances du service, chacune dans des versions différentes, sur une même machine.

Il est nécessaire que la version de SSMS utilisée pour se connecter à une instance SSIS soit la même que celle du service SSIS. Il n'est, par exemple, pas possible de se connecter à une instance SSIS 2008 ou 2008R2 depuis SSMS 2012.

Il est malgré tout possible d'administrer le contenu de plusieurs serveurs SSIS à travers le référencement des dossiers de stockage pris en charge par le service SSIS. Ce référencement est réalisable du fait qu'une instance du service s'appuie sur un fichier de paramétrage (MsDtsSrvr.ini.xml) pour lister les dossiers référencés par celui-ci.

Remarque

Par défaut, l'emplacement du fichier de paramétrage du service SSIS est le suivant sur SQL Server 2012 :
C:\Program Files\Microsoft SQL Server\100\DTS\Binn\MsDtsSrvr.ini.xml

Il suffit alors d'éditer ce fichier pour y ajouter :

- D'autres références vers des bases de données MSDB d'autres instances SQL Server, lesquelles ne sont pas forcément dans la même version que le service SSIS.
- D'autres emplacements de magasins de packages, lesquels peuvent être situés sur d'autres serveurs (les chemins UNC étant alors supportés et utilisables dans ce cas).

Exemple de personnalisation

Voici ci-dessous le contenu d'un fichier de paramétrage d'une instance, référençant le stockage de deux serveurs SSIS, l'un en version 2012 (instance par défaut) l'autre en version 2008 R2 (instance nommée). Les noms des entrées MSDB et des magasins de packages ont été définis pour rendre lisibles et facilement différentiables les espaces de stockage de deux serveurs.

```
<?xml version="1.0" encoding="utf-8"?>
<DtsServiceConfiguration
xmlns:xsd="http://www.w3.org/2001/XMLSchema"
xmlns:xsi="http://www.w3.org/2001/XMLSchema-instance">

<StopExecutingPackagesOnShutdown>true
</StopExecutingPackagesOnShutdown>
  <TopLevelFolders>
    <Folder xsi:type="SqlServerFolder">
      <Name>MSDB 2012</Name>
      <ServerName>.</ServerName>
    </Folder>
    <Folder xsi:type="FileSystemFolder">
      <Name>File System</Name>
      <StorePath>..\Packages</StorePath>
    </Folder>
    <Folder xsi:type="SqlServerFolder">
      <Name>MSDB 2008R2</Name>
      <ServerName>.\SQL2008R2</ServerName>
    </Folder>
    <Folder xsi:type="FileSystemFolder">
      <Name>File System 2008R2</Name>
      <StorePath>..\..\..\100\DTS\Packages</StorePath>
    </Folder>
  </TopLevelFolders>
</DtsServiceConfiguration>
```

La connexion à l'instance se fait toujours sur l'instance du serveur dont le fichier de configuration est modifié.

Le résultat obtenu dans SSMS est alors le suivant :

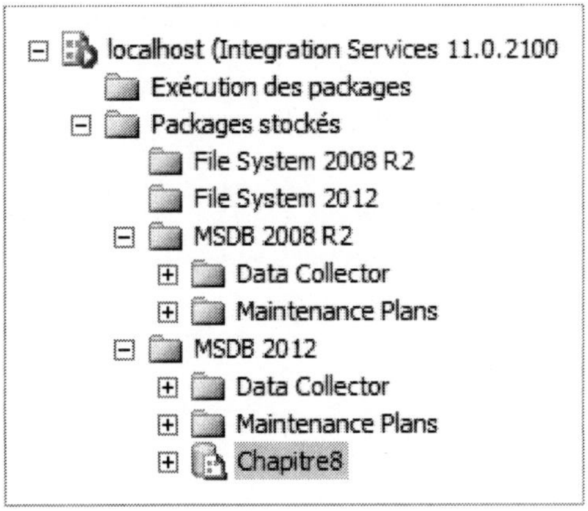

3.2 Administration des packages

Une fois l'instance paramétrée, la connexion à celle-ci dans SSMS rend possible l'administration du contenu des serveurs Integration Services dont les dossiers de stockage sont référencés et deviennent alors accessibles.

Vous pourrez effectuer les tâches listées dans le tableau ci-dessous :

Commande	Description
Nouveau dossier...	Permet de créer des dossiers pour constituer une arborescence permettant d'organiser le contenu de votre serveur SSIS.
Importer le package	Permet d'importer un package pour déployer manuellement.
Exporter le package	Permet d'exporter en recopiant un package vers une autre destination.

Commande	Description
Mettre à niveau les packages	Permet de faire une mise à niveau des packages SSIS des versions antérieures vers la version SSIS 2012.
Rôles du package	Permet de gérer les Rôles de sécurité sur les packages pour définir les droits sur ceux-ci.
Exécuter le package	Permet de lancer l'exécution d'un package via l'utilitaire.
Supprimer	Permet de supprimer un élément du serveur (dossier ou package).
Renommer	Permet de renommer les dossiers et les packages.

4. Déploiement

4.1 Utilisation du modèle de déploiement de projet

4.1.1 Les fichiers de déploiement ISPAC

Le modèle de déploiement de projet apporte son propre format de fichier de déploiement, différent du fichier de manifeste de déploiement qui accompagne les packages du modèle de déploiement de package. Ces fichiers de déploiement portent l'extension **.ispac**. Ces fichiers sont créés via SSDT lorsque vous utilisez la commande **Générer** disponible dans le menu du même nom ou en y accédant dans le menu contextuel s'affichant via un clic droit sur le projet dans l'**Explorateur de solutions**.

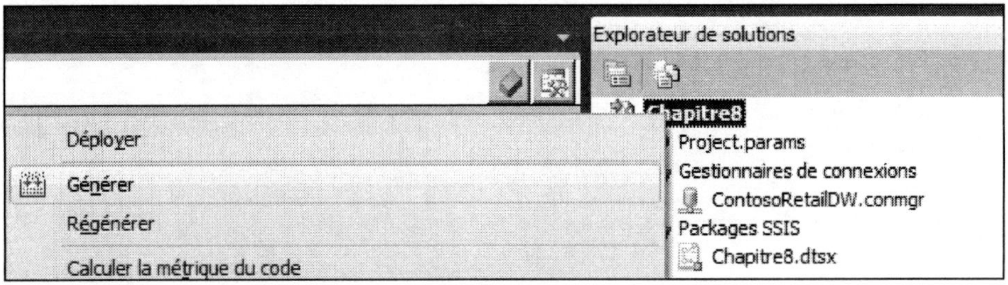

Générer le projet avec l'Explorateur de solutions

Une fois la génération du projet effectuée, vous trouverez le fichier ispac correspondant à la configuration courante du **Gestionnaire de connexions**.

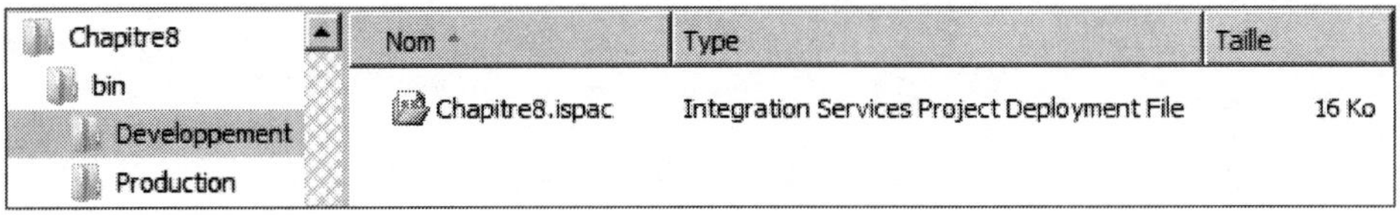

Remarque

Si vous avez mis en place plusieurs configurations, vous devez générer le projet pour chacune d'entre elles afin d'obtenir les fichiers ispac correspondants.

Les fichiers .ispac sont en fait des archives compressées au format zip qui contiennent l'ensemble des fichiers nécessaires au déploiement. Vous pouvez décompresser ce type de fichier avec un utilitaire de compression pour en extraire le contenu et récupérer différents fichiers du projet SSIS (les packages, les fichiers des gestionnaires de connexions ainsi que le fichier de paramètres de projet).

Deux fichiers supplémentaires propres au fichier de déploiement ispac sont aussi présents :

- Le premier se nomme **@Project.manifest** et contient un document xml décrivant l'ensemble du contenu des fichiers du projet (packages, paramètres et connexions).
- Le second est lui aussi au format xml et se nomme **[Content_Types].xml**. Il liste simplement les types de fichiers présents dans le fichier ispac.

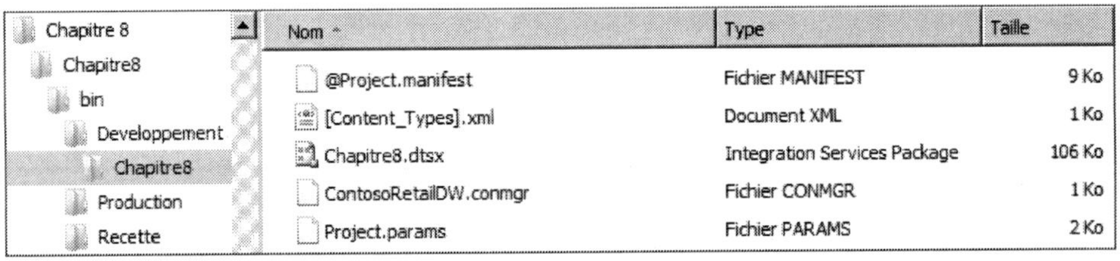

Contenu du fichier ispac

Remarque

*Pour plus d'informations sur le format ispac, vous pouvez consulter la documentation relative à celui-ci sous le nom **MS-ISPAC**. Elle est disponible à l'adresse suivante : http://download.microsoft.com/download/1/7/5/175A7833-6F75-418D-8800-86D44D1D712D/(MS-ISPAC).pdf. Elle peut être utile dans le cadre d'un développement visant à générer ce format de fichier.*

4.1.2 L'assistant de déploiement du modèle de projet

Pour déployer un projet et ses packages dans le modèle de déploiement de projet, vous devez utiliser l'**Assistant de déploiement d'Integration Services**. Il s'appuie sur l'utilisation des fichiers .ispac ou sur des projets déjà déployés dans un catalogue SSISDB.

Cet assistant peut être lancé selon quatre méthodes différentes :

- Dans SSDT, en faisant un clic droit sur un projet SSIS qui utilise le modèle de déploiement de projet.
- Via le raccourci dans le menu **Programmes** de Microsoft SQL Server 2012.
- En double cliquant sur un fichier .ispac.
- En ligne de commande, en appelant l'exécutable **IsDeploymentWizard.exe** :

```
IsDeploymentWizard /S /SP:"D:\Chapitre8\Chapitre8.ispac"
/DS:"sqlserver" /DP:"/SSISDB/LivreSSIS"
```

Quelle que soit la méthode employée, vous retrouverez les mêmes étapes. On notera cependant que :

- La méthode du double clic sur le fichier .ispac permet de sélectionner directement la source.
- Le lancement depuis SSDT sélectionne comme source le fichier .ispac correspondant à la configuration courante du gestionnaire de configuration.
- L'utilisation de l'exécutable en ligne de commande peut se faire en mode silencieux en utilisant l'argument **/silent** ce qui permet d'encapsuler des appels vers celui-ci dans des chaînes de traitements.

Les principales étapes de cet assistant consistent à :

- Sélectionner un projet source, soit à partir d'un projet existant déjà déployé sur un serveur SSIS dans le catalogue SSISDB, soit à partir d'un fichier .ispac généré depuis un projet SSIS dans SSDT.
- Sélectionner un dossier de destination sur le serveur SSIS cible (NB : Il n'est pas possible de déployer un projet à la racine du catalogue SSISDB).
- Valider et confirmer le déploiement.

Remarque

*Avant d'entreprendre le déploiement dans un dossier du catalogue Integration Services **SSISDB**, le catalogue doit déjà exister. Si ce n'est pas le cas, reportez-vous aux étapes de création du catalogue.*

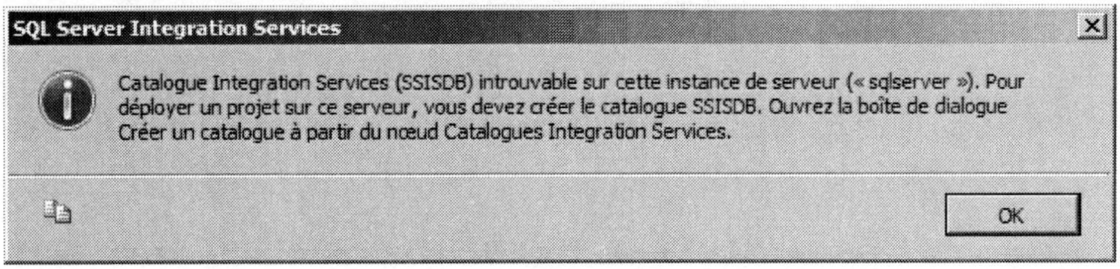

Voici un exemple de déploiement du projet SSIS accompagnant ce chapitre depuis SSDT :

- Démarrez SSDT et ouvrez la solution/le projet **Chapitre8** situé dans le dossier **Chapitre8 Modele Projet**.

- Dans le volet **Explorateur de solutions**, faites un clic droit sur le projet **Chapitre8** ; dans le menu contextuel, cliquez sur **Déployer**.

- Si la fenêtre **Introduction** apparaît à la première étape de l'assistant, vous pouvez cocher la case **Ne plus afficher cette page** pour éviter qu'elle s'affiche à nouveau, puis cliquez sur le bouton **Suivant**.

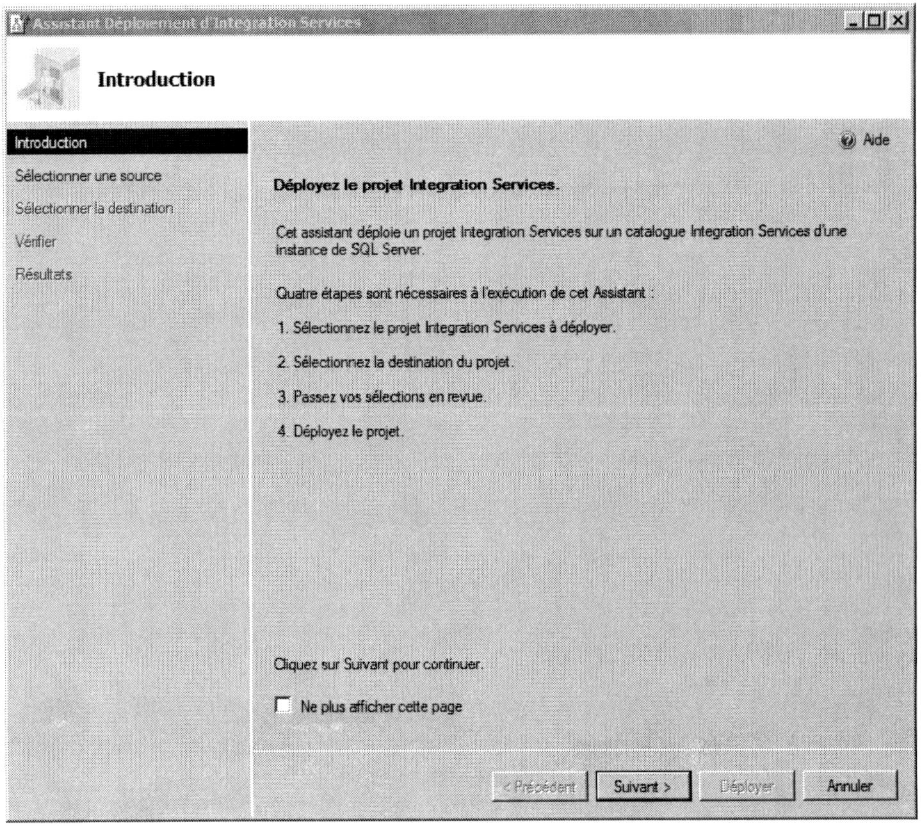

- Dans la fenêtre **Sélectionner une source**, conservez l'option par défaut **Fichier de déploiement de projet**, puis cliquez sur le bouton **Suivant**.

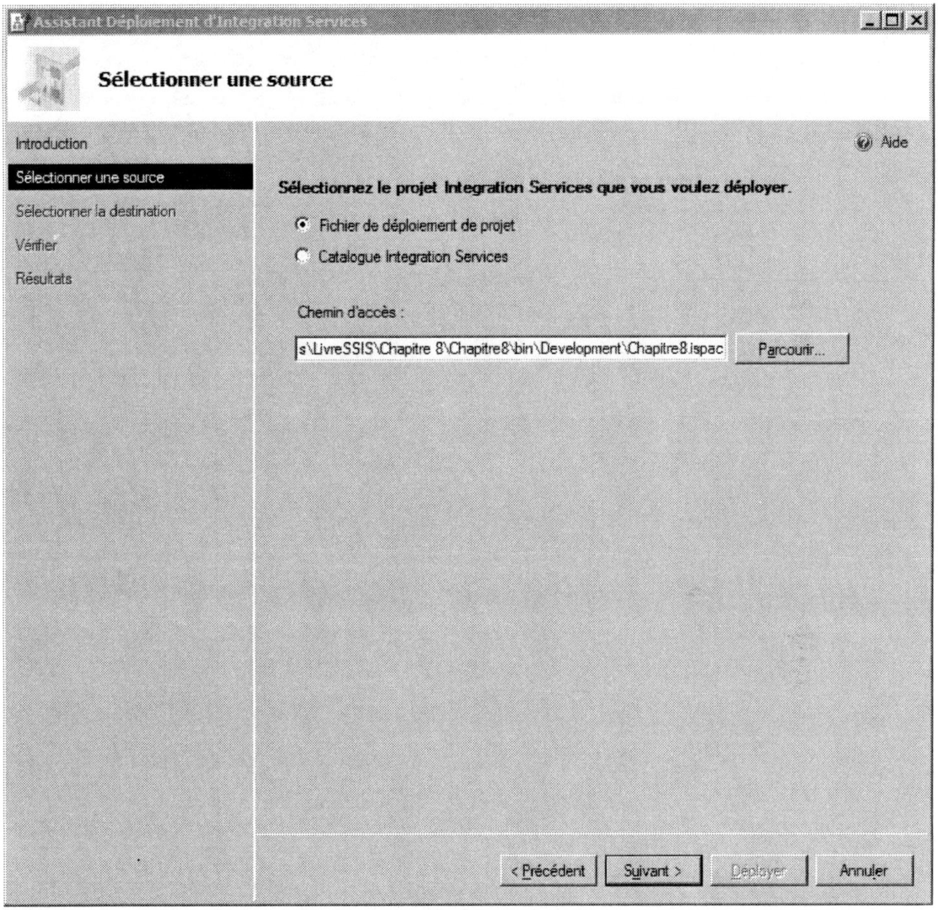

- Dans la fenêtre **Sélectionner la destination**, saisissez le nom de l'instance SQL Server qui héberge le catalogue SSISDB puis cliquez sur le bouton **Parcourir...**.

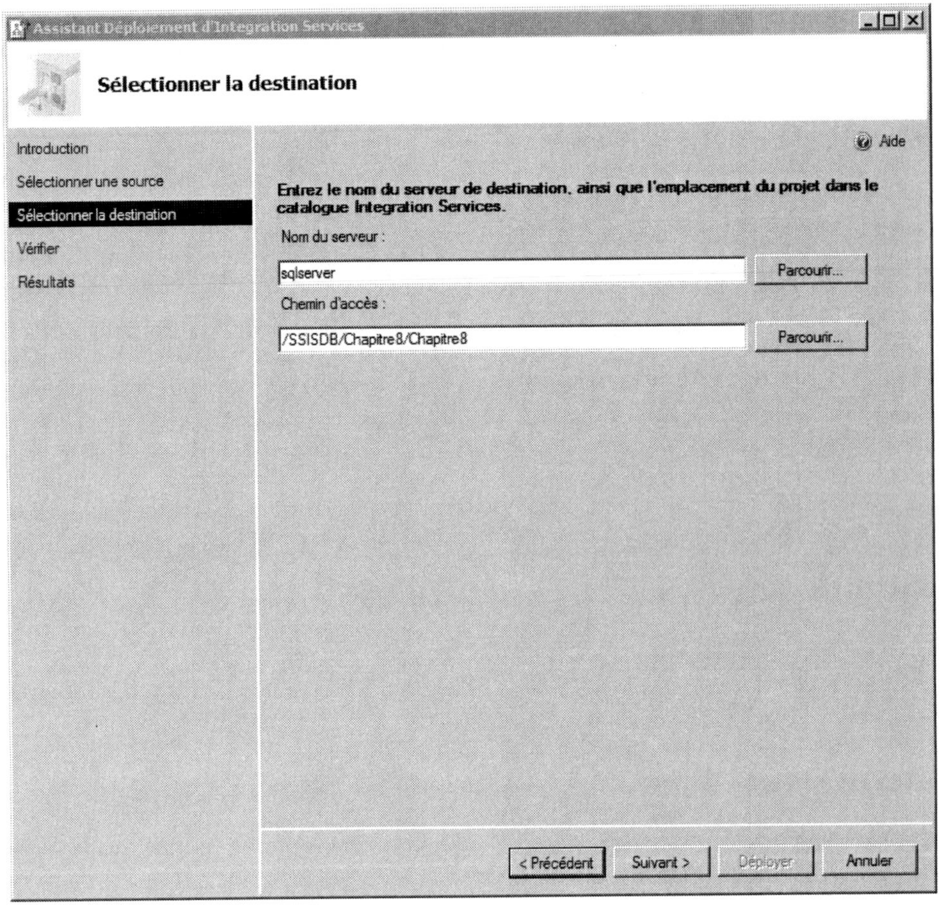

▶ Dans la boîte de dialogue **Parcourir le dossier ou le projet**, sélectionnez le **dossier** de destination ou créez-en un en utilisant le bouton **Nouveau dossier...** et cliquez sur **OK** pour fermer.

- De retour dans la fenêtre **Sélectionner la destination**, cliquez sur **Suivant**.
- Dans la fenêtre **Vérifier**, cliquez sur **Suivant**.

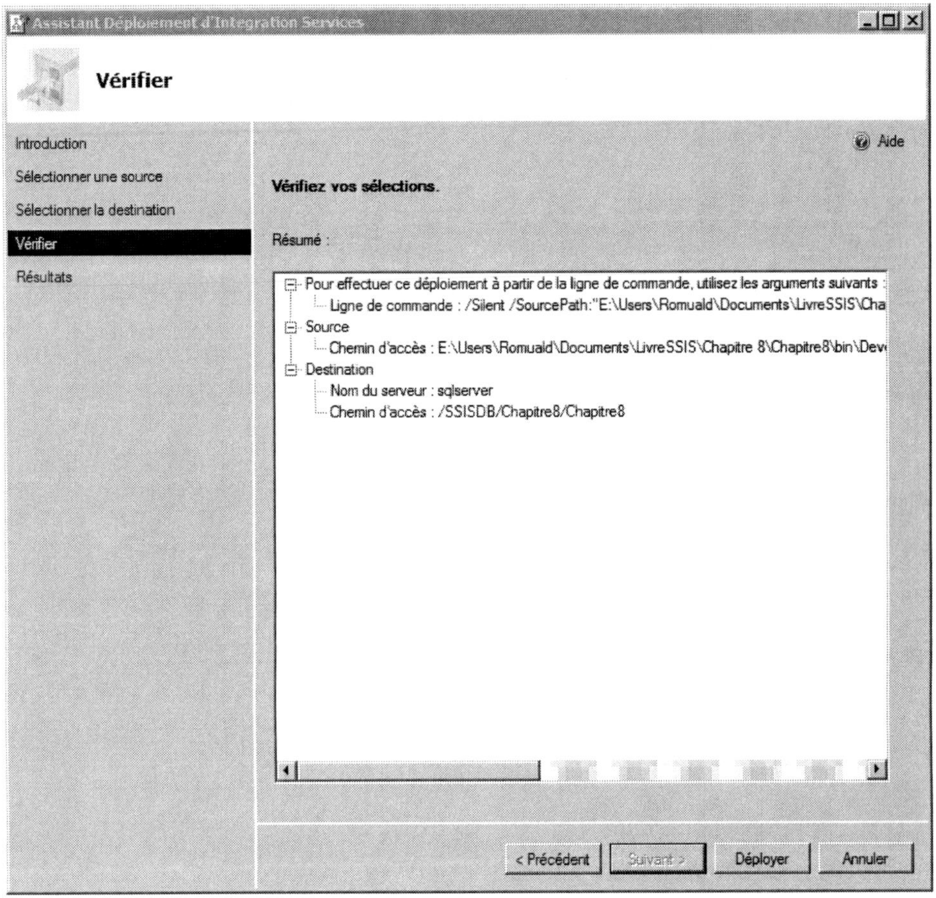

▶Dans la fenêtre **Résultats**, cliquez sur **Fermer**.

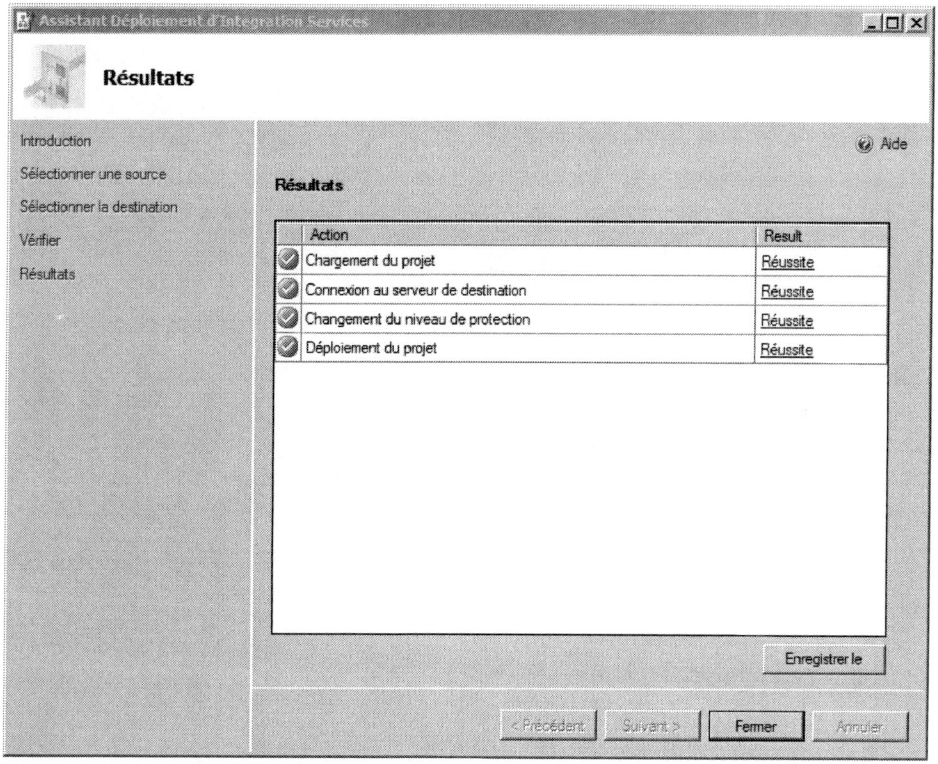

Grâce à l'assistant de déploiement de projet, vous avez alors créé une version exploitable de votre package sur le serveur SSIS.

4.2 Utilisation du modèle de déploiement de packages

Jusqu'à la version 2008 R2, le modèle de déploiement de package était le seul qui existait. Il s'appuie sur l'utilisation de l'utilitaire de déploiement qui nécessite la génération d'un manifeste de déploiement référençant l'ensemble des packages d'un projet SSIS. Il permet de déployer les packages et les fichiers de configuration associés vers les anciens modes de stockage (base MSDB de SQL Server, fichiers dans un emplacement défini librement ou dans le magasin de packages gérable par l'ancien service SSIS).

L'autre option pour déployer les packages dans ce modèle est l'utilisation de l'utilitaire en ligne de commande dtutil.exe.

Voici un exemple de ligne de commande pour déployer un package dans une destination de type SQL :

```
DTUTIL /FILE Chapitre8.dtsx  /COPY SQL;Chapitre8 /DESTSERVER
"sqlserver"
```

Une référence complète de l'utilisation de celui-ci est disponible dans l'article dédié de l'aide SQL Server intitulé **Utilitaire dtutil**.

Remarque

Même si une fois encore le modèle de déploiement de package peut être considéré comme étant déprécié avec la venue des nouvelles fonctionnalités de SSIS 2012, il permet, s'agissant du déploiement, d'utiliser le mode de stockage des packages sous forme de simple fichier .dtsx. Il est donc possible de déployer les packages en les copiant tout simplement dans un dossier du serveur SSIS cible sans même avoir la plupart du temps à utiliser l'utilitaire de déploiement. Il sera ensuite possible de les exécuter sans avoir besoin d'une quelconque installation du moteur de base de données SQL Server.

4.2.1 Conversion vers un modèle de déploiement de package

Pour pouvoir obtenir un projet SSIS compatible avec le modèle de déploiement de package, vous devez bien sûr avoir un projet de développement SSIS correspondant à celui-ci. Cependant, ce type de modèle n'est pas celui par défaut lorsqu'on crée un nouveau projet dans SSDT. Donc en dehors du fait de déjà disposer d'un projet existant dans ce modèle, vous devrez convertir un modèle de déploiement de projet vers un modèle de déploiement de package à travers SSDT.

Cependant, pour pouvoir effectuer la conversion en évitant le problème lié à l'incompatibilité des fonctionnalités spécifiques à chaque type de modèle, il est recommandé de faire cette opération de conversion juste après la création d'un nouveau projet et avant d'avoir utilisé des fonctionnalités propres au modèle de déploiement en question. Par exemple, l'utilisation de gestionnaires de connexions de projet ou de paramètres empêche toute procédure de conversion d'aboutir.

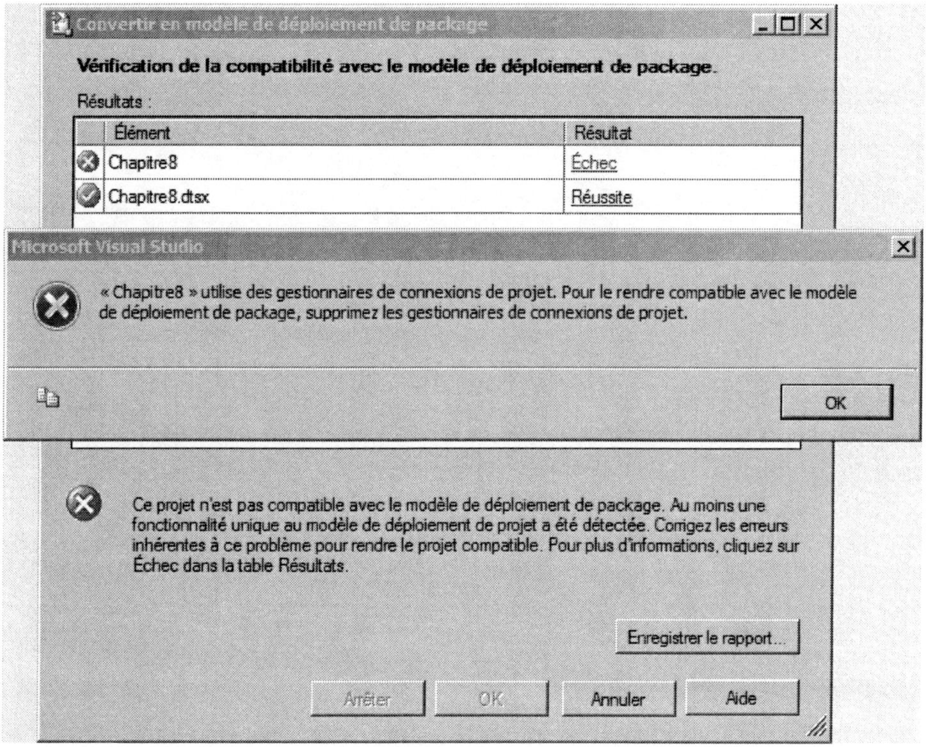

Vous pouvez cependant étendre un travail de suppression systématique des fonctionnalités bloquantes pour résoudre ce genre de blocage et relancer la conversion.

Pour effectuer une conversion d'un modèle de déploiement de projet vers un modèle de déploiement de package (en partant d'une copie du projet d'accompagnement intitulé **Chapitre8 Modele Projet**) :

- Supprimez les références à des paramètres dans les **expressions** de paramétrage des propriétés des composants (pour ce point et le suivant, voir le chapitre Variables, paramètres et expressions).
- Supprimez les **paramètres** de package et de projet.
- Sur le **Gestionnaire de connexions** du package **Chapitre8**, faites un clic droit et sélectionnez **Convertir en connexion de package**.

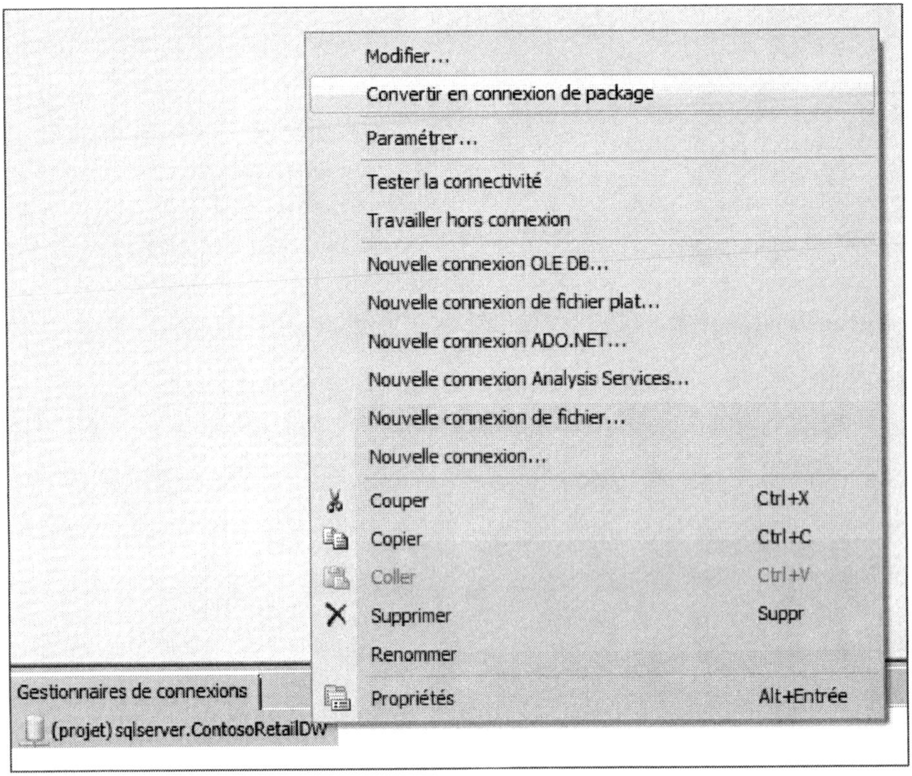

Dans l'**Explorateur de solutions** du projet, faites un clic droit au niveau du projet SSIS **Chapitre8**, puis dans le menu contextuel sélectionnez **Convertir en modèle de déploiement de package** :

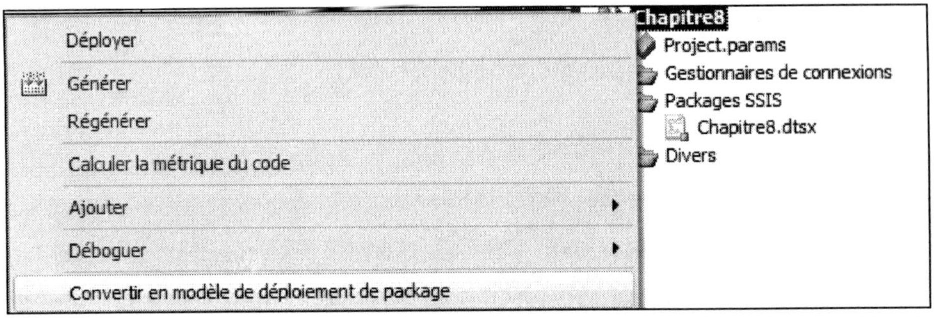

▶ Dans la boîte de dialogue, cliquez sur **OK** :

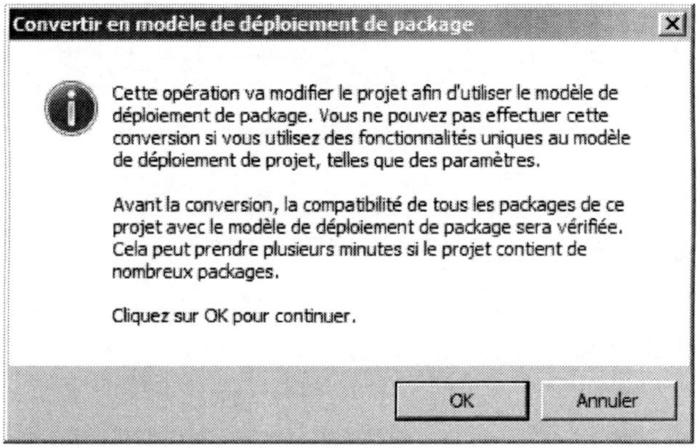

▶ Dans la fenêtre de **Vérification de compatibilité avec le modèle de déploiement de package**, cliquez sur **OK** pour confirmer la conversion :

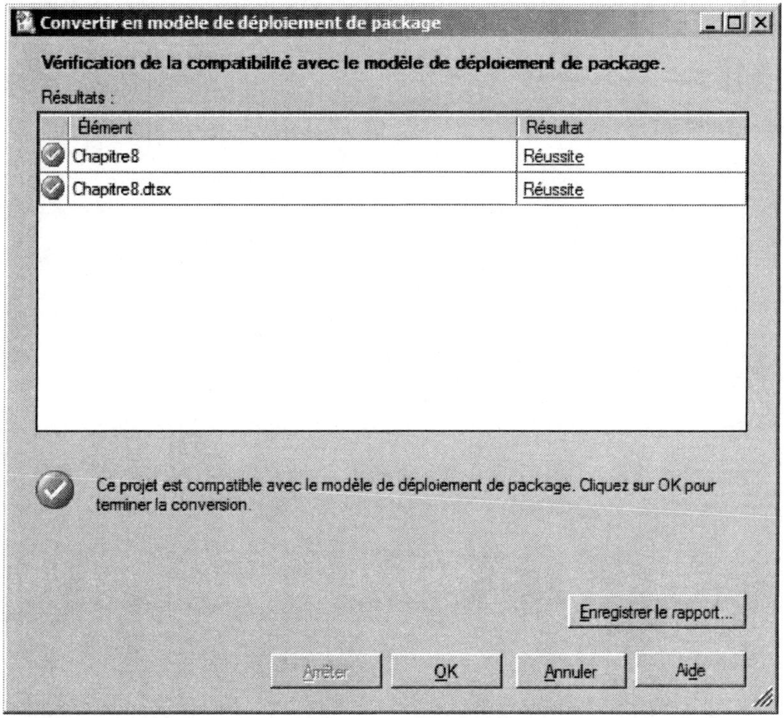

4.2.2 Ajout d'une configuration de package

À présent, pour profiter de davantage de fonctionnalités disponibles pour le package **Chapitre8** dans le modèle de déploiement de package, il peut être intéressant de lui rajouter une configuration de package. Celle-ci le rendra plus facilement configurable dans l'environnement cible, une fois déployé.

Pour créer une configuration de package :

- Ouvrez le package **Chapitre8** pour qu'il soit éditable dans la fenêtre de conception.
- Dans l'onglet **Flux de contrôle**, faites un clic droit sur la zone vierge du concepteur ; dans le menu contextuel, sélectionnez **Configurations de package...**.
- Dans la fenêtre de **Bibliothèque des configurations du package**, cliquez sur **Ajouter** pour lancer l'**Assistant Configuration de package**.
- À l'étape **Sélectionner le type de configuration**, dans le menu déroulant **Type de configuration**, sélectionnez **Fichier de configuration XML** ; cliquez sur **Suivant**.

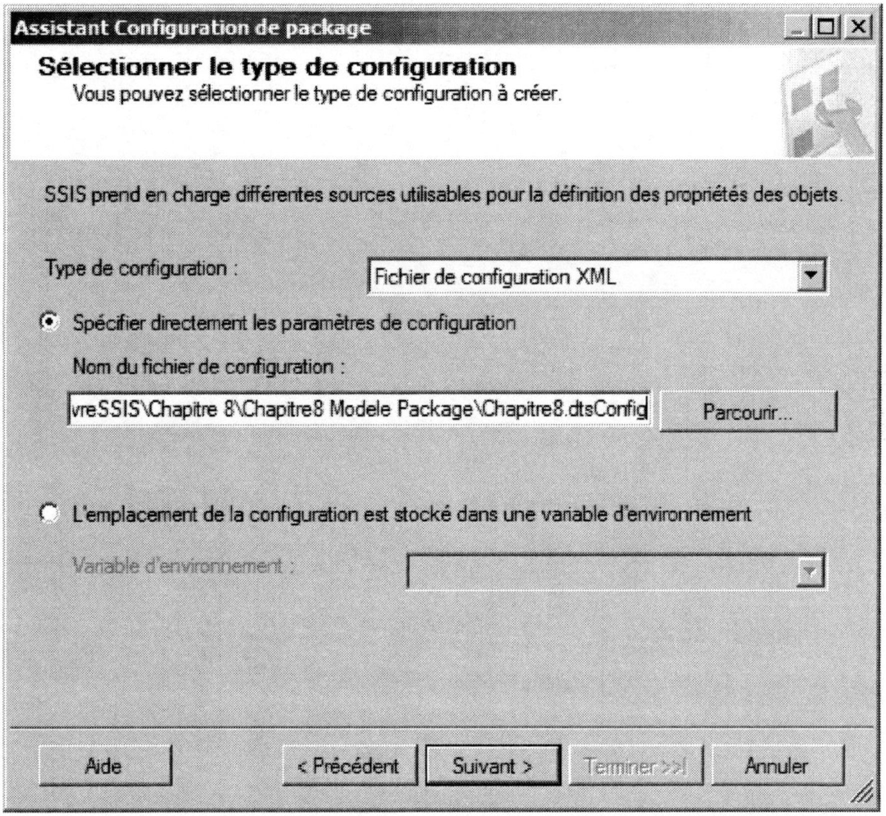

- À l'étape **Sélectionner les propriétés à exporter**, dépliez l'arborescence pour accéder aux propriétés **Value** des variables **DatabaseName** et **Server-Name** et cochez les cases en regard de celles-ci, puis cliquez sur **Suivant**.

▶ À l'étape **Fin de l'Assistant**, saisissez **Chapitre8** pour le nom de la configuration, et cliquez sur **Terminer**.

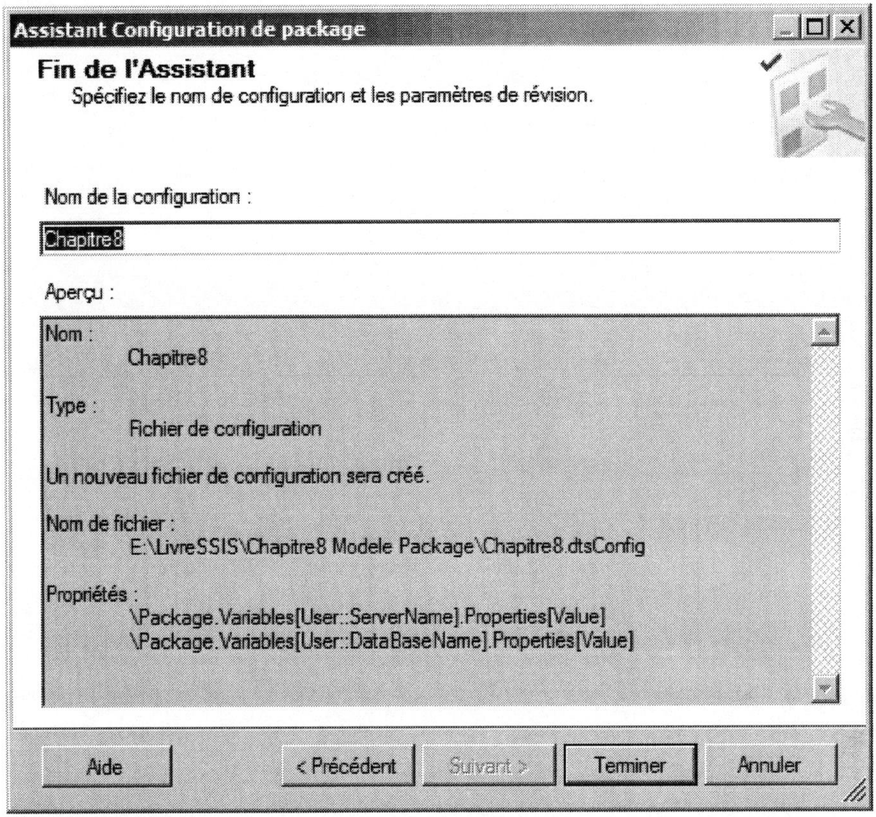

- Vous revenez sur la fenêtre de **Bibliothèque des configurations du package**. Cliquez sur **Fermer**.

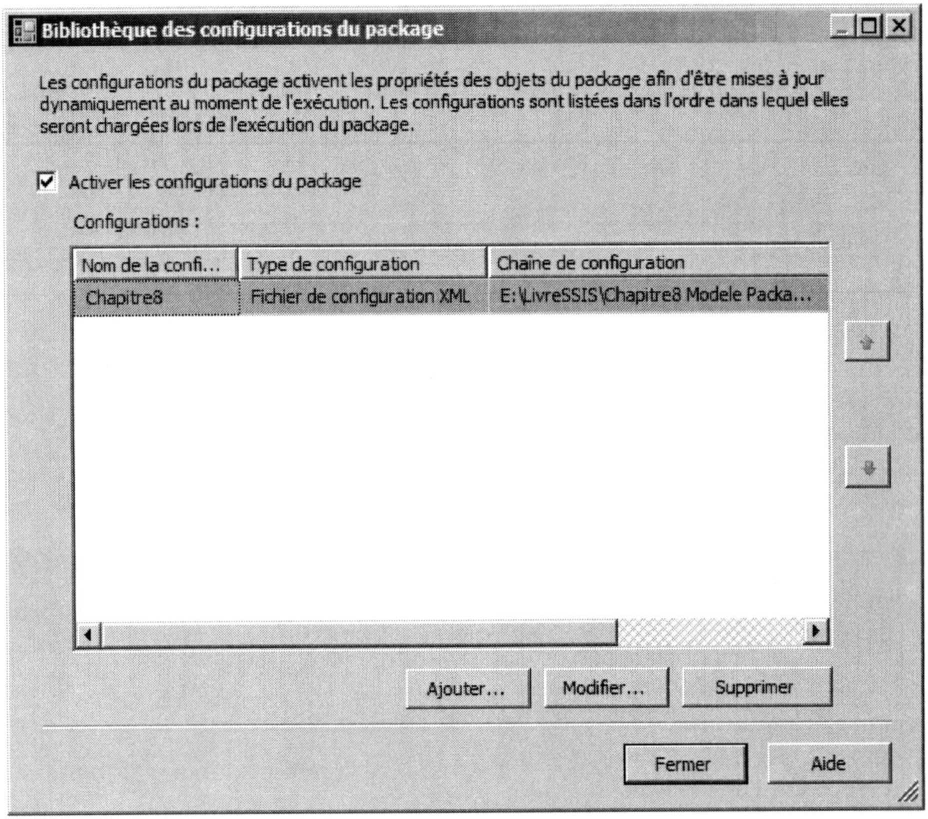

Le type de configuration sous forme de fichier XML portant l'extension .dts-config a l'avantage d'être facilement éditable grâce à un simple éditeur de texte (comme par exemple le bloc-notes de Windows). De plus, il est portable car gérable facilement via copier-coller ou déplacement du fichier en gestion.

De plus, dans le cas d'utilisation de l'utilitaire de déploiement, les fichiers dts-config sont reconnus comme faisant partie des fichiers du projet SSIS à prendre en compte lors de la création de l'utilitaire de déploiement et ils peuvent donc être déployés eux aussi avec les packages SSIS.

Remarque

Cela peut cependant constituer un inconvénient lorsqu'on souhaite déployer à nouveau les packages SSIS pour une montée de version. En effet, les fichiers .dtsconfig sont généralement mis à jour sur chaque serveur cible en fonction de la configuration souhaitée. Ils ne doivent pas être écrasés et donc réinitialisés avec les valeurs de la machine source de l'utilitaire de déploiement. Vous devrez pour cela soit supprimer les copies des fichiers .dtsconfig du dossier de déploiement, soit éditer le fichier de manifest pour supprimer les nœuds XML qui référencent ceux-ci.

4.2.3 Création de l'utilitaire de déploiement

Pour créer l'utilitaire de déploiement, il faut utiliser la commande **Générer** de SSDT de la même manière que pour la génération des fichiers .ispac du modèle de déploiement de projet (voir Les fichiers de déploiement ISPAC dans ce chapitre). Cependant, à la différence de l'autre modèle de déploiement, cette génération ne se fait pas par défaut, car il faut au préalable activer la génération de l'utilitaire de déploiement en éditant les propriétés du projet SSIS.

Pour cela dans le projet de modèle de déploiement de package Chapitre8 :

- Dans l'**Explorateur de solutions**, faites un clic droit sur le projet **Chapitre8** et sélectionnez **Propriétés**.
- Dans la fenêtre **Page de propriétés**, sélectionnez l'onglet **Déploiement** et modifiez la valeur de **CreateDeploymentUtility** à **True** ; cliquez sur **OK** pour valider et fermer.

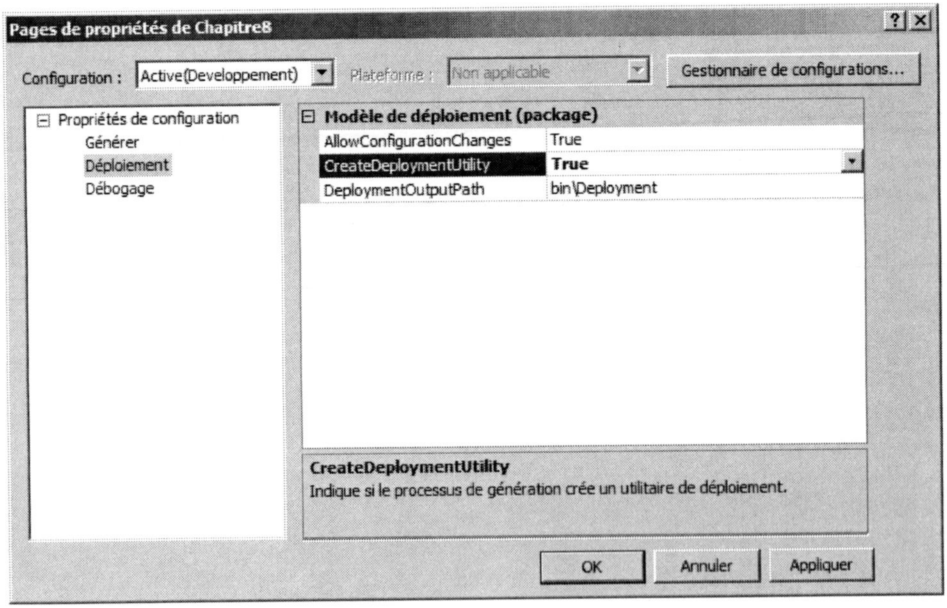

▶ Dans l'Explorateur de solutions, faites un clic droit sur le projet **Chapitre8** et sélectionnez **Générer**.

Une fois que vous avez effectué ces opérations, vous avez créé ce qui s'appelle l'**utilitaire de déploiement** de package. Celui-ci se concrétise par la présence d'un sous-dossier **deployment** dans le dossier **bin** qui se situe à la racine du dossier du projet SSIS.

Ce dossier deployment contient une copie des packages et des fichiers de configuration du projet ainsi qu'un fichier portant l'extension **.SSISDeploymentManifest**.

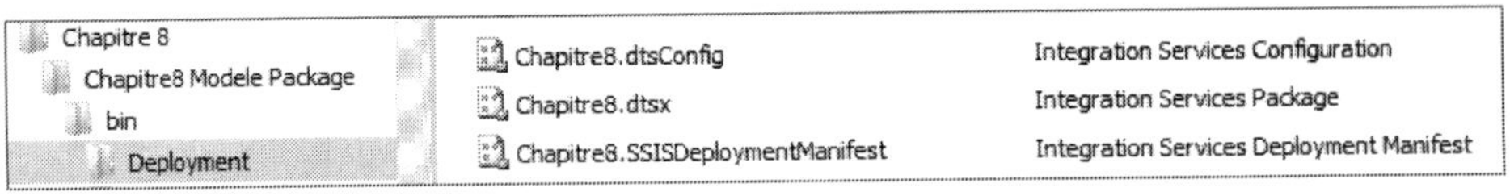

Ce fichier est sous format XML et constitue l'utilitaire de déploiement en tant que tel. Il est possible de l'éditer pour notamment supprimer la référence vers un fichier qu'on ne souhaite pas déployer (ce qui correspond à l'exemple du besoin évoqué dans le point précédent concernant les fichiers de configuration) :

```
<?xml version="1.0"?>
<DTSDeploymentManifest
 GeneratedBy="sqlserver\SSISAdmin"
 GeneratedFromProjectName="Chapitre8"
 GeneratedDate="2012-06-08T21:14:34.1464289+02:00"
 AllowConfigurationChanges="true">
  <Package>Chapitre8.dtsx</Package>
  <ConfigurationFile>Chapitre8.dtsConfig</ConfigurationFile>
</DTSDeploymentManifest>
```

Finalement, on peut voir le fichier de manifeste comme l'ancêtre du format fichier équivalent présent dans l'archive compressée que constitue le fichier .ispac (voir Les fichiers de déploiement ISPAC). Une des plus grosses différences se situe justement dans le fait que, concernant l'utilitaire de déploiement du modèle de déploiement de package, le dossier contenant les éléments à déployer n'est pas archivé ni compressé, ce qui rend la gestion des fichiers correspondants moins pratique.

4.2.4 Exécution de l'utilitaire de déploiement

Pour lancer l'assistant de l'utilitaire de déploiement, la méthode n'est a priori pas intuitive. Il n'existe pas de raccourci dédié pour le lancement de celui-ci dans le dossier ni un sous-dossier du menu SQL Server 2012. Il n'y a pas non plus de raccourci dans SSDT ni dans la console d'administration du service Integration Services dans SSMS. En fait, pour lancer l'exécution de l'utilitaire, il faut directement utiliser le fichier de manifeste en double cliquant dessus.

Pour lancer l'assistant de déploiement de package et déployer le package Chapitre8 dans la base de données MSDB de SQL Server :

- Ouvrez le dossier contenant le projet SSIS **Chapitre8** de modèle de déploiement de package.
- Dans le sous-dossier **bin\Deployment**, double cliquez sur le fichier **Chapitre8.SSISDeploymentManifest**.

▶ À l'étape **Déployer les packages SSIS**, choisissez l'option **Déploiement sur SQL Server**, cochez **Valider les packages après l'installation** puis cliquez sur **Suivant**.

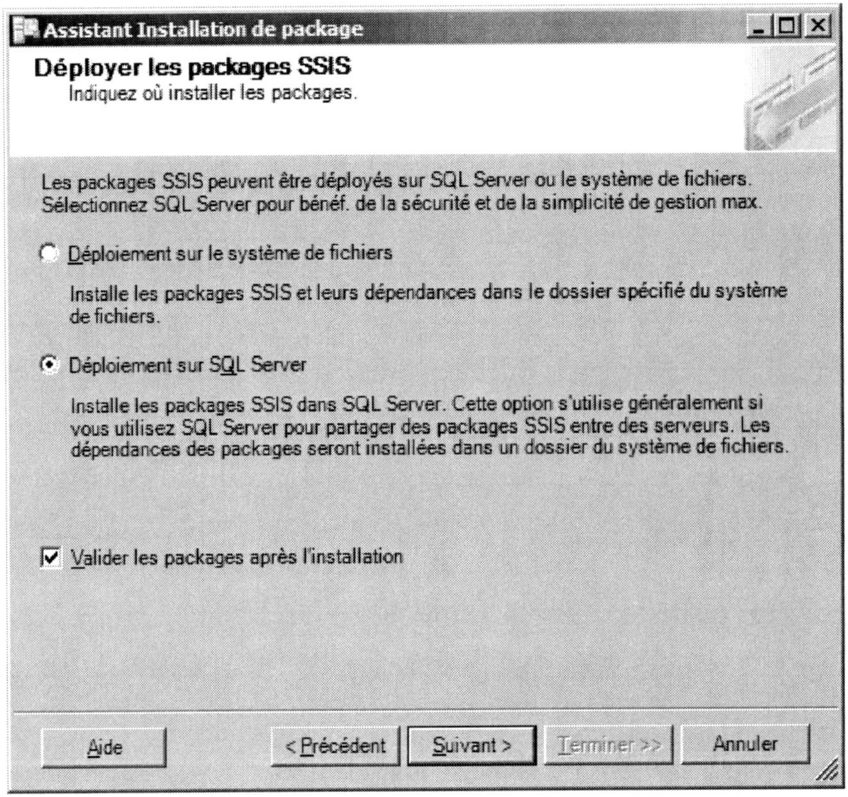

▶ À l'étape **Spécifier le serveur SQL cible**, sélectionnez ou saisissez le **Nom du serveur** SQL et saisissez le caractère / (barre oblique) pour la valeur du **Chemin d'accès au package** puis cliquez sur **Suivant**.

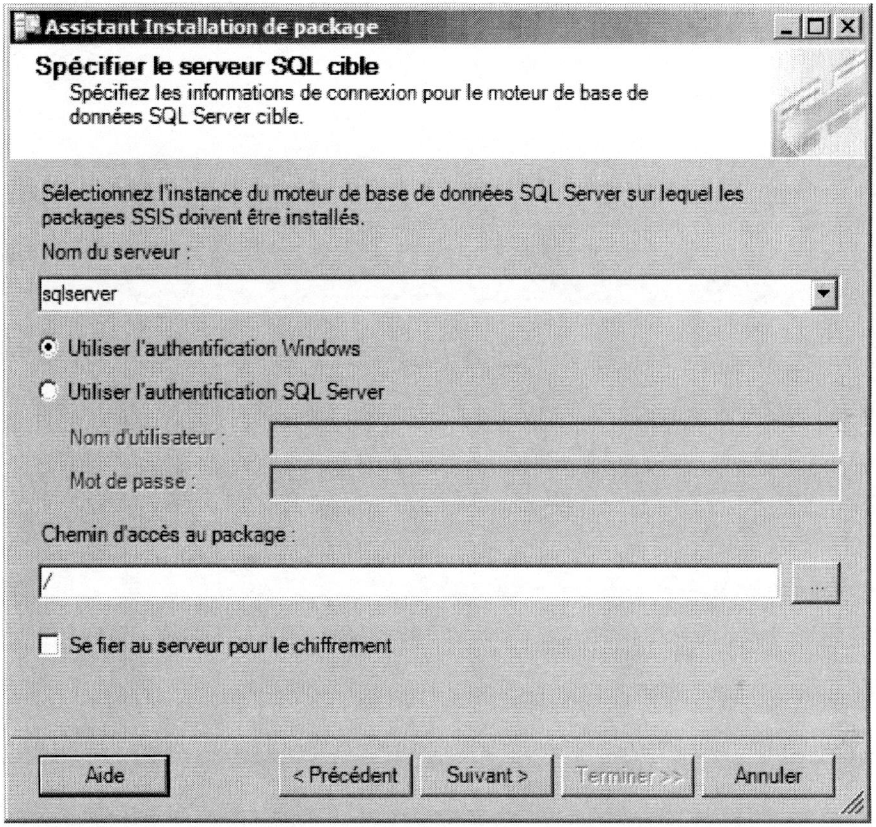

- À l'étape **Sélectionner le dossier d'installation**, modifiez l'emplacement du dossier pour le fichier de configuration dtsconfig ou conservez la valeur par défaut ; cliquez sur **Suivant**.

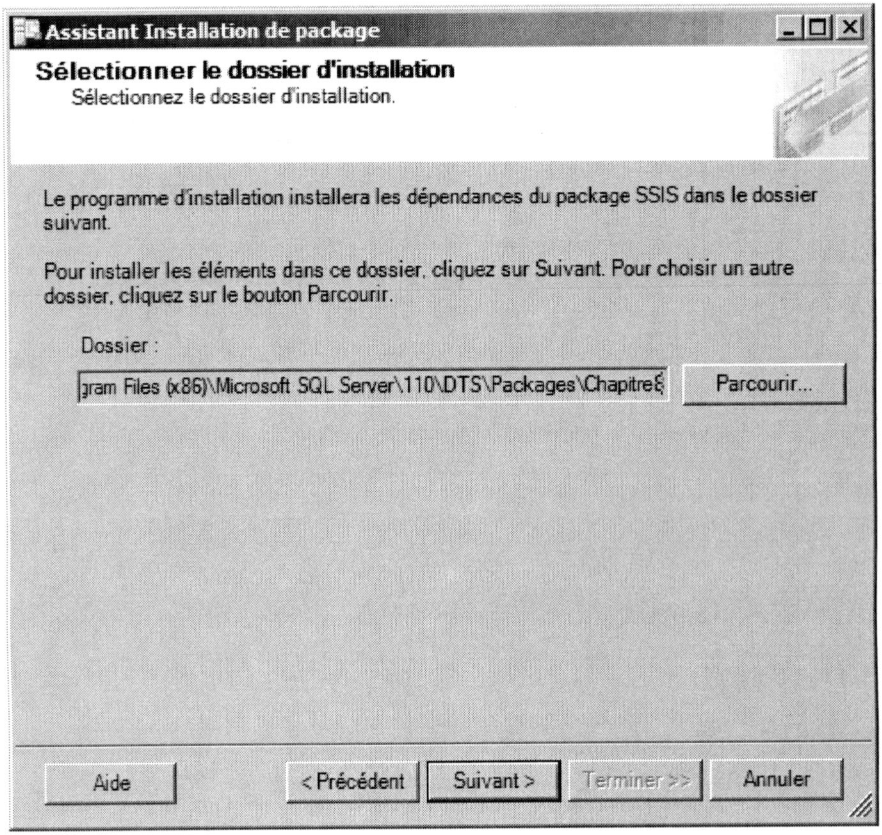

- À l'étape **Confirmer l'installation**, cliquez sur **Suivant**.
- À l'étape **Configurer les packages**, éditez les valeurs des propriétés configurées dans le fichier de dtsconfig, pour les mettre à jour avec les valeurs souhaitées ; cliquez sur **Suivant**.

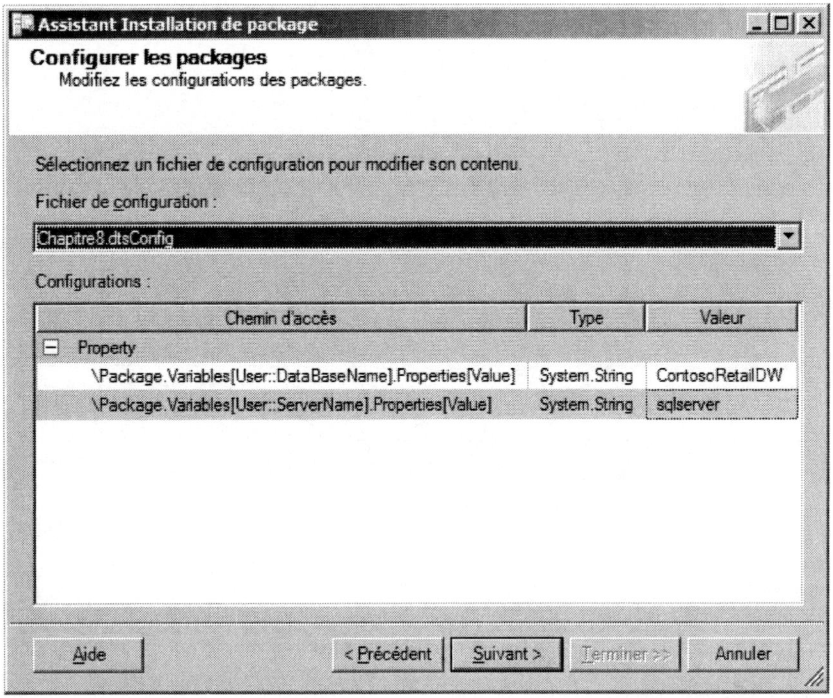

Une fois que vous avez effectué toutes les étapes de l'assistant d'installation de package, vous pouvez vous rendre dans SSMS et vous connecter à l'instance SSIS. Le package **Chapitre8** est présent dans la base MSDB. À partir de là, il est possible de l'administrer via cette interface, voire d'y lancer son exécution.

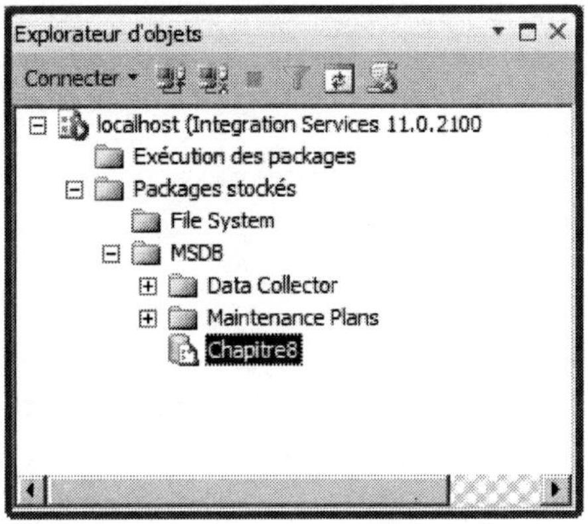

5. Exécution de package

5.1 Exécution dans SSISDB

Lancer l'exécution d'un package depuis l'interface du catalogue SSISDB est très simple. Il suffit de faire un clic droit sur un package et de sélectionner la commande **Exécuter**.

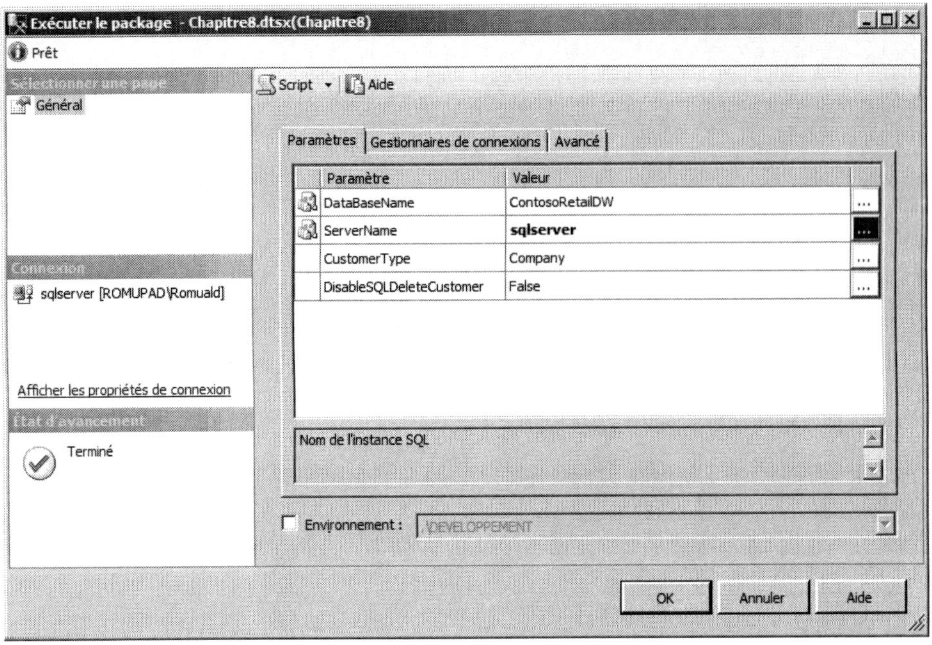

Une fois de plus, derrière l'interface, c'est du code T-SQL qui sera exécuté sur la base de données SSISDB. L'exécution de package se fait donc ici via le code suivant :

```
Declare @execution_id bigint
EXEC [SSISDB].[catalog].[create_execution]
@package_name=N'Chapitre8.dtsx', @execution_id=@execution_id
OUTPUT, @folder_name=N'LivreSSIS', @project_name=N'Chapitre8',
@use32bitruntime=False, @reference_id=Null
Select @execution_id
```

```
DECLARE @var0 sql_variant = N'sqlserver'
EXEC [SSISDB].[catalog].[set_execution_parameter_value]
@execution_id,  @object_type=20, @parameter_name=N'ServerName',
@parameter_value=@var0
DECLARE @var1 smallint = 1
EXEC [SSISDB].[catalog].[set_execution_parameter_value]
@execution_id,  @object_type=50,
@parameter_name=N'LOGGING_LEVEL', @parameter_value=@var1
EXEC [SSISDB].[catalog].[start_execution] @execution_id
GO
```

5.2 DTEXEC

L'utilitaire dtexec.exe permet d'effectuer plusieurs types d'opérations sur les packages SSIS. Dans sa version 2012, il est compatible avec les deux modèles de déploiement (de projet et de package). Il permet ainsi de lancer l'exécution des packages quel que soit le modèle utilisé pour le déploiement et le stockage.

Exemple d'exécution de package stocké dans le catalogue SSISDB :

```
DTExec /ISSERVER "\SSISDB\LivreSSIS\Chapitre8\Chapitre8.dtsx"
/SERVER "sqlserver" /Envreference 1 /Par
"$Project::ServerName(String)";"sqlserver" /Par
"CustomerType(String)";"Customer" /Par
"CM.sqlcldb2.SSIS_repro.InitialCatalog";ssisdb /Par
"$ServerOption::SYNCHRONIZED(Boolean)";True
```

Exemple d'exécution de package stocké en fichier .dtsx dans un dossier du système de fichiers :

```
dtexec /f "d:\Chapitre8\Chapitre8.dtsx"
```

5.3 DTEXECUI

Cet utilitaire ajoute une interface graphique à dtexec. Cependant, à la différence de ce dernier il est n'est pas compatible avec le nouveau modèle de déploiement de projet. C'est donc lui qu'on retrouve dans la console d'administration de l'instance du service Integration Services lorsqu'on utilise la commande d'exécution sur un package, ainsi que lorsque qu'on double clique sur un fichier dtsx présent dans un dossier du système de fichiers (car c'est l'exécutable par défaut pour ce type de fichier lorsque les outils clients SQL Server sont installés).

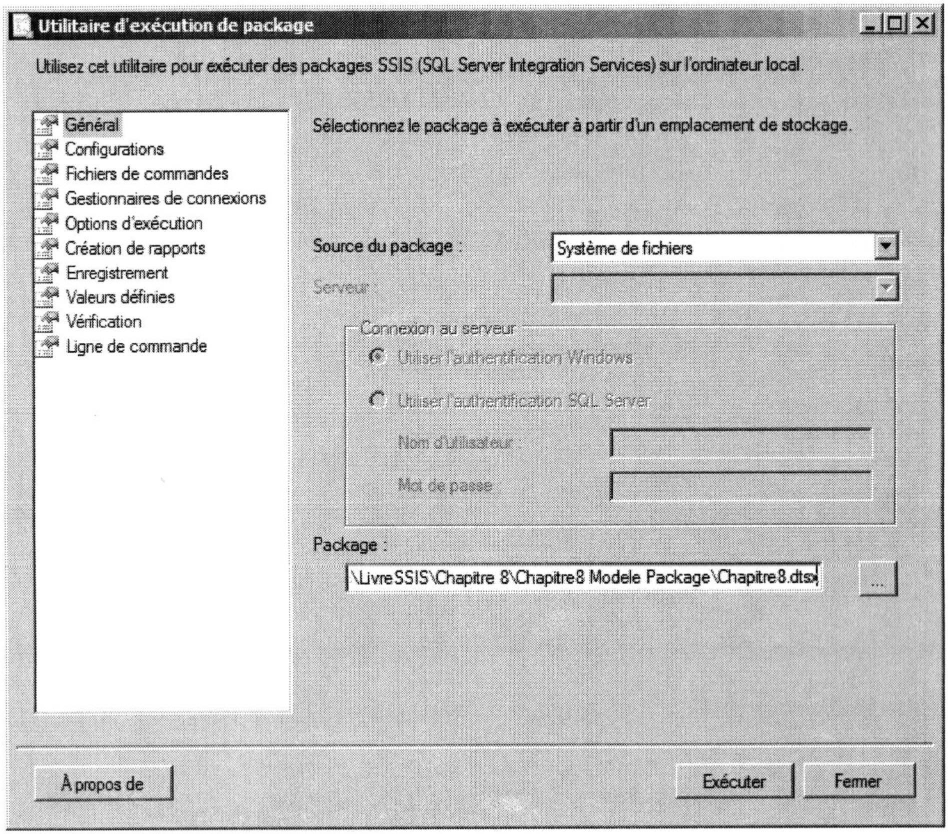

5.4 Utilisation de l'agent SQL Server

L'agent SQL Server permet la création de **travaux** qui sont des tâches propres à SQL Server et dont l'exécution est planifiable.

L'exécution de packages SSIS est alors réalisable grâce à la mise en place d'un travail SQL. La création de celui-ci étant simplifiée du fait que ce type de tâche fait partie de la liste des types de tâches prédéfinis dans les travaux.

Remarque

Pour profiter des fonctionnalités de l'agent SQL Server et en particulier des travaux, il est nécessaire que le service associé soit démarré, ce qui n'est pas le cas lorsque SQL Server a été installé avec les options par défaut. Veillez à modifier les propriétés du service en question pour qu'il s'exécute si nécessaire.

Pour créer un travail SQL qui exécute un package SSIS :

- Dans l'explorateur d'objets de SSMS, dépliez **Agent SQL Server**.
- Faites un clic droit sur le dossier **Travaux** et, dans le menu contextuel, sélectionnez **Nouveau Travail**.
- Dans la fenêtre **Nouveau travail**, dans l'onglet **Général**, saisissez le **Nom** du travail **Execute Package Chapitre8**.

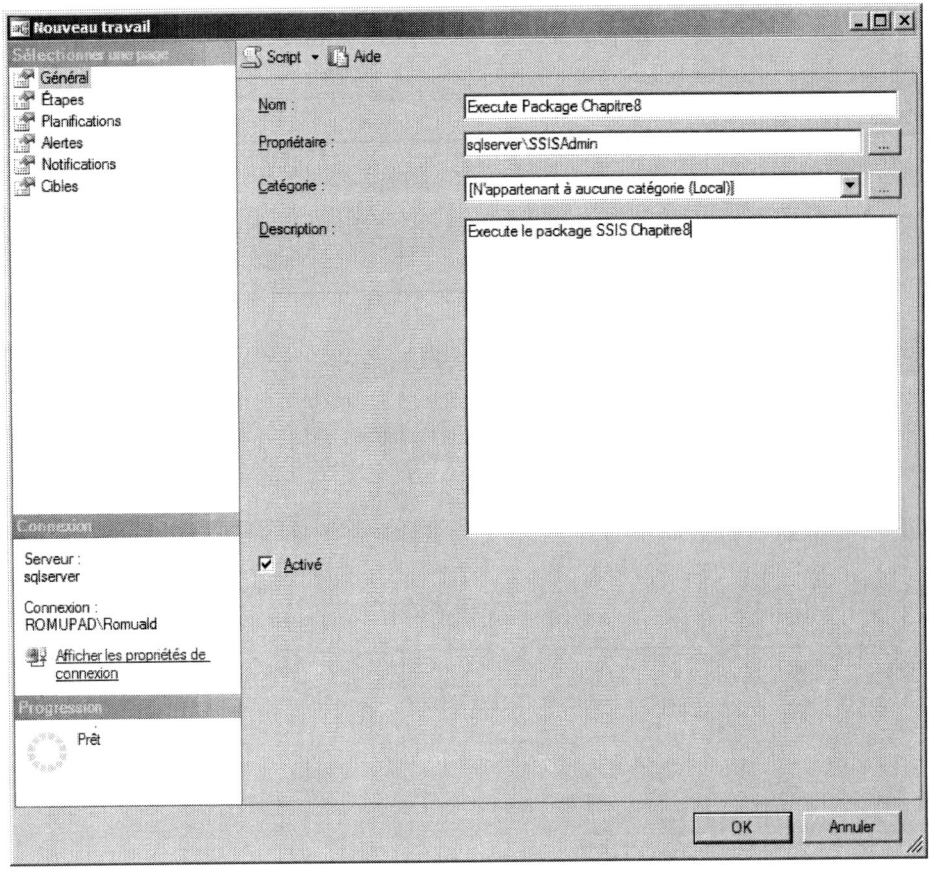

- Dans l'onglet **Étapes**, cliquez sur le bouton **Nouvelle**.
- Dans la fenêtre **Nouvelle étape du travail**, dans **Nom de l'étape** saisissez **Execute Package Chapitre8**. Dans le menu déroulant **Type**, sélectionnez **Package SQL Server Integration Services**.
- Dans l'onglet **Package**, pour le menu **Source du package**, sélectionnez **Catalogue SSIS**. Pour le menu déroulant **Serveur**, saisissez le nom de votre serveur de base de données.
- Au niveau de la zone de texte **Package**, cliquez sur le bouton **...**.

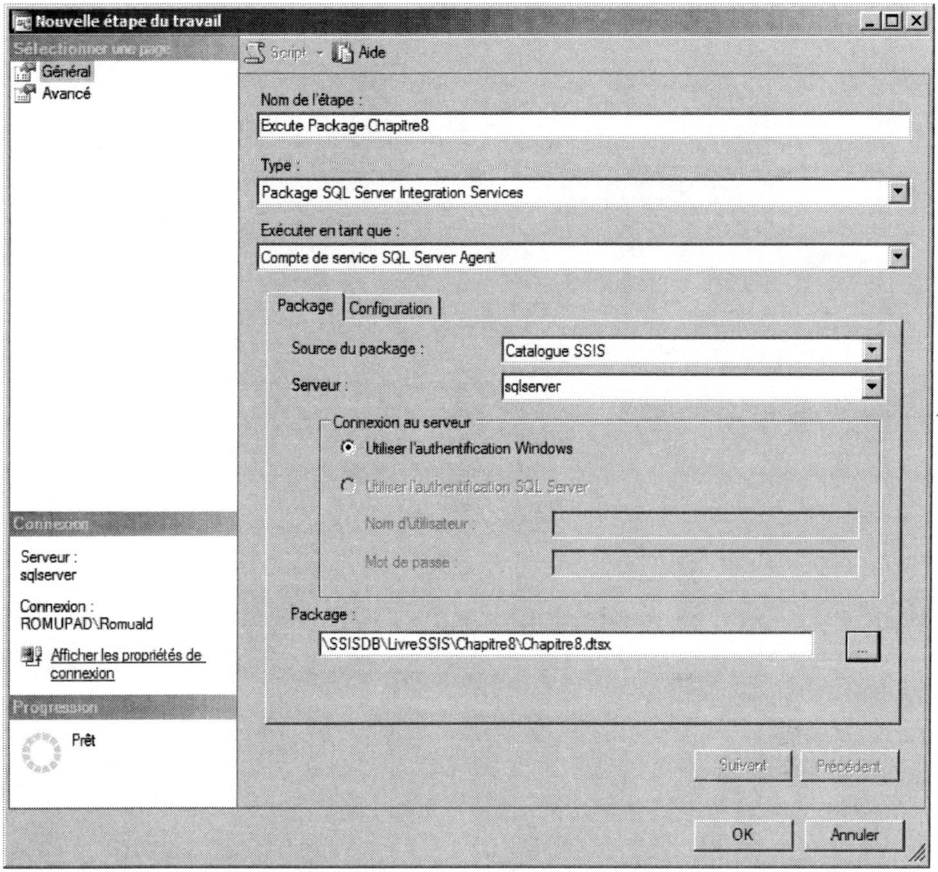

- Dans la boîte de dialogue **Sélectionner un package SSIS**, sélectionnez le package **Chapitre8** et cliquez sur **OK**.

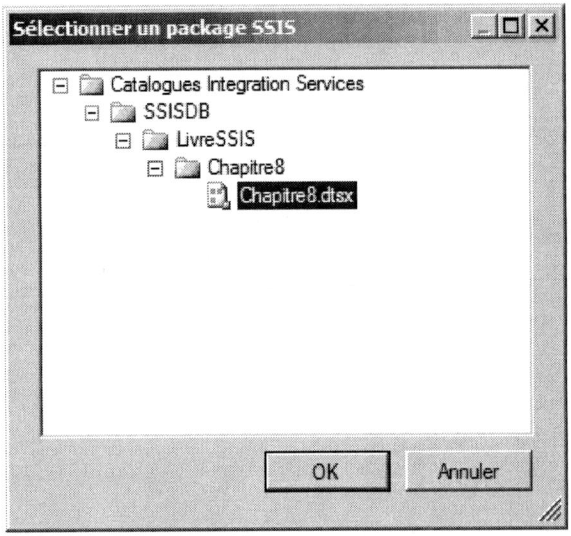

- Dans l'onglet **Planification**, cliquez sur le bouton **Nouvelle**.
- Dans la fenêtre **Nouvelle planification du travail**, saisissez un **Nom** puis, pour le menu déroulant **Type de planification**, sélectionnez **Périodique**.
- Dans la section **Fréquence**, pour le menu déroulant **Périodicité**, choisissez **Quotidienne**.
- Dans **Répéter tou(te)s les :** saisissez **1**.
- Dans la section **Fréquence quotidienne**, sélectionnez l'option **Une fois le :** et positionnez la valeur à 5 heures (**00:05:00**).

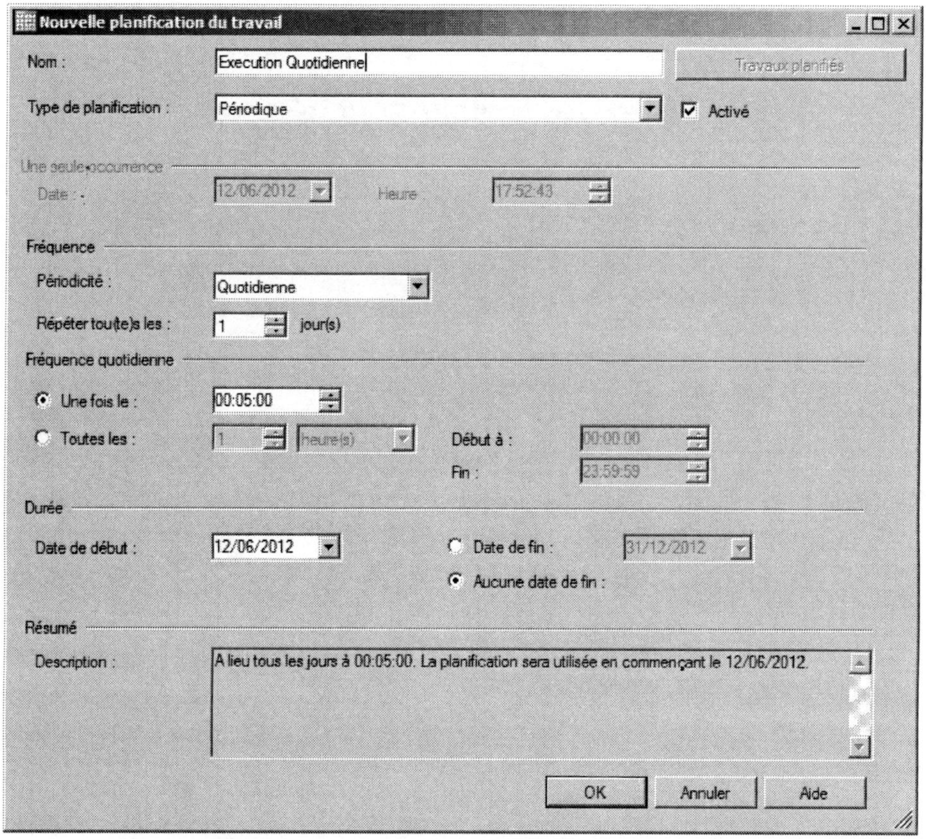

- Cliquez sur **OK** pour confirmer la planification.
- De retour dans la fenêtre **Nouveau travail**, cliquez sur **OK** pour enregistrer et fermer.
- Dépliez le dossier **Travaux** pour afficher la liste. Si votre travail ne s'affiche pas, faites un clic droit sur le dossier et sélectionnez **Actualiser**.

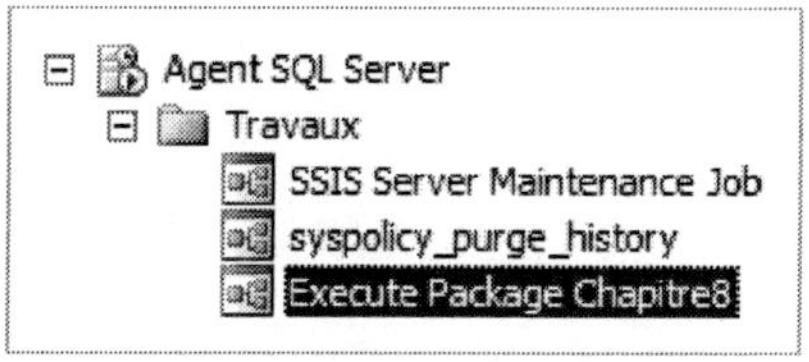

6. Sécurité

6.1 Sécurité du modèle de déploiement de projet

Du fait que le modèle de déploiement de projet s'appuie sur une base de données SQL Server, la sécurité est là aussi directement liée au mode de fonctionnement de la sécurité du moteur de base de données.

SSIS 2012 apporte donc un rôle de sécurité SQL Server qui lui est dédié, nommé **ssis_admin** et dont l'assignation à des utilisateurs SQL (login) leur permet de disposer des droits de visualisation et de modification du contenu du catalogue SSISDB et d'y effectuer tout type de tâche. C'est donc le rôle qui octroie les droits d'administrateur à un utilisateur.

Ensuite, il est possible de donner des droits à des utilisateurs de la base de données SQL SSISDB de manière plus limitée et plus fine en gérant les autorisations liées au contenu du catalogue, en se basant sur l'arborescence des dossiers, projets et packages présents dans celui-ci.

Le tableau ci-dessous détaille les autorisations attribuables à un utilisateur de la base SSISDB, la valeur présente dans la dernière colonne correspond à celle utilisée par les procédures stockées prenant en paramètre les autorisations.

Nom de l'autorisation	Description de l'autorisation	Types d'objet applicables	Valeur
READ	Permet au principal de lire des informations considérées comme faisant partie de l'objet, telles que les propriétés. Il n'autorise pas le principal à énumérer ou à lire le contenu d'autres objets contenus dans l'objet.	Dossier, projet, environnement, opération	1

Nom de l'autorisation	Description de l'autorisation	Types d'objet applicables	Valeur
MODIFY	Permet au principal de modifier des informations considérées comme faisant partie de l'objet, telles que les propriétés. Il ne permet pas au principal de modifier d'autres objets contenus dans l'objet.	Dossier, projet, environnement, opération	2
EXECUTE	Permet au principal d'exécuter tous les packages dans le projet.	Projet	3
MANAGE_ PERMISSIONS	Permet au principal d'affecter des autorisations aux objets.	Dossier, projet, environnement, opération	4
CREATE_OBJECTS	Permet au principal de créer des objets dans le dossier.	Dossier	100
READ_OBJECTS	Permet au principal de lire tous les objets dans le dossier.	Dossier	101
MODIFY_OBJECTS	Permet au principal de modifier tous les objets dans le dossier.	Dossier	102
EXECUTE_OBJECTS	Permet au principal d'exécuter tous les packages de tous les projets dans le dossier.	Dossier	103

Nom de l'autorisation	Description de l'autorisation	Types d'objet applicables	Valeur
MANAGE_OBJECT_ PERMISSIONS	Permet au principal de gérer des autorisations sur tous les objets dans le dossier.	Dossier	104

L'exemple suivant se base sur le fait que vous disposez sur votre serveur de base de données SQL d'un utilisateur de type SQL nommé **Utilisateur1**, et qui dispose de droits d'accès minimum sur la base de données SSISDB.

Pour modifier les droits du compte SQL **utilisateur1** sur le dossier **LivreSSIS** présent dans le catalogue SSISDB :

- Faites un clic droit sur le dossier **LivreSSIS** et sélectionnez **Propriétés**.
- Dans la fenêtre **Propriétés du dossier**, cliquez sur l'onglet **Autorisations**.
- Dans l'onglet **Autorisations**, cliquez sur le bouton **Parcourir**.
- Dans la boîte de dialogue qui s'affiche, sélectionnez le compte SQL **utilisateur1** et cliquez sur **OK**.

- De retour dans l'onglet **Autorisations** de la fenêtre **Propriétés du dossier**, attribuez des droits à l'utilisateur en cochant les cases correspondant aux autorisations **Lecture**, **Modifier**, **Créer des objets** et **Lire des objets**.

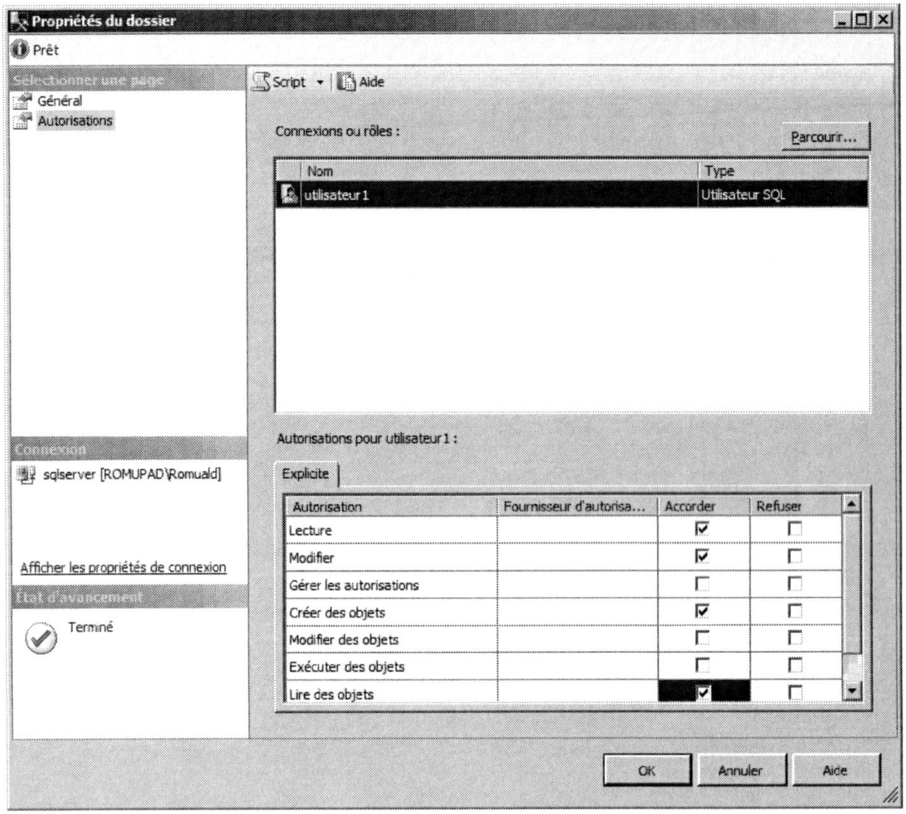

Une fois encore, si vous utilisez le bouton **Script** sur ce dernier écran pour générer le T-SQL correspondant, vous obtiendrez le code suivant :

```
EXEC [SSISDB].[catalog].[grant_permission] @object_type=1,
@object_id=1, @principal_id=9, @permission_type=1
GO
EXEC [SSISDB].[catalog].[grant_permission] @object_type=1,
@object_id=1, @principal_id=9, @permission_type=2
GO
EXEC [SSISDB].[catalog].[grant_permission] @object_type=1,
@object_id=1, @principal_id=9, @permission_type=100
GO
EXEC [SSISDB].[catalog].[grant_permission] @object_type=1,
@object_id=1, @principal_id=9, @permission_type=101
GO
```

Il utilise plusieurs fois la procédure stockée **[catalog].[grant_permission]** pour octroyer à l'utilisateur les quatre autorisations (correspondant à l'argument **permission_type** de la procédure stockée) sélectionnées dans l'interface.

6.2 Sécurité du modèle de déploiement de package

6.2.1 Sécurité du service Integration Services

À la différence des précédentes versions, dans la version 2012, par défaut, les utilisateurs du groupe de sécurité Windows **Utilisateurs** n'ont plus accès au service Integration Services. Pour accorder les droits nécessaires, un administrateur doit appliquer la configuration DCOM associée. Pour connaître la procédure en question, veuillez vous référer à l'article de la documentation en ligne de SQL Server **Accorder des autorisations au service Integration Services**.

6.2.2 Sécurité du contenu du serveur SSIS

Dans le mode de déploiement de package, la sécurité dépend du stockage cible des packages SSIS.

Les packages déployés en tant que simples fichiers dtsx dans le système de fichiers d'un serveur doivent d'abord être sécurisés via les droits définis sur les dossiers et les fichiers dtsx eux-mêmes, afin d'empêcher l'accès à ceux-ci et éviter une suppression, modification ou récupération non voulue. Pour ajouter une sécurité supplémentaire sur les packages propres à ceux-ci, il est par ailleurs conseillé de fixer dans SSDT la propriété **ProtectionLevel** à la valeur **EncryptAllWithPassword**, pour forcer l'utilisation du mot de passe défini lors de la conception à chaque exploitation du package.

Les packages déployés dans les modes de stockage administrables via l'instance du service Integration Services profitent, quant à eux, des rôles de sécurité associés à ce service. Il est donc possible d'assigner des droits.

Les packages déployés dans la base système **MSDB** profitent des rôles de sécurité de cette base de données dédiés à SSIS.

- Db_ssisadmin : administrateur du serveur SSIS.
- Db_ssisltduser : utilisateur avec droit limité.

– Db_ssisoperator : opérateur sans droit d'écriture.

Pour octroyer des droits à des utilisateurs SQL devant exécuter ou administrer les packages, il suffit alors de leur attribuer l'un de ces rôles prédéfinis.

Vous trouverez l'aide sur ces rôles dans l'article de l'aide SQL Server **Rôles Integration Services (Service SSIS)**.

7. Reporting opérationnel dans SSIS

7.1 Les rapports prédéfinis

SSIS 2012 apporte comme autre nouveauté, des rapports opérationnels prédéfinis qui permettent d'obtenir simplement des informations sur les différents traitements relatifs au catalogue SSISDB. Là encore, c'est l'ajout du nouveau modèle de déploiement de projet et de la base de données du catalogue SSISDB qui, en apportant une structure plus riche, mieux définie car totalement repensée et dédiée uniquement à Integration Services, permet la construction de rapports sur les données liées à l'exploitation du serveur.

Ces rapports sont accessibles dans SSMS à quatre endroits différents dans l'arborescence **Catalogues Integration Services** et sont donc consultables pour les niveaux suivants :

– Le catalogue SSISDB.

– Les dossiers.

– Les projets.

– Les packages.

Pour chacun de ces niveaux, vous aurez accès aux deux premiers rapports du tableau ci-dessous, les trois suivants étant uniquement disponibles pour le catalogue SSISDB.

Rapport	Description
Toutes les exécutions	Affiche un résumé des exécutions et contient les informations d'état, d'heures de début et de fin de celles-ci auxquelles s'ajoutent les valeurs de paramètres utilisées.
Toutes les validations	Affiche un résumé des validations et contient les informations d'état, d'heures de début et de fin de celles-ci.
Tableau de bord Integration Services	Rapport central du catalogue SSISDB, il contient un résumé des différents types d'information présents dans les autres rapports. En outre, il permet de zoomer pour obtenir un niveau de détails supplémentaire concernant, par exemple, l'exécution des tâches des packages, et il intègre des liens vers les autres rapports prédéfinis.
Toutes les opérations	Affiche un résumé des opérations de déploiement, de validation et d'exécution de package ainsi que la liste des tâches d'administration (exécution du job de purge...).
Toutes les connexions	Affiche le contexte de connexion et les erreurs d'exécution qui se sont produites sur SQL Server.

Vous retrouvez ci-dessous deux exemples de rapports prédéfinis directement disponibles dans le catalogue SSISDB (*Tableau de bord* et *Toutes les opérations*) :

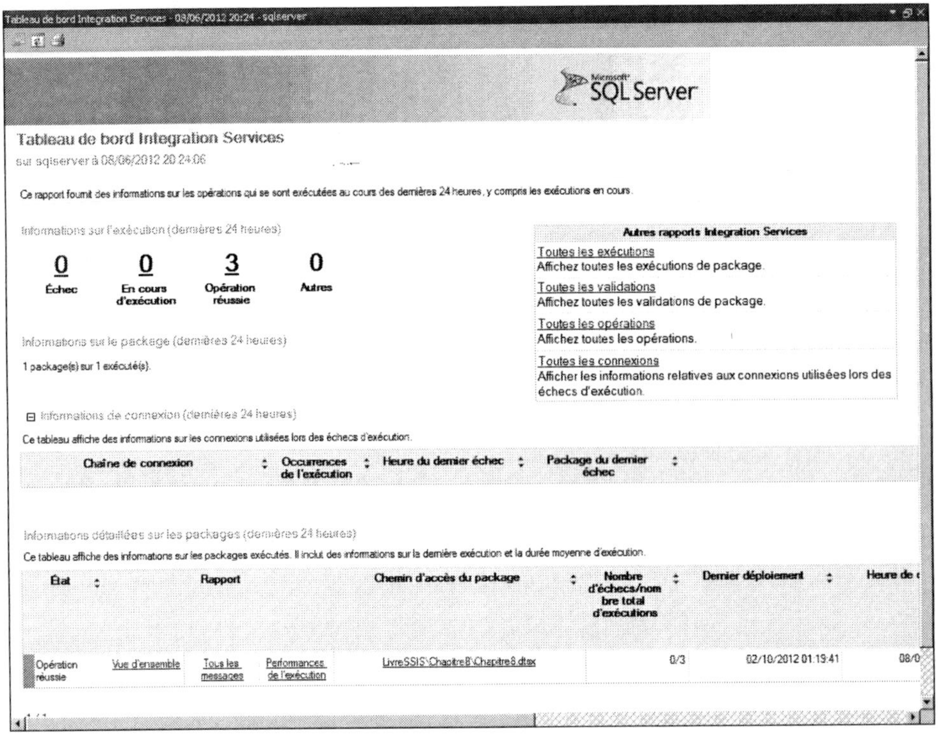

Tableau de bord Integration Services

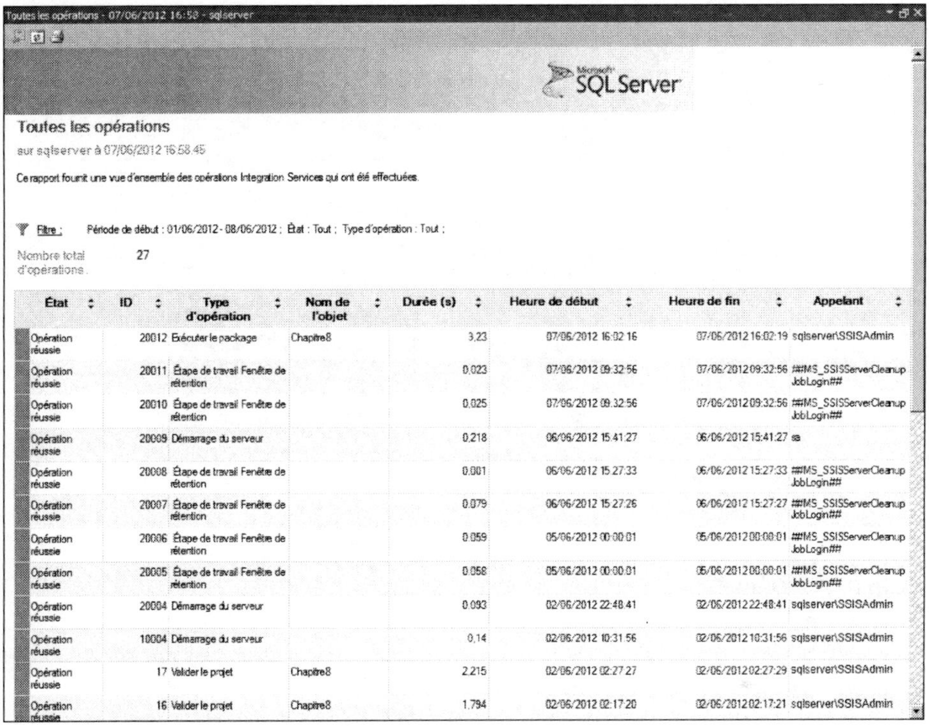

Toutes les opérations - 07/06/2012 16:58 - sqlserver

Microsoft SQL Server

Toutes les opérations

sur sqlserver à 07/06/2012 16:58:45

Ce rapport fournit une vue d'ensemble des opérations Integration Services qui ont été effectuées.

Filtre : Période de début : 01/06/2012 - 08/06/2012 ; État : Tout ; Type d'opération : Tout ;

Nombre total d'opérations : 27

État	ID	Type d'opération	Nom de l'objet	Durée (s)	Heure de début	Heure de fin	Appelant
Opération réussie	20012	Exécuter le package	Chapitre8	3,23	07/06/2012 16:02:16	07/06/2012 16:02:19	sqlserver\SSISAdmin
Opération réussie	20011	Étape de travail Fenêtre de rétention		0,023	07/06/2012 09:32:56	07/06/2012 09:32:56	##MS_SSISServerCleanupJobLogin##
Opération réussie	20010	Étape de travail Fenêtre de rétention		0,025	07/06/2012 09:32:56	07/06/2012 09:32:56	##MS_SSISServerCleanupJobLogin##
Opération réussie	20009	Démarrage du serveur		0,218	06/06/2012 15:41:27	06/06/2012 15:41:27	sa
Opération réussie	20008	Étape de travail Fenêtre de rétention		0,001	06/06/2012 15:27:33	06/06/2012 15:27:33	##MS_SSISServerCleanupJobLogin##
Opération réussie	20007	Étape de travail Fenêtre de rétention		0,079	06/06/2012 15:27:26	06/06/2012 15:27:27	##MS_SSISServerCleanupJobLogin##
Opération réussie	20006	Étape de travail Fenêtre de rétention		0,059	05/06/2012 00:00:01	05/06/2012 00:00:01	##MS_SSISServerCleanupJobLogin##
Opération réussie	20005	Étape de travail Fenêtre de rétention		0,058	05/06/2012 00:00:01	05/06/2012 00:00:01	##MS_SSISServerCleanupJobLogin##
Opération réussie	20004	Démarrage du serveur		0,093	02/06/2012 22:48:41	02/06/2012 22:48:41	sqlserver\SSISAdmin
Opération réussie	10004	Démarrage du serveur		0,14	02/06/2012 10:31:56	02/06/2012 10:31:56	sqlserver\SSISAdmin
Opération réussie	17	Valider le projet	Chapitre8	2,215	02/06/2012 02:27:27	02/06/2012 02:27:29	sqlserver\SSISAdmin
Opération réussie	16	Valider le projet	Chapitre8	1,794	02/06/2012 02:17:20	02/06/2012 02:17:21	sqlserver\SSISAdmin

Toutes les opérations

7.2 Les rapports personnalisés

En plus de ceux fournis avec SSIS et consultables dans SSMS, vous pouvez récupérer un ensemble de rapports Reporting Services développés par Jamie Thomson, auteur du blog de référence sur SSIS : SSIS Junkie (http://sqlblog.com/blogs/jamie_thomson). Ils sont disponibles en téléchargement gratuit sur le site communautaire Codeplex sous le nom de projet SSIS Reporting Pack (http://ssisreportingpack.codeplex.com).

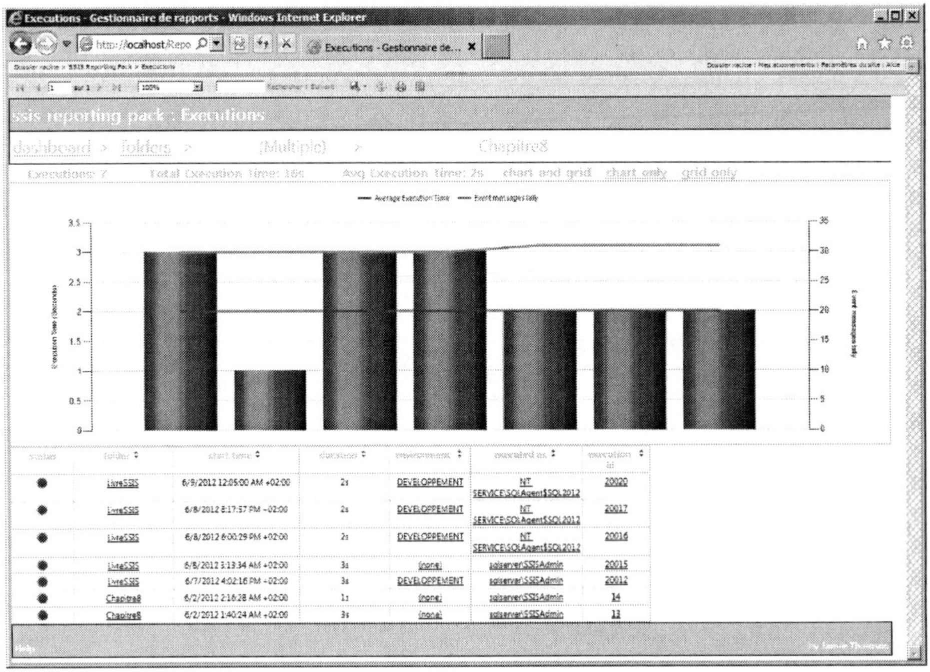

Rapport d'exécution de package du SSIS Reporting Pack

Ce projet donne un exemple concret de création d'états qui complètent les rapports prédéfinis dédiés à SSIS. Il confirme qu'il est donc possible via une personnalisation supplémentaire des rapports du SSIS Reporting Pack ou via la création de ses propres rapports (que ce soit avec Reporting Services ou tout autre outil permettant la création de rapports sur les données d'une base SQL Server) d'obtenir les informations nécessaires à la supervision de son serveur SSIS avec la forme de notre choix.

Chapitre 9
Checkpoints et transactions

1. Introduction

Par définition, un lot ETL va contenir un certain nombre de traitements différents. Qu'il s'agisse de récupération de fichiers, d'intégration dans une base de données, ou d'autres actions, ces différents traitements sont susceptibles d'échouer. Par défaut, tout échec de traitement va entraîner l'arrêt du lot, la reprise s'effectuant au début du lot sur ce dernier lors de l'exécution suivante. Or, cette situation n'est pas forcément souhaitable : d'une part, dans certains cas il peut sembler dommage de perdre les traitements déjà effectués. Lorsque cette situation se produit, on pourrait vouloir reprendre l'exécution au niveau de l'erreur : c'est ce que permettent les **checkpoints**, ou points de reprise sur erreur. D'autre part, l'échec d'une étape doit parfois entraîner logiquement l'échec de plusieurs autres pour ramener le système à une situation cohérente : le chargement échoué d'une table de faits doit par exemple annuler le chargement de membres dans les dimensions associées. Ce dernier besoin peut être satisfait par l'utilisation possible de **transactions** dans SSIS.

2. Checkpoints

Un lot en échec va systématiquement redémarrer au niveau de sa première tâche par défaut. Or, il est des cas pour lesquels ce lot échoue tout proche de sa complétion, et où on souhaiterait légitimement pouvoir redémarrer sur la tâche en erreur (cela pour éviter de refaire une énième fois des traitements déjà effectués avec succès). La fonctionnalité de **checkpointing** permet cela, en créant, lors d'une erreur, un fichier XML stockant le contexte d'exécution du lot – les variables essentiellement – et la tâche fautive, afin de pouvoir reprendre précisément sur cette dernière dans les mêmes conditions.

2.1 Principe général

2.1.1 Un cas d'usage classique

Le cas le plus classique est celui d'un lot qui a besoin d'une intervention manuelle pour fonctionner correctement, et effectue un certain nombre de traitements lourds avant cette dernière. Par exemple, on peut imaginer récupérer par FTP de très gros fichiers à vérifier mensuellement sur un référentiel chargé manuellement.

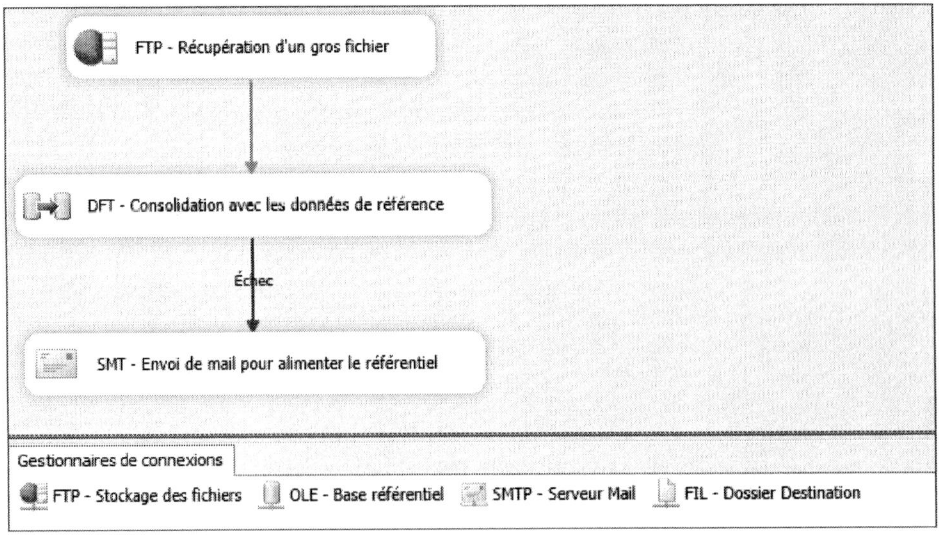

Ce dernier est censé être à jour, mais il peut arriver qu'un opérateur oublie une ou plusieurs valeurs, faisant échouer les Lookups et donc le Data Flow. On envoie alors un mail à l'opérateur pour lui demander d'alimenter instamment sa base.

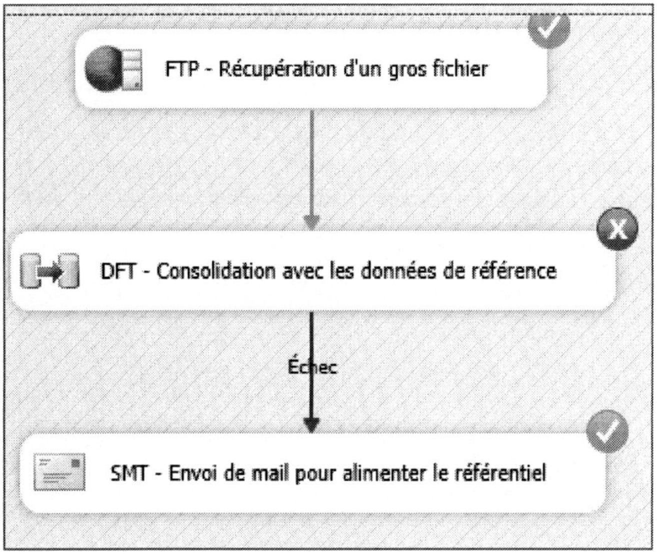

Or, dans ce cas, le téléchargement des fichiers va être rejoué jusqu'à ce que les Recherches passent... Dommage, surtout si les fichiers sont gros. Les checkpoints vont permettre de répondre à cette problématique.

2.1.2 Mise en place

Les paramètres des checkpoints se gèrent depuis toute tâche de flux de contrôle (Data Flow, Execute SQL Task...), dans son panneau de propriétés, accessible par un clic droit - **Propriétés**.

Parmi ces dernières, trois propriétés concernent les checkpoints :

Points de contrôle	
CheckpointFileName	**C:\Checkpoint.xml**
CheckpointUsage	**IfExists**
SaveCheckpoints	**True**

SaveCheckpoints est la plus importante, puisqu'elle détermine si on va ou non créer des points de redémarrage. **CheckpointUsage**, à l'inverse, va indiquer si on compte les utiliser. Hormis le réglage par défaut, elle peut prendre les valeurs **IfExists**, qui veut dire que si un checkpoint existe, on redémarrera à la tâche ciblée par ce checkpoint, et **Always**, qui signifie que le package partira en erreur si aucun checkpoint n'existe.

Remarque

__Always__ peut sembler complètement inutile pour la majorité des usages... Et c'est relativement vrai. On pourrait effectivement imaginer utiliser cette valeur pour piloter le package depuis le fichier checkpoint. Or comme dit plus loin, c'est interdit : le contenu de ce dernier est non documenté...

Enfin, **CheckpointFileName** contient le nom du fichier de stockage du checkpoint.

Remarque

Eh oui, encore une infraction au paradigme « Une ressource externe - Un gestionnaire de connexions ». Sachez que pour rendre ce fichier un tant soit peu dynamique, vous pouvez utiliser les expressions.

Si vous testez votre package maintenant, vous verrez que les checkpoints ne sont toujours pas actifs. En effet, un fichier checkpoint n'est pas créé à chaque échec de tâche, le fonctionnement est plus complexe que cela.

2.1.3 Lien entre échec et création de checkpoint

Configurer correctement un checkpoint est complètement non intuitif pour le novice, c'est pourquoi nous allons nous attarder quelques instants sur ce point. Tout d'abord vous savez déjà que chaque tâche de flux de contrôle part en échec si elle envoie une erreur, ou si un de ses enfants est un échec, ce à cause de son **MaximumErrorCount** à 1 par défaut.

Sachez qu'une tâche peut forcer l'échec de son parent ou du package entier si elle part en échec, sans prendre en compte cette valeur : c'est le sens des propriétés **FailPackageOnFailure** et **FailParentOnFailure** de toute tâche :

FailPackageOnFailure	**True**
FailParentOnFailure	**False**

Retenez donc ceci : une tâche sera un point de reprise si et seulement si **c'est elle qui a mis en échec le package par le biais de la propriété FailPackageOnFailure**. C'est le seul et unique moyen de procéder, ce qui signifie aussi que la tâche sur laquelle la reprise s'effectuera sera la dernière exécutée.

Problème : dans notre cas, cela veut dire que le mail ne partira **jamais** !

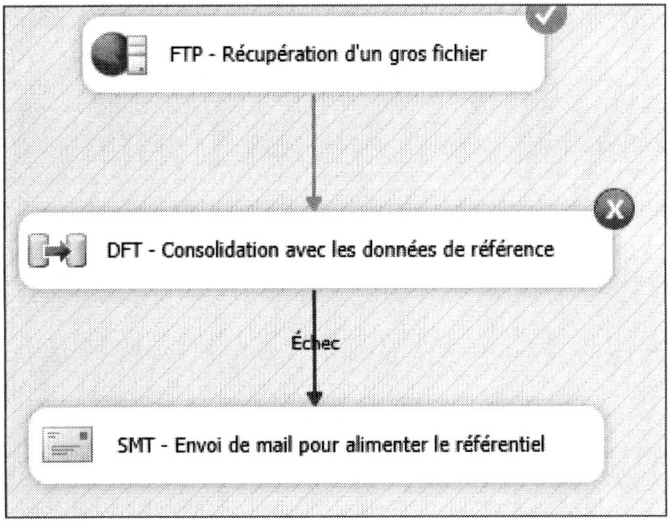

C'est pour gérer ce genre de cas qu'il est nécessaire de parfaitement comprendre le principe du **FailPackageOnFailure** avant de travailler avec les Checkpoints. En effet, si on veut pouvoir exécuter les deux tâches, DFT et SMT, et faire échouer le package à l'issue de l'envoi de mail seulement, il est nécessaire de les empaqueter dans un **conteneur** qui sera le **point de reprise** : le Data Flow fera partir le conteneur en échec, et ce dernier fera échouer le package par le biais de sa propre propriété **FailPackageOnFailure**.

Remarque

On pourrait utiliser un Sequence Container... Sauf qu'à la suite d'un bug présent depuis SQL Server 2005 (sic) celui-ci ne supporte pas les checkpoints : il redémarre à la tâche suivant la dernière tâche exécutée dans la séquence, qui ici n'existe pas... On va donc utiliser un contournement connu : un For Loop Container itérant de 0 à 1 pour ne faire qu'une passe.

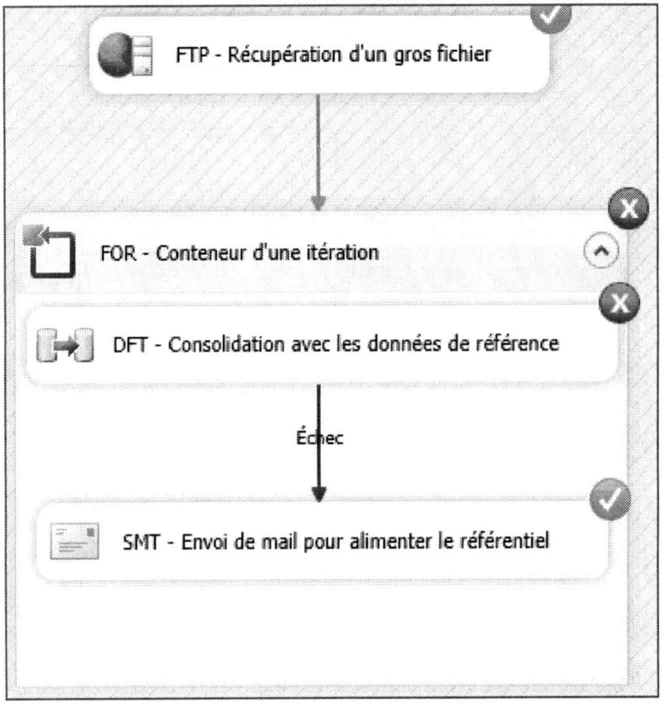

Dans ce cas cela fonctionne correctement, et on constate qu'un fichier checkpoint est créé.

2.1.4 Fonctionnement

Ouvrons ce fichier XML pour en découvrir la structure. La partie intéressante, mise en gras ci-dessous, concerne les DTSContainers :

```
<DTS:Checkpoint xmlns:DTS="www.microsoft.com/SqlServer/Dts"
DTS:PackageID="{7784EA05-3DE7-4190-BCD7-EF2C1E1B3E32}">
    <DTS:Variables DTS:ContID="{7784EA05-3DE7-4190-BCD7-EF2C1E1B3E32}">
```

```
        <DTS:Variable DTS:Namespace="User" DTS:IncludeInDebugDump="6789"
DTS:ObjectName="x" DTS:DTSID="{FD732793-2FFB-4DA1-9178-72A9DB2FDC9F}"
DTS:CreationName="">
            <DTS:VariableValue DTS:DataType="3">0</DTS:VariableValue>
        </DTS:Variable>
    </DTS:Variables>
    <DTS:Variables DTS:ContID="{8FA83787-B78B-449F-AF42-9690C4493063}"/>
    <DTS:Container DTS:ContID="{EFD77C9C-570E-4AE4-9369-C2A4142067AF}"
DTS:Result="0" DTS:PrecedenceMap="Y"/>
    <DTS:Container DTS:ContID="{ABD413C0-F4D3-4A1C-A423-09FEEFF88D81}"
DTS:Result="0" DTS:PrecedenceMap=""/>
</DTS:Checkpoint>
```

La première ligne DTSContainer concerne la première tâche : l'information donnée est que la contrainte de précédence sortant de la tâche FTP s'est exécutée avec succès (PrecedenceMap=Y). Le GUID indiqué correspond à l'ID de la tâche FTP, comme vérifiable dans Visual Studio :

La seconde ligne concerne en revanche le conteneur parti en échec : le Data Flow. C'est lui qui sera le point de redémarrage du package puisqu'il est le premier élément de la boucle :

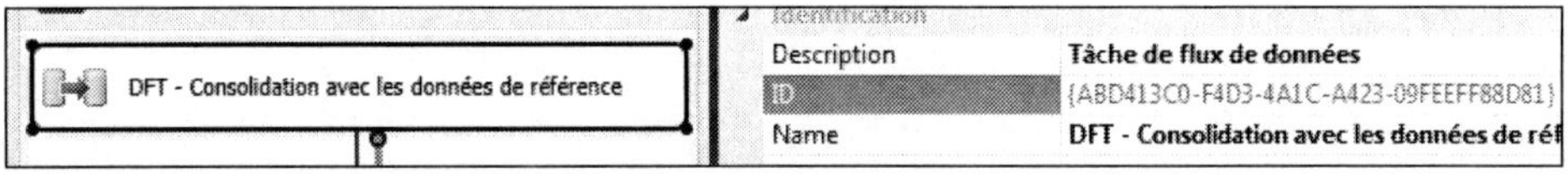

Remarque

Le contenu du fichier CheckPoint est non documenté et sujet à changements ; ne basez aucun développement sur les informations citées ici, simplement issues de constatations et de discussions avec l'équipe produit. Leur mention dans le présent ouvrage est uniquement faite dans un but pédagogique.

À l'exécution suivante, on constate donc que le lot redémarre le Data Flow. Le fichier n'est pas écrasé tant que la situation d'échec persiste. Une fois que le package est corrigé, l'exécution se termine et le fichier checkpoint est supprimé.

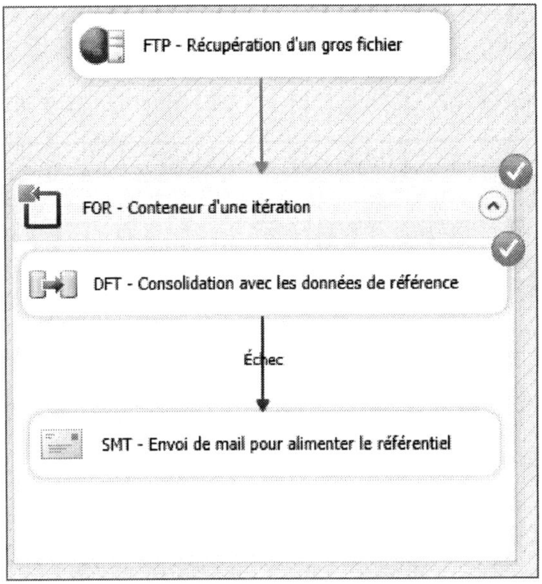

On constate alors que l'exécution finale reprend du début, et qu'aucun fichier checkpoint n'est généré.

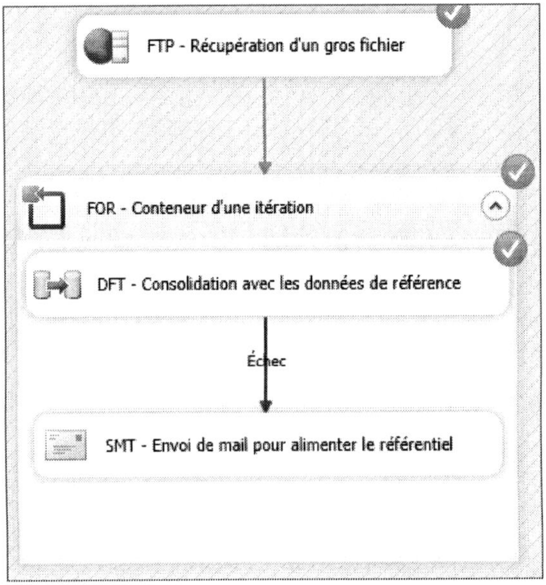

Fonctionnement simple, utilité explicite : on se dit alors que les checkpoints doivent être utilisés dans la majorité des projets, ce qui n'est pas vraiment le cas. Pourquoi ? Parce qu'ils présentent un certain nombre de limitations techniques qui brident leur utilisation.

2.2 Limitations

Les limitations bloquantes des checkpoints concernent essentiellement trois points : ils gèrent mal les flux de contrôle parallélisés, les boucles et les gestionnaires d'évènements.

2.2.1 Conteneurs mal gérés

On l'a vu plus haut, le Sequence Container est très mal géré. Mais il y a pire : le For Each Loop, utilisé dans presque tous les projets, n'est pas mieux loti : en effet les checkpoints ne persistent pas l'état des itérateurs, redémarrant la boucle au début à chaque fois...

Quant au For Loop, il présente un fonctionnement plus qu'étrange étant donné que la valeur est persistée. Prenons une boucle allant de 1 à 10, qui contient un script :

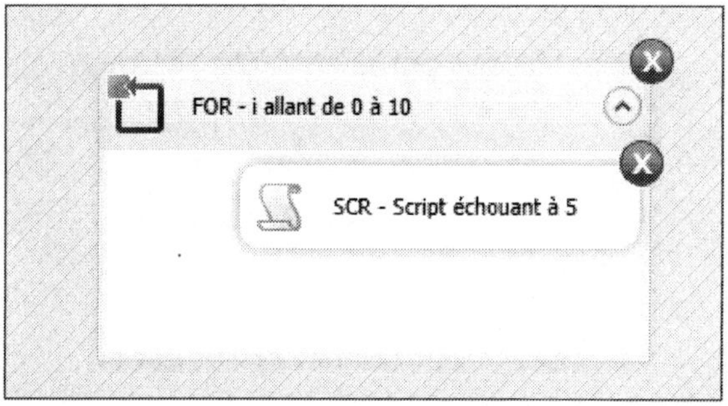

Le script contient un code qui fait partir le package en échec à la cinquième itération :

```
if((int)Dts.Variables["i"].Value == 5)
    Dts.TaskResult = (int)ScriptResults.Failure;
else
    Dts.TaskResult = (int)ScriptResults.Success;
```

On constate bien que le checkpoint conserve la valeur de l'itérateur dans son fichier :

```
<DTS:VariableValue DTS:DataType="3">4</DTS:VariableValue>
```

Mais lors de la reprise… le For ne reprend pas à la valeur sauvegardée, comme on peut le constater avec un point d'arrêt et un espion !

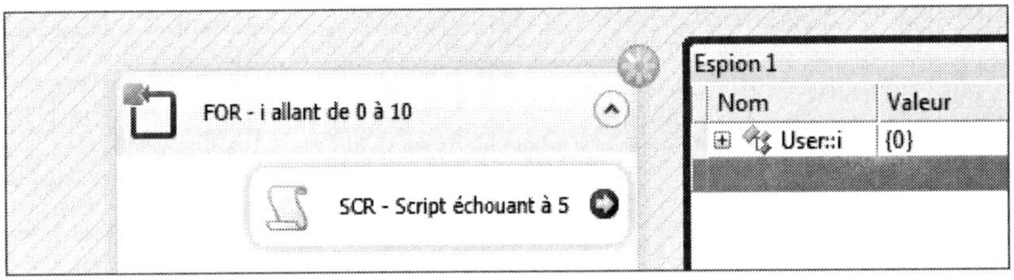

Le fonctionnement n'est donc pas du tout satisfaisant pour les conteneurs.

2.2.2 Mauvaise gestion du parallélisme

Les lots contenant plusieurs chemins présentent un fonctionnement aléatoire. Prenons un cas simple : ici la tâche 2 est configurée pour mettre le package en erreur. Comme son erreur intervient avant l'exécution de la tâche 4, celle-ci n'est pas lancée.

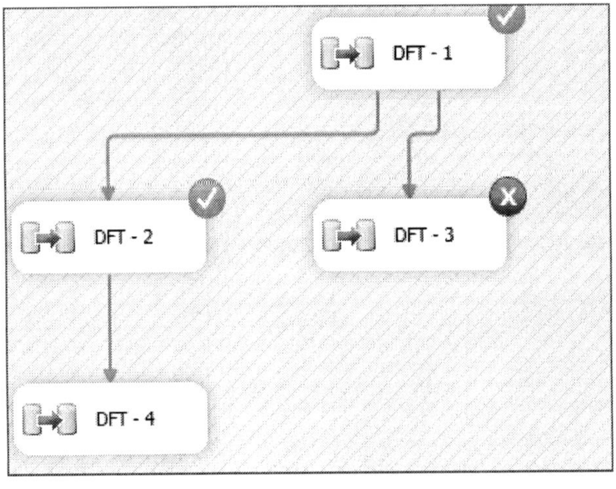

Lors de la reprise, la tâche 4 et la tâche 3 sont relancées. Ce qui est normal.

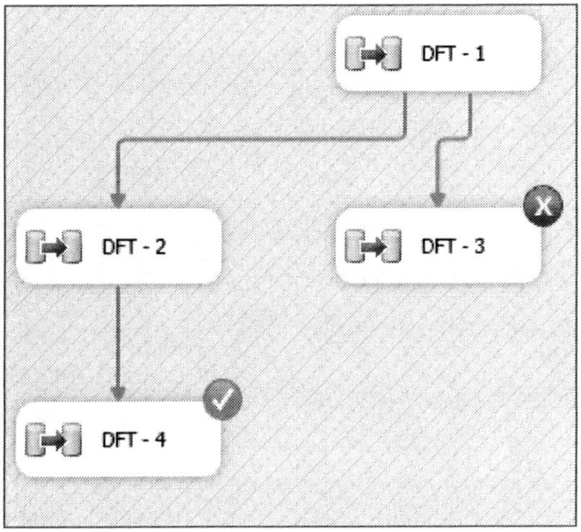

Et si on exécute une troisième fois, seule la tâche 3 est lancée, là encore comme attendu.

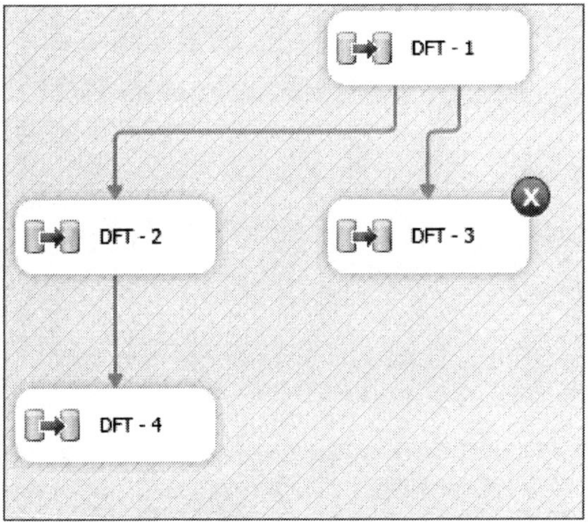

Mais dans la vraie vie, ce cas de démo que vous verriez en formation n'est pas celui que vous rencontrerez forcément : en effet, dans certains cas (et probablement selon l'état interne de la tâche 4 au moment de l'échec de la 3), il est tout à fait possible que le moteur considère qu'elle a été exécutée alors que ce n'est pas le cas. Vous passez alors de la première image à la dernière.

Dans d'autres cas, la tâche 3 est considérée comme ayant finalement réussi et, à l'exécution, le checkpoint est écrasé. Tout cela est très difficile à reproduire mais au bout d'une dizaine d'essais on peut aboutir avec exactement le même lot à ce comportement-ci pour la deuxième exécution :

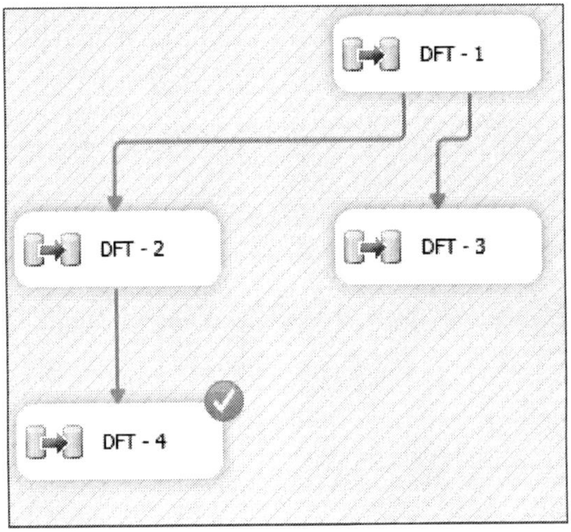

Ce qui pour le coup est plutôt... effrayant.

2.2.3 Gestionnaires d'évènements

Les gestionnaires d'évènements sont tout aussi mal gérés. Principalement, si un Event Handler est placé sur une tâche considérée comme un point de redémarrage, ils ne vont être exécutés qu'une fois lors de la génération du checkpoint et plus jamais lors de la réexécution. Des contournements existent, mais ils sont improbables, peu intuitifs et limités.

2.3 Conclusion

En conclusion, si votre lot n'a pas de boucle, pas d'Event Handler, ne fait aucun usage du parallélisme et qu'il utilise une tâche longue derrière laquelle un échec peut se produire, alors utilisez les checkpoints. Dans le cas contraire, vous vous exposez à bien des problèmes et des contournements. C'est pourquoi vous trouverez peu de projets en faisant usage.

3. Transactions

Une transaction, au sens moteur de bases de données, est un ensemble de traitements qui n'a de sens que si toutes les parties réussissent. Si une seule des opérations échoue, l'ensemble des travaux effectués par les autres éléments constitutifs de la transaction doit être annulé. Integration Services permet nativement le support des transactions sur les tâches, de manière distribuée en utilisant le coordinateur de transactions distribuées, ou via des transactions natives du moteur de base de données cible.

3.1 Principe des transactions

3.1.1 A.C.I.D. ?

On résume souvent le principe des transactions à l'acronyme **ACID** pour **Atomicité**, **Cohérence**, **Isolation** et **Durabilité**. *Atomicité* signifie qu'une transaction constitue une unique entité de multiples travaux, qui doit échouer ou réussir globalement. Si une seule partie de la transaction échoue, tout le reste doit être annulé. *Cohérence* signifie que la transaction génère un état *cohérent*. Cette notion de cohérence dépend du système cible mais, pour un projet BI, cela peut vouloir dire que l'ensemble du Data Mart est chargé, et pas seulement une ou deux dimensions. *Isolation* signifie que les transactions travaillent séparément les unes des autres, et que les données qu'elles modifient ne doivent pas les impacter mutuellement si elles sont en concurrence sur une ressource. Enfin la *durabilité* d'une transaction désigne juste le fait qu'une fois validée (ou commitée en bon franglais car en SQL, la validation d'une transaction se fait par l'instruction COMMIT, et l'annulation par ROLLBACK), celle-ci est persistée.

Ces concepts sont propres au monde des bases de données relationnelles. SSIS permet leur implémentation au niveau de tâches de flux de données, mais de par la nature multisource et multidestination d'un lot ETL, il en fait un usage quelque peu différent.

3.1.2 Transactions distribuées

Integration Services fait usage de **transactions distribuées** pour apporter une touche transactionnelle aux traitements. Par défaut, une transaction est en effet destinée à un seul moteur de base. Or, dans SSIS, on pourrait vouloir appliquer le paradigme ACID à un *ensemble* de bases de données. Pour permettre cela, SSIS va utiliser un service de Windows qui est capable de coordonner une transaction unique sur plusieurs moteurs – si ceux-ci sont enregistrés dans le service – nommé Distributed Transaction Coordinator (aussi connu sous son sigle MSDTC ou DTC). La coordination sur plusieurs serveurs est réalisée en faisant communiquer entre eux les services MSDTC des machines mises en jeu.

Il est donc essentiel que le moteur de bases de données cible supporte les transactions distribuées. Aujourd'hui c'est le cas d'Oracle, d'IBM DB2 et évidemment de Microsoft SQL Server. Sorti de ces moteurs et de quelques autres, oubliez MSDTC et passez directement au point Utilisation de transactions natives.

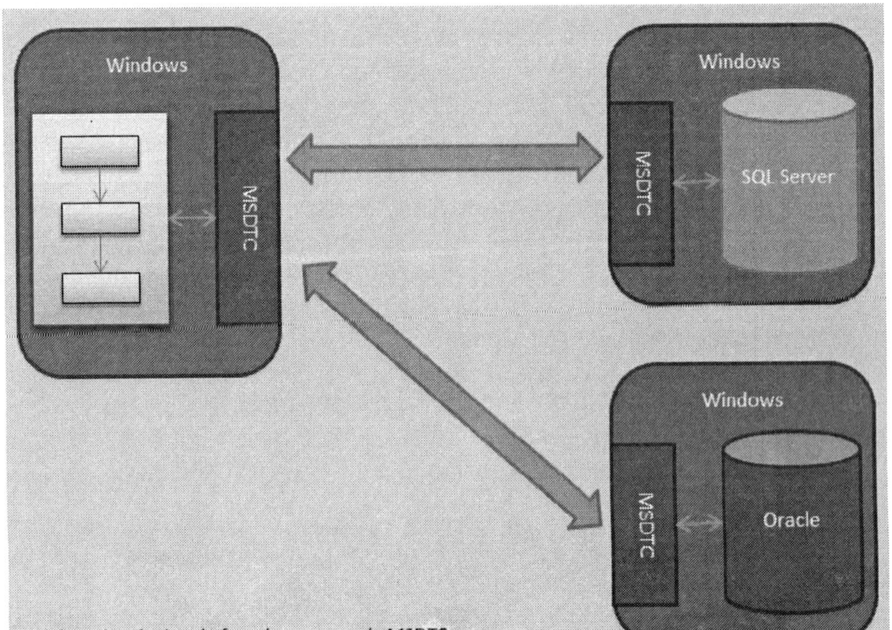

Schéma de principe du fonctionnement de MSDTC

La configuration de MSDTC se fait depuis la console de gestion Services de composants. Elle permet d'activer DTC, de suivre les transactions en cours, et de mettre en place des liens réseau entre différentes machines comme sur le précédent schéma.

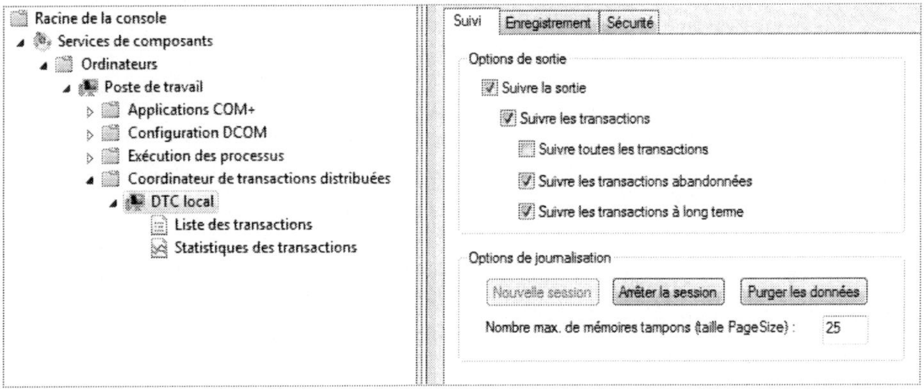

Remarque

*Une console de gestion, aussi désignée sous son acronyme MMC (Microsoft Management Console), est utilisée pour administrer un serveur Windows. Il en existe pour tout le périmètre de l'administration, des utilisateurs aux services de la machine. On y accède depuis le menu **Administration** du menu **démarrer**, ou en lançant mmc.exe dans une invite de commandes.*

3.1.3 Cas du DTC en réseau

Pour activer le DTC réseau, il faut aller dans la console de gestion vue précédemment et cocher les cases d'activation du DTC entrant/sortant sur toutes les machines mises en jeu dans la transaction. En effet, par défaut MSDTC est activé en local mais désactivé en réseau. La fenêtre de configuration s'accède par un clic droit - **Propriétés** sur l'icône **Coordinateur de Transactions - DTC Local**.

Il faut a minima activer l'accès DTC réseau et les transactions entrantes/sortantes selon le cas. Pour plus d'informations, se référer à la documentation de Windows, cet ouvrage ne se voulant pas une référence d'administration de composants COM !

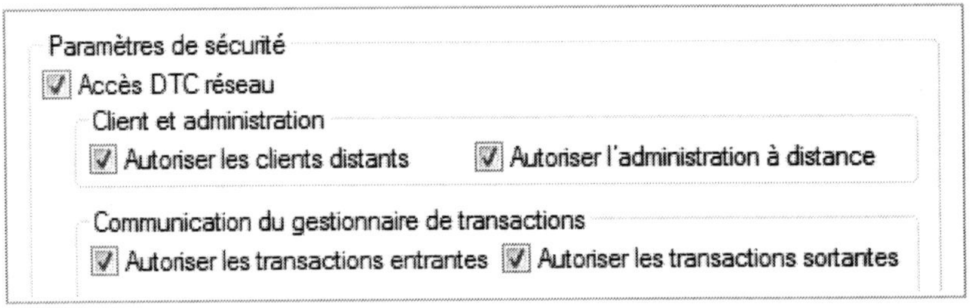

Le problème principal du DTC réseau est sans conteste la gestion des pare-feu. Pour permettre à celui-ci de fonctionner, il est nécessaire d'activer les règles liées à DTC sur toutes les machines concernées.

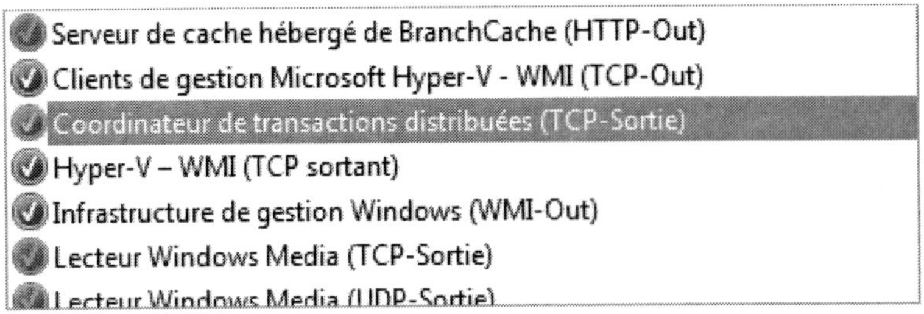

Heureusement, une fois la ou les machines configurées, l'utilisation dans SSIS est assez triviale.

3.2 Mise en place d'une transaction MSDTC dans SSIS

Généralement, on va utiliser un conteneur comme ensemble transactionnel (par exemple un Sequence Container), qui va contenir l'intégralité des traitements constituant un ensemble atomique, cohérent, isolé des autres transactions et durable.

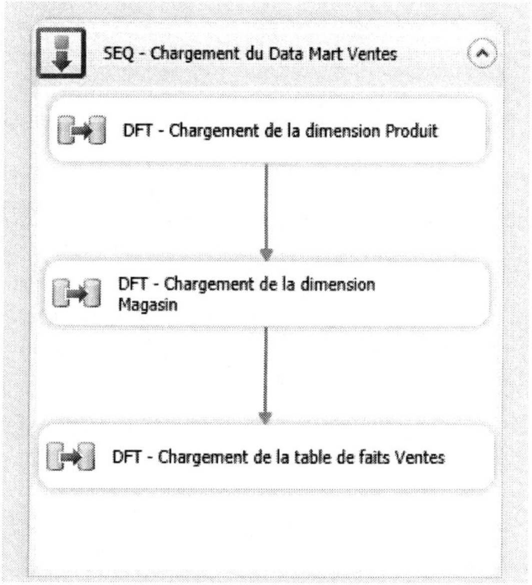

3.2.1 TransactionOption pour activer les transactions

Toute tâche – et donc conteneur – de flux de contrôle peut être rendue transactionnelle en agissant sur son paramètre **TransactionOption**. Par défaut, il est à *Supported*, qui signifie que la tâche sera incluse dans une transaction lancée par son conteneur si celle-ci existe. Passer le réglage à *Required* équivaut à lancer une transaction pour la tâche et ses enfants positionnés à *Supported*. Enfin, *Not Supported* spécifie que la tâche ne doit pas joindre une éventuelle transaction lancée par son parent.

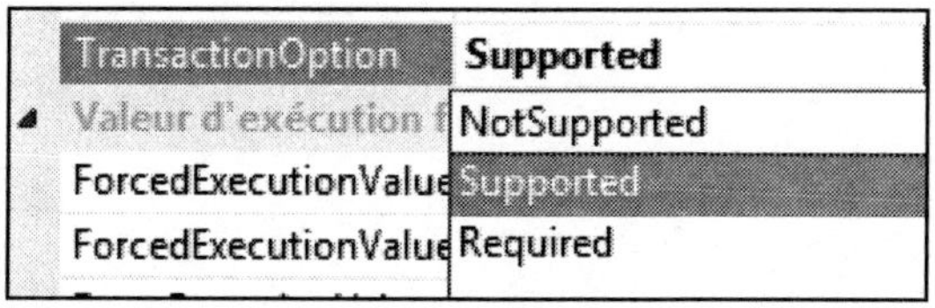

Une transaction peut être jointe par un package enfant dans le cas d'utilisation de **Tâches d'exécution de packages**. Ces derniers sont en effet vus comme contenus dans leur package lanceur et, s'ils sont sur le réglage par défaut *Supported*, ils s'ajoutent à la transaction.

3.2.2 IsolationLevel pour gérer l'interaction avec les autres transactions

Le niveau d'isolation d'une transaction n'est pris en charge qu'à son lancement. La propriété **IsolationLevel** n'a donc de sens que si **TransactionOption** est à *Required*, c'est-à-dire si l'on modifie ce paramètre sur le conteneur qui lance la transaction.

L'isolation dans un moteur de bases de données régit principalement ce que la transaction peut **voir** des modifications effectuées par **d'autres** transactions. En effet, si une transaction verrouille exclusivement en écriture les tables qu'elle modifie, elle accède à des tables en entrée qui peuvent être en cours de modification par d'autres transactions. Or, on souhaite pouvoir éviter que des données erronées soient lues. Le principal mécanisme de protection contre ce type de situation est de verrouiller les ressources lues, au niveau de la ligne voire de la table.

On catégorise généralement ces types d'erreurs de lecture par trois grands termes :

- Les lectures « sales » ou ***Dirty Reads*** désignent les cas où la transaction lit plusieurs fois des données dans une table sur laquelle une transaction concurrente travaille mais n'a pas encore exécuté de COMMIT. On aboutit donc à des incohérences : ce cas peut être réglé en ne lisant que des données « committées », ce qui se passe dans le mode d'isolation **ReadCommitted** (qui est le mode par défaut de SQL Server), au contraire de **ReadUncommitted** (vous avez peut-être néanmoins déjà utilisé ReadUncommitted côté SQL Server si vous avez déjà exécuté un SELECT... WITH (NOLOCK)).
- Les lectures non répétables ou ***Non-Repeatable Reads*** sont plus complexes, il s'agit d'un cas où la transaction va lire deux fois la même table, mais où, entre les deux lectures, une autre transaction a modifié la table et committé ses modifications. On n'est donc pas dans un cas de *Dirty Read* mais les données ne sont pas cohérentes entre les deux lectures. On évite cette situation en verrouillant en avance les lignes qui vont être accédées en lecture dans la transaction. **Repeatable Read** résout le problème de cette manière.

– Enfin les lectures fantômes ou ***Phantom Reads*** désignent le cas ou des lignes sont ajoutées par une autre transaction entre deux lectures. On ne peut pas s'en protéger par des verrous de ligne et on doit généralement verrouiller intégralement la ressource, comme avec le mode d'isolation **Serializable**.

En allant du moins sécurisé au plus sécurisé, les modes d'isolation existants et définis dans la norme SQL sont listés dans le tableau ci-dessous, avec les types d'erreurs de lecture qu'ils permettent d'éviter. **Snapshot** et **Serializable** sont identiques fonctionnellement, Snapshot effectuant juste une copie des données à lire dans **tempdb** pour ne pas verrouiller les tables d'origine.

Protège contre.../ Niveau d'isolation	**Dirty Reads**	**Non-Repeatable Reads**	**Phantom Reads**
ReadUncommitted / Chaos [1]			
ReadCommitted	X		
RepeatableRead	X	X	
Serializable	X	X	X

(1) Le mode Chaos est un ReadUncommitted qui ne modifie pas les données lues par une transaction d'isolation supérieure (comme ReadUncommitted par exemple).

Comme vous l'avez sûrement compris, utiliser de hauts niveaux d'isolation baisse la capacité de la base de données à exécuter des traitements concurrents, augmente le nombre de verrous, et diminue la performance globale. La gestion de l'isolation est donc issue d'un compromis performance/qualité de données.

SSIS est par défaut en mode **Serializable** (pas de mode Snapshot ici), mode d'isolation le plus restrictif. Si d'autres transactions accèdent à la base de données de manière concurrente, il peut être nécessaire de baisser ce mode vers **ReadUncommitted** par exemple.

3.2.3 Comportement à l'exécution

Si le conteneur a bien été configuré, le message « Démarrage de la transaction distribuée pour ce conteneur » doit apparaître dans la trace :

Informations : Démarrage de la transaction distribuée pour ce conteneur.
Début, 13:29:03

Le package s'exécute ensuite normalement. Si une erreur est rencontrée et met le conteneur en échec, le message d'annulation de la transaction apparaît alors :

Avertissement : Code d'avertissement SSIS DTS_W_MAXIMUMERRORCOUNTREACHED.
Informations : Abandon de la transaction distribuée en cours.
Terminé, 13:29:08, temps écoulé : 00:00:06.849

On peut alors constater que l'intégralité des traitements couverts par le gestionnaire de transaction distribuée a été « rollbackée ».

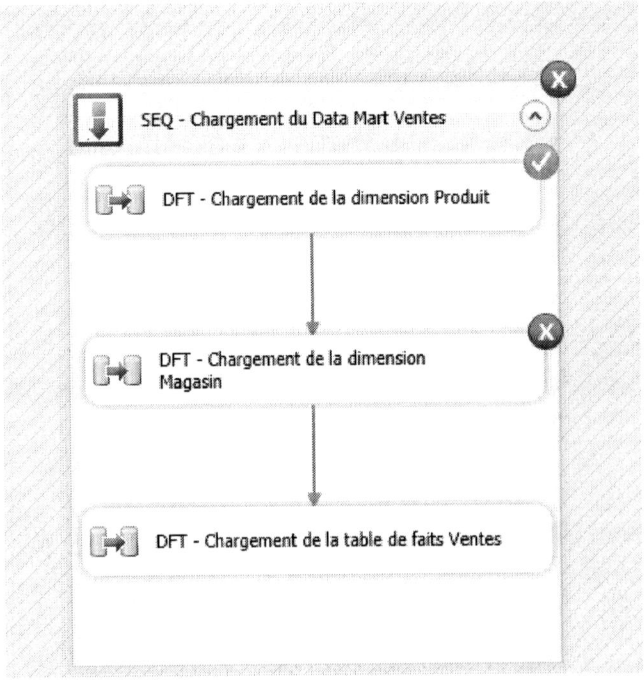

Ce qui signifie dans l'exemple ci-dessus que les membres rajoutés à la dimension Produit dans le premier Data Flow, pourtant validé, sont **supprimés** à la fin de l'exécution. À l'inverse et bien évidemment, dans le cas nominal où tout fonctionne, un message tout aussi explicite est ajouté dans la trace :

```
Informations : Démarrage de la transaction distribuée pour ce conteneur.
Début, 14:05:57
Informations : La validation de la transaction distribuée a commencé par ce conteneur.
Terminé, 14:06:11, temps écoulé : 00:00:15.163
```

Bien évidemment dans ce dernier cas toutes les insertions sont validées.

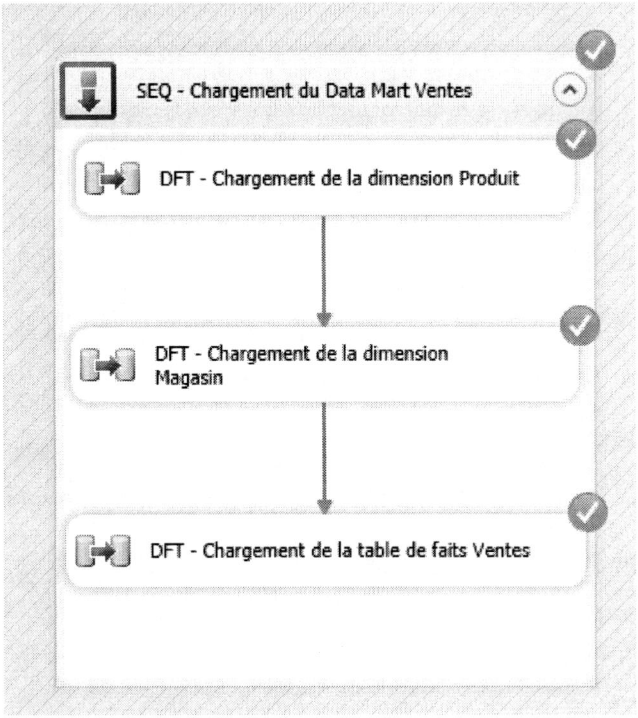

Si vous êtes dans une de ces deux situations, tout va bien. La configuration de DTC a bien été faite. Sachez cependant qu'avant de se retrouver dans ce cas il est plus que probable que vous rencontriez un nombre conséquent d'erreurs.

3.2.4 Troubleshooting de base

Encore une fois, l'objet de ce livre n'est pas de détailler toutes les erreurs liées au composant Windows complexe qu'est MSDTC. Cependant, un certain nombre d'erreurs classiques peuvent être résolues facilement, sous réserve de bien identifier la cause. Voici ci-dessous un certain nombre d'erreurs classiques que vous pouvez rencontrer dans la trace SSIS, dans un cas d'utilisation de DTC.

Dans ce premier cas assez simple, MSDTC est arrêté :

```
La transaction DTC n'a pas pu démarrer. Ceci a pu se produire parce
que le service MSDTC n'est pas en cours d'exécution.
```

Vérifiez son état dans les services de Windows, ainsi que dans la console de gestion. À noter que cette configuration – service lancé et DTC activé – est suffisante si tout s'effectue en local. Dans le cas d'accès réseau, c'est-à-dire où au moins une des ressources n'est pas sur la machine ETL, cette erreur peut être levée :

```
Le partenaire du gestionnaire de transactions a désactivé la prise
en charge des transactions à distance/par réseau.
```

Cela signifie que DTC n'est pas configuré pour supporter les accès réseau sur au moins une des machines. Reportez-vous au point **configuration** vu plus tôt dans ce chapitre pour activer le support des transactions réseau. Enfin, plus énigmatique, ce message ne veut généralement pas dire ce qu'il a l'air de signifier :

```
La transaction a déjà été validée ou annulée de manière implicite
ou explicite.
```

En effet, il désigne généralement une erreur de configuration de routeur ou de firewall. Vous pouvez utiliser l'utilitaire DTCPing, disponible sur MSDN, pour vérifier que tout est bien configuré et que les paquets transitent bien.

Si vous rencontrez d'autres erreurs, reportez-vous à la documentation Technet/MSDN, aux ouvrages traitant du sujet, ou à votre administrateur réseau préféré.

3.2.5 Conseils de design de flux de contrôle dans un cas transactionnel

Les transactions permettent la concurrence mais il est conseillé d'en faire un usage parcimonieux : l'accès à une ressource commune entre deux transactions DTC ou pire, dans la même transaction, est généralement source de conflits dans l'acquisition des verrous, ce qui peut bloquer l'exécution et mener à des situations de *deadlocking*, comme dans toute application. Il est donc conseillé de garder les parties transactionnelles séquentielles et simples, ces problèmes étant plus qu'épineux à gérer.

Remarque

Un deadlock - verrou de la mort - est une situation dans laquelle deux transactions A et B doivent accéder à deux ressources, par exemple la table Facture et la table LigneFacture, mais dans un ordre différent. A verrouille les factures et B les lignes. Une fois que A a lu les factures, elle cherche les lignes associées, mais la table est verrouillée. B est dans le cas opposé : elle veut accéder à la table des factures mais elle est inaccessible pour la même raison. Les deux processus sont donc dans un cas de deadlock, et c'est au SGBD d'en tuer un aléatoirement pour mettre fin à cette situation sans issue. Ce cas est le cauchemar des DBA et des développeurs d'applications.

3.3 Utilisation de transactions natives

Lorsque les moteurs cibles ne supportent pas les transactions distribuées, on peut néanmoins faire du transactionnel sur un seul moteur en utilisant les instructions classiques BEGIN / COMMIT / ROLLBACK de tout moteur de bases de données évolué.

3.3.1 BEGIN / ROLLBACK / COMMIT

Ces termes ont déjà été plusieurs fois utilisés, mais il peut être intéressant de rappeler leur définition. Dans une commande SQL, qu'elle soit sous SQL Server, Oracle, ou tout moteur supportant le transactionnel, on gère une transaction de la manière suivante : on commence la transaction avec BEGIN, on la valide avec COMMIT, ou on l'annule (avec retour à la situation avant le BEGIN) avec ROLLBACK.

```
BEGIN TRANSACTION
<traitements>
<selon le cas> ROLLBACK TRANSACTION <ou> COMMIT TRANSACTION
```

Avec SSIS, l'idée est donc de mettre en place le même système, mais avec un lot plutôt qu'un script.

3.3.2 Implémentation avec des Execute SQL Task et RetainSameConnection

Pour cela rien de plus simple, nous allons tout simplement reprendre le même fonctionnement que précédemment, sauf que cette fois-ci on initie un BEGIN TRANSACTION avant la séquence, et que des contraintes de précédence dirigent l'exécution vers une commande ROLLBACK TRANSACTION (ou COMMIT TRANSACTION selon le cas).

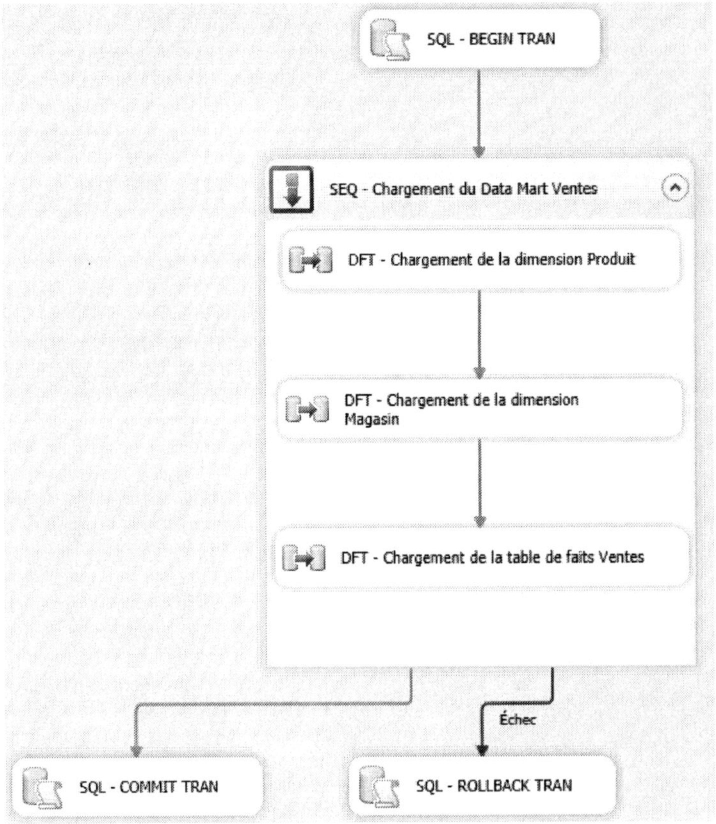

Sauf que si on exécute ce lot tel quel, cela ne va pas fonctionner. La tâche de ROLLBACK (ou de COMMIT, selon le cas) va renvoyer l'erreur suivante :

```
L'exécution de la requête « ROLLBACK TRANSACTION » a échoué avec
l'erreur suivante : « La requête ROLLBACK TRANSACTION n'a pas de
BEGIN TRANSACTION correspondante. »
```

La raison de cette erreur est propre à SSIS : à des fins d'optimisation, il va constamment ouvrir et fermer les connexions aux bases de données, entraînant la création de sessions SQL différentes entre les Data Flow et les différentes Execute SQL Task. Pour faire marcher le lot, il est donc impératif de désactiver ce comportement, ce qui se fait en mettant à **true** la propriété **RetainSameConnection** du gestionnaire de connexions de la base utilisée :

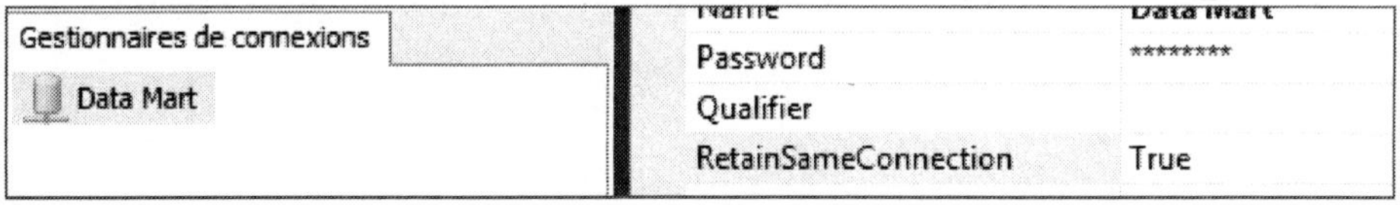

En réexécutant le lot, le ROLLBACK s'exécute cette fois-ci correctement, et les données sont bien cohérentes, c'est-à-dire toutes vides comme souhaité. Le fonctionnement est bien entendu identique quoiqu'inverse pour le COMMIT.

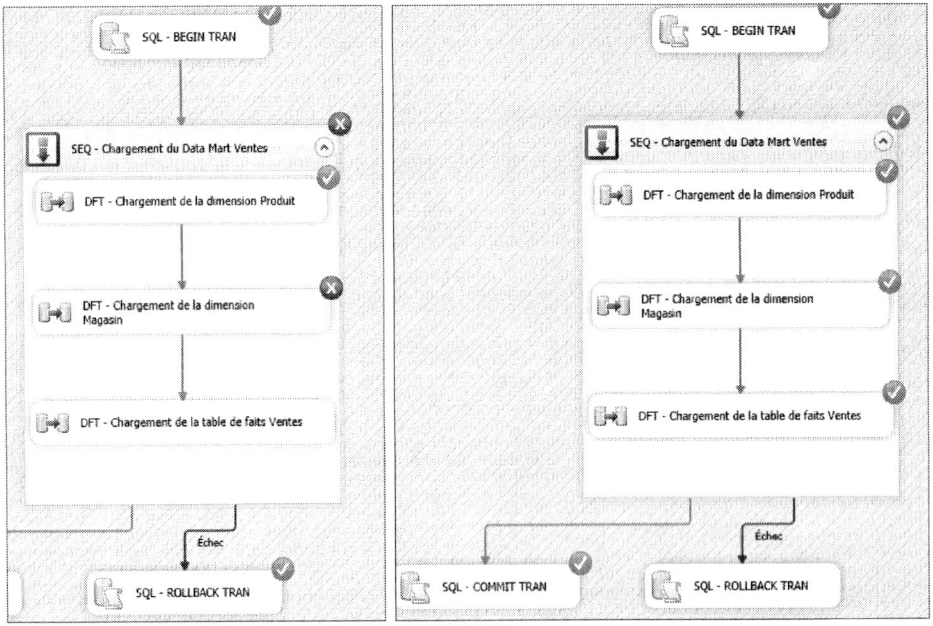

D'ailleurs, si par curiosité on suit l'exécution du lot depuis SQL Server Profiler pour le dernier cas, on voit bien passer les différents INSERT BULK de l'OpenRowset FastLoad des OLE DB Destination, ainsi que notre COMMIT final :

SQL:BatchCompleted	insert bulk [FactSales]([ProductKey] int,[OrderDateKey] int,[DueDateKey] int,[ShipDateKey] int,[CustomerKey] int,[PromotionKey]
SQL:BatchCompleted	insert bulk [FactSales]([ProductKey] int,[OrderDateKey] int,[DueDateKey] int,[ShipDateKey] int,[CustomerKey] int,[PromotionKey]
SQL:BatchCompleted	insert bulk [FactSales]([ProductKey] int,[OrderDateKey] int,[DueDateKey] int,[ShipDateKey] int,[CustomerKey] int,[PromotionKey]
SQL:BatchCompleted	insert bulk [FactSales]([ProductKey] int,[OrderDateKey] int,[DueDateKey] int,[ShipDateKey] int,[CustomerKey] int,[PromotionKey]
SQL:BatchCompleted	insert bulk [FactSales]([ProductKey] int,[OrderDateKey] int,[DueDateKey] int,[ShipDateKey] int,[CustomerKey] int,[PromotionKey]
SQL:BatchCompleted	insert bulk [FactSales]([ProductKey] int,[OrderDateKey] int,[DueDateKey] int,[ShipDateKey] int,[CustomerKey] int,[PromotionKey]
SQL:BatchCompleted	insert bulk [FactSales]([ProductKey] int,[OrderDateKey] int,[DueDateKey] int,[ShipDateKey] int,[CustomerKey] int,[PromotionKey]
SQL:BatchCompleted	COMMIT TRAN

Le fonctionnement est donc similaire sur le principe aux transactions DTC. Si on veut supporter plusieurs moteurs, il suffit de rajouter autant de BEGIN, de COMMIT et de ROLLBACK au même niveau que les précédents pour chaque gestionnaire de connexion ciblé.

3.3.3 Bonnes pratiques

Comme pour les transactions distribuées, il est recommandé de garder les lots séquentiels et simples. De plus, attention à l'utilisation du RetainSameConnection qui ne va pas améliorer les performances du lot.

3.4 Conclusion

L'utilisation de transactions dans un lot SSIS est un sujet qui prête à débat. La configuration des pare-feu pour qu'ils prennent en charge DTC étant complexe et les transactions natives monoconnexions générant des situations à risque pour les performances, on rencontre finalement peu de lots transactionnels. Il s'agit cependant d'une fonctionnalité très utile et fournissant potentiellement de fantastiques gains de temps pour le remplissage, par exemple, d'entrepôts de données.

Chapitre 10
Notions avancées et bonnes pratiques

1. Les fondements du flux de données

1.1 Les buffers

Comme décrit dans le chapitre Manipulation de données simples, le flux de données fonctionne par lot de données : les buffers. Ce sont des zones mémoire qui stockent les lignes et les colonnes des données transitant dans le flux de données. Tout au long de son exécution, le flux de données peut être amené à utiliser plusieurs buffers. Cette création de multiples buffers est engendrée par les différents types de composants existant dans le flux de données et nous y reviendrons plus tard dans ce chapitre. Schématiquement, un buffer est donc un tableau (data set) de lignes et de colonnes. Une bonne illustration de son contenu peut être obtenue grâce à la visionneuse de données.

Ces buffers peuvent avoir différentes tailles et donc, contenir plus ou moins de lignes et de colonnes. La définition de ces tailles passe par l'utilisation de plusieurs paramètres, notamment quelques propriétés du flux de données. Parmi celles-ci, nous retrouvons :

– **DefaultBufferMaxRows** : définit le nombre de lignes maximal que pourra contenir notre buffer. Par défaut, sa valeur est à 10 000.

– **DefaultBufferSize** : spécifie la taille par défaut du buffer (valeur initiale : 10 Mo).

Mais le calibrage de la taille des buffers par SSIS ne va pas dépendre que de ces propriétés. À l'initialisation du flux de données, le moteur va aller inspecter les métadonnées déclarées dans le composant source et extraire le type des colonnes afin d'estimer le poids d'une ligne en mémoire. Cette opération souligne deux choses :

– L'importance de ne pas sélectionner inutilement des informations qui ne sont pas utilisées par la suite dans le flux de données.
– La nécessité de régler au plus juste nos types de données, que ce soit dans la base relationnelle source, ou pour les colonnes des datasets du flux de données.

SSIS va ensuite multiplier son estimation par la valeur de la propriété DefaultBufferMaxRows. Si la valeur obtenue est supérieure à la valeur du DefaultBufferSize, alors le moteur va réduire le nombre de lignes du buffer.

On pourrait alors penser qu'il suffit d'augmenter la valeur du DefaultBufferSize afin d'accroître la taille du buffer et réduire le nombre d'itérations du flux de contrôle. Malheureusement, dans la majorité des cas, une réévaluation à la hausse du DefaultBufferSize génère une forte concurrence pour l'accès à la mémoire entre les composants de votre lot. Pour éviter ce genre de désagrément, SSIS possède deux propriétés internes non modifiables qui vont se charger de borner la valeur du DefaultBufferSize :

– **MinBufferSize** : c'est la limite basse du DefaultBufferSize. Elle vaut 64 kb.
– **MaxBufferSize** : c'est la limite haute et elle vaut 100 Mo.

Dans le cas inverse où le résultat de l'estimation de la taille d'une ligne multipliée par le DefaultBufferMaxRows est inférieur au MinBufferSize, SSIS va augmenter le nombre de lignes dans le buffer et potentiellement dépasser la valeur du DefaultBufferMaxRows afin d'atteindre les 64 kb par buffer. En revanche, si le résultat se trouve entre le MinBufferSize et le DefaultBufferSize, SSIS va construire des buffers de la taille de son estimation.

1.2 Les types de composants

Le fonctionnement basique de tous les composants du flux de données a été décrit dans les chapitres précédents. Nous allons aborder ici des notions avancées qui permettent de bien comprendre les choix qui sont faits lors de la création de flux de données. Car le choix du composant va déterminer le besoin en mémoire de SSIS. Ces composants sont de trois types :

Les composants bloquants : ce sont les composants les plus gourmands en termes de ressources ; il faut donc veiller à les utiliser avec parcimonie. Car les transformations bloquantes nécessitent de passer en revue toutes les lignes arrivant sur leur entrée avant de les envoyer sur leur flux de sortie. Prenons l'exemple le plus simple : le composant de tri. Nous nous rendons bien compte que lorsque l'on effectue une opération de tri, il n'y a que lorsque sont passés en revue tous les éléments à ordonner que nous sommes certains que tous sont bien à leur place. C'est pourquoi ces objets bloquent le flux de données et rien ne sortira de ce dernier tant que toutes les lignes n'auront pas été traitées. Ces composants peuvent donc allonger considérablement le temps d'exécution du lot s'ils sont trop nombreux ou si le nombre de lignes est conséquent. Du point de vue de l'utilisation mémoire, le composant de tri va donc cumuler les buffers sur son entrée (au passage, s'il n'y a pas assez de mémoire sur le serveur, SSIS va "swaper"). Une fois que tous les buffers sont arrivés, il écrit le résultat de son tri dans un nouveau buffer, ce qui accroît encore la consommation de RAM. Et ce n'est pas terminé : car pour réaliser son opération de tri, il utilise un autre buffer (Private Buffer, dont la taille est mesurable via les compteurs de performance de Windows), non visible par une visionneuse de données contrairement au buffer (Flat Buffer) tel que nous l'avons vu jusqu'à maintenant.

On décrit ce phénomène de mise en attente des buffers de cette manière :

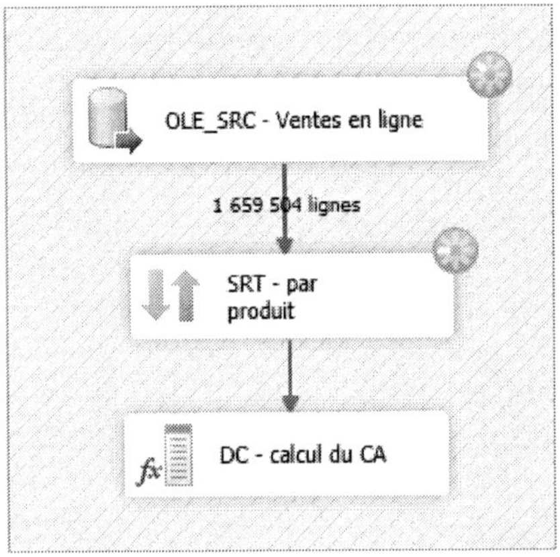

Aucune ligne n'arrivera sur la sortie du tri tant que toutes ne seront pas présentes sur son entrée. Nous remarquons bien que seuls la source de données et le tri sont en cours de fonctionnement. Heureusement, le nombre de composants de ce type est limité :

- Agrégation
- Tri
- Recherche floue
- Groupement flou
- Composant script (sous certaines conditions)
- Extraction de termes
- Échantillonnage de lignes

Les composants semi-bloquants : ces transformations bloquent temporairement le flux de données. Dans la majorité des cas, elles doivent attendre que le contexte d'exécution soit favorable pour envoyer des lignes sur leur sortie. C'est le cas par exemple du composant de jointure de fusion qui enverra des données sur son flux de sortie lorsque toutes les lignes possédant la même clé de jointure seront arrivées sur son entrée (c'est pour cela que cette jointure ne prend en entrée que des buffers triés). Du point de vue de la mémoire, un nouveau buffer est également créé en sortie, comme pour les composants bloquants.

En voici une illustration :

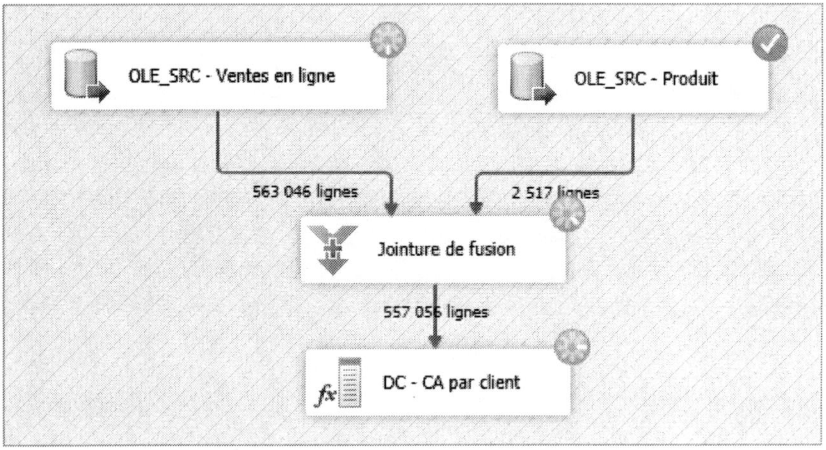

Les composants semi-bloquants sont les suivants :

- Fusion
- Jointure de fusion
- Rechercher de terme
- Tableau croisé dynamique et sa suppression
- Unir tout
- Requête d'exploration de données

Les composants non bloquants : c'est le dernier type de comportement des composants du flux de données. Un objet non bloquant ne retient pas les données que ce soit de manière partielle (composant semi-bloquant) ou totale (composant bloquant). Ils sont donc plus performants en matière de temps d'exécution. Et fort heureusement, la majorité des objets SSIS sont non bloquants :

- Fractionnement conditionnel
- Conversion de données
- Colonne dérivée
- Recherche

- Nombre de lignes
- Multidiffusion
- CDC Splitter
- Commande OLE DB
- Composant script (sous certaines conditions)
- Dimension à variation lente
- Import et export de colonnes
- Copie de colonnes
- Table de caractères
- Audit
- Échantillonnage du pourcentage
- Transformation du cache
- Nettoyage DQS

La conclusion est relativement simple : il faut utiliser le moins possible les composants bloquants et favoriser les non bloquants. Il suffit par exemple d'éviter d'utiliser le composant d'agrégation quand cela est possible au profit d'un GROUP BY et de fonctions d'agrégation SQL. Nous y reviendrons plus tard dans ce chapitre.

1.3 Incidences sur les performances

L'utilisation de composants bloquants, semi-bloquants ou non bloquants va caractériser les sorties : elles seront synchrones ou asynchrones.

Les sorties synchrones : une sortie est considérée comme synchrone à partir du moment où elle utilise le même buffer que celui de son entrée. C'est le cas pour les composants non bloquants. Il y a donc très peu de manipulations à effectuer en mémoire (pas de copie de buffer). Il existe une méthode assez simple pour savoir si la sortie du composant est synchrone avec son entrée : il faut regarder dans les propriétés avancées de la transformation.

Prenons l'exemple de la colonne dérivée suivante :

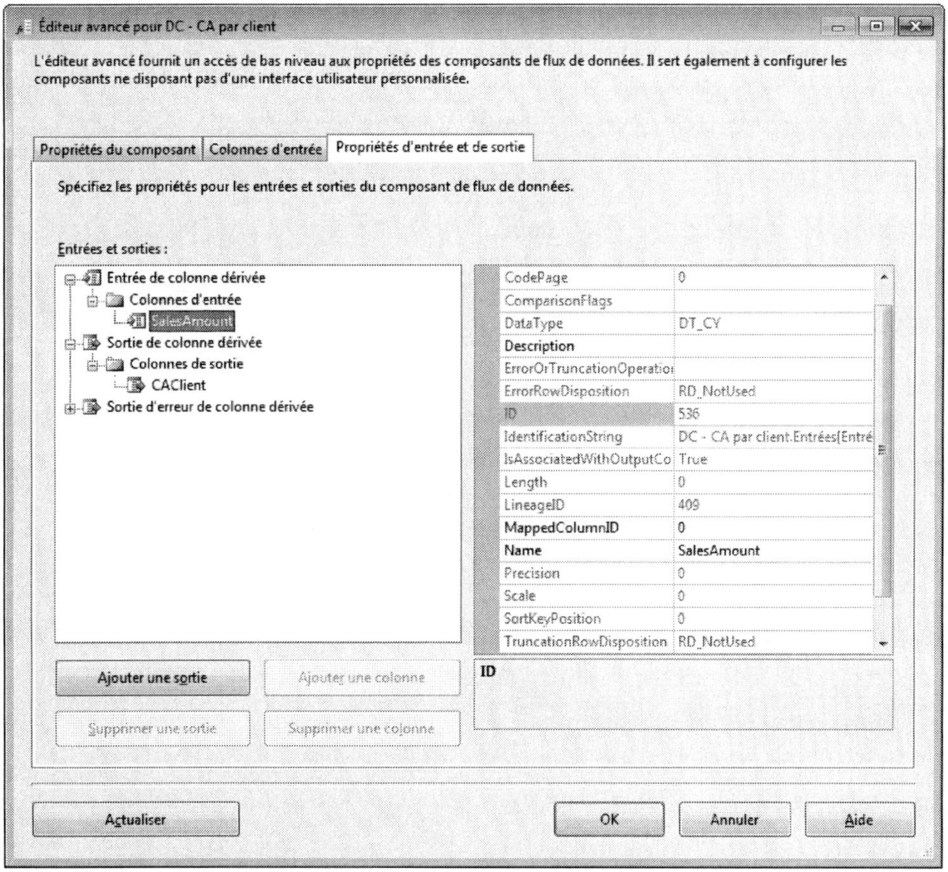

Nous remarquons que **SalesAmount** est la seule colonne utilisée en entrée car elle contribue au calcul de l'unique colonne de sortie **CAClient**. Toutes les autres colonnes passent au travers de cette transformation sans changement. Seule **CaClient** est ajoutée au buffer. On peut également observer que, pour une transformation avec une sortie synchrone, toutes les colonnes conservent leur identifiant (LineageID). On peut alors légitimement se demander pourquoi des composants (comme le fractionnement conditionnel et la multidiffusion) sont considérés comme ayant des sorties synchrones alors qu'ils en ont potentiellement plusieurs. Tout simplement parce que bien qu'exposant plusieurs sorties, c'est le même buffer qui est utilisé. Ces composants vont utiliser des pointeurs vers le buffer d'entrée : il n'y a donc pas de recopie de buffer.

Les sorties asynchrones : inversement, une sortie est considérée comme asynchrone si le buffer de sortie n'est pas le même que celui en entrée. C'est l'apanage des composants semi-bloquants et bloquants. Dans ce cas, une copie de buffer est réalisée. De la même manière que précédemment, nous allons nous appuyer sur l'éditeur avancé pour montrer les spécificités des objets asynchrones. Voici un exemple avec le composant de tri :

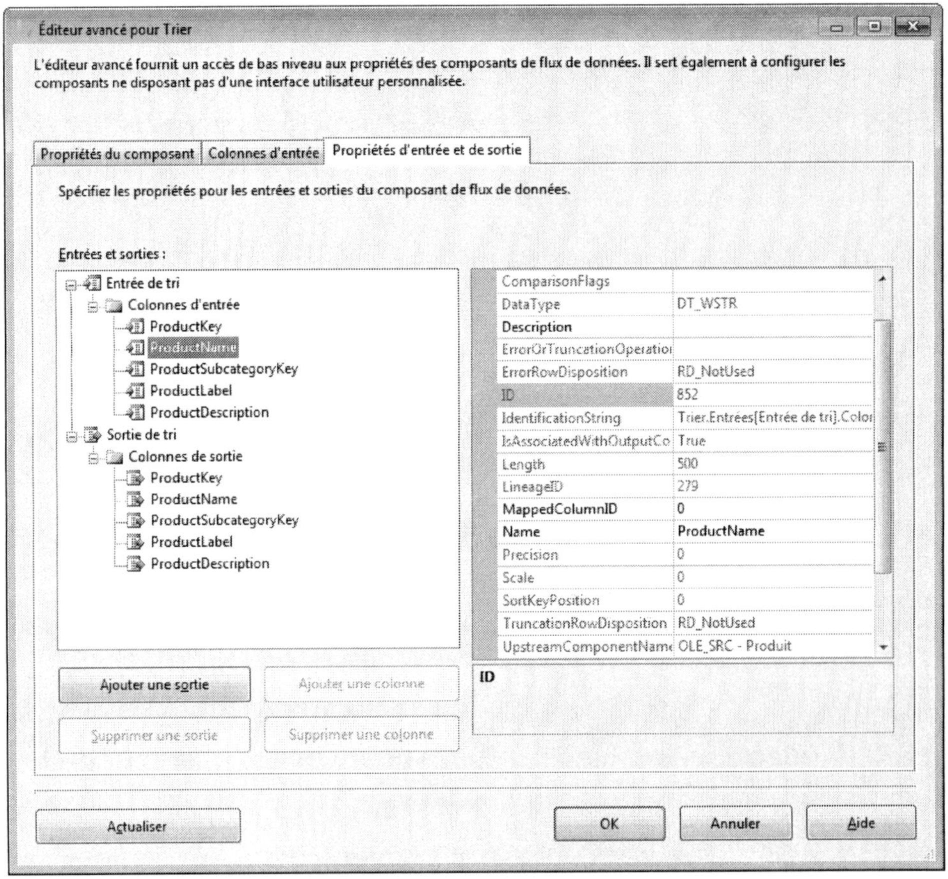

Toutes les colonnes présentes en entrée seront recopiées sur la sortie (copie de buffer) et leur LineageId est différent. Car pour SSIS, en entrée et en sortie, nous avons des colonnes complètement différentes.

1.4 Execution Tree et threading

Afin de comprendre comment SSIS utilise les ressources serveur disponibles au cours de l'exécution et plus particulièrement le processeur, nous avons besoin de définir ce qu'est l'Execution Tree. C'est l'identification du cheminement de l'exécution des flux de données par le regroupement logique de leurs composants. Ce regroupement se base sur les types des composants qui constituent les lots et sur les types de sorties (synchrones ou asynchrones). On considère qu'un Execution Tree se termine à chaque sortie asynchrone. En voici une illustration ci-dessous :

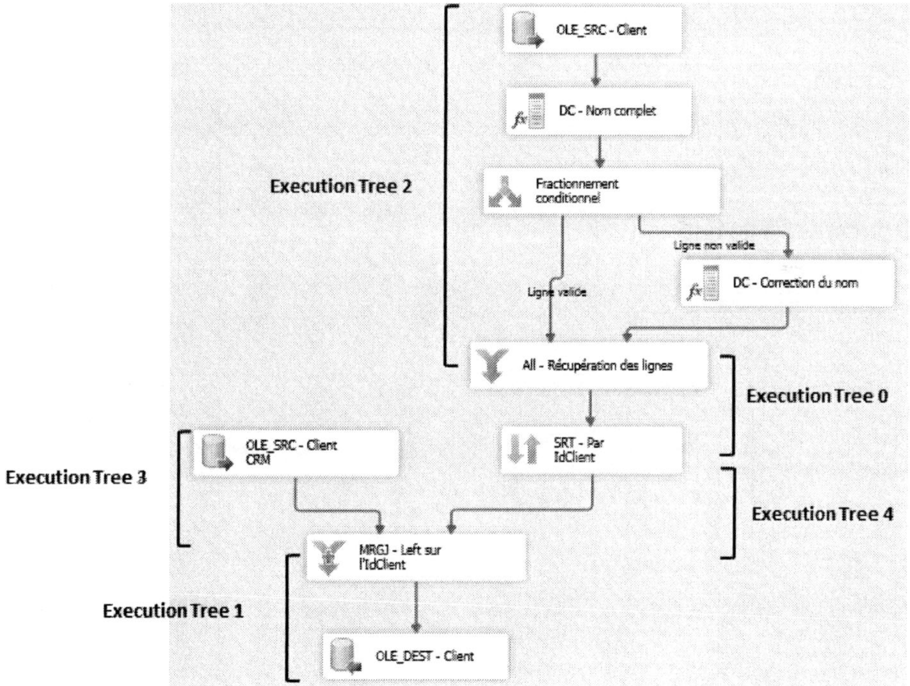

Dans cet exemple, l'Execution Tree 2 commence avec la source OLE DB et se termine avec la sortie asynchrone du composant unir tout. L'Execution Tree 0 commence avec la sortie de l'unir tout et donc, suit l'Execution Tree 2.

En revanche, l'Execution Tree 3 est "indépendant" : il a la possibilité de s'exécuter en parallèle des autres Execution Tree.

Pour chaque Execution Tree, le gestionnaire de buffer qui est, entre autres, responsable de la création, de la copie et de la suppression des buffers, va définir les colonnes qu'il est nécessaire de créer dans le buffer et ce dès le début de l'Execution Tree. Ainsi, si dans notre exemple le composant "DC - Nom complet" ajoute une colonne NomComplet au buffer, celle-ci est en fait disponible dès la sortie du composant OLE DB source. Seulement, elle ne sera pas exposée aux composants se situant en amont du composant de colonne dérivée. Il est donc important de n'utiliser que les colonnes nécessaires et ce, même pour les composants arrivant à la fin de l'Execution Tree, car cela impacte tout de même les premiers composants.

L'Execution Tree peut être composé de plusieurs niveaux d'exécution : les execution path. Nous les retrouvons lorsque nous activons la journalisation sur l'événement PipelineExecutionTrees. Voici ce que cela donne avec notre flux de données :

```
Commencer le chemin d'accès 0
  All - Récupération des lignes.Sorties[Unir tout sortie 1]; All - Récupération des lignes
  SRT - Par IdClient.Entrées[Entrée de tri]; SRT - Par IdClient
Terminer le chemin d'accès 0

Commencer le chemin d'accès 1
  MRGJ - Left sur l'IdClient.Sorties[Sortie de jointure de fusion]; MRGJ - Left sur l'IdClient
  OLE_DEST - Client.Entrées[Entrée de destination OLE DB]; OLE_DEST - Client
Terminer le chemin d'accès 1

Commencer le chemin d'accès 2
  OLE_SRC - Client.Sorties[Sortie de source OLE DB]; OLE_SRC - Client
  DC - Nom complet.Entrées[Entrée de colonne dérivée]; DC - Nom complet
  DC - Nom complet.Sorties[Sortie de colonne dérivée]; DC - Nom complet
  Fractionnement conditionnel.Entrées[Entrée de fractionnement conditionnel]; Fractionnement conditionnel
  Commencer le sous-chemin 0
    Fractionnement conditionnel.Sorties[Ligne valide]; Fractionnement conditionnel
    All - Récupération des lignes.Entrées[Unir tout entrée 1]; All - Récupération des lignes
  Terminer le sous-chemin 0
  Commencer le sous-chemin 1
    Fractionnement conditionnel.Sorties[Ligne non valide]; Fractionnement conditionnel
    DC - Correction du nom.Entrées[Entrée de colonne dérivée]; DC - Correction du nom
    DC - Correction du nom.Sorties[Sortie de colonne dérivée]; DC - Correction du nom
    All - Récupération des lignes.Entrées[Entrée Union All 1]; All - Récupération des lignes
  Terminer le sous-chemin 1
Terminer le chemin d'accès 2

Commencer le chemin d'accès 3
  OLE_SRC - Client CRM.Sorties[Sortie de source OLE DB]; OLE_SRC - Client CRM
  MRGJ - Left sur l'IdClient.Entrées[Entrée gauche de jointure de fusion]; MRGJ - Left sur l'IdClient
Terminer le chemin d'accès 3
```

Nous retrouvons le début et la fin des Execution Tree, appelés ici chemins d'accès. Si nous prenons l'Execution Tree 2, nous voyons qu'il est composé de deux execution path (ou sous-chemins). La plupart du temps, SSIS attribue un thread pour une Execution Tree. Cependant, si l'Execution Tree peut être divisé et donc être constitué de plusieurs execution path, alors plusieurs threads peuvent être alloués au même Execution Tree (dans une limite de cinq threads) afin d'accroître les performances et réduire le temps d'exécution. Le nombre de threads que l'on alloue à un flux de données se pilote via la propriété EngineThreads du flux de données. Par défaut cette valeur est à 10, ce qui signifie que l'on suggère au flux de données d'utiliser jusqu'à dix threads. Ceci est bien une suggestion. Elle impacte certes la décision du nombre de threads à utiliser mais ne le fixe pas. Si le flux de données a besoin d'un peu moins ou d'un peu plus de threads, il fera en fonction des ressources CPU disponibles. Dans la répartition de ces threads, il faut savoir qu'il y en a un qui est réservé pour chaque composant source du flux de données. Donc dans notre exemple, deux threads sont d'ores et déjà consommés car on trouve deux composants de source OLE DB. Ensuite, les threads de travail (worker threads) sont répartis en fonction des Execution Tree. Dans notre exemple, au total ce sont huit threads qui sont utilisés. Si jamais le nombre de threads déclaré dans la propriété EngineThreads est vraiment trop faible par rapport au besoin, alors un thread pourra être utilisé pour plusieurs Execution Tree, ce qui implique une baisse de performance pour le package. Une bonne pratique serait de compter le nombre d'Execution Tree nécessaires au flux de données et adapter la valeur de la propriété EngineThreads sur ce chiffre.

Dans le but d'illustrer l'attribution des threads aux Execution Tree, considérons ce flux de données :

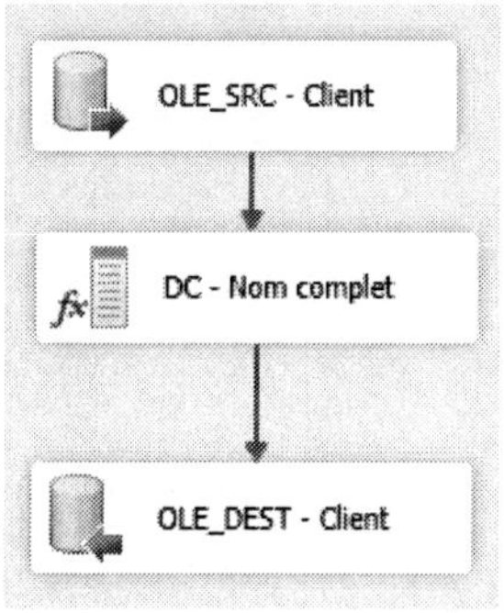

Ici, le composant de colonne dérivée réalise la création d'une dizaine de colonnes. Il y a dans ce flux de données un seul Execution Tree. Afin de maximiser le nombre de threads utilisés et ainsi réduire légèrement le temps de traitement des données, nous pouvons modifier ce lot par cette implémentation :

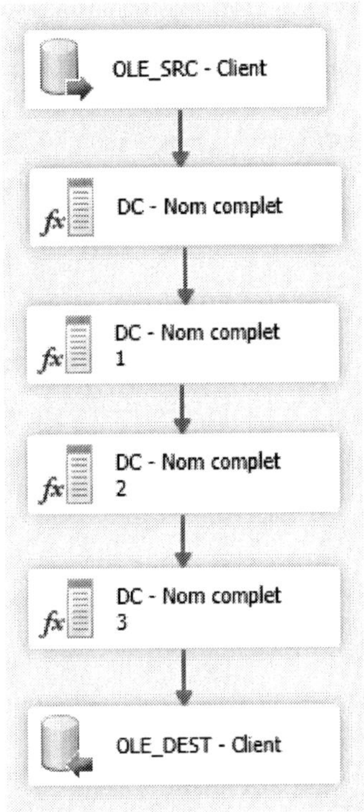

Un plus grand nombre de threads est attribué ici. Nous avons volontairement ajouté trois composants de type colonne dérivée car rappelez-vous qu'un maximum de cinq threads est attribué par Execution Tree (un pour la source et quatre pour les colonnes dérivées). Il est inutile d'en ajouter davantage, car le gain tend alors à devenir nul.

2. Des packages performants

2.1 Utilisation des moteurs relationnels

Nous l'avons vu dans les chapitres précédents, il existe plusieurs modes d'accès aux informations lorsque nous utilisons une base de données relationnelle en tant que source (composant OLE DB). Dans ce cas de figure, nous avons également exposé le fait qu'il est préférable d'écrire soi-même la requête d'extraction des données plutôt que de sélectionner la table parmi celles disponibles dans la base. Il existe quelques bonnes pratiques sur l'écriture de ces requêtes SQL.

Nous avons déjà fait une remarque concernant le SELECT * dans le chapitre Manipulation des données simples. Avec les éléments que nous venons de présenter concernant le moteur d'exécution des flux de données, nous avons maintenant une vision complète des problèmes que ce genre de requête peut engendrer, notamment une surconsommation de mémoire de la part du flux de données. En effet, le moteur va prendre en compte la taille de toutes les colonnes du SELECT afin d'estimer celle d'un buffer. De plus, cette consommation supplémentaire est variable car elle va suivre l'évolution de la structure de la table, notamment en cas d'ajout de colonnes. Parmi les champs renvoyés par le SELECT, il est parfois utile de réaliser des opérations de transformation. Elles peuvent être effectuées dans le flux de données, via des composants de conversion de données ou de colonne dérivée. Mais lorsque la conversion de données est simple (suppression d'espace, concaténation, conversion en date ou opérations arithmétiques), il vaut mieux l'implémenter dans la requête SQL. En revanche, si celle-ci est relativement complexe et réduit fortement la lisibilité de la requête, il faut alors tester son implémentation dans le flux de données : les développements à venir n'en seront que plus clairs.

En ce qui concerne la sélection des tables/vues, mis à part les bonnes pratiques générales sur l'écriture SQL pure (jointures, hints, etc.), notons tout de même l'intérêt de l'utilisation de l'option WITH (NO LOCK). Sur les tables à forte volumétrie, cela permet d'éviter de verrouiller la table lors de la lecture des données.

Une fois la sélection des colonnes appropriées aux besoins réalisée, il est utile d'effectuer une restriction en ligne via la clause WHERE. Dans une grande majorité de cas, il est inutile d'extraire toutes les informations de nos structures de données. La sélection des lignes à insérer dans notre référentiel cible peut se faire dans le flux de données via des composants comme le fractionnement conditionnel par exemple. Mais si nous avons le choix, il est préférable de faire cette sélection à la source, directement dans la requête SQL. Car les bases de données relationnelles fonctionnent bien mieux que SSIS sur ce point, de par l'utilisation des index, entre autres (sous réserve que ces derniers soient correctement créés).

Au-delà de la sélection des informations, nous pouvons tirer de multiples avantages de l'utilisation des capacités du moteur relationnel en ce qui concerne la gestion des mises à jour. Dans le chapitre Transformation des données, nous avions expliqué le fonctionnement du Change Data Capture. La mise en place de ce genre de processus peut être coûteuse et, avant d'en arriver là, il peut être utile de regarder du côté de la fonction SQL MERGE. Pour illustrer son utilisation, voici un exemple de flux de données qu'il arrive fréquemment d'obtenir au cours des développements (ce que l'on appelle un UPSERT : la ligne est insérée si elle n'existe pas, sinon elle est mise à jour) :

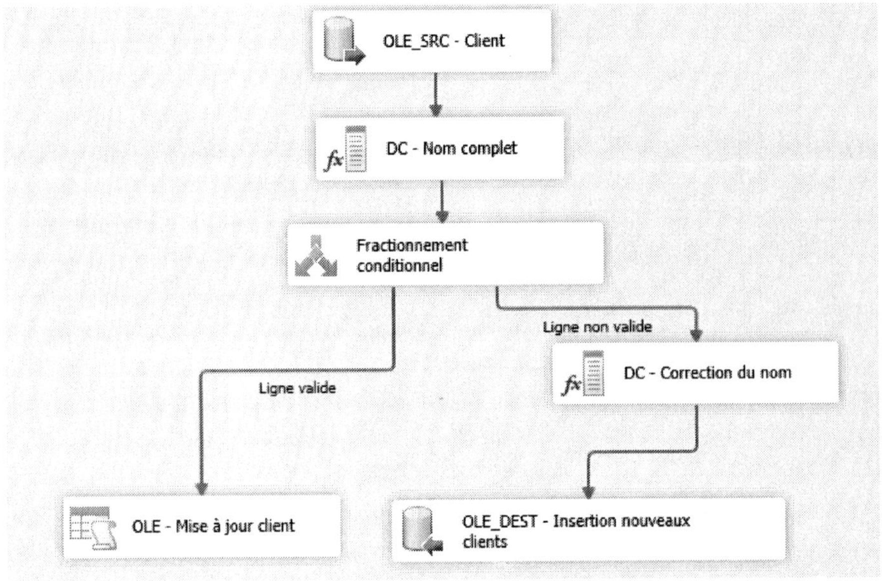

Ici, c'est un composant de commande OLE DB qui, via un ordre UPDATE SQL, va mettre à jour les lignes (la sélection des lignes à mettre à jour est effectuée ici avec un fractionnement conditionnel ; la plupart du temps, c'est le composant recherche qui s'en charge). Cette opération est réalisée ligne à ligne, c'est-à-dire qu'un ordre UPDATE est exécuté pour chaque ligne qui transite sur cette branche du flux de données. C'est une implémentation qui n'est pas tenable avec des structures de données de plusieurs millions de lignes. Pour des questions de performances, on a tendance à remplacer la commande OLE DB par un composant de destination OLE DB en mode BULK INSERT. Ce composant enregistre les lignes à mettre à jour dans une table temporaire qui sera ensuite réutilisée en tant que source pour l'UPDATE effectif. Mais nous pouvons pousser encore plus loin le développement en supprimant purement et simplement ce flux de données et en le remplaçant par la commande MERGE. Voici sa syntaxe :

```
MERGE <table_destination>
USING    <donnees_source>
ON (<conditions_de_jointure>)
WHEN MATCHED THEN
   <opération_si_source_existe>
WHEN NOT MATCHED THEN
   <opération_si_source_n'existe_pas>
END
```

Il y a deux autres types d'opérations pour lesquelles il faut impérativement utiliser le moteur relationnel plutôt que des composants SSIS : le tri et l'agrégation de données. Comme nous l'avons vu en début de chapitre, ces composants sont bloquants et consomment énormément de ressources et de temps d'exécution. Il est plus commode de réaliser un ORDER BY SQL ou d'utiliser des fonctions d'agrégation comme SUM, MIN, MAX, etc. La configuration particulière à apporter aux sources de données du flux pour spécifier que la sortie est bien triée est détaillée dans le chapitre Flux de données multisource et jointures.

2.2 Particularités sur les Recherches

La configuration et le fonctionnement des recherches sont largement abordés dans le chapitre Flux de données multisource et jointures. Nous allons nous intéresser à la manière de les implémenter dans des cas bien particuliers.

Dans les entrepôts de données, nous avons pour principe de rattacher un fait à une dimension quoi qu'il arrive. C'est pour cela que des éléments de substitution sont créés dans les dimensions : une date à 1900, un client avec un identifiant à -1, etc. ; ceci afin d'éviter le NULL. Il existe plusieurs façons de gérer ce cas d'un point de vue de la donnée. En ce qui concerne l'alimentation et le rattachement d'un fait à ce genre d'information, voici ce que nous avons tendance à faire dans un premier temps :

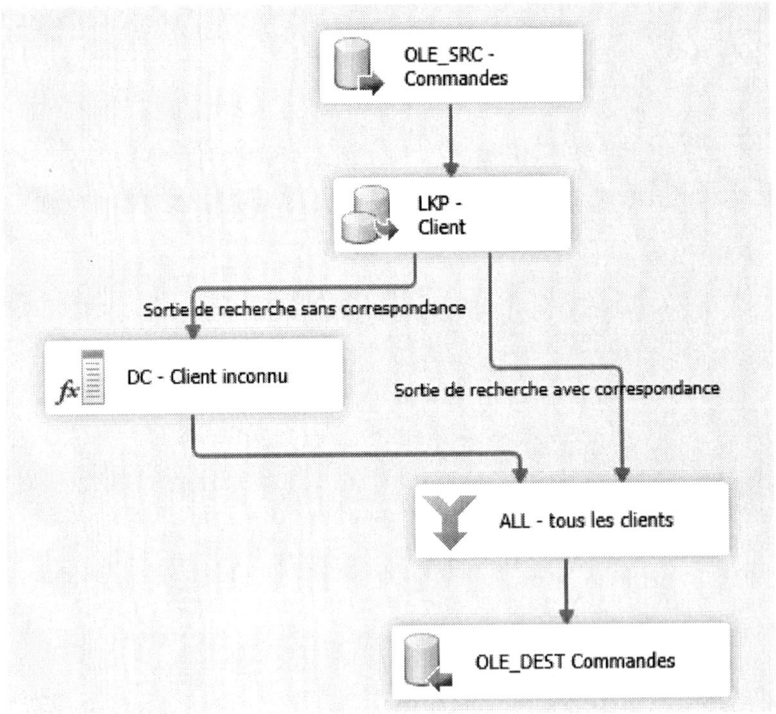

Le composant recherche est ici très commode, car il permet de vérifier que le client ayant une commande est bien référencé dans notre table (dimension) des clients. Le problème, c'est que le composant Unir tout ralentit l'exécution du flux de données, alors que tout ce que nous avons à faire, c'est de remplacer les valeurs NULL par notre valeur de substitution (ici -1, qui référence le client Inconnu).

Pour réaliser cette opération, mieux vaut utiliser une colonne dérivée après la Recherche avec une instruction du type :

```
ISNULL(IdClient) ?-1 :IdClient
```

IdClient est ici la colonne récupérée par le composant Recherche. La propriété de gestion des lignes sans correspondance de ce composant doit être placée sur Ignorer l'échec afin que toutes les lignes sortent sur la même sortie.

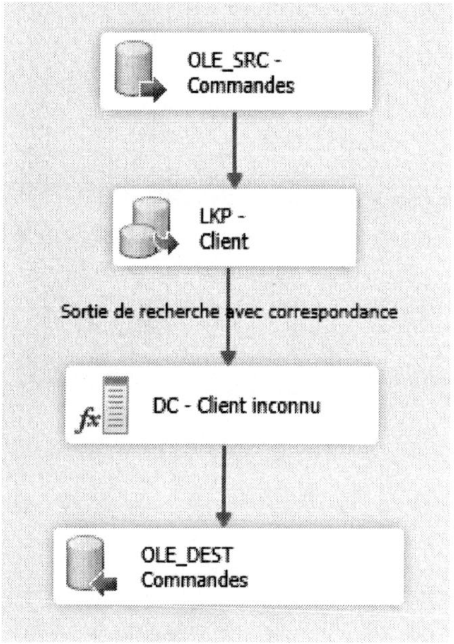

Toujours concernant l'utilisation de la Recherche, il peut arriver que nous ayons besoin de récupérer un identifiant de ligne pour lequel ce dernier possède un intervalle de temps de validité. C'est le cas lorsque l'on souhaite par exemple rattacher une commande à un client valide : la date de la commande doit être comprise entre les dates de début et de fin de validité des informations du client (une ligne de client devient « historique » quand ce dernier déménage par exemple : ce point est abordé dans la partie sur les dimensions changeantes dans le chapitre Transformation des données). Nous ne pouvons pas nous satisfaire de la jointure interne de base utilisée par le composant recherche (ce point est exposé dans le chapitre Flux de données multisource et jointures).

Il faut donc créer une theta-jointure de ce type :

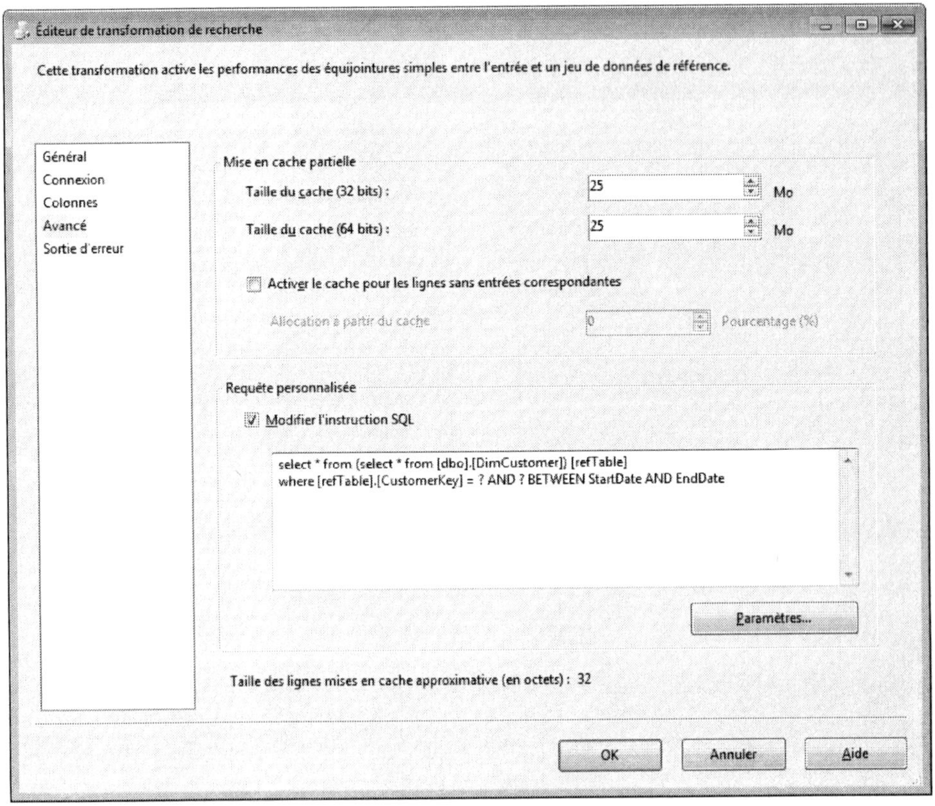

Le problème est que ce type de Recherche utilise, au mieux, du cache partiel et ce, sur un grand nombre de lignes différentes. Autant le dire tout de suite, c'est une chose à éviter car non performant. Pour réaliser la même opération, il faut mieux passer par un composant de fusion associé à un fractionnement conditionnel pour la sélection des lignes de clients présentes dans l'intervalle correspondant.

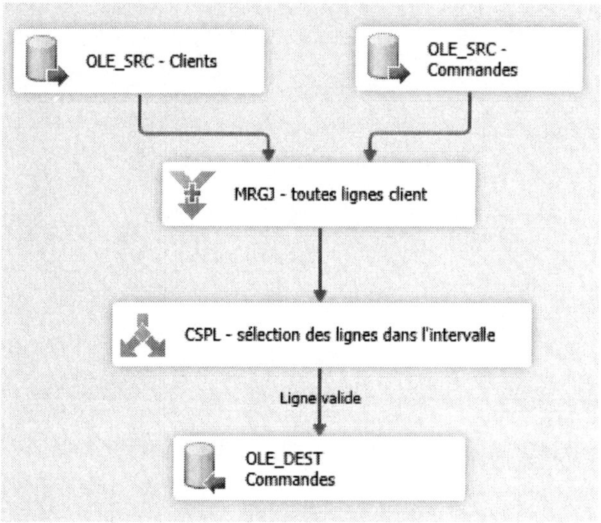

Chapitre 11
Programmation de composants SSIS

1. Introduction

Les dix précédents chapitres vous ont initié au développement avec SSIS, en utilisant des composants intégrés au produit, ou en en installant d'autres. Ce chapitre vous propose d'apprendre les bases pour concevoir votre propre composant de flux de données voire votre propre gestionnaire de connexions, totalement intégré au produit, packageable et réutilisable, tout cela en utilisant l'API de création de composants SSIS.

1.1 Pourquoi développer un nouveau composant ?

Il est en effet intéressant de se poser la question. Vous avez vu dans les chapitres précédents que l'utilisation des scripts pouvait combler l'essentiel des lacunes existant dans les composants intégrés au produit.

Mais que se passe-t-il lorsque vous avez développé des dizaines de packages avec le même code, et que vous souhaitez le mettre à jour ? Il n'y a aucun moyen de factoriser les scripts, et vous risquez d'en oublier dans votre copier/coller fastidieux. Sans compter le paramétrage et la documentation : il est nécessaire, comme pour une procédure stockée SQL, d'extrêmement documenter tous les lots qui font usage du code en question pour en permettre une exploitation sereine.

Un composant SSIS répond à ces problématiques : il offre la possibilité de réutiliser ce code que vous avez écrit, de le distribuer avec une boîte de paramétrage élégante. Ce besoin peut concerner un éditeur de logiciels bien sûr mais aussi tout responsable de service informatique qui ne souhaite pas qu'un morceau de script SSIS soit récupéré en copier/coller au sein de son équipe de développement. Sans compter que les performances du même code dans un composant sont bien meilleures qu'au sein d'un script, pouvant aller jusqu'à une vitesse d'exécution trois fois plus élevée selon un test effectué par Dave Ballantyne (développeur freelance SQL Server depuis 15 ans et créateur du groupe utilisateurs du Kent) lors d'une session au SQL Bits.

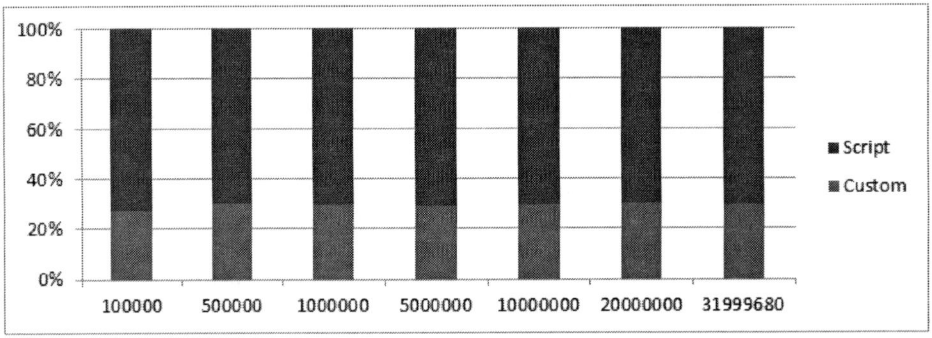

En somme, tout le monde peut vouloir développer un composant SSIS, il suffit d'avoir une fois réutilisé du code .NET dans un lot, ou d'avoir envie de distribuer ce code. Mais pas seulement, car les composants offrent des possibilités encore plus vastes que les scripts.

1.2 Possibilités offertes par les composants personnalisés

Les quelques exemples donnés précédemment sont très réducteurs, car en plus de permettre la création de composants de Data Flow et de tâches de flux de contrôle personnalisées, l'API permet de créer ses propres énumérateurs de ForEach, fournisseurs de Log mais aussi et surtout ses propres gestionnaires de connexions.

C'est donc la possibilité pour un service informatique de standardiser sa procédure de log en la virtualisant derrière un fournisseur standard, et ainsi harmoniser le développement de lots, mais aussi pour l'éditeur d'une base de données de créer des composants et des gestionnaires de connexions propres à son système, gérant potentiellement les transactions DTC par exemple. Sans compter les sociétés de services désireuses de se doter d'un framework de composants permettant de factoriser des développements usuels, dans le domaine du décisionnel par exemple.

2. Pour bien démarrer

2.1 Quelques notions avant de commencer

Avant d'entrer dans le vif du sujet il est important d'éclaircir un point. Vous le savez, une bonne partie des briques de SSIS – le Pipeline (ou Data Flow) en est un bon exemple déjà abordé – ont été développées par Microsoft en code natif, c'est-à-dire en C++. Les composants que vous allez développer seront, eux, tous écrits en .NET.

Techniquement, ils pourront s'exécuter dans un contexte natif grâce à des adaptateurs (*wrappers*) prévus à cet effet. C'est le sens des mots « native » et « managed » dans le schéma d'architecture globale du produit :

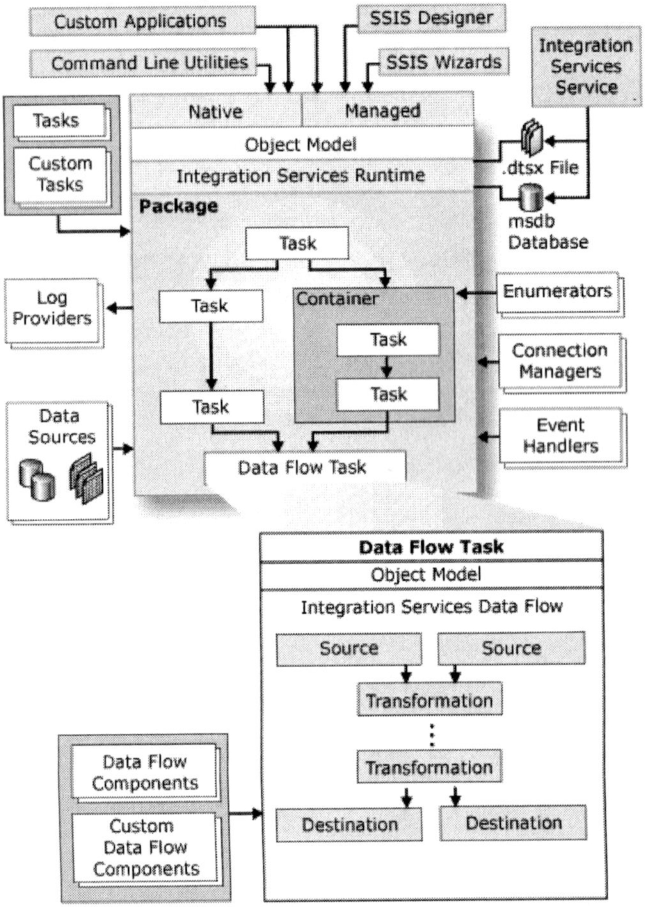

On voit en effet sur ce dernier que les composants et applications développés par Microsoft pour le produit peuvent avoir été créés en technologies natives (comme le moteur d'exécution) ou managées en .NET (comme les wizards ou le designer). Ce schéma permet en outre de bien illustrer la différence fondamentale de modèle objet existant entre le flux de contrôle, qui est essentiellement un ordonnanceur de tâches en .NET, et le flux de données, qui utilise son propre modèle objet.

Les objets tiers pouvant être créés avec le SDK sont en revanche obligatoirement managés.

Sous SQL Server 2012, les composants, qui se présentent sous forme d'une librairie ou assembly .NET, doivent donc être développés avec la version 4.0 du Framework .NET, et déployés dans le GAC (*Global Assembly Cache*) de la machine. Les librairies peuvent alors être référencées par SSIS et utilisées par le moteur d'exécution.

Remarque

GAC, que l'on pourrait traduire par Cache Global d'Assemblys, est un conteneur de librairies .NET se trouvant dans C:\Windows\Microsoft.NET\assembly (anciennement C:\Windows\Assembly). Il permet à des applications .NET d'utiliser des librairies versionnées dans un emplacement centralisé.

Pour pouvoir utiliser les tâches customisées dans **SQL Server Data Tools** (ex-BIDS) il en faut un petit peu plus. En effet, ce dernier va parcourir les dossiers physiques contenant des DLL identiques à celles du GAC pour peupler les éléments utilisables dans les concepteurs. Ces dossiers se trouvent traditionnellement dans le sous-dossier \110\DTS\ de l'installation de SQL Server, mais vous pouvez aussi avoir leur emplacement en recherchant la valeur de la clé de registre :

```
HKEY_LOCAL_MACHINE\SOFTWARE\Microsoft\Microsoft SQL
Server\110\SSIS\Setup\DTSPath
```

Remarque

Attention, sur un système 64 bits il est important de déployer les assemblys dans l'installation 32 bits de SQL Server (Program Files (x86)) car Visual Studio, en tant qu'application 32 bits, ne lit que ces dossiers.

En conclusion, pour un poste de développement, les DLL doivent être déployées dans le **système de fichiers** et le **GAC**, alors que dans le cas d'un serveur le **GAC** suffit.

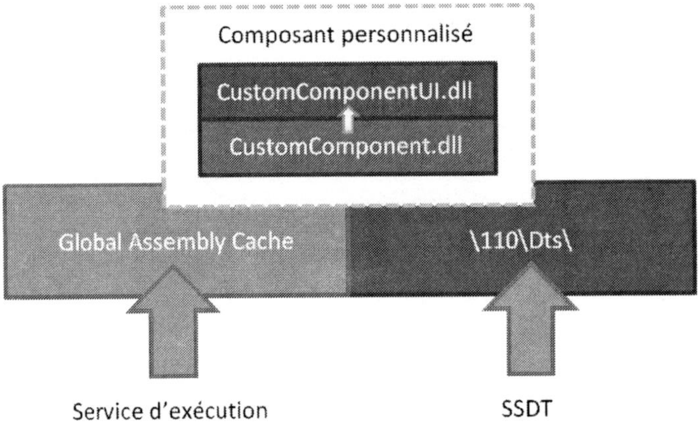

Les composants se présentent sous la forme a minima d'une DLL, la seconde forme optionnelle étant l'interface utilisateur abordée précédemment. Les principes de déploiement sont les mêmes pour les deux.

Vous pouvez vérifier ce qui vient d'être dit en allant dans le dossier suivant de votre installation de SQL Server (ou celui pointé par la clé citée plus haut) :

```
..\Microsoft SQL Server\110\DTS\
```

Vous constaterez que tous les types de composants de SSIS sont présents, sous forme de DLL, classés par type dans des sous-dossiers.

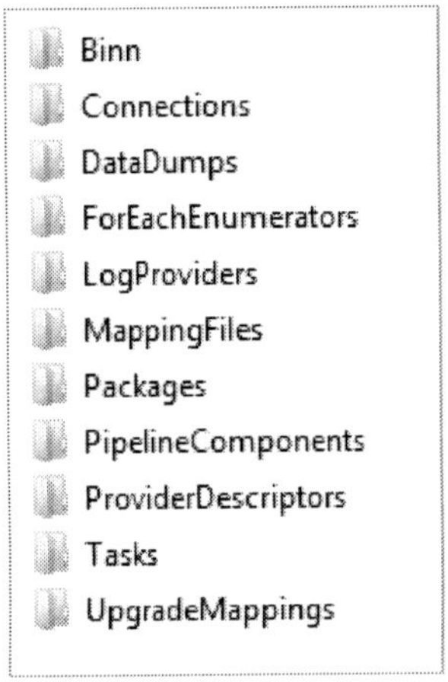

Si vous êtes encore un peu plus curieux, vous pouvez par exemple ouvrir le sous-dossier Tasks, qui désigne les tâches de flux de contrôle, et voir que tous les éléments de la barre d'outils Control Flow s'y trouvent sous forme de DLL (donc d'assemblys), destinés comme nous venons de le dire aux barres d'outils de SQL Server Data Tools.

De la même manière en allant dans le GAC .NET 4.0, qui se situe ici :

```
C:\Windows\Microsoft.NET\assembly\GAC_MSIL
```

Vous retrouverez les mêmes tâches :

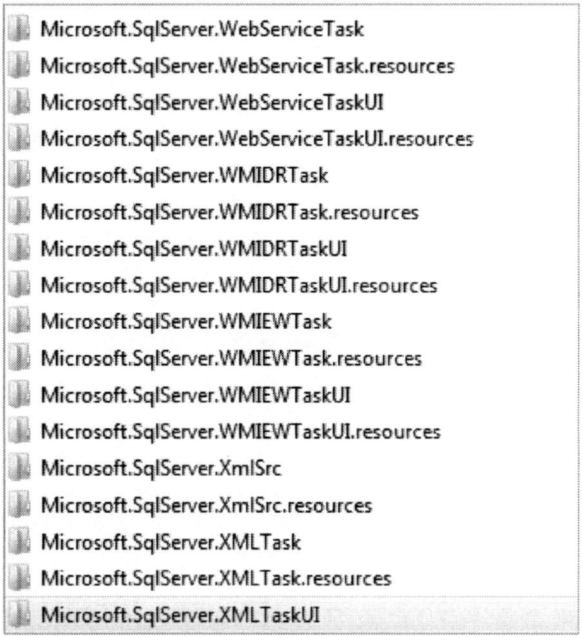

Celles-ci sont celles exécutées lorsque vous lancez le package.

Le développement implique donc de développer ces DLL avec Visual Studio, et de les déployer aux endroits opportuns. Nous allons voir comment configurer ce projet, en commençant sans interface utilisateur.

2.2 Éléments à installer sur le poste de développement

Évidemment, s'agissant là d'un projet de développement en .NET, une version de Visual Studio autre que la Shell fournie avec SQL Server, limitée aux projets BI et de bases de données est donc nécessaire. Pas de panique cependant, il s'agit simplement de disposer d'une édition permettant de générer des projets de librairie .NET (C# ou VB), et pour cela une simple version Express comme Visual C# Express, téléchargeable gratuitement sur le site de Microsoft, peut suffire.

Côté SQL Server, vous allez devoir référencer une multitude d'assemblys qui ne sont pas installés par défaut, sauf à avoir choisi une installation absolument totale. Veillez particulièrement à disposer de l'objet *Client Tools SDK* qui comprend le SDK de SSIS, il vous faudra pour cela relancer le setup de SQL Server 2012 et vérifier que la case correspondante, à savoir **Kit de développement logiciel (SDK) des outils clients**, est bien cochée, voire installer séparément la fonctionnalité le cas échéant, comme cela est possible sur les pages de téléchargement SQL Server Feature Pack, aisément trouvables depuis tout moteur de recherche.

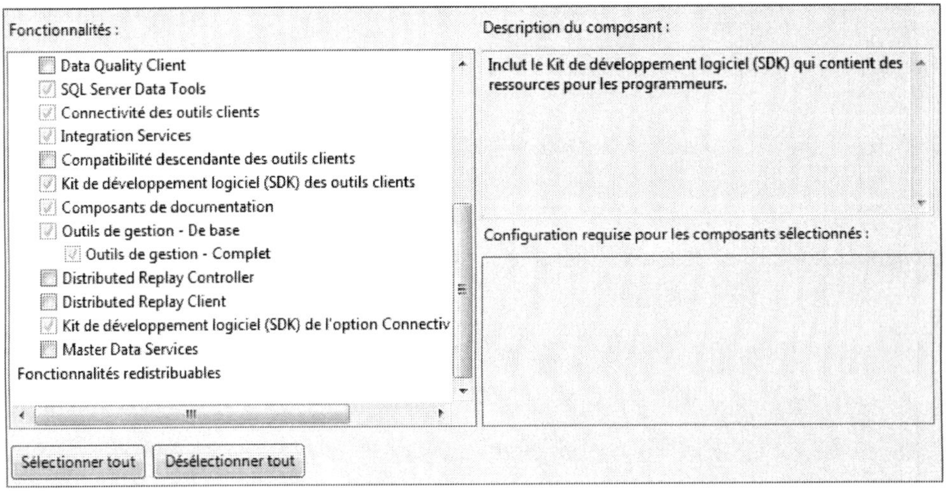

Vous allez maintenant pouvoir développer des librairies .NET qui référencent des assemblys du SDK Integration Services.

2.3 Configurer un projet de base

Nous entrons dans le vif du sujet. Tout projet de composant SSIS commence par la création d'un projet de bibliothèque (**library** en anglais) en .NET 4.0 (la version 4.0 étant obligatoire à partir de SQL Server 2012). Le framework .NET, tout comme Java, étant basé sur une machine virtuelle, vous êtes bien entendu libre de développer dans le langage que vous préférez, généralement VB.NET ou C#.

Remarque

Contrairement à la programmation native avec Visual C++ par exemple, les compilateurs .NET ne génèrent pas directement du code machine. Ils produisent une dll faite d'IL (pour Intermediate Language) que l'on appelle ***assembly*** *qui sera ensuite compilée nativement et exécutée par le framework .NET de la machine cliente, grâce à une fonctionnalité appelée JIT compilation (JIT pour Just-In-Time). Les avantages de cette approche sont que le développeur peut employer beaucoup de langages différents pour produire le code intermédiaire, et qu'un même code intermédiaire pourra s'exécuter sur toute plate-forme disposant d'un framework .NET, peu importe sa base matérielle ou son système d'exploitation. On retrouve ce principe dans Java avec son bytecode et sa Java Virtual Machine (JVM).*

Remarque

*Si vous disposez d'un système utilisant l'***UAC*** (User Access Control) de Windows, comme Windows Vista, 7 ou 8, lancez bien votre Visual Studio en mode « Administrateur », car vous allez effectuer des actions qui le nécessitent.*

Une fois dans Visual Studio, commencez par créer ce fameux projet de librairie dans le langage que vous souhaitez :

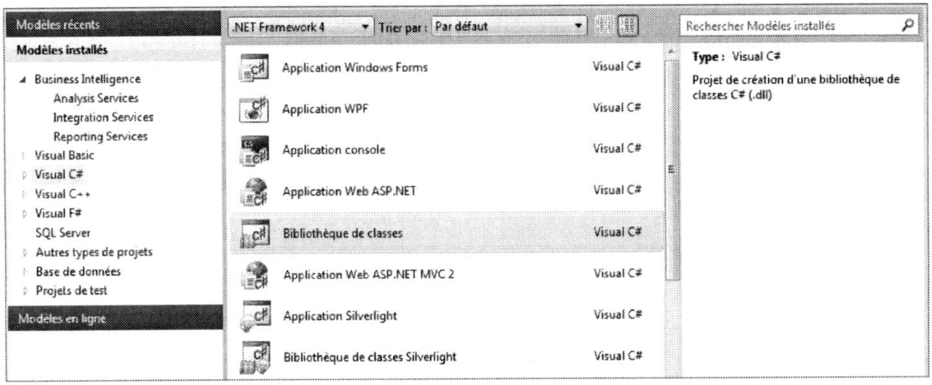

Une fois le projet créé avec le nom de votre choix, vous allez procéder à quelques configurations qui vaudront pour **absolument tous les types** de composants et vont vous faciliter la vie.

Première chose : l'assembly que vous allez générer doit être signé car vous allez le placer dans le GAC, comme expliqué plus haut. Pour cela, ouvrez les propriétés du projet et allez dans la partie « Signature ». Créez une nouvelle clé avec un mot de passe (facultatif).

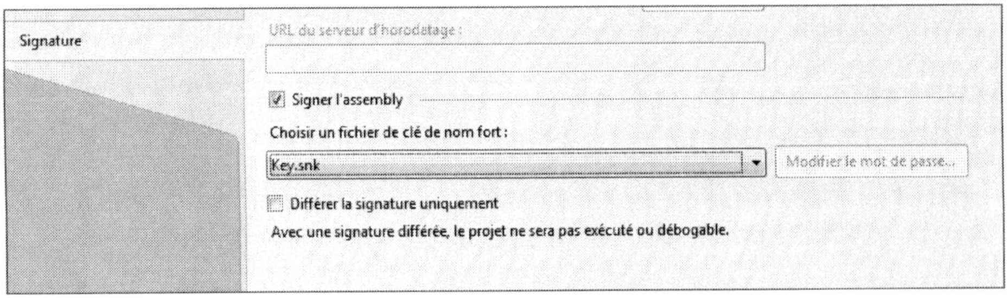

Quitte à se faciliter la vie, et étant dans la partie paramètres, retournez dans le premier onglet pour ajouter un événement post compilation (comme son nom l'indique, un événement *post-build* est un ensemble de commandes qui seront exécutées chaque fois que l'on génère un projet) qui va se charger de copier l'assembly aux endroits adéquats. En effet, pour exécuter le composant, SSIS a besoin que celui-ci soit placé certes dans le GAC, mais aussi dans des dossiers d'installation. Cet événement va donc se charger, à chaque compilation du projet, de placer l'assembly dans le GAC et le système de fichiers.

La commande post-build fait usage de beaucoup de variables, mais seules deux d'entre elles vont nous intéresser : $(TargetFileName) donne le nom totalement qualifié du fichier DLL généré quand $(TargetName) donne seulement le nom de l'assembly. Vous allez donc d'abord copier la DLL dans le dossier 110/DTS, et pour cela une simple commande COPY suffit.

En ce qui concerne la mise en place dans le GAC, ce dernier n'étant pas à proprement parler un dossier réel malgré ses apparences, il faut utiliser un utilitaire en ligne de commandes bien connu des développeurs .NET, GACUTIL.exe, installé par Visual Studio 2010 dans le dossier suivant :

```
C:\Program Files (x86)\Microsoft SDKs\Windows\v7.0A\Bin\NETFX 4.0
Tools\x64\
```

Remarque

Si vous ne l'avez pas installé avec Visual Studio, sachez que cet outil est aussi disponible dans le SDK de Windows.

La syntaxe de Gacutil est simple : u pour désinstaller et i pour installer. À chaque build, et parce que l'on souhaite être très précautionneux, vous allez désinstaller la version du GAC et la remplacer par la nouvelle.

La ligne totale de post-build peut donc donner ceci :

```
COPY $(TargetFileName) "C:\Program Files (x86)\Microsoft SQL
Server\110\DTS\Tasks" /Y

"C:\Program Files (x86)\Microsoft SDKs\Windows\v7.0A\Bin\NETFX
4.0 Tools\x64\gacutil.exe" -u $(TargetName)

"C:\Program Files (x86)\Microsoft SDKs\Windows\v7.0A\Bin\NETFX
4.0 Tools\x64\gacutil.exe" -i $(TargetFileName)
```

Si vous suivez bien, vous noterez qu'il s'agit ici de la ligne pour la création d'un composant de type tâche de flux de contrôle (cf. le dossier Tasks dans lequel la DLL est copiée dans le système de fichiers).

Remarque

Il convient bien évidemment de remplacer les chemins ci-dessus par ceux de votre installation de Gacutil et de SQL Server...

La configuration du poste de développement est terminée, il s'agit maintenant de passer au gros du travail : coder votre composant.

Remarque

*La base de projet vue dans cette section, hormis un morceau de l'événement post-build, est valable pour **absolument tout** ce que vous voudriez développer comme élément personnalisé dans SSIS.*

3. Créer des composants

3.1 Choisir ce que l'on veut développer

3.1.1 Un exemple concret : une tâche d'envoi de mail personnalisée

Nous allons illustrer la démarche avec un petit exemple qui tourne autour d'une fonctionnalité manquante dans SSIS : il ne permet pas par défaut de faire des **envois de mail** en employant une authentification autre qu'intégrée (l'authentification intégrée, ou authentification Windows, consiste pour l'utilisateur à s'authentifier avec le compte Windows sur lequel il est connecté ; dans le cas d'un package SSIS, il s'agit du compte qui a lancé le lot) ou anonyme (c'est-à-dire sans aucune information à transmettre, le serveur devant être accessible sans sécurité).

Or, beaucoup de serveurs SMTP supportent uniquement une authentification basique (fourniture d'un couple login et mot de passe) et ne peuvent donc pas être utilisés dans SSIS. Qu'à cela ne tienne, vous pouvez parfaitement faire cet envoi à travers une méthode en C# très simple qui fait usage du SmtpClient de .NET. Celui-ci permet en effet – entre autres choses – d'envoyer des mails sans restriction sur les modes d'authentification.

Ce morceau de code peut ensuite être facilement intégré à un Script Task :

```
private void SendMail(string host
     , int port
     , bool defaultCredentials
     , string userName
     , string password
     , string from
     , string to
     , string subject
     , string body
     )
{
     using (SmtpClient c = new SmtpClient(host, port))
     {
          c.UseDefaultCredentials = defaultCredentials;
          if(!defaultCredentials)
               c.Credentials = new NetworkCredential(userName,
password);
         using (MailMessage m = new MailMessage(from, to, subject,
body))
          {
               c.Send(m);
          }
     }
}
```

Comme dit en introduction, si on souhaite récupérer le travail effectué, et ne pas travailler avec des copier/coller de script, il est intéressant de créer une custom **Task**. Si en plus on souhaite accéder au serveur SMTP à travers un gestionnaire de connexions dédié, afin de ne pas heurter la philosophie du produit, il faut alors créer en plus un **ConnectionManager** personnalisé.

Remarque

À noter qu'à partir de maintenant nous allons beaucoup utiliser des termes anglais, le monde du développement, contrairement à l'outil SSIS, n'étant par essence pas localisé.

3.1.2 Rappels sur les composants disponibles

Vous allez donc pouvoir créer les cinq types d'éléments récapitulés dans ce tableau.

Classe dans le SDK	Interface de l'UI	Type dans SSIS	Exemple d'usage
Task	IDtsTaskUI	Tâche de flux de contrôle	Tout traitement unitaire effectuable par une Script Task.
Connection-ManagerBase	IDtsConnection-ManagerUI	Gestionnaire de connexions	Accès à une base utilisant un protocole non standard, à un fichier non lu par les sources classiques...
LogProvider-Base	IDtsLogProvider-UI (*ArrayList*)	Fournisseur de log	Ajouter la possibilité d'enregistrer le log standard ailleurs que dans une base SQL, un fichier ou l'Event Log de Windows.
ForEach-Enumerator	ForEach-EnumeratorUI (*UserControl*)	Énumérateur de boucle ForEach	Ajouter au Foreach la possibilité d'itérer sur une collection .NET du framework, sur du JSON...
Pipeline-Component	IDtsComponent-UI	Composant de flux de données. Il en existe de trois types : Source, Transformation et Destination	Concevoir les sources et destinations associées à un Connection Manager personnalisé, ajouter une tâche de recherche dans autre chose que de l'OLE DB ou du Cache...

Les différentes classes et interfaces abordées ci-dessus sont donc celles que vous allez devoir implémenter pour développer votre extension à Integration Services. Comme dit plus haut, vous allez pouvoir créer une tâche de flux de contrôle, un composant de Data Flow, un fournisseur de log, un gestionnaire de connexions ou un énumérateur de Foreach.

Remarque

Les classes abstraites et interfaces fournissent les méthodes qui doivent être implémentées dans le composant pour que celui-ci fonctionne avec SSIS. À noter qu'à partir de maintenant, de solides notions de développement objet en .NET sont requises...

Le projet pour l'exemple de l'envoi de mails se compose logiquement de deux librairies de classes, une comportant une classe étendant **ConnectionManagerBase**, une autre étendant **Task**, les deux étant signées et configurées comme expliqué dans la section Pour bien démarrer.

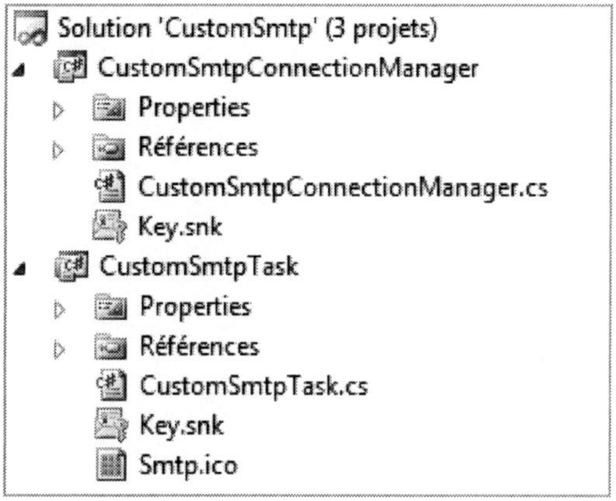

Pour les intégrer dans SSIS, il est nécessaire de les répartir dans ces deux composants, et d'implémenter certaines méthodes nécessaires au fonctionnement de ceux-ci. On pourra par la suite imaginer des applications autour de cet envoi de mail, comme la possibilité d'envoyer toutes les lignes de log d'une exécution dans un mail.

3.2 Étendre la bonne classe de base et renseigner les métadonnées

À la création du projet, la première chose à faire est de renommer la première classe de votre librairie de manière compréhensible et d'étendre la bonne classe de base parmi celles citées dans le tableau ci-dessus. Pour une tâche, dont la classe de base est Task, le code deviendra donc par exemple :

```
public class CustomSmtpTask : Task
{
  ...
}
```

Votre élément dispose de propriétés qui sont renseignées au travers d'un **attribut** (un attribut, noté entre crochets, est un ensemble de propriétés d'une classe ou d'une méthode interrogeables par réflexion) en C#. Cet attribut ayant pour type *Dts<Type>Attribute*, il suffit donc de vous référer au nom de la classe de base pour le trouver. Grâce à lui, vous allez pouvoir renseigner le nom affichable de l'élément, un nom de créateur, voire lui affecter une icône.

Pour une tâche, cet attribut est logiquement un **DtsTaskAttribute**. Si on souhaite afficher dans le designer SSIS un nom et une icône personnalisés, il suffit tout d'abord d'inclure une icône dans le projet sous la forme d'une ressource embarquée.

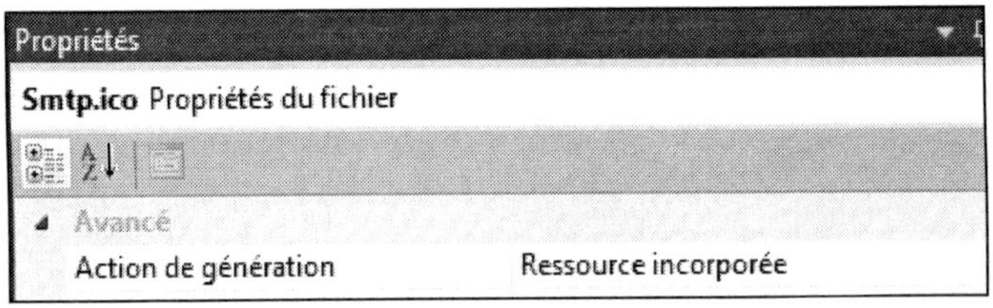

On peut alors renseigner le DtsTaskAttribute et construire le projet, ce qui entraîne, si vous avez bien suivi, son déploiement dans les dossiers ad-hoc et le GAC.

```
[DtsTask
(
      DisplayName = "Tâche d'envoi de mail par SMTP non Exchange",
```

```
        IconResource = "CustomSmtpTask.Smtp.ico",
        TaskContact = "Alain NONYME - anonyme@infinitesquare.com"
)]
public class CustomSmtpTask : Task
{
  ...
}
```

3.3 Vérifier que le déploiement s'est bien déroulé

Ouvrez un nouveau projet SSIS dans un Visual Studio dédié.

Remarque

*Vous pourriez tout faire dans la même instance, mais vous allez devoir **redémarrer souvent votre SSDT** (ex-BIDS) pour prendre en compte certains changements dans votre composant, d'où ce conseil.*

Si votre déploiement s'est bien passé, un clic droit - **Actualiser dans la Toolbox SSIS** devrait entraîner l'apparition de votre nouveau composant personnalisé.

Remarque

En cas de problème, vérifiez bien scrupuleusement que votre DLL est signée, « GAC-ée » et copiée dans les bons dossiers. Si besoin, pour certains types de composants comme les gestionnaires de connexions, redémarrez le service SSIS présent sur votre machine, s'il est installé.

À ce stade votre composant custom est glissable sur la surface de design, mais celui-ci ne fait pas grand-chose. Il est nécessaire de remédier à cela. Retournons dans l'instance de développement de Visual Studio.

3.4 Ajouter des propriétés à l'élément personnalisé

Tout composant, gestionnaire de connexions ou autre de SSIS, dispose de propriétés que l'utilisateur va pouvoir ou devoir affecter. Ces propriétés sont généralement modifiables de deux façons : soit au travers d'une interface utilisateur personnalisée, soit via la boîte de propriétés de Visual Studio.

Pour que ces propriétés (au sens SSIS) s'affichent, elles doivent disposer d'une propriété au sens .NET (un accesseur/mutateur), exposé de manière publique au runtime SSIS.

```
private string _subject = string.Empty;
public string Subject
{
    get { return _subject; }
    set { _subject = value; }
}

private string _message  = string.Empty;
public string Message
{
    get { return _message; }
    set { _message = value; }
}
```

Une fois le composant redéployé, et le designer réouvert, on peut constater l'apparition des propriétés dans Visual Studio si la tâche est mise en surbrillance. Cela fonctionne aussi pour les autres éléments personnalisés : une propriété publique est exposée dans l'interface de conception.

3.5 Implémenter les méthodes importantes du runtime SSIS

3.5.1 La validation, une étape capitale

SSIS fait un grand usage de la validation comme vous l'avez sûrement constaté. Lorsque vous développez par exemple, des icônes et messages d'erreur contextuels apparaissent constamment. De même à l'exécution, tout élément est d'abord validé avant d'être exécuté (sauf si le contraire est spécifié dans la propriété **DelayValidation**). Votre classe doit donc disposer d'une méthode **Validate**, qui sera appelée très fréquemment. Dans le cas d'une tâche de Control Flow, cette méthode présente la signature suivante :

```
public override DTSExecResult Validate(Connections connections,
VariableDispenser variableDispenser,
IDTSComponentEvents componentEvents, IDTSLogging log)
{
        ...
}
```

Ici, vous allez pouvoir accéder à toutes les métadonnées de votre tâche, ainsi qu'aux connexions et variables du package, et renvoyer des événements explicites (**FireError**, **FireWarning**...) grâce à l'objet **componentEvents** (du type **IDTSComponentEvents**), qui se comporte comme le ComponentMetadata.Events d'un script. C'est par exemple ici que vous pourriez vérifier que toutes les propriétés de votre composant sont renseignées, et que les connexions référencées sont valides elles aussi.

À chaque fin d'appel, la méthode Validate renvoie un DTSExecResult, qui est une énumération correspondant aux résultats classiques de SSIS (Succès, Échec, *Completion*...).

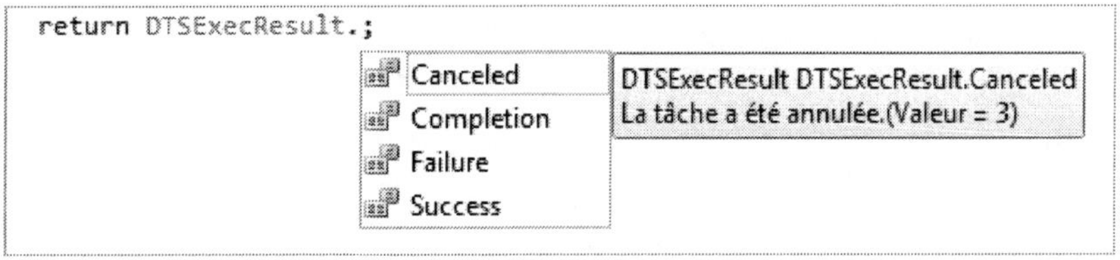

Remarque

Vous l'avez compris, ce code sera appelé fréquemment. Attention donc aux actions pouvant prendre un certain temps. Si vous accédez à une ressource externe, c'est à vous de mettre en place des singletons, des caches, ou tout mécanisme opportun pour rendre la validation la moins gourmande possible...

Les signatures des méthodes **Validate** varient selon le type de l'élément développé. Par exemple, pour un **gestionnaire de connexions** ou un **fournisseur de log**, la signature est plus simple et ne permet que de lancer des événements. Dans le cas de notre gestionnaire de connexions, on pourrait imaginer tester la réponse du serveur SMTP.

Remarque

Ce n'est pas fait ici car la classe SmtpClient ne permet pas de tester la validité d'une connexion Smtp. Il faut pour cela envoyer un mail, ce qui n'est pas vraiment envisageable à chaque validation... Dans le cas d'exemple, on peut par exemple tenter un simple ping, ou vérifier que les champs sont tous présents, ou alors utiliser telnet pour tester la connexion.

```
public override DTSExecResult Validate(IDTSInfoEvents infoEvents)
{
        ...
}
```

Mais vous l'avez compris, peu importe la classe de base, le mécanisme est toujours le même : il s'agit de vérifier que tout est prêt pour que l'opération d'exécution de l'élément puisse s'exécuter.

3.5.2 Les méthodes Initialize pour récupérer les connexions, les variables...

Dans le cycle de vie de tous les composants, cette méthode, dont le nom varie selon le type, est appelée uniquement à l'instanciation de la tâche et correspondrait à un constructeur.

```
public override void InitializeTask(Connections connections,
VariableDispenser variableDispenser, IDTSInfoEvents events,
IDTSLogging log, EventInfos eventInfos, LogEntryInfos
logEntryInfos, ObjectReferenceTracker refTracker)
        {
            _connections = connections;
```

```
            base.InitializeTask(connections, variableDispenser,
events, log, eventInfos, logEntryInfos, refTracker);
        }
```

Sa principale utilité est de récupérer les éléments existants dans le package lorsque le composant est réouvert. Si vous souhaitez pouvoir présenter la liste des connexions dans une interface, ou la liste des variables, c'est ici qu'il faut penser à les stocker dans votre package. À noter que les méthodes importantes, type **Execute** pour les **Task**, vous redonnent généralement ces informations à l'exécution dans leur signature.

3.5.3 ConnectionManager : acquisition et relâchement des connexions

Un **ConnectionManager** va se connecter à une source dans sa méthode **AcquireConnection** et renvoyer un **object** de votre choix. Cet objet peut être complexe comme une connexion ADO.NET, ou très simple comme une chaîne de caractères. La méthode ReleaseConnection est appelée ponctuellement par le *runtime* SSIS. À vous d'y ajouter le code nécessaire pour fermer votre connexion.

Remarque

Les gestionnaires de connexions standard de SSIS fonctionnent de cette façon : certains effectuent beaucoup de traitements et renvoient des objets complexes, comme les connexions aux bases de données. D'autres se contentent de n'être que des conteneurs pour des chaînes de connexion, comme le File Connection Manager.

Par exemple dans le cas du gestionnaire de connexions SMTP faisant usage d'un **SmtpClient** .NET, on peut décider de renvoyer un SmtpClient configuré comme retour d'**AcquireConnection**.

```
public override object AcquireConnection(object txn)
{
    SmtpClient c = new SmtpClient(_serverName, _portNumber);
    //Authentification : si Windows, UseDefaultCredentials,
    //sinon NetworkCredential
    c.UseDefaultCredentials = _windowsAuth;
    if (!_windowsAuth)
        c.Credentials = new System.Net.NetworkCredential(_login,
_password);
    return c;
```

```
}
```

ReleaseConnection récupérera donc un SmtpClient qu'il ne faut pas oublier de disposer.

```
public override void ReleaseConnection(object connection)
{
    if (connection != null)
    {
        SmtpClient c = (SmtpClient)connection;
        c.Dispose();
    }
}
```

Le ConnectionManager est maintenant connectable, regardons comment les autres composants vont pouvoir l'utiliser.

3.5.4 Réaliser un traitement dans une Task avec Execute()

La méthode **Execute** est la méthode principale d'une tâche, qui se rapproche du main() d'un programme .NET, ou de la méthode principale d'une tâche de script.

Remarque

Il n'est pas besoin de procéder à des vérifications poussées dans Execute, puisque normalement la méthode Validate l'a déjà fait avant.

Sa signature permet de récupérer les différentes **connexions**, les variables **atteignables**, d'ajouter une ligne dans un fournisseur de log et d'envoyer des **événements**. Dans le cas d'un mail, on va donc récupérer le SmtpClient renvoyé par le AcquireConnection de notre gestionnaire, en le castant (« caster » est un anglicisme couramment utilisé pour désigner une conversion entre objets, en programmation-objet) dans le type approprié, et réaliser l'opération souhaitée, à savoir envoyer un message.

```
public override DTSExecResult Execute(Connections connections,
VariableDispenser variableDispenser, IDTSComponentEvents
componentEvents, IDTSLogging log, object transaction)
{
    try
    {
        ConnectionManager cm =
```

```
connections[_customSmtpConnectionID];
        //Récupération du SmtpClient
        SmtpClient c =
(SmtpClient)cm.AcquireConnection(transaction);
        //Envoi du message
        using (MailMessage m = new MailMessage(_from, _to,
_subject, _message))
        {
            c.Send(m);
        }
        return DTSExecResult.Success;
    }
    catch (Exception ex)
    {
        componentEvents.FireError(0, TASKNAME, ex.Message,
ex.HelpLink, 0);
        return DTSExecResult.Failure;
    }
}
```

Remarque

Notez qu'aucun appel à ReleaseConnection n'est présent : en effet, c'est le runtime SSIS qui s'en charge.

3.5.5 LogProvider : ouverture, logging et fermeture

Un LogProvider a une tâche relativement simple : **envoyer dans une destination déterminée une ligne de log**, composée d'un certain nombre de champs (que vous avez découverts dans les précédents chapitres).

Pour rappel, par défaut dans SSIS il est possible d'enregistrer cette ligne :

- Dans une base SQL Server.
- Dans divers types de fichiers (CSV, TRC ou XML).
- Dans le gestionnaire d'événements de Windows.

On peut souhaiter **étendre** ces fournisseurs pour envoyer les lignes vers toute autre destination. Pour continuer avec les mails, pourquoi par exemple ne pas imaginer envoyer toutes les lignes de log d'un package dans un mail unique ?

Après avoir étendu la classe **LogProviderBase**, renseigné un **DtsLogProviderAttribute** et déployé un LogProvider dans le système de fichiers et le GAC comme expliqué au début du chapitre, ce dernier apparaît dans le menu **SSIS - Enregistrement**.

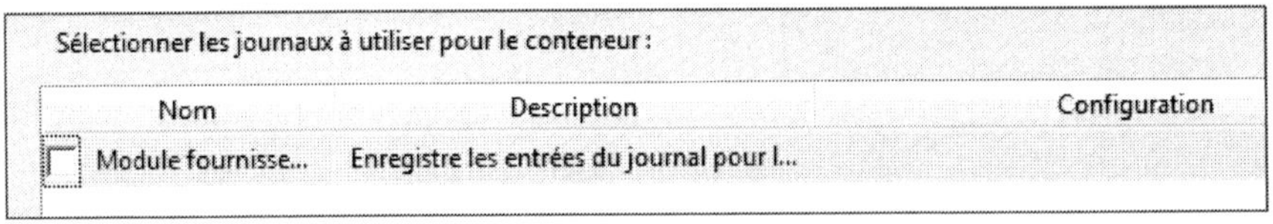

Le **seul** paramètre permettant de configurer un LogProvider est la chaîne de caractères présente dans la colonne **Configuration**. Au sein du composant, il s'agit de la propriété **ConfigString**, dont on peut bien sûr surcharger les méthodes **get** et **set**.

Remarque

Vous verrez par la suite qu'il est possible de fournir une boîte de sélection de gestionnaires de connexions en lieu et place de cette TextBox, mais cela sera vu dans la section Ajouter une interface graphique. Pour le moment, vous devez vous contenter de renseigner cette chaîne manuellement.

Ensuite, seules trois méthodes sont essentielles.

OpenLog est appelée lorsque le log est ouvert pour la première fois. On peut y réaliser l'**initialisation** du log, comme l'ouverture de connexions dans une base de données par exemple.

Remarque

Pour récupérer les gestionnaires de connexions, n'oubliez pas, comme dit précédemment, de surcharger la méthode d'initialisation, qui logiquement ici s'appelle InitializeLogProvider.

Dans le cas présent, comme il s'agit de concaténer toutes les lignes de log dans une seule structure, on initialise un StringBuilder, classe conseillée pour ce faire dans le framework .NET.

```
public override void OpenLog()
{
    sb = new StringBuilder();
}
```

Quand un événement pour lequel le log a été activé est levé, la méthode **Log** est appelée dans le LogProvider. C'est ici que la ligne doit être traitée. Dans l'exemple, il suffit d'ajouter la ligne dans le StringBuilder.

```
public override void Log(string logEntryName, string computerName,
string operatorName, string sourceName, string sourceID, string
executionID, string messageText, DateTime startTime, DateTime
endTime, int dataCode, byte[] dataBytes)
{
    sb.AppendLine(string.Join(";", logEntryName, computerName,
operatorName, sourceName, sourceID, executionID, messageText,
startTime, endTime,  dataCode, dataBytes));

}
```

Finalement, la méthode **CloseLog** est exécutée. Elle agit comme le PostExecute d'un script et permet de faire le nettoyage post exécution. Ici c'est l'envoi de l'ensemble des lignes de log dans un mail unique qui est lancé.

```
public override void CloseLog()
{
    try
    {
        //Récupération du SmtpClient
        SmtpClient c =
(SmtpClient)_connection.AcquireConnection(null);
        //Envoi du message
        using (MailMessage m = new
MailMessage(_connection.Properties["DefaultSender"].GetValue
(_connection).To String()
            , _connection.Properties["DefaultDestination"].GetValue
(_connection).ToString( )
            , "SSIS Log report"
            , sb.ToString()))
        {
            c.Send(m);
        }
    }
    catch (Exception ex)
    {
    }
}
```

Remarque

Notez la manière d'accéder à un ConnectionManager depuis un objet Connection passé par Initialize : le tableau Properties contient les propriétés publiques du ConnectionManager.

À la fin de l'exécution, on peut constater que le mail est bien envoyé :

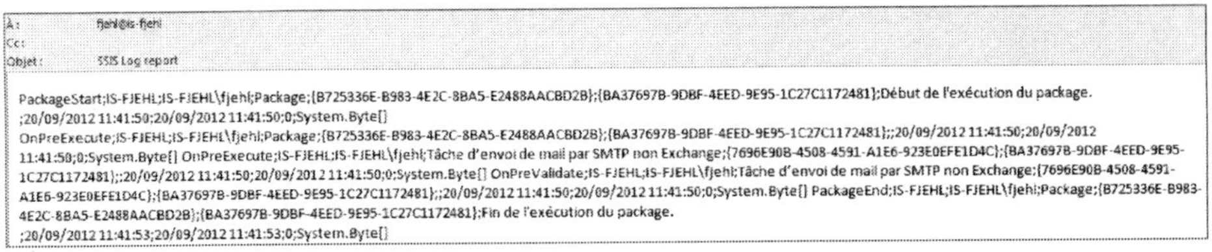
À : fjehl@is-fjehl
Cc :
Objet : SSIS Log report

PackageStart;IS-FJEHL;IS-FJEHL\fjehl;Package;{B725336E-B983-4E2C-8BA5-E2488AACBD2B};{BA37697B-9DBF-4EED-9E95-1C27C1172481};Début de l'exécution du package.
;20/09/2012 11:41:50;20/09/2012 11:41:50;0;System.Byte[]
OnPreExecute;IS-FJEHL;IS-FJEHL\fjehl;Package;{B725336E-B983-4E2C-8BA5-E2488AACBD2B};{BA37697B-9DBF-4EED-9E95-1C27C1172481};;20/09/2012 11:41:50;20/09/2012 11:41:50;0;System.Byte[] OnPreExecute;IS-FJEHL;IS-FJEHL\fjehl;Tâche d'envoi de mail par SMTP non Exchange;{7696E90B-4508-4591-A1E6-923E0EFE1D4C};{BA37697B-9DBF-4EED-9E95-1C27C1172481};;20/09/2012 11:41:50;20/09/2012 11:41:50;0;System.Byte[] OnPreValidate;IS-FJEHL;IS-FJEHL\fjehl;Tâche d'envoi de mail par SMTP non Exchange;{7696E90B-4508-4591-A1E6-923E0EFE1D4C};{BA37697B-9DBF-4EED-9E95-1C27C1172481};;20/09/2012 11:41:50;20/09/2012 11:41:50;0;System.Byte[] PackageEnd;IS-FJEHL;IS-FJEHL\fjehl;Package;{B725336E-B983-4E2C-8BA5-E2488AACBD2B};{BA37697B-9DBF-4EED-9E95-1C27C1172481};Fin de l'exécution du package.
;20/09/2012 11:41:53;20/09/2012 11:41:53;0;System.Byte[]

3.5.6 Énumérer sur une collection avec un ForEachEnumerator

Un ForEachEnumerator est très simple : hormis les lignes de code de validation et d'initialisation, la seule méthode intéressante est la méthode **GetEnumerator**, qui doit renvoyer la collection d'objets sur laquelle itérer. Dans le cas d'un énumérateur sur des utilisateurs de domaine via WMI, cette méthode peut prendre la forme suivante : elle interroge WMI et renvoie une ArrayList de noms d'utilisateurs.

```
public override object GetEnumerator(Connections connections,
VariableDispenser variableDispenser, IDTSInfoEvents events,
IDTSLogging log)
{
    ArrayList users = new ArrayList();
    SelectQuery userQuery = new SelectQuery("Win32_UserAccount",
string.Format("Domain='{0}'", _domain));
    try
    {
        ManagementObjectSearcher userSearcher = new
ManagementObjectSearcher(userQuery);
        foreach (ManagementObject mo in userSearcher.Get())
            users.Add(mo["Name"].ToString());

    }
    catch (Exception ex)
    {
        events.FireError(0, "ForEachUserEnumerator", ex.Message,
ex.HelpLink, 0);
```

```
        }
        return users;
    }
```

Les propriétés apparaissent dans l'éditeur de boucle Foreach, mais rien dans la partie basse : en effet cette partie basse est une interface graphique à base de **User Control Winforms**. Nous verrons plus tard comment elle peut être développée.

3.5.7 PipelineComponent : sources, destinations et transformations

À l'inverse des composants précédents, un PipelineComponent est très complexe et il est totalement inenvisageable d'en couvrir toutes les subtilités dans un seul chapitre d'un livre. Tout d'abord, contrairement aux autres composants, ce n'est pas **ManagedDTS** qui va être l'assembly de base du SDK mais **Microsoft.SqlServer.PipelineHost**, **DtsRuntimeWrap** et **DtsPipelineWrap**. Votre librairie devra donc référencer cet assembly pour pouvoir hériter de **PipelineComponent** et renseigner l'attribut **DtsPipeline**.

Remarque

Il est tout à fait logique que le SDK soit différent : là où toutes les tâches vues jusqu'à présent s'exécutent dans un environnement .NET, le Data flow a son propre environnement d'exécution.

Ensuite, il existe divers types de composants, des sources, des transformations et des destinations. Fort heureusement, la manière de les coder est toujours un peu la même. Si vous êtes familiers des scripts de Data flow et des notions de synchronicité/asynchronicité, vous ne devriez pas être perdu. Dans le cas contraire, il est conseillé de revoir le chapitre Flux de données multisource et jointures.

Pour commencer, créons une librairie du bon type avec un attribut **DtsPipeline** :

```
 [DtsPipelineComponent(
     DisplayName = "Send Mail Component",
     Description = "Permet d'envoyer des mails à partir de champs
d'un flux  de données",
     ComponentType = ComponentType.Transform
     )]
public class CustomSmtpPipelineTransform : PipelineComponent
```

L'énumération **ComponentType** peut prendre logiquement comme valeur **Source** (le composant n'aura pas d'entrée), **Transform** (au minimum une entrée et une sortie) ou **Destination** (juste une sortie).

Peu importe le type de composant, la première méthode à créer est **ProvideComponentProperties**. Cette méthode a pour rôle de créer les buffers d'entrée et de sortie lorsque la tâche est éditée pour la première fois.

Elle est toujours structurée de la même manière :

- Remise à zéro du composant.
- Création des éventuelles **connexions**.
- Création de la ou des **entrées**.
- Création de la ou des **sorties**.
- Création des **colonnes de sortie** si le composant est une source ou une transformation asynchrone.

Pour une transformation synchrone avec un buffer d'entrée, un de sortie et un d'erreur, on aura un code de ce type :

```
public override void ProvideComponentProperties()
{
    //Remise à zéro
    base.RemoveAllInputsOutputsAndCustomProperties();
    ComponentMetaData.RuntimeConnectionCollection.RemoveAll();

    //Création de la connexion SMTP
    IDTSRuntimeConnection100 connection =
ComponentMetaData.RuntimeConnectionCollection.New();
    connection.Name = "SMTP";

    //Création de l'entrée
    IDTSInput100 input = ComponentMetaData.InputCollection.New();
    input.Name = "SmtpPipelineInput";
    input.ErrorRowDisposition = DTSRowDisposition.RD_NotUsed;

    //Création d'une sortie synchrone
    IDTSOutput100 output =
ComponentMetaData.OutputCollection.New();
    output.Name = "SmtpPipelineOutput";
    output.SynchronousInputID = input.ID;
```

```
    //Création d'une sortie d'erreur
    AddErrorOutput("SmtpPipelineErrorOutput", input.ID,
output.ExclusionGroup);
}
```

Remarque

Une transformation asynchrone ne renseignerait pas la valeur SynchronousInputID sur l'IDTSOutput100 : on aurait alors de multiples appels à ***output.OutputColumnCollection.New()*** *pour créer les colonnes de sortie asynchrones, exactement comme dans un script asynchrone dans lequel vous les créez manuellement depuis l'éditeur avancé.*

Une fois que les buffers sont créés, le composant va devoir, s'il dispose de colonnes d'entrée, les utiliser pour effectuer un traitement. Par défaut, aucune colonne n'est utilisée : le buffer d'entrée créé dans **ProvideComponentProperties** est vide. Il va se peupler si on appelle la méthode **SetUsageType**, soit depuis une interface utilisateur, soit depuis l'éditeur avancé.

Dans cet écran, chaque fois que l'on coche une colonne d'entrée, un appel à **SetUsageType** est effectué.

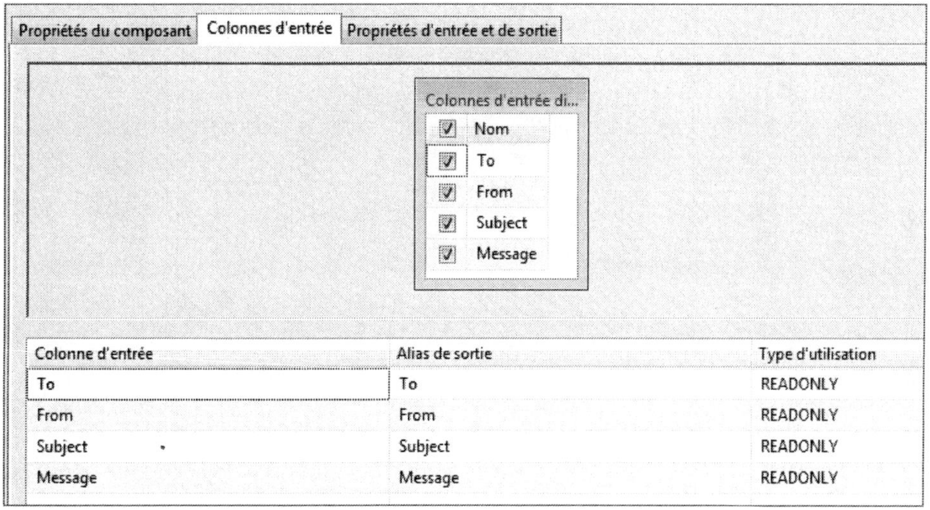

Étant donné que les colonnes d'entrée vont servir de **paramètres** à la tâche, il est la plupart du temps essentiel de leur ajouter des **métadonnées**. Ces métadonnées vont expliquer à quoi sert la colonne et sont entièrement définies par le développeur.

Remarque

*Si vous êtes curieux, allez dans l'**éditeur avancé**. Vous pouvez constater que les tâches standard fonctionnent effectivement comme cela : par exemple le composant d'exportation de colonne renseigne par son UI les propriétés personnalisées suivantes sur les colonnes d'entrée :*

Propriétés personnalisées	
AllowAppend	True
FileDataColumnID	0
ForceTruncate	False
WriteBOM	False

Créer et affecter ces métadonnées est la chose principale réalisée dans **SetUsageType**. Ici, nous allons par exemple ajouter une propriété qui permet de dire quel est l'usage de la colonne mappée dans la tâche de mail : expéditeur, destinataire, message ou sujet du message.

Remarque

L'énumération SmtpColumnUsage est définie dans la classe comme une énumération C#.

```
public override IDTSInputColumn100 SetUsageType(int inputID,
IDTSVirtualInput100 virtualInput, int lineageID, DTSUsageType
usageType)
{
    IDTSInputColumn100 col = base.SetUsageType(inputID,
virtualInput, lineageID, usageType);
    if (col != null)
    {
        col.ErrorRowDisposition = DTSRowDisposition.RD_NotUsed;

        //Création d'une propriété personnalisée "usage"
        IDTSCustomProperty100 columnUsage =
col.CustomPropertyCollection.New();
        columnUsage.Name = "SMTP Column Usage";
        columnUsage.TypeConverter =
```

```
typeof(SmtpColumnUsage).AssemblyQualifiedName;
            columnUsage.Value = SmtpColumnUsage.None;
        }
        return col;
}
```

Ceci fait, on peut constater que la propriété apparaît dans l'éditeur avancé :

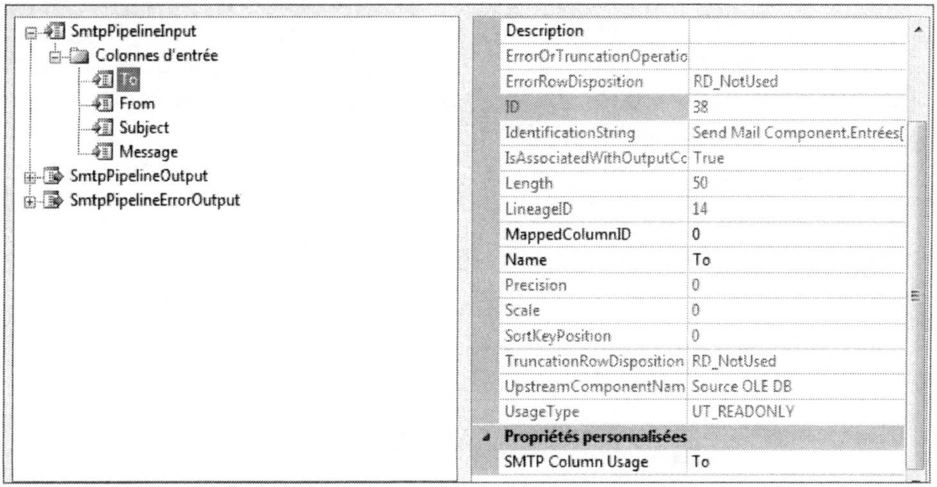

La transformation est configurée, on peut passer à son exécution. Premièrement il s'agit de se connecter aux sources de données lorsqu'elles sont présentes dans la méthode **AcquireConnection**. On récupère ici d'abord les connexions natives du Data Flow dans la collection ComponentMetadata, puis on leur génère un wrapper .NET grâce auquel on va pouvoir appeler la méthode **AcquireConnection** du gestionnaire.

```
public override void AcquireConnections(object transaction)
{
    if (ComponentMetaData.RuntimeConnectionCollection[0].
ConnectionManager  != null)
    {
        ConnectionManager cm =
DtsConvert.GetWrapper(ComponentMetaData.RuntimeConnectionCollection[0].
ConnectionManager);
        CustomSmtpConnectionManager csmtp = cm.InnerObject as
CustomSmtpConnectionManager;
        this._smtpClient = csmtp.AcquireConnection(transaction) as
SmtpClient;
```

```
        }
}
```

Cela suffit pour la gestion des connexions : cette méthode sera appelée régulièrement à la validation, puis évidemment à l'exécution. Il faut aussi penser à ne pas oublier **ReleaseConnection** si nécessaire.

Une fois les connexions établies, il n'est pas encore tout à fait temps de passer au code principal : il faut savoir qu'à l'exécution, le seul moyen de récupérer une colonne est de connaître son index dans le **PipelineBuffer**, chose qui n'est établie qu'à l'issue du **PreExecute**. La méthode **PreExecute** est donc généralement utilisée pour récupérer les index des colonnes et les stocker dans la classe. Dans le cas de l'exemple, on stocke les index dans le buffer des quatre colonnes intéressantes, celles qui servent à rédiger le mail.

```
public override void PreExecute()
{
    IDTSInput100 input = ComponentMetaData.InputCollection[0];
    for (int x = 0; x < input.InputColumnCollection.Count; x++)
    {
        int columnIndex =
BufferManager.FindColumnByLineageID(input.Buffer
            , input.InputColumnCollection[x].LineageID);
        switch
((SmtpColumnUsage)input.InputColumnCollection[x].
CustomPropertyCollection[0].Value)
        {
            case SmtpColumnUsage.To:
                _ToColumnIndex = columnIndex;
                break;
            case SmtpColumnUsage.From:
                _FromColumnIndex = columnIndex;
                break;
            case SmtpColumnUsage.Subject:
                _SubjectColumnIndex = columnIndex;
                break;
            case SmtpColumnUsage.Message:
                _MessageColumnIndex = columnIndex;
                break;
        }
    }
}
```

Ici les quatre index sont stockés sous forme de quatre entiers, mais vous pouvez choisir un tableau ou toute collection de votre choix.

Une fois renseigné sur les colonnes d'entrée (et de sortie si votre composant est asynchrone), on peut alors passer à l'exécution. Là encore il existe une différence entre synchrone et asynchrone : pour une transformation synchrone, il suffit d'appeler **ProcessInput** (comme pour un script synchrone d'ailleurs...).

Pour une transformation asynchrone, il faut aussi s'occuper du **PrimeOutput**.

ProcessInput est appelé pour chaque buffer de data flow, soit au maximum toutes les 10000 lignes ou 10 Mo de données par défaut. Dans la méthode, on a généralement un *while* jusqu'à la fin du *rowset*, puis le traitement de chaque ligne.

```
public override void ProcessInput(int inputID, PipelineBuffer
buffer)
{
    if (!buffer.EndOfRowset)
    {
        IDTSInput100 input =
ComponentMetaData.InputCollection.GetObjectByID(inputID);
        while (buffer.NextRow())
        {
            try
            {
                string from = buffer.GetString(_FromColumnIndex);
                string to = buffer.GetString(_ToColumnIndex);
                string subject =
buffer.GetString(_SubjectColumnIndex);
                string message =
buffer.GetString(_MessageColumnIndex);
                //Envoi du message
                using (MailMessage m = new MailMessage(from, to,
subject,message))
                {
                    _smtpClient.Send(m);
                }
            }
            catch (Exception ex)
            {
                bool bcancel = true;
                this.ComponentMetaData.FireError(0,
this.ComponentMetaData.Name, ex.Message, ex.HelpLink, 0, out
bcancel);
            }
        }
    }
}
```

Notez au passage que l'on récupère bien les colonnes à travers leur ID dans le buffer. On peut alors tester l'exécution :

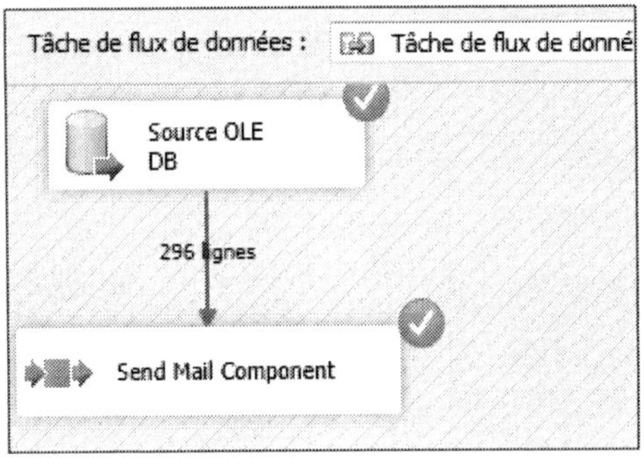

Et constater que cette petite solution de « mailing de masse » (n'exagérons rien) marche plutôt bien.

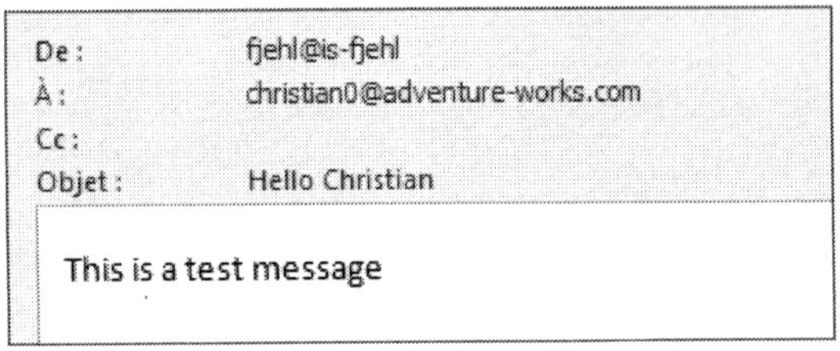

Malgré tout, sachez que nous n'avons fait qu'effleurer la complexité du PipelineComponent. Bien d'autres choses sont possibles : des validations avancées, la gestion de multiples sources de données externes, sans compter les performances à optimiser... Les possibilités sont quasi infinies, et bornées uniquement par votre imagination (et certes aussi votre niveau de .NET).

3.6 Comment déboguer tout cela ?

Si vous créez un lot de test dans SSDT, il est inutile d'imaginer tester votre tâche en attachant le débogueur de Visual Studio à SSDT : en effet, celui-ci lance le lot et donc votre tâche dans un processus séparé, appelé DtsDebugHost. S'attacher à celui-ci est difficile, voire impossible, car son exécution ne dure que très peu de temps. Cependant pas de panique : vous n'allez pas devoir pour autant utiliser la technique ancestrale du Debug.Writeline(« toto »).

En effet il est possible dans Visual Studio de configurer votre librairie pour lancer, lorsqu'elle est exécutée en mode debug, un package de test via DtExec. Cela se configure dans les propriétés du projet, dans la partie **Déboguer**. Paramétrez l'**action de démarrage** à DTExec.exe, qui se situe, dans une installation par défaut, sur C:\ à l'emplacement suivant :

```
C:\Program Files (x86)\Microsoft SQL Server\110\DTS\
Binn\DTExec.exe
```

Et dans la partie paramètres, ajoutez les paramètres nécessaires pour lancer le lot de test : /FILE ou /F permettant de lancer un lot en mode fichier.

```
/F "C:\Users\anonyme\documents\visual studio 2010\projects\Tests\
Test.dtsx"
```

Une fois ceci fait, lorsque l'action « déboguer » est réalisée sur la librairie, au lieu d'avoir un message d'erreur comme quoi « *une librairie n'est pas exécutable et ne peut être déboguée* », le lot de test est lancé et la librairie est débogable (utilisation possible de l'espion, des points d'arrêt...).

4. Ajouter une interface graphique

4.1 Principes généraux

Les composants SSIS packagés dans le produit sont généralement éditables par autre chose qu'une boîte de propriétés peu conviviale. Ils disposent souvent d'une interface graphique basée sur Winforms. Vous allez pouvoir vous aussi fournir ce genre d'UI à vos composants : pour ce faire, il suffit de créer dans la même librairie - ou dans une librairie séparée - une classe du type Winforms attendu par le composant en question, **Windows Form** ou **Contrôle Utilisateur** (*User Control*), selon le cas. Ce choix se fait dans le menu **Projet - Ajouter un nouvel élément**.

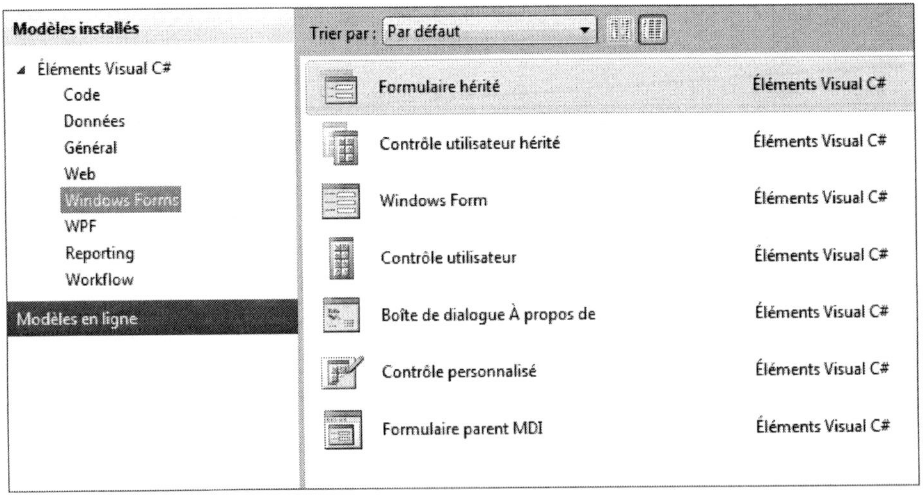

Ensuite, il faut juste développer le composant, puis déployer cette librairie dans le GAC en utilisant les événements expliqués plus haut. Comme dit précédemment, l'UI n'a pas besoin d'être déployée dans le système de fichiers, elle doit juste être placée dans le GAC : deux lignes suffisent donc dans son événement PostBuild :

```
"C:\Program Files (x86)\Microsoft SDKs\Windows\v7.0A\Bin\NETFX
4.0 Tools\x64\gacutil.exe" -u $(TargetName)

"C:\Program Files (x86)\Microsoft SDKs\Windows\v7.0A\Bin\NETFX
4.0 Tools\x64\gacutil.exe" -i $(TargetFileName)
```

Ensuite, il faut encore référencer cette classe dans le **DtsAttribute** de votre composant. La propriété à renseigner est **UITypeName**, qui est de la forme :

```
<Namespace>.<Classe>;<Assembly>,Version=<Version>,
Culture=neutral,PublicKeyToken=<AssemblyKeyToken>
```

Par exemple pour un LogProvider ayant son UI stockée dans une classe **CustomSmtpLogProviderUI**, placée dans l'assembly du même nom et déployée dans le GAC avec le token **2bc47455999fc86c**, l'attribut est paramétré comme suit :

```
[DtsLogProvider(
        DisplayName = "Module fournisseur d'information SSIS par
Email"
        , Description = "Envoie les entrées du journal pour les
événements dans un Email"
        , UITypeName =
"CustomSmtpLogProviderUI.CustomSmtpLogProviderUI,
CustomSmtpLogProviderUI,Version=1.0.0.0,Culture=neutral,
PublicKeyToken=2bc47455999fc86c"
    )]
```

Quant à ce que va faire l'interface, cela dépend des composants...

4.2 Une Form pour une Task, un PipelineComponent ou un ConnectionManager

Dans les trois cas, que ce soit pour un composant de flux de données, un ConnectionManager ou une tâche de flux de contrôle, il vous faudra :

- Créer une nouvelle librairie de code, et y concevoir une **Windows Form**.
- Étendre la bonne classe de base dans une autre classe de cette librairie et implémenter les bonnes méthodes.
- Déployer le tout dans le GAC et référencer l'assembly dans la source.

4.2.1 Développer la Form

Rien de très complexe ici si vous connaissez Windows Forms : il suffit de créer l'interface de votre choix, implémentant des contrôles de validation, et permettant de paramétrer votre composant.

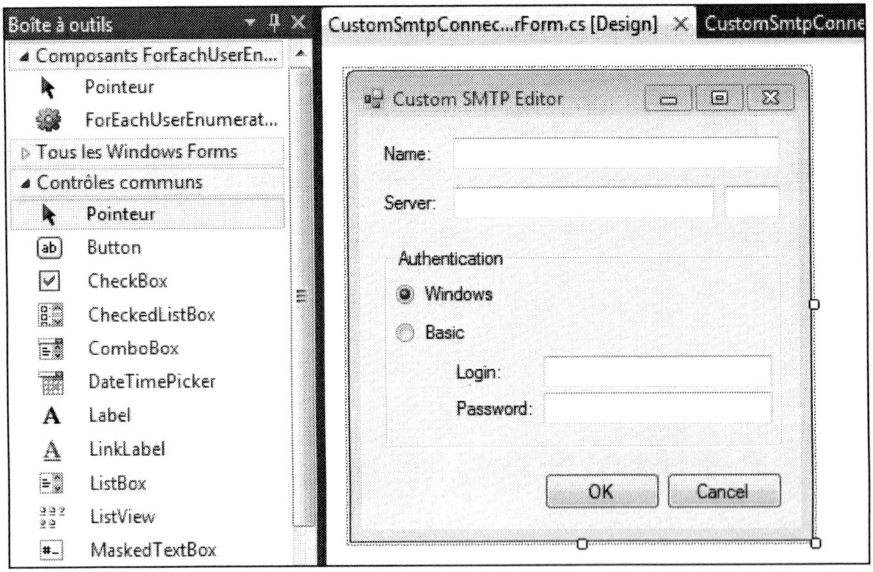

N'oubliez pas que la vérification que vous faites dans l'interface graphique devra être réitérée dans le composant : toute propriété étant toujours éditable en mode « Avancé » dans SSDT.

Il faut ensuite prévoir soit un constructeur personnalisé, soit des propriétés, soit une méthode spécifique pour passer à la Form les données contenues dans l'objet SSIS et lui permettre de le modifier . En effet cette interface graphique serait un tantinet inutile sans cette fonctionnalité...

Cette méthode peut par exemple s'appeler **Initialize**, et contenir une référence vers l'objet SSIS concerné :

```
public void Initialize(ConnectionManager connectionManager,
IServiceProvider serviceProvider)
{

    _connectionManager = connectionManager;
    _serviceProvider = serviceProvider;
    ConfigureControlsFromConnectionManager();
}
```

Peu importe le composant, il faut garder à l'esprit que la boîte va être lancée en mode **modal** (en mode modal, la fenêtre se lance et ne permet plus de revenir à la fenêtre parente sans action de type OK ou annuler ; le résultat de la modale est une énumération de type **DialogResult**, qui contient OK, Cancel...) : le gestionnaire d'événements qui répond au bouton **OK** devra donc, après avoir mis les valeurs des différents contrôles de la Form dans l'objet SSIS, peupler le DialogResult de la Form avec la valeur adéquate.

```
private void btOK_Click(object sender, EventArgs e)
{
   ConfigureConnectionManagerFromControls();
   this.DialogResult = DialogResult.OK;
}
```

Une fois ceci fait, on peut implémenter le « lanceur » de la fenêtre.

4.2.2 Implémenter la bonne interface de base

Les trois éléments en question – Task, PipelineComponent et ConnectionManager – doivent posséder dans l'assembly une classe implémentant respectivement **IDtsTaskUI**, **IDtsComponentUI** et **IDtsConnectionManagerUI** qui joue le rôle de « lanceur » de la Form.

Dans la classe, il est d'abord nécessaire d'implémenter **Initialize**, qui va permettre de récupérer les variables et connexions, qu'il pourrait être souhaitable de présenter à l'utilisateur.

```
public void Initialize(TaskHost taskHost, IServiceProvider
serviceProvider)
{
   IDtsConnectionService cs = (IDtsConnectionService)
ServiceProvider.GetService(typeof(IDtsConnectionService));
     _connections = cs.GetConnections();
}
```

Enfin, la fenêtre va être lancée en mode modal par une méthode. Cette méthode peut être **New()** (utile surtout pour un **ConnectionManager** car son UI est appelée à la création), **Edit()** appelée à chaque édition, et **GetView()** pour une **Task** seulement. Dans les trois cas, le but du code est de faire un **ShowDialog** de la Form et de retourner un **DialogResult**, qui renseigne sur l'action utilisateur (OK ou annuler).

```
public bool Edit(IWin32Window parentWindow,
Microsoft.SqlServer.Dts.Runtime.Connections connections,
ConnectionManagerUIArgs connectionUIArg)
{
   CustomSmtpConnectionManagerForm smtpForm = new
CustomSmtpConnectionManagerForm();
   smtpForm.Initialize(_connectionManager, _serviceProvider);
   if (smtpForm.ShowDialog(parentWindow) == DialogResult.OK)
      return true;
   return false;
}
```

L'interface graphique est créée, il suffit de la déployer et de la référencer.

4.2.3 Référencer l'assembly dans le composant source

Là encore, le déploiement doit être fait par le post build event, il suffit donc de référencer la classe lanceuse de l'interface dans le composant source. Cette configuration se fait dans le **DtsAttribute** de l'objet SSIS, via la propriété **UITypeName** comme expliqué dans le premier point. Si tout s'est bien passé, l'édition du composant devrait renvoyer la fenêtre :

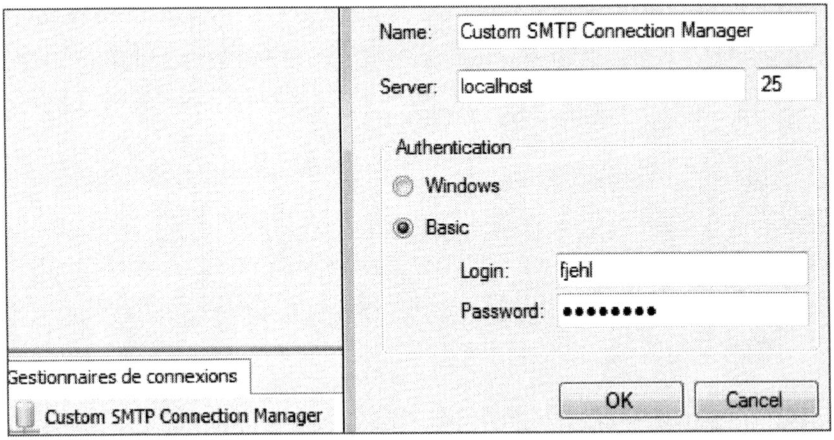

Voilà, votre élément dispose maintenant d'une interface graphique.

4.3 Un UserControl pour un énumérateur ForEach

L'interface d'un énumérateur ForEach est beaucoup plus simple, puisqu'il s'agit d'un simple UserControl Winform, composé des contrôles qui seront affichés dans l'interface d'éditeur ForEach.

Comme pour les composants précédents, il suffit de créer une bibliothèque de classes contenant donc ici un UserControl, et de le concevoir comme on le souhaite dans Visual Studio. Dans le cas de votre ForEach, il n'avait qu'une seule propriété ; le contrôle est donc très simple :

Enfin, côté code, il suffit d'abord d'implémenter la bonne classe :

```
public partial class ForEachUserEnumeratorUI : ForEachEnumeratorUI
```

Puis d'implémenter deux méthodes importantes : Initialize permet de récupérer l'énumérateur, placé dans FEEHost.InnerObject, mais aussi les connexions et variables si besoin :

```
public override void Initialize(ForEachEnumeratorHost FEEHost,
IServiceProvider serviceProvider, Connections connections,
Variables  variables)
{
   _userEnumerator = (ForEachUserEnumerator)FEEHost.InnerObject;
   tbDomain.Text = _userEnumerator.Domain;
}
```

Enfin SaveSetting est appelé à la fermeture de la boîte de dialogue, c'est ici qu'il faut sauvegarder dans le composant les changements de l'interface graphique :

```
public override void SaveSettings()
{
   _userEnumerator.Domain = tbDomain.Text;
}
```

Avouez que le paramétrage est tout de suite plus aisé :

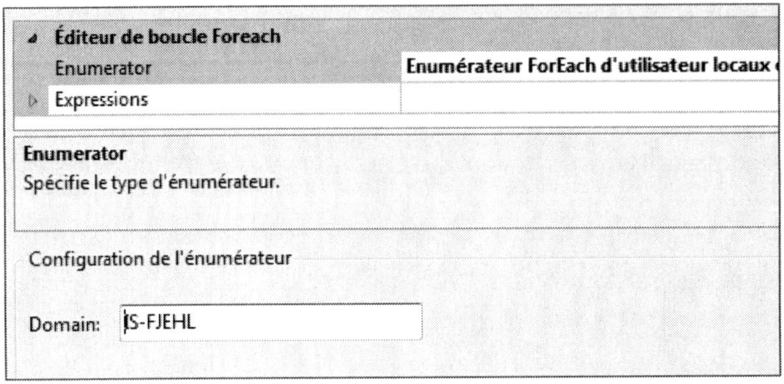

4.4 Une simple ComboBox pour un LogProvider

Contrairement à ce que dit la documentation, un LogProvider a bien une interface graphique, mais elle est très limitée : elle fournit simplement les valeurs disponibles d'une ComboBox présente dans la colonne **Configuration**. Il est nécessaire tout d'abord d'implémenter l'interface IdtsLogProviderUI :

```
public class CustomSmtpLogProviderUI : IDtsLogProviderUI
```

La première méthode à implémenter dans cette interface est **GetEnumerableValues**, qui est généralement utilisée pour peupler la **ComboBox** avec des connexions compatibles avec le LogProvider.

Remarque

Notez au passage que la méthode la plus utilisée pour tester le type d'un gestionnaire de connexions est de comparer son CreationName au ConnectionType renseigné dans l'attribut DtsConnection de la classe du gestionnaire de connexions. Dans le cas du SMTP customisé, il s'agit de « CSPMTP ».

```
public ArrayList GetEnumerableValues()
{
    ArrayList al = new ArrayList();
    foreach (ConnectionManager cm in _connections)
    {
        if (cm.CreationName == CONNMGRTYPE)
```

```
            al.Add(cm.Name);
    }
    return al;
}
```

La méthode **SetValue** est appelée lorsque la valeur de la ComboBox est modifiée par l'utilisateur. Elle est juste présente pour affecter la **ConfigString** du LogProvider en réaction au changement de ConnectionManager :

```
public void SetValue(string configString, int index)
{
    _smtpLogProvider.ConfigString = configString;
}
```

Remarque

Attention, la valeur passée est donc une chaîne de caractères portant dans notre cas le nom du ConnectionManager et pas un objet de type Connection.

Ces deux valeurs gouvernent seules l'affichage de l'interface du LogProvider. Si vous n'avez pas d'erreur dans votre code, vous verrez la **TextBox** par défaut se changer en **ComboBox** contenant vos ConnectionManagers.

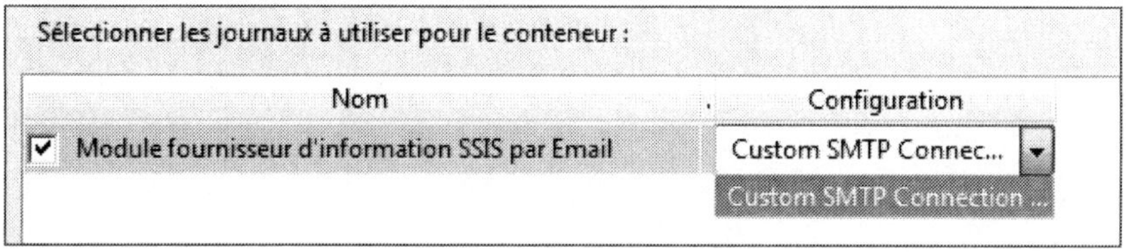

4.5 Débogage de l'interface graphique

L'interface graphique ne peut pas être déboguée par DtExec : elle n'est appelée que par SSDT. Très simplement, il suffit d'attacher le débugger à une instance de SSDT contenant un lot de test.

Pour lancer un débogueur attaché à un processus, il suffit d'aller dans le menu **Déboguer** de Visual Studio, et de choisir **Attacher au processus**. SSDT étant une instance de Visual Studio, il s'agit d'un processus **devenv.exe** qui doit avoir pour titre le nom de votre projet de test :

Ensuite, dans votre code d'UI, les points d'arrêt et autres fonctionnalités sont utilisables. Par exemple, pour la méthode **GetEnumerableValues** d'une UI de ForEachEnumerator :

```
public ArrayList GetEnumerableValues()
{
    ArrayList al = new ArrayList();
    foreach (ConnectionManager cm in _connections)
    {
        if (cm.CreationName == CONNMGRTYPE)
            al.Add(cm.Name);
    }
    return al;
}
```

5. Conclusion

Beaucoup de choses n'ont pas été vues ici, le sujet étant extrêmement vaste, mais vous savez déjà développer des composants de tous types ainsi que leur interface.

Beaucoup de sujets plus avancés peuvent maintenant vous intéresser, qui vont de composants plus complexes à l'industrialisation du déploiement par des projets de MSI ou la gestion des mises à jour.

A

Administration, 289
Administration PowerShell, 18
Agent SQL Server, 337

B

BEGIN, 375
BIDS, 17
Boîte à outils, 31, 36
Buffer, 167, 169, 234, 282, 381, 393, 429

C

Cache, 242
    complet, 242
    partiel, 247
Catalogue SSISDB, 289, 292, 394
CDC, 17, 95, 183, 221
Change Data Capture
    Voir CDC
Charger, 166
Checkpoints, 353, 354
Clé de chiffrement, 296
COMMIT, 375
Composants
    bloquants, 383
    destination, 171
    éditeur avancé, 186
    non bloquants, 385
    personnalisés, 403

semi-bloquants, 384
source, 171
Configuration
package, 322
XML, 322
Connexions
CACHE, 60
DQS, 60
fichiers plats, 47
FTP, 54
HTTP, 54
MSMQ, 58
MSOLAP100, 60
MSORA, 63
MSTERA, 63
SAPBI, 63
SMOSERVER, 60
SMTP, 54
WMI, 58
Conteneurs, 72
boucle ForEach, 75
de boucle For, 74
de séquence, 72
Contraintes de précédence, 63, 66
à l'achèvement, 68
AND, 72
échec, 68
expression, 70
OR, 72
succès, 68
Control Flow
Voir Flux de contrôle

D

Data Flow
Voir Flux de données
Data Mining, 103
Data Mining Extensions
Voir DMX
Data Quality Services
Voir DQS
Data Taps, 18, 285
Débogage, 16, 275
Déploiement, 308
Destinations
DataReader, 184
de fichier plat, 25, 176
OLE DB, 171
pour SQL Server, 184
pour SSAS, 185
SQL Server Compact Destination, 184
Dirty Reads, 370
Distributed Transaction Coordinator, 366
DMX, 103, 218
DQS, 226
client, 226
nettoyage, 227
server, 226
DTC
Voir Distributed Transaction Coordinator
DTEXEC, 20, 23, 335
Process, 284
DTEXECUI, 20, 336
dtsx, 15, 17
DTUTIL, 20, 23

E

ELT, 13
Entrées, 428
Entrée-sortie, 167, 168
Espion, 278
ETL, 13
Exécutable, 33, 260
Exécution de package, 334
Execution path, 391
Explorateur de package, 33
Expressions, 121, 148
    fonctions, 151
    générateur, 148
Extract, Load and Transform
    Voir ELT
Extract, Transform and Load
    Voir ETL
Extraire, 166

F

Flat Buffer, 383
Flux de contrôle, 15, 31, 35
Flux de données, 15, 16, 32, 165
Fonctions
    de chaîne, 151
    de conversion, 153
    de date, 152
    mathématiques, 151
    NULL, 152
Form, 437

Framework .NET, 405

G

GAC, 405
Gestionnaire
  d'événements, 16, 259, 364
  de connexions, 16, 31, 39
  de connexions partagées, 18
Gestionnaire de buffer, 390
Global Assembly Cache
  Voir GAC

I

Installation, 21
Interface graphique, 435
IsolationLevel, 370
ISPAC, 308

J

Jointures, 233
  externes, 238
  externes totales, 239
  internes, 238
Journal d'événements, 279
Journalisation, 266

L

Licence, 18
LineageID, 169, 387

M

Management Studio, 14, 24
Mappage, 187
    de paramètre, 93
Mémoire, 393
Méthodes
    CloseLog, 425
    Execute, 422
    GetEnumerator, 426
    Initialize, 420
    InitializeLogProvider, 424
    OpenLog, 424
    PreExecute, 432
Mode d'accès aux données, 172
Modèle de déploiement, 289
Monitoring, 283
Monodestination, 189
Monosource, 189
MSDTC, 366
    Voir aussi Distributed Transaction Coordinator
MULTIFLATFILE, 52
Multisource, 233

N

Non-Repeatable Reads, 370

O

ODBC, 17, 41
OLE DB, 42
Opérateurs, 150
Orchestration, 35

P

Package, 15
    enfants, 83
    exécution, 64
    parent, 87
Parallélisme, 362
Paramètres, 121, 141
    de package, 142
    de projet, 143
    étendue, 147
    sensible, 142
Path, 169, 280
Performance Monitor, 283
Phantom Reads, 371
Pipeline, 167, 168, 403
Points d'arrêt, 276
PowerShell, 292
Private Buffer, 383
Projet, 18
Propagate, 130, 262

R

Rapports
opérationnels, 348
personnalisés, 351
prédéfinis, 348
ReadOnlyVariables, 203
ReadWriteVariables, 203
Résultats d'exécution, 279
ROLLBACK, 375
Runtime SSIS, 419

S

SCD, 213, 242
type 0, 213
type I, 213
type II, 213
type III, 213
SDK, 408
Sécurité, 342
contenu du serveur SSIS, 347
modèle de déploiement de projet, 342
service Integration Services, 347
Service Integration Services, 305
Slowly Changing Dimension
Voir SCD
Sorties, 428
asynchrones, 388, 389, 433
synchrones, 386, 389, 433
Sources
ADO.NET, 181
CDC, 183, 225
de l'ensemble d'enregistrements, 184

fichier brut, 181
fichier Excel, 180
fichier plat, 176
ODBC, 183
OLE DB, 171
XML, 182
SQL, 90, 172, 393
SQL Server, 25
édition, 19
SQL Server Data Tools
Voir SSDT
SQL Server Integration Services
Voir SSIS
SQL Server Profiler, 267
SSDT, 14, 20, 31
SSIS, 13
SSISDB, 334
Voir aussi Catalogue SSISDB
SSMS, 293

T

Tâches, 16, 31, 39
d'envoi de mail, 105
d'exécution de DDL Analysis Services, 102
d'exécution de package, 84
d'exécution de processus, 114
d'exécution de requêtes SQL, 90
d'expression, 113
de contrôle du Change Data Capture, 95
de plan de maintenance SQL Server, 98
de profilage de données, 118
de requête de Data Mining, 103
de script, 105

de service Web, 109
de système de fichiers, 112
de traitement Analysis Services, 100
de transferts d'objets SQL Server, 99
FTP, 113
MSMQ, 115
parallélisées, 65
séquentielles, 64
WMI, 116
XML, 111

Threads, 391

Transactions, 353, 365
atomicité, 365
cohérence, 365
distribuées, 366
durabilité, 365
isolation, 365

Transformations, 190
agrégation, 200
audit, 207
CDC splitter, 225
colonnes dérivées, 193
commande OLE DB, 202
composant Script, 202
compteur de lignes, 198
conversion de données, 198
copie de colonne, 206
dimension à variation lente, 212
du cache, 206
échantillonnage des données, 207
export de colonnes, 219
extraction de terme, 211
fractionnement conditionnel, 196
Fusion, 235
Fusion de jointure, 237
import de colonnes, 219

multidiffusion, 195
Recherche, 241
recherche de terme, 212
Recherche Floue, 251
regroupement probable, 220
requête d'exploration de données, 218
table de caractères, 207
tableau croisé dynamique, 208
tri, 199
Union All, 234
Transformer, 166

U

UPSERT, 394

V

Variables, 39, 69, 121
de package parent, 88
espace de noms, 135
étendue, 134
expression, 137
fenêtre, 123
SSIS, 122
système, 125, 131
utilisateur, 133, 139
Visionneuse de données, 170
Visual Studio, 408
Visual Studio 2010, 17

W

Windows Form, 435

X

XML, 15, 17, 111, 182
XMLA, 100, 102
XSD, 182